여러분의 합격을 응원하는
해커스공무원의 특별 혜택

FREE 공무원 행정법 **동영상강의**

해커스공무원(gosi.Hackers.com) 접속 후 로그인 ▶ 상단의 [무료강좌] 클릭 ▶
좌측의 [교재 무료특강] 클릭

 해커스공무원 온라인 단과강의 **20% 할인쿠폰**

887322EA842389JA

해커스공무원(gosi.Hackers.com) 접속 후 로그인 ▶ 상단의 [나의 강의실] 클릭 ▶
좌측의 [쿠폰등록] 클릭 ▶ 위 쿠폰번호 입력 후 이용

* 쿠폰 이용 기한: 2023년 12월 31일까지(등록 후 7일간 사용 가능) * 쿠폰 이용 관련 문의: 1588-4055

합격예측 모의고사 응시권 + 해설강의 수강권

5E6799563E5D58S2

해커스공무원(gosi.Hackers.com) 접속 후 로그인 ▶ 상단의 [나의 강의실] 클릭 ▶
좌측의 [쿠폰등록] 클릭 ▶ 위 쿠폰번호 입력 후 이용

* 쿠폰 이용 기한: 2023년 12월 31일까지(등록 후 7일간 사용 가능) * 쿠폰 이용 관련 문의: 1588-4055

해커스 회독증강 콘텐츠 5만원 할인쿠폰

923B69E35585EEFM

해커스공무원(gosi.Hackers.com) 접속 후 로그인 ▶ 상단의 [나의 강의실] 클릭 ▶
좌측의 [쿠폰등록] 클릭 ▶ 위 쿠폰번호 입력 후 이용

* 쿠폰 이용 기한: 2023년 12월 31일까지(등록 후 7일간 사용 가능) * 쿠폰 이용 관련 문의: 1588-4055
* 월간 학습지 회독증강 행정학/행정법총론 개별상품은 할인쿠폰 할인대상에서 제외

단기 합격을 위한
해커스 커리큘럼

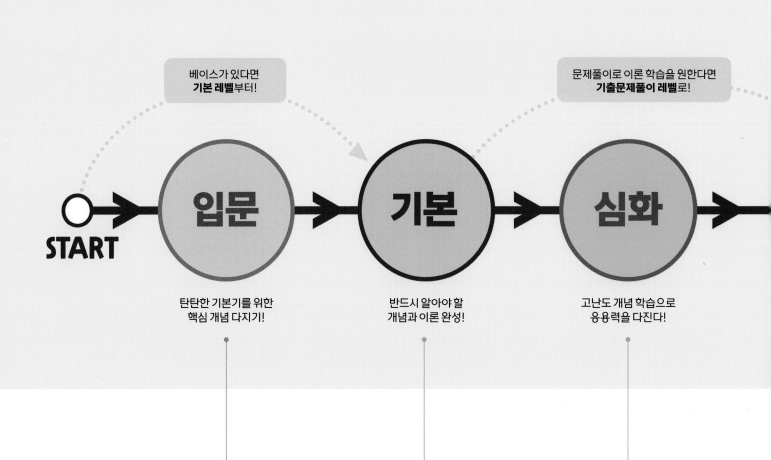

베이스가 있다면
기본 레벨부터!

문제풀이로 이론 학습을 원한다면
기출문제풀이 레벨로!

START

입문
탄탄한 기본기를 위한
핵심 개념 다지기!

기본
반드시 알아야 할
개념과 이론 완성!

심화
고난도 개념 학습으로
응용력을 다진다!

강의 쌩기초 입문반

이해하기 쉬운 개념 설명과 풍부한
연습문제 풀이로 부담 없이 기초를
다질 수 있는 강의

강의 기본이론반

반드시 알아야 할 기본 개념과 문제풀이
전략을 학습하여 핵심 개념 정리를
완성하는 강의

강의 심화이론반

심화이론과 중·상 난이도의 문제를
함께 학습하여 고득점을 위한 발판을
마련하는 강의

레벨별 교재 확인 및
수강신청은 여기서!

gosi.Hackers.com

* 커리큘럼은 과목별·선생님별로 상이할 수 있으며, 자세한 내용은 해커스공무원 사이트에서 확인하세요.

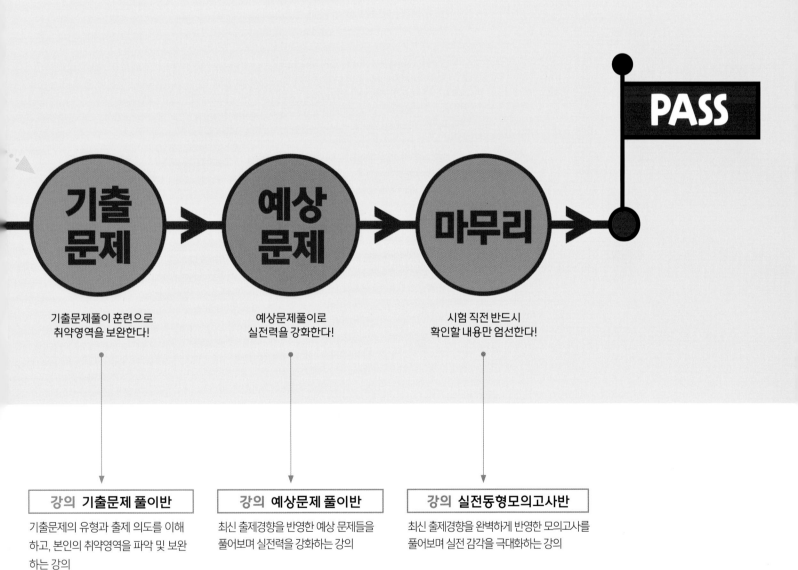

PASS

기출
문제

예상
문제

마무리

기출문제풀이 훈련으로
취약영역을 보완한다!

예상문제풀이로
실전력을 강화한다!

시험 직전 반드시
확인할 내용만 엄선한다!

강의 기출문제 풀이반

기출문제의 유형과 출제 의도를 이해
하고, 본인의 취약영역을 파악 및 보완
하는 강의

강의 예상문제 풀이반

최신 출제경향을 반영한 예상 문제들을
풀어보며 실전력을 강화하는 강의

강의 실전동형모의고사반

최신 출제경향을 완벽하게 반영한 모의고사를
풀어보며 실전 감각을 극대화하는 강의

강의 봉투모의고사반

시험 직전에 실제 시험과 동일한 형태의
모의고사를 풀어보며 실전력을 완성하는 강의

해커스공무원
황남기 행정법 모의고사 Season 2

해커스공무원

황남기

약력

현 | 해커스공무원 행정법, 헌법 강의
　　해커스경찰 헌법 강의

전 | 외교부 사무관
　　제27회 외무고시 수석합격
　　2012년 공무원 승진시험 출제위원
　　동국대 법대 겸임교수

주요 저서

해커스공무원 황남기 행정법총론 기본서, 해커스패스
해커스공무원 황남기 행정기본법 조문해설집, 해커스패스
해커스공무원 황남기 행정법총론 문제족보를 밝히다, 해커스패스
해커스공무원 황남기 행정법 모의고사 Season 1, 해커스패스
해커스군무원 황남기 행정법총론 핵심요약집, 해커스패스
해커스공무원 황남기 행정법 최신 판례집, 해커스패스
해커스공무원 황남기 헌법 최신 판례집, 해커스패스
해커스공무원 황남기 헌법족보, 해커스패스
황남기 행정법총론 기출문제집, 멘토링
황남기 행정법각론 진도별모의고사, 합격캠프
황남기 헌법 기본서, 찬글
황남기 헌법 객관식 기출총정리, 찬글

머리말

2022 해커스공무원 황남기
행정법 모의고사 Season 2

본 교재는 행정법 과목의 문제를 쟁점별로 정리했으며, 기출문제 공부를 충실히 했는지를 점검할 수 있는 모의고사 교재입니다. 모의고사는 이론공부보다 시험장과 비슷한 상황에서 훈련하는 것이 주된 목적입니다. 따라서 다음 사항에 주의하여 본 교재를 활용하시기 바랍니다.

1. 모의고사는 20문제당 14분 정도의 시간을 기준으로 풀기 바랍니다.

2. 틀린 문제는 암기가 안 된 것인지, 실수인지, 이해를 못해서인지 분석하시기 바랍니다.

3. 틀린 문제에 해당하는 범위의 기출문제를 다시 보시기 바랍니다.

4. 많이 틀린 파트는 발췌 강의를 수강하시거나 기본서 공부를 다시 하시기 바랍니다.

5. 이후에 모의고사 선지를 암기하시기 바랍니다.

가능한 한 현장에서 진행하는 모의고사에 참여해 보는 것이 실전 훈련에 큰 도움이 될 것입니다. 더불어 공무원 시험 전문 해커스공무원(gosi.Hackers.com)에서 학원강의나 인터넷동영상강의를 함께 이용하여 꾸준히 수강한다면 학습 효과를 극대화할 수 있습니다.

본 교재 작업에는 합격생 다수가 참여하여 정리 작업을 해주었습니다. 또한 해커스 편집팀의 수고가 많이 담겨 좋은 교재로 나오게 되었습니다. 참여해 주신 분들에게 감사드립니다. 황남기 행정법 시리즈는 계속해서 출간될 예정이니 공부 후 실력 점검과 내용 보충에 활용하시기 바랍니다.

2022년 7월 12일 이후 개정 행정절차법이 시행됩니다. 개정법 이후의 시험을 보는 수험생들은 참고하시기 바랍니다.

2022년 4월
저자 황남기

차례

2022 해커스공무원 황남기
행정법 모의고사 Season 2

문제

정답 및 해설

2022 해커스공무원 황남기 행정법 모의고사 Season 2

전범위
모의고사

제한시간 : 14분 | 시작시각 ___시 ___분 ~ 종료시각 ___시 ___분   나의 점수 _____

01 행정법관계에서 「민법」의 적용에 대한 설명으로 옳지 않은 것은?

① 국가배상청구권에 관한 3년의 단기시효기간을 기산하는 경우에도 「민법」 제766조 제1항 외에 소멸시효의 기산점에 관한 일반규정인 「민법」 제166조 제1항이 적용되므로, 3년의 단기시효기간은 '손해 및 가해자를 안 날'에 더하여 '권리를 행사할 수 있는 때'가 도래하여야 비로소 시효가 진행한다.

② 전역지원의 의사표시가 진의 아닌 의사표시라고 하더라도 그 무효에 관한 법리를 선언한 「민법」 제107조 제1항 단서의 규정은 그 성질상 사인의 공법행위에는 적용되지 않는다.

③ 공법상 계약은 개별법이 있으면 개별법이 적용되고, 없는 경우 일반법인 「행정기본법」이 적용되고, 없는 경우 「민법」을 적용할 수 있다.

④ 공작물의 설치 또는 보존의 하자로 인하여 타인에게 손해를 가한 때에도 점유자가 손해의 방지에 필요한 주의를 해태하지 아니한 때에는 점유자 면책을 규정한 「민법」 제758조는 영조물 설치·관리 하자에도 적용될 수 있다.

02 행정소송에 대한 설명으로 옳지 않은 것은? (다툼이 있는 경우 판례에 의함)

① 기속행위 내지 기속재량행위와 재량행위 내지 자유재량행위로 구분된다고 할 때, 전자의 경우 법원이 사실인정과 관련 법규의 해석·적용을 통하여 일정한 결론을 도출한 후 그 결론에 비추어 행정청이 한 판단의 적법 여부를 독자의 입장에서 판정하는 방식에 의하게 된다.

② 사정판결은 행정처분이 위법함에도 불구하고 이를 취소·변경하게 되면 그것이 도리어 현저히 공공의 복리에 적합하지 않은 경우에 극히 예외적으로 할 수 있으므로, 그 요건에 해당하는지는 위법·부당한 행정처분을 취소·변경하여야 할 필요와 취소·변경으로 발생할 수 있는 공공복리에 반하는 사태 등을 비교·교량하여 엄격하게 판단하여야 한다.

③ 어떠한 고시가 다른 집행행위의 매개 없이 그 자체로서 직접 국민의 구체적인 권리의무나 법률관계를 규율하는 성격을 가질 때에는 행정처분에 해당하나 보건복지부 고시인 약제급여·비급여목록 및 급여상한금액표가 항고소송의 대상이 되는 행정처분에 해당한다고 볼 수 없다.

④ 취소소송에서 사정판결이 확정되면 기판력은 발생하나 형성력은 발생하지 않는다.

공법상 계약에 대한 설명으로 옳은 것은? (다툼이 있는 경우 판례에 의함)

① 중소기업기술정보진흥원장이 갑 주식회사와 중소기업 정보화지원사업 지원대상인 사업의 지원에 관한 협약을 체결하였는데, 협약이 갑 회사에 책임이 있는 사업 실패로 해지되었다는 이유로 협약에서 정한 대로 지급 받은 정부지원금을 반환할 것을 통보한 사안에서, 협약의 해지 및 그에 따른 환수통보는 행정청이 우월한 지위에서 행하는 공권력의 행사로서 행정처분로 볼 수 없고 공법상 계약에 따라 행정청이 대등한 당사자의 지위에서 하는 의사표시로 보아야 한다.

② 국방일보의 발행책임자인 국방홍보원장 계약해지에 앞서 행정청은 사전통지와 의견청취절차를 거쳐야 한다.

③ 시민 옴부즈만 채용계약 청약에 대한 '승낙을 거절하는 의사표시'는 행정처분에 해당한다.

④ 정부투자기관 관리기본법의 적용 대상인 정부투자기관이 일방 당사자가 되는 '공공계약'은 공법상의 계약이므로 사적 자치와 계약자유의 원칙 등 사법의 원리가 그대로 적용된다고 할 수 없다.

04 **행정조사에 대한 설명으로 옳은 것은? (다툼이 있는 경우 판례에 의함)**

① 조사대상자의 자발적인 협조를 얻어 실시하는 행정조사의 경우 행정조사의 개시와 동시에 출석요구서 등을 조사대상자에게 제시하거나 행정조사의 목적 등을 조사대상자에게 구두로 통지할 수 있다.

② 음주운전 여부에 대한 조사 과정에서 운전자 본인의 동의와 법원의 영장 없이 채혈조사를 한 결과를 근거로 하였다고 하여 운전면허 정지·취소 처분을 위법한 처분이라고 할 수 없다.

③ 인구주택총조사의 모든 조사항목은 입법자가 반드시 법률로 규율하여야 한다.

④ 우편물 통관검사절차에서 이루어지는 우편물의 개봉, 시료채취, 성분분석 등의 검사는 수사기관의 강제처분이라고 할 수 있으므로, 압수·수색영장 없이 우편물의 개봉, 시료채취, 성분분석 등의 검사가 진행되었다면 특별한 사정이 없는 한 위법하다고 볼 수 있다.

05 **행정행위의 직권취소에 대한 설명으로 옳은 것은? (다툼이 있는 경우 판례에 의함)**

① 처분청이라도 자신이 행한 수익적 행정행위를 위법 또는 부당을 이유로 취소함에 있어 「행정절차법」의 사전통지와 의견청취절차가 적용되는 것은 아니다.

② 산재보상법상 각종 보험급여 등의 지급결정을 변경 또는 취소하는 처분이 적법하다고 하여 그에 터 잡은 징수처분도 반드시 적법하다고 판단해야 하는 것은 아니다.

③ 처분의 하자가 당사자의 사실은폐나 기타 사위의 방법에 의한 신청행위에 기인한 것이라도 그 처분을 취소하여야 할 공익상의 필요와 그 취소로 인하여 당사자가 입게 될 불이익을 비교·교량한 후 공익상의 필요가 당사자가 입을 불이익을 정당화할 만큼 강한 경우에 한하여 취소하여야 한다.

④ 행정청이 취소사유를 안 날로부터 1년이 경과하면 취소권은 실효되어 취소권을 행사할 수 없다.

06 **사인의 공법행위로서의 신고에 대한 설명으로 옳지 않은 것은? (다툼이 있는 경우 판례에 의함)**

① 행정관청은 신고한 단체가 노동조합법상 노동조합으로서 요건을 갖추었는지 여부를 실질적으로 심사할 수 있다.

② 건축허가를 받은 건축물의 양수인이 형식적 요건을 갖추어 건축주 명의변경신고를 한 때, 허가권자는 양수인에게 '건축할 대지의 소유 또는 사용에 관한 권리를 증명하는 서류'의 제출을 요구하거나, 양수인에게 이러한 권리가 없다는 실체적인 이유를 들어 신고수리를 거부할 수 있다.

③ 행정청은 비산먼지배출사업 신고서가 구 「대기환경보전법」 제28조 제1항, 같은 법 시행규칙 제62조에서 정한 형식적 요건을 모두 갖춘 경우에는 특별한 사정이 없는 한 이를 수리하여야 한다.

④ 영업장 소재지 및 영업시설이 모두 양도되어 영업 자체가 불가능하게 되고 그것이 영업허가 취소의 사유가 되는 때에는 휴업신고를 할 수 없다.

07 「국가배상법」 제5조에 따른 배상책임에 대한 설명으로 옳지 않은 것은? (다툼이 있는 경우 판례에 의함)

① 철도시설물도 영조물이므로 설치 또는 관리의 하자로 인한 불법행위를 원인으로 하여 국가에 대하여 손해배상청구를 하는 경우에는 「국가배상법」이 적용된다.

② 「국가배상법」 제5조 제1항에 정하여진 '영조물 설치·관리상의 하자'라 함은 공공의 목적에 공여된 영조물이 그 용도에 따라 통상 갖추어야 할 안전성을 갖추지 못한 상태에 있음을 말하는바, 영조물의 설치 및 관리에 있어서 항상 완전무결한 상태를 유지할 정도의 고도의 안전성을 갖추지 아니하였다면 영조물의 설치 또는 관리에 하자가 인정된다.

③ 판례는 영조물의 기능상 결함으로 인한 손해발생의 예견가능성과 회피가능성이 없는 경우 영조물의 설치·관리상의 하자를 인정할 수 없다고 하여 손해발생의 예견가능성과 회피가능성이 있을 것을 영조물책임의 요건으로 들고 있다.

④ 피해자가 위험이 형성된 후 위험지역으로 이주하여 위험에 접근한 경우에는 위험에의 접근이론에 따라 손해배상책임이 감면된다.

08 甲은 관할 행정청 A에 도로점용허가를 신청하였고, 이에 대하여 행정청 A는 주민의 민원을 고려하여 甲에 대하여 공원 부지를 기부채납할 것을 부관으로 하여 도로점용허가를 하였다. 이와 관련한 판례의 입장으로 옳은 것은?

① 위 부관을 조건으로 본다면, 甲은 부관만 독립하여 취소소송의 대상으로 할 수 있으며 부관만의 독립취소를 구하는 소송을 제기할 수 있다.

② 위 부관을 해제조건으로 본다면, 甲이 정해진 기간 내에 공원 부지를 기부채납하지 않은 경우에도 A가 도로점용허가를 철회하지 않는 한 도로점용허가는 유효하다.

③ 위 부관을 부담으로 보는 경우, 도로점용허가가 철회되더라도 부담은 행정행위와 별개이므로 그 효력을 유지한다.

④ 법원이 기부채납부관을 무효확인을 했다고 하더라도 도로점용허가를 무효로 해야 하는 것은 아니다.

09 다음 사례 상황에 대한 설명으로 옳지 않은 것은? (다툼이 있는 경우 판례에 의함)

> 甲은 「식품위생법」상 유흥주점 영업허가를 받아 영업을 하던 중 경기 부진을 이유로 2018. 8. 3. 乙에게 사업권을 양도하는 계약을 체결하여 乙이 영업자변경신고를 하였다.

① 행정청이 乙의 영업자변경신고를 수리하였는데 사전에 甲에게 통지하지 않아 甲의 의견을 청취하지 않았다면 수리처분은 위법하다고 볼 수 있다.

② 행정청이 乙의 영업자변경신고를 거부하자 乙이 행정심판을 청구한 사건에서 甲은 심판참가신청을 할 수 있고 행정심판위는 신청이 없어도 심판참가를 甲에게 요구할 수 있다.

③ 乙이 행정심판을 청구한 사건에서 위원회는 당사자의 권리 및 권한의 범위에서 직권으로 심판청구의 신속하고 공정한 해결을 위하여 조정을 할 수 있다.

④ 乙의 행정청의 신고수리거부에 대해 위원회가 행정심판을 청구를 인용하여 거부를 취소하는 재결을 한 경우 甲은 취소재결에 대해 취소소송을 제기할 수 있다.

10 취소소송에서 협의의 소의 이익에 대한 판례의 입장으로 옳은 것은?

① 장래의 제재적 가중처분 기준을 법규명령이 아닌 행정규칙으로 정한 경우에는 이미 제재기간이 경과한 제재적 처분의 취소를 구할 법률상 이익이 인정되지 않는다.

② 도시개발사업의 공사 등이 완료되고 원상회복이 사회통념상 불가능하게 된 경우, 도시개발사업의 시행에 따른 도시계획변경결정처분과 도시개발구역지정처분 및 도시개발사업실시계획인가처분의 취소를 구할 법률상 이익은 인정되지 않는다.

③ 현역병입영대상자로 병역처분을 받은 자가 그 취소소송 중 모병에 응하여 현역병으로 자진 입대한 경우, 그 처분의 위법을 다툴 실제적 효용 내지 이익이 인정된다.

④ 일반사면이 있었다고 할지라도 파면처분으로 이미 상실된 원고의 공무원 지위가 회복될 수는 없는 것이니 원고로서는 이 사건 파면처분의 위법을 주장하여 그 취소를 구할 소송상 이익이 있다.

11 과태료에 대한 설명으로 옳지 않은 것은? (다툼이 있는 경우 판례에 의함)

① 행정청의 과태료 처분이나 법원의 과태료 재판이 확정된 후 법률이 변경되어 그 행위가 질서위반행위에 해당하지 아니하게 된 때에는 변경된 법률에 특별한 규정이 없는 한 과태료를 징수 또는 집행한다.

② 현행 질서위반행위규제법은 고의 또는 과실이 없는 질서위반행위는 과태료를 부과하지 아니한다고 규정하고 있으나, 법제정 전의 대법원 판례는 과태료 부과에 고의 또는 과실이 요구되지 않는다고 보았다.

③ 「질서위반행위규제법」에 따르면 종업원이 업무에 관하여 법인 또는 그 개인에게 부과된 법률상의 의무를 위반한 때에는 고용주인 법인과 개인에게 과실과 관계없이 과태료를 부과한다.

④ 과태료재판의 경우, 법원으로서는 기록상 현출되어 있는 사항에 관하여 직권으로 증거조사를 하고 이를 기초로 하여 판단할 수 있다.

12 「행정소송법」상 가구제에 대한 설명으로 옳은 것은? (다툼이 있는 경우 판례에 의함)

① 수도권매립지관리공사의 입찰참가를 제한하는 처분인 제재처분의 효력정지신청은 적법하다.

② 부관만 집행정지되는 경우도 있다.

③ 당사자소송에서 「민사집행법」상 가처분은 준용될 수 없다.

④ 집행정지결정은 판결이므로 기판력이 인정된다.

13 「공공기관의 정보공개에 관한 법률」에 따른 정보공개에 대한 설명으로 옳은 것은? (다툼이 있는 경우 판례에 의함)

① 학교법인은 「공공기관의 정보공개에 관한 법률」의 해석상 시행령 제2조 제4호의 특별법에 의하여 설립된 특수법인으로서 정보공개의무가 있는 공공기관이다.

② 재판기록 일부의 정보공개를 청구한 데 대하여 서울행정법원장은 정보의 비공개결정을 전자문서로 통지할 수 있다.

③ 청구인이 정보공개와 관련한 공공기관의 비공개 결정 통지를 받은 날부터 20일 이내에 해당 공공기관에 문서로 이의신청을 할 수 있다.

④ 청구가 거부되면 거부처분의 취소를 구하는 소송에서 승소한 뒤 소송비용 확정절차를 통해 자신이 그 소송에서 실제 지출한 소송비용보다 다액을 소송비용으로 지급받아 금전적 이득을 취하거나, 수감 중 변론기일에 출정하여 강제노역을 회피하는 것 등을 목적으로 정보공개를 청구하였다고 볼 여지가 크다고 하여 정보공개청구는 권리를 남용하는 행위로서 허용되지 않는다고 할 수 없다.

14 행정심판에 대한 설명으로 옳은 것은?

① 청구인과 피청구인은 심판청구에 대하여 위원회의 의결이 있을 때까지 서면으로 심판청구를 취하할 수 있다.

② 위원회는 취소심판의 청구가 이유가 있다고 인정하면 처분을 취소 또는 다른 처분으로 변경하거나 처분을 취소할 것을 피청구인에게 명한다.

③ 행정심판위원회는 당사자의 신청에 의한 경우는 물론 직권으로도 간접강제할 수 있다.

④ 직접처분은 처분명령재결의 실효성을 확보하기 위한 수단이고 최근 도입된 간접강제는 거부에 대한 취소재결, 무효확인재결, 처분명령재결에 적용된다.

15 행정상 강제집행에 대한 설명으로 옳지 않은 것은? (다툼이 있는 경우 판례에 의함)

① 행정청이 행정대집행을 실시하지 아니하는 경우 국가에 대하여 이 사건 토지 사용청구권을 가지는 원고는 국가를 대위하여 피고들을 상대로 민사소송의 방법으로 이 사건 시설물의 철거를 구할 수 있다고 보아야 할 것이다.

② 대집행계고서에 기재된 자진철거 및 원상복구명령은 새로운 의무를 부과하는 것이라고 볼 수 없으며, 단지 종전의 철거 및 원상복구를 독촉하는 통지에 불과하므로 취소소송의 대상이 되는 독립한 행정처분이라고 할 수 없다.

③ 세무서장의 압류재산공매공고와 동시에 체납자에게 하게 되어 있는 통지는 공매의 요건이 아니고 공매사실 그 자체를 체납자에게 알려주는 데 불과한 것이다.

④ 「부동산 실권리자명의 등기에 관한 법률」 제5조에 의하여 부과된 과징금 채무는 대체적 급부가 가능한 의무이므로 위 과징금을 부과받은 자가 사망한 경우 그 상속인에게 포괄승계된다.

16 행정소송에 대한 설명으로 옳은 것은? (다툼이 있는 경우 판례에 의함)

① 「도시 및 주거환경정비법」 제57조 제1항에 규정된 청산금의 징수에 관하여는 원칙적으로 공법상 당사자소송의 방법으로 청산금 청구를 할 수 있다.

② 감사원의 징계 요구와 재심의결정은 항고소송의 대상이 되는 행정처분이라고 할 수 있으나, 징계요구를 받은 행정청은 감사원의 재심의 판결에 대해 기관소송을 제기할 수 없다.

③ 재단법인 甲 수녀원은 매립목적을 택지조성에서 조선시설용지로 변경하는 내용의 공유수면매립목적 변경승인처분으로 인하여 법률상 보호되는 환경상 이익을 침해받았다면서 행정청을 상대로 처분의 무효 확인을 구할 원고적격이 있다.

④ 행정청이 점용허가를 받지 않고 도로를 점용한 사람에 대하여 「도로법」 제94조에 의한 변상금 부과처분을 하였다가, 처분에 대한 취소소송이 제기된 후 해당 도로가 「도로법」 적용을 받는 도로에 해당하지 않을 경우를 대비하여 처분의 근거 법령을 구 「국유재산법」 제51조와 그 시행령 등으로 변경하여 주장한 사안에서, 위와 같이 근거 법령을 변경하는 것은 종전 도로법 제94조에 의한 변상금 부과처분과 동일성을 인정할 수 없는 별개의 처분을 하는 것과 다름 없어 허용될 수 없다.

17 행정행위의 하자에 대한 설명으로 옳지 않은 것은? (다툼이 있는 경우 판례에 의함)

① 「특수임무수행자 보상에 관한 법률 시행령」 제4조 제1항 제2호가 시행령 개정 전에 이미 보상금을 신청한 자들의 이러한 기대이익을 보장하기 위한 경과규정을 두지 아니함으로써 보상금수급 요건을 엄격히 정한 개정 시행령 조항이 그들에 대하여도 적용되게 하였다고 하더라도 헌법상 보장된 재산권을 소급입법에 의하여 박탈하는 것이라고 볼 수는 없다.

② 국가유공자 자녀 가산점 10%에 대한 헌법재판소의 헌법불합치결정 이후 법이 국가유공자 자녀 가산점 5%로 개정된 경우 개정된 법이 아니라 국가유공자 자녀 가산점 10%를 규정한 시험일자 당시법을 적용해야 한다.

③ 주택재개발정비사업조합 설립추진위원회가 주택재개발정비사업조합 설립인가처분의 취소소송에 대한 1심 판결 이후 정비구역 내 토지 등 소유자의 4분의 3을 초과하는 조합설립동의서를 새로 받았다면, 위 설립인가처분의 하자가 치유된다고 볼 수 있다.

④ 헌법재판소의 1989.12.28.자 국가보위입법회의법 부칙 제4항 후단에 관한 위헌결정의 효력은 그 이후에 제소된 이 사건에도 미친다고 할 것이므로 위헌결정된 국가보위입법회의법 부칙 제4항 후단의 규정에 의하여 이루어진 원고에 대한 1980.11.16.자 면직처분은 당연무효가 된다.

18 항고소송의 대상이 되는 행정처분에 대한 판례의 입장으로 옳은 것은?

① 한국환경산업기술원장이 환경기술개발사업 협약을 체결한 갑 주식회사 등에게 연차평가 실시 결과 절대평가 60점 미만으로 평가되었다는 이유로 연구개발 중단 조치 및 연구비 집행중지 조치를 한 사안에서, 각 조치가 항고소송의 대상이 되는 행정처분에 해당하지 않는다.

② 재단법인 한국연구재단이 甲 대학교 총장에게 연구개발비의 부당집행을 이유로 '해양생물유래 고부가식품·향장·한약 기초소재 개발 인력양성사업에 대한 2단계 두뇌한국(BK)21 사업' 협약을 해지하고 연구팀장 乙에 대한 대학자체 징계 요구 등을 통보한 사안에서, 乙에 대한 대학자체 징계 요구는 항고소송의 대상이 되는 행정처분에 해당한다.

③ 과학기술기본법령상 사업 협약의 해지 통보는 단순히 대등 당사자의 지위에서 형성된 공법상 계약을 계약당사자의 지위에서 종료시키는 의사표시에 불과한 것이 아니라 행정청이 우월적 지위에서 연구개발비의 회수 및 관련자에 대한 국가연구개발사업 참여제한 등의 법률상 효과를 발생시키는 행정처분에 해당한다.

④ 중소기업기술정보진흥원장이 甲 주식회사와 중소기업 정보화지원사업 지원대상인 사업의 지원에 관한 협약을 체결하였는데, 협약이 甲 회사에 책임이 있는 사업실패로 해지되었다는 이유로 협약에서 정한 대로 지급받은 정부지원금을 반환할 것을 통보한 사안에서, 협약의 해지 및 그에 따른 환수통보는 행정청이 우월한 지위에서 행하는 공권력의 행사로서 행정처분에 해당한다.

19 행정청은 甲이 학교법인의 재산을 횡령했다는 이유로 A 사립 학교법인의 甲에 대한 이사승인을 취소하는 결정을 하였다. 이에 대한 설명으로 옳지 않은 것은?

① 행정청의 이사승인취소는 강학상 철회이다.

② 행정청은 이사승인을 취소하기에 앞서 사전통지하여 甲의 의견을 청취하여야 한다.

③ 甲의 이사 임기가 종료된 후 이사승인취소를 구하는 소송은 소의 이익이 인정되지 않는다.

④ 행정청이 이사승인취소처분을 직권으로 취소한 경우 甲은 이사의 지위를 소급하여 회복한다.

20 「행정절차법」의 적용에 대한 설명으로 옳지 않은 것은? (다툼이 있는 경우 판례에 의함)

① 「행정절차법」 제22조 제3항에 따라 행정청이 의무를 부과하거나 권익을 제한하는 처분을 할 때 의견제출의 기회를 주어야 하는 '당사자'는 '행정청의 처분에 대하여 직접 그 상대가 되는 당사자'를 의미한다.

② 검사에 대한 인사발령은 공무원 인사관계 법령에 따른 처분으로서 성질상 행정절차를 거치기 곤란하거나 불필요하다고 인정되는 처분에 해당한다.

③ 「영유아보육법」 위반을 이유로 한 어린이집 보조금 반환명령 당시 사전통지 및 의견제출의 기회가 부여되었다면 어린이집 평가인증취소처분은 구 「행정절차법」 제21조 제4항 제3호에서 정하고 있는 사전통지 등을 하지 아니하여도 되는 예외사유에 해당한다고도 볼 수 있으므로, 사전통지를 거치지 않은 평가인증취소처분은 위법하다고 볼 수 없다.

④ 행정청이 사회복지시설에 대해 감사를 하였고 그 과정에서 사회복지법인의 감사기관에 대한 의견표명이 있었다면 감사결과 지적사항에 대한 시정지시는 사전 의견청취가 불필요하나, 언론 인터뷰나 수사기관의 수사는 침익적 처분을 할 행정청이 실시한 행정절차가 아니므로 행정청은 사전 의견청취절차를 거쳐서 침익적 처분을 하여야 한다.

2022 해커스공무원 함남기 행정법 모의고사 Season 2

2회

제한시간 : 14분 │ 시작시각 ___시 ___분 ~ 종료시각 ___시 ___분   나의 점수 _____

01 판례의 입장으로 옳지 않은 것은?

① 중소기업기술정보진흥원장의 甲 주식회사와 중소기업 정보화지원사업 지원대상인 사업의 지원에 관한 협약은 공법상 대등한 당사자 사이의 의사표시의 합치로 성립하는 공법상 계약에 해당한다.

② 폐기물중간처리업 허가는 폐기물처리를 위한 시설·장비 및 기술능력 등 객관적 요소를 주된 대상으로 하는 대물적 허가 내지는 대물적 요소가 강한 혼합적 허가이다.

③ 적법하게 시행된 공익사업으로 인하여 이주하게 된 주거용 건축물 세입자의 주거이전비 보상청구권은 공법상의 권리이고, 따라서 그 보상을 둘러싼 쟁송은 민사소송이 아니라 공법상의 법률관계를 대상으로 하는 행정소송에 의하여야 한다.

④ 공법상 계약해지는 처분이 아니므로 산업단지 입주계약의 해지통보는 항고소송의 대상이 되는 행정처분에 해당하지 않는다.

02 행정법의 일반원칙에 대한 설명으로 옳은 것은? (다툼이 있는 경우 판례에 의함)

① 법률이 부여한 기회를 활용하여 형성된 신뢰는 특별히 보호가치가 있는 신뢰이익이 인정될 수 있고, 원칙적으로 개인의 신뢰보호가 국가의 법률개정이익에 우선된다고 볼 여지가 있다.

② 행정청이 개발제한구역법령에 따라 개발제한구역 내에 배치할 자동차용 액화석유가스 충전소, 휴게소의 배치계획 및 설치기준을 고시하였는데, 이 사건 고시에서 액화석유가스 충전소의 설치 허가 대상으로 정한 도로 구간에 이 사건 시장을 둘러싼 도로 구간이 모두 포함되어 있다는 사정만으로, 피고가 '이 사건 시장에 인접한 장소라는 이유로 자동차용 액화석유가스 충전소의 설치 허가를 거부하지는 않겠다'는 의사를 공적으로 표명한 것이라고 보기 어렵다.

③ 행정청이 아닌 보조기관에 불과한 안산시 도시계획국장 또는 도시계획과장의 완충녹지지역을 해제하겠다는 의사표시는 행정청의 공적 견해표명으로 볼 수 없다.

④ 상급행정기관이 하급행정기관에 대하여 업무처리지침이나 법령의 해석적용에 관한 기준을 정하여 발하는 이른바 '행정규칙이나 내부지침'의 공표만으로 예기하고 있는 자기구속을 위반한 처분은 위법하게 된다.

03 행정계획에 대한 판례의 입장으로 옳지 않은 것은?

① 건설교통부장관이 1999. 7. 22. 구역지정의 실효성이 적은 7개 중소도시권은 개발제한구역을 해제하고 구역지정이 필요한 7개 대도시권은 개발제한구역을 부분조정 하는 등의 내용을 담은 '개발제한구역제도개선방안'을 발표한 것이 공권력 행사라고 할 수 없다.

② 지역주민이나 일반 이해관계인에게 국토이용계획의 변경을 신청할 권리를 인정하여 줄 수는 없을 것이지만, 장래 일정한 기간 내에 관계 법령이 규정하는 시설 등을 갖추어 일정한 행정처분을 구하는 신청을 할 수 있는 법률상 지위에 있는 자의 국토이용계획변경신청을 거부하는 것이 실질적으로 당해 행정처분 자체를 거부하는 결과가 되는 경우에는 예외적으로 그 신청인에게 국토이용계획변경을 신청할 권리가 인정된다.

③ 도시계획결정은 특정 개인의 권리 내지 법률상의 이익을 개별적이고 구체적으로 규제하는 효과를 가져오게 하는 행정청의 처분이라 할 것이고, 이는 행정소송의 대상이 되는 것이라 할 것이다.

④ 도시계획의 결정·변경 등에 관한 권한을 가진 행정청이 고시한 후행 도시계획에 선행 도시계획과 서로 양립할 수 없는 내용이 포함되어 있다면, 특별한 사정이 없는 한 후행 도시계획은 무효라고 보아야 한다.

04 행정입법에 대한 판례의 입장으로 옳지 않은 것은?

① 「행정소송법」에서 '부작위'라 함은 행정청이 당사자의 신청에 대하여 상당한 기간 내에 일정한 처분 또는 입법을 하여야 할 법률상 의무가 있음에도 불구하고 이를 하지 아니하는 것을 말한다.

② 법률이 특정 사안과 관련하여 시행령에 위임을 한 경우, 위임 규정에서 사용하고 있는 용어의 의미를 넘어 그 범위를 확장하거나 축소함으로써 위임 내용을 구체화하는 단계를 벗어나 새로운 입법을 한 것으로 평가할 수 있다면, 이는 위임의 한계를 일탈한 것으로서 허용되지 않는다.

③ 구 「군법무관임용법」 제5조 제3항과 군법무관임용 등에 관한 법률 제6조가 군법무관의 보수의 구체적 내용을 시행령에 위임했음에도 불구하고 행정부가 정당한 이유 없이 시행령을 제정하지 않은 것은 불법행위에 해당한다.

④ 법령의 위임이 없음에도 법령에 규정된 처분 요건에 해당하는 사항을 부령에서 변경하여 규정한 경우에는 그 부령의 규정은 행정청 내부의 사무처리 기준 등을 정한 것으로서 행정조직 내에서 적용되는 행정명령의 성격을 지닐 뿐 국민에 대한 대외적 구속력은 없다고 보아야 한다.

05 다음 중 강학상 인가에 해당하는 것을 모두 고른 것은? (다툼이 있는 경우 판례에 의함)

ㄱ. 구 「자동차관리법」상 자동차관리사업자로 구성하는 사업자단체인 조합 또는 협회 설립인가처분
ㄴ. 행정청이 「도시 및 주거환경정비법」 등 관련 법령에 근거하여 행하는 조합설립인가처분
ㄷ. 관리처분계획에 대한 행정청의 인가
ㄹ. 토지 등 소유자들이 직접 시행하는 도시환경정비사업에서 토지 등 소유자에 대한 사업시행인가처분

① ㄱ, ㄴ　　　　② ㄱ, ㄷ
③ ㄴ, ㄹ　　　　④ ㄷ, ㄹ

「행정절차법」상 행정절차에 대한 설명으로 옳지 않은 것은?

① 행정지도는 문서로 공표되어야 하고, 말로 이루어지는 경우에 상대방이 서면의 교부를 요구하면 그 행정지도를 하는 자는 직무 수행에 특별한 지장이 없으면 이를 교부하여야 한다.

② 하나의 납세고지서에 의하여 복수의 과세처분을 함께 하는 경우에는 과세처분별로 그 세액과 산출근거 등을 구분하여 기재함으로써 납세의무자가 각 과세처분의 내용을 알 수 있도록 해야 하는 것 역시 당연하다고 할 것이다.

③ 법제처장은 입법예고를 하지 아니한 법령안의 심사 요청을 받은 경우에 입법예고를 하는 것이 적당하다고 판단할 때에는 해당 행정청에 입법예고를 권고하거나 직접 예고할 수 있다.

④ 청문 주재자는 당사자등의 전부 또는 일부가 정당한 사유 없이 청문기일에 출석하지 아니하거나 의견서를 제출하지 아니한 경우에는 이들에게 다시 의견진술 및 증거제출의 기회를 주지 아니하고 청문을 마칠 수 있다.

07 「개인정보 보호법」상 개인정보 단체소송에 대한 설명으로 옳지 않은 것은?

① 단체소송의 원고는 변호사를 소송대리인으로 선임하여야 한다.

② 원고의 청구를 기각하는 판결이 확정된 경우 이와 동일한 사안에 관하여는 다른 단체는 단체소송을 제기할 수 없다.

③ 단체소송의 소는 피고의 주된 사무소 또는 영업소가 있는 곳, 주된 사무소나 영업소가 없는 경우에는 주된 업무담당자의 주소가 있는 곳의 행정법원의 관할에 전속한다.

④ 개인정보법이 정한 일정한 단체가 개인정보처리자가 제49조에 따른 집단분쟁조정을 거부하거나 집단분쟁조정의 결과를 수락하지 아니한 경우에는 법원에 권리침해 행위의 금지·중지를 구하는 소송을 제기할 수 있다.

08 행정법상 시효제도에 대한 설명으로 옳은 것은? (다툼이 있는 경우 판례에 의함)

① 국가를 부동산 점유취득시효의 주체로 인정한다면 부동산 소유자의 평등권을 침해한다.

② 「국가재정법」 제96조에서 '다른 법률의 규정'이라 함은 다른 법률에 「국가재정법」 제96조에서 규정한 5년의 소멸시효기간보다 짧은 기간의 소멸시효의 규정이 있는 경우를 가리키는 것이고, 이보다 긴 10년의 소멸시효를 규정한 「민법」 제766조 제2항은 「국가재정법」 제96조에서 말하는 '다른 법률의 규정'에 해당하지 아니한다.

③ 과세처분의 취소 또는 무효확인청구의 소는 행정소송에 해당하므로 조세환급을 구하는 부당이득반환청구권의 소멸시효중단사유인 재판상 청구에 해당한다고 볼 수 없다.

④ 변상금 부과처분에 대한 취소소송이 진행 중 그 부과권의 소멸시효는 진행되지 않는다.

09 행정의 실효성 확보수단에 대한 판례의 입장으로 옳지 않은 것은?

① 압류처분에 기한 압류등기가 경료되어 있는 경우에도 압류처분의 무효확인을 구할 이익이 있다.

② 독촉, 압류, 공매처분에 불복하려면 이의신청을 제기할 수 있고, 심사청구 또는 심판청구 중 어느 하나를 거쳐서 행정소송을 제기할 수 있다.

③ 세무서장이 아닌 한국자산관리공사가 공매를 대행하게 된다는 공매대행사실의 통지를 안했다면 공매처분은 위법하게 된다.

④ 공매처분은 항고소송의 대상이 되는 처분이나, 공매통지와 공매하기로 한 결정은 항고소송의 대상이 되는 처분은 아니다.

10 항고소송의 원고적격에 대한 판례의 입장으로 옳지 않은 것은?

① 관악구 보건소장의 국립대학교 보건진료소에 대한 직권폐업결정에 대한 무효확인소송에서 국가의 원고적격이 인정된다.

② 건축협의 취소는 상대방이 다른 지방자치단체 등 행정주체라 하더라도 '행정청이 행하는 구체적 사실에 관한 법집행으로서의 공권력 행사'로서 처분에 해당한다고 볼 수 있고, 지방자치단체인 원고는 건축물 소재지 관할 허가권자인 지방자치단체의 장을 상대로 항고소송을 통해 건축협의 취소의 취소를 구할 수 있다.

③ 甲이 국민권익위원회에 「부패방지 및 국민권익위원회의 설치와 운영에 관한 법률」에 따른 신고와 신분보장조치를 요구하였고, 국민권익위원회가 乙 시·도선거관리위원회 위원장에게 '甲에 대한 중징계 요구를 취소하고 향후 신고로 인한 신분상 불이익처분 및 근무조건상의 차별을 하지 말 것을 요구'하는 내용의 조치요구를 한 사안에서, 국가기관인 乙에게 위 조치요구의 취소를 구하는 소를 제기할 당사자능력, 원고적격 및 법률상 이익이 인정된다.

④ 국가가 국토이용계획과 관련한 지방자치단체의 장의 기관위임사무의 처리에 관하여 지방자치단체의 장을 상대로 취소소송을 제기하는 것은 허용된다.

11 행정행위의 부관에 대한 설명으로 옳지 않은 것은? (다툼이 있는 경우 판례에 의함)

① 부관은 면허 발급 당시에 붙이는 것뿐만 아니라 면허 발급 이후에 붙이는 것도 법률에 명문의 규정이 있거나 변경이 미리 유보되어 있는 경우 또는 상대방의 동의가 있는 경우 등에는 특별한 사정이 없는 한 허용된다.

② 「여객자동차 운수사업법」 제85조 제1항 제38호에 의하면, 운송사업자에 대한 면허에 붙인 조건을 위반한 경우 감차 등이 따르는 사업계획변경명령(이하 '감차명령'이라 한다)을 할 수 있는데, 감차명령의 사유가 되는 '면허에 붙인 조건을 위반한 경우'에서 '조건'에는 운송사업자가 준수할 일정한 의무를 정하고 이를 위반할 경우 감차명령을 할 수 있다는 내용의 '부관'도 포함된다.

③ 직권감차 통보는 단순히 대등한 당사자의 지위에서 형성된 공법상 계약에 근거한 의사표시에 불과한 것이지 항고소송의 대상이 되는 처분에 해당한다고 볼 수 없다.

④ 무효인 건축허가조건을 유효한 것으로 믿고 토지를 증여했다고 하더라도 이는 동기의 착오에 해당하여 소유권이전등기의 말소를 청구할 수는 없다.

12 행정소송상 가구제제도에 대한 설명으로 옳지 않은 것은? (다툼이 있는 경우 판례에 의함)

① 행정처분에 대한 효력정지신청을 구함에 있어서도 이를 구할 법률상 이익이 있어야 하는바, 이 경우 법률상 이익이라 함은 그 행정처분으로 인하여 발생하거나 확대되는 손해가 당해 처분의 근거 법률에 의하여 보호되는 직접적이고 구체적인 이익과 관련된 것을 말하는 것이고 단지 간접적이거나 사실적·경제적 이해관계를 가지는 데 불과한 경우는 여기에 포함되지 않는다.

② 국토해양부 등에서 발표한 '4대강 살리기 마스터플랜'에 따른 '한강 살리기 사업' 구간 인근에 거주하는 주민들이 각 공구별 사업실시계획승인처분에 대한 효력정지를 신청한 사안에서, 토지 소유권 수용 등으로 인한 손해는 「행정소송법」 제23조 제2항의 효력정지 요건인 금전으로 보상할 수 없거나 사회관념상 금전보상으로는 참고 견디기 어렵거나 현저히 곤란한 경우의 유·무형 손해에 해당하지 않는다.

③ 신청에 대한 부작위의 효력을 정지하더라도 신청인에게는 부작위에 대한 효력정지를 구할 이익이 없다.

④ 미결수용 중 다른 교도소로 이송된 피고인이 법원의 이송처분효력정지결정에 의하여 이송처분이 있기 전과 같은 교도소로 다시 이송되어 수용 중인 경우 효력정지신청의 이익이 없는 부적법한 것으로 된다.

13 「행정대집행법」상 대집행에 대한 설명으로 옳지 않은 것은? (다툼이 있는 경우 판례에 의함)

① 시·도지사나 시장·군수 또는 구청장의 업무에 속하는 대집행권한을 한국토지공사에 위탁하도록 되어 있는바, 한국토지공사는 이러한 법령의 위탁에 의하여 대집행을 수권받은 자로서 공무인 대집행을 실시함에 따르는 권리·의무 및 책임이 귀속되는 행정주체의 지위에 있다고 볼 것이지 지방자치단체 등의 기관으로서 「국가배상법」 제2조 소정의 공무원에 해당한다고 볼 것은 아니다.

② 대집행을 한다는 뜻을 미리 문서로써 계고하여야 한다.

③ 대한주택공사가 구 「대한주택공사법」 및 구 「대한주택공사법 시행령」에 의하여 대집행권한을 위탁받아 공무인 대집행을 실시하기 위하여 지출한 비용은 민사소송절차를 통해 징수하여야 한다.

④ 건물의 점유자가 철거의무자일 때에는 건물철거의무에 퇴거의무도 포함되어 있는 것이어서 별도로 퇴거를 명하는 집행권원이 필요하지 않다.

14 행정행위의 하자의 치유에 대한 설명으로 옳은 것은? (다툼이 있는 경우 판례에 의함)

① 과세처분에 대한 전심절차가 모두 끝나고 상고심의 계류 중에 세액산출근거의 통지가 있었다면 이로써 위 과세처분의 하자는 치유되었다고 볼 수 있다.

② 납세고지서의 송달이 부적법하여 송달의 효력이 발생하지 아니하는 이상 상대방이 객관적으로 위 부과처분의 존재를 인식할 수 있었다 하더라도 그와 같은 사실로써 송달의 하자가 치유된다고 볼 수 없다.

③ 침익적 처분을 하기 전에 의견진술절차를 거치지 않았더라도 침익적 처분을 한 후 의견진술의 기회를 주었다면 하자는 치유된다.

④ 이유제시의 하자는 행정심판 단계에서는 치유되나 행정소송단계에서는 치유되지 않는다.

15 「도로법」 제61조에서 "공작물·물건, 그 밖의 시설을 신설·개축·변경 또는 제거하거나 그 밖의 사유로 도로를 점용하려는 자는 도로관리청의 허가를 받아야 한다."라고 규정하고 있다. 甲은 도로관리청 乙에게 도로점용허가를 신청하였으나, 상당한 기간이 지났음에도 아무런 응답이 없어 행정쟁송을 제기하여 권리구제를 강구하려고 한다. 다음 설명 중 옳지 않은 것은? (다툼이 있는 경우 판례에 의함)

① 甲이 의무이행심판을 제기한 경우, 위원회는 도로점용허가를 할 수도 있고 乙에게 처분을 명하는 재결을 할 수 있다.

② 위원회는 부작위가 위법하거나 부당하나 이를 인용하는 것이 공공복리에 크게 위배된다고 인정하면 그 심판청구를 기각하는 재결을 할 수 있다.

③ 위원회가 甲의 행정심판청구를 인용한 경우 도로관리청 乙은 인용재결의 취소를 구하는 소를 제기할 수 있다.

④ 위원회가 甲의 행정심판청구를 인용하여 처분을 명했는데 도로관리청 乙이 처분을 하지 않은 경우 甲이 신청한 경우 위원회는 직접처분하거나 간접강제할 수 있다.

16 국가배상에 대한 판례의 입장으로 옳지 않은 것은?

① 전기통신사업자가 검사 또는 수사관서의 장의 요청에 따라 구 「전기통신사업법」 제54조 제3항, 제4항에서 정한 형식적·절차적 요건을 심사하여 이용자의 통신자료를 제공한 경우, 이용자의 개인정보자기결정권이나 익명표현의 자유 등을 위법하게 침해한 것으로 볼 수 없으므로 손해배상책임을 부담한다고 볼 수 없다.

② 법령에 대한 해석이 복잡, 미묘하여 워낙 어렵고 이에 대한 학설과 판례조차 귀일되어 있지 않는 등의 특별한 사정이 없는 한 일반적으로 공무원이 관계 법규를 알지 못하였거나 필요한 지식을 갖추지 못하여 법규의 해석을 그르쳐 행정처분을 하였다면 그가 법률전문가가 아닌 행정공무원이라면 과실이 인정되지 않는다.

③ 형사재판의 공판검사가 증인으로 소환된 자로부터 신변보호요청을 받았음에도 아무런 조치를 취하지 않아 그 증인이 공판기일에 법정에서 공판 개정을 기다리던 중 피고인의 칼에 찔려 상해를 입은 사안에서, 검사의 부작위로 인한 국가배상책임을 인정할 수 있다.

④ 식품의약품안전청장 등이 그 권한을 행사하지 아니한 것이 현저하게 합리성을 잃어 사회적 타당성이 없는 경우에는 직무상 의무를 위반한 것이 되어 위법한 것으로 되고, 특별한 사정이 없는 한 과실도 인정된다.

17 판례의 입장으로 옳은 것은?

① 불가쟁력이 발생한 후 과세처분의 근거 법률이 위헌결정된 경우 불가쟁력이 발생한 후 과세처분을 집행하기 위한 압류, 공매처분 같은 집행은 허용된다.

② 사업시행자, 토지소유자 또는 관계인은 토지수용재결에 대해 이의신청을 거쳤을 때에는 이의신청에 대한 재결서를 받은 날부터 30일 이내에 각각 행정소송을 제기할 수 있다.

③ 건축허가를 받은 건축물의 양수인이 건축주 명의변경을 위하여 구 「건축법 시행규칙」에 규정된 건축주 명의변경신고의 형식적 요건을 갖추어 신고했다면 허가권자가 양수인에게 '건축할 대지의 소유 또는 사용에 관한 권리를 증명하는 서류'의 제출을 요구하거나, 양수인에게 이러한 권리가 없다는 실체적인 이유를 들어 신고 수리를 거부할 수 없다.

④ 일반적으로 당사자가 근거규정 등을 명시하여 신청하는 인·허가 등을 거부하는 처분을 함에 있어 당사자가 그 근거를 알 수 있을 정도로 상당한 이유를 제시한 경우에도 당해 처분의 근거 및 이유를 구체적 조항 및 내용까지 명시하지 않았다면 그로 말미암아 그 처분이 위법한 것이 된다고 할 수 있다.

18 행정소송에 대한 설명으로 옳은 것은? (다툼이 있는 경우 판례에 의함)

① 과세처분의 위법을 이유로 그 취소를 구하는 행정소송에 있어 처분의 적법성 및 과세요건사실의 존재에 관하여는 원칙적으로 납세자가 그 입증책임을 부담한다.

② 재결취소소송의 경우 재결 자체에 고유한 위법이 없는 경우에는 원처분의 당부와는 상관없이 당해 재결취소소송은 이를 각하하여야 한다.

③ 무효확인소송의 보충성을 규정하고 있는 외국의 일부 입법례에 따라 우리나라 「행정소송법」에는 명문의 규정을 두고 있어 무효확인소송의 보충성이 요구된다.

④ 서울대공원 시설을 기부채납한 사람이 무상사용기간 만료 후 확약 사실에 근거하여 10년 유상사용 등의 허가를 구하는 확정적인 취지의 신청을 한 사안에서, 서울대공원 관리사업소장이 그 신청서를 반려하고 조건부 1년의 임시사용허가처분을 통보한 것은 사실상 거부처분에 해당하므로 취소소송으로 다툴 수 있다.

19 항고소송의 제기요건에 대한 설명으로 옳지 않은 것은?
(다툼이 있는 경우 판례에 의함)

① 공무원에 대한 징계처분 등에 대해 행정소송을 제기할 때에는 대통령의 처분 또는 부작위의 경우에는 소속 장관을 피고로 한다.

② 「지방재정법」에 의하여 준용되는 「국가를 당사자로 하는 계약에 관한 법률」에 따라 지방자치단체가 당사자가 되는 이른바 공공계약은 사경제의 주체로서 상대방과 대등한 위치에서 체결하는 사법(私法)상의 계약으로서 그 본질적인 내용은 사인 간의 계약과 다를 바가 없으므로, 그에 관한 법령에 특별한 정함이 있는 경우를 제외하고는 사적 자치와 계약자유의 원칙 등 사법의 원리가 그대로 적용된다.

③ 특정인에 대한 행정처분을 주소불명 등의 이유로 송달할 수 없어 관보·공보·게시판·일간신문 등에 공고한 경우에는, 공고가 효력을 발생하는 날에 상대방이 그 행정처분이 있음을 알았다고 볼 수 있다.

④ 원천징수의무자에 대한 소득금액변동통지는 원천납세의무의 존부나 범위와 같은 원천납세의무자의 권리나 법률상 지위에 어떠한 영향을 준다고 할 수 없으므로 소득처분에 따른 소득의 귀속자는 법인에 대한 소득금액변동통지의 취소를 구할 법률상 이익이 없다.

20 「행정심판법」상 심판절차에 대한 설명으로 옳은 것은?

① 행정청이 심판청구 기간을 알리지 아니한 경우에는 처분이 있음을 알게 된 날부터 90일 이내에 청구하여야 한다.

② 재결은 반드시 서면으로 해야 한다.

③ 재결은 결정한 때에 그 효력이 생긴다.

④ 심판청구에 대한 재결이 있으면 다시 행정심판을 청구할 수 없으므로 위원회의 청구변경에 대한 위원회의 결정에 이의신청할 수 없다.

제한시간 : 14분 | 시작시각 ____시 ____분 ~ 종료시각 ____시 ____분   나의 점수 _____

01 사인의 공법행위에 대한 설명으로 옳지 않은 것은? (다툼이 있는 경우 판례에 의함)

① 주민등록전입신고에 대한 수리를 거부한 이 사건 처분의 위법성에 대하여 판단하면서 거주지의 실질적 요건으로 지방자치의 이념에 부합하는지 여부를 들고 있는 것은 적절하지 않지만, 한편 투기나 이주대책 요구 등을 방지할 목적으로 주민등록전입신고를 거부하는 것은 「주민등록법」의 입법 목적과 취지 등에 비추어 허용될 수도 없다.

② 의원개설신고서를 수리한 행정관청의 신고필증의 교부가 없다 하여 개설신고의 효력을 부정할 수 없다.

③ 1980년의 공직자숙정계획의 일환으로 일괄사표의 제출과 선별수리의 형식으로 공무원에 대한 의원면직처분이 이루어진 경우, 비진의 의사표시의 무효에 관한 규정은 사인의 공법행위에 적용되지 않으므로 의원면직처분을 당연무효라고 할 수 없다.

④ 행정청은 법정 요건을 갖추지 못한 신고서가 제출된 경우에는 상당한 기간을 정하여 신고인에게 보완을 요구할 수 있다.

02 행정법의 법원(法源)에 대한 설명으로 옳은 것은? (다툼이 있는 경우 판례에 의함)

① 조세조약은 거주지국에서 주소, 거소, 본점이나 주사무소의 소재지 또는 이와 유사한 성질의 다른 기준에 의한 포괄적인 납세의무를 지는 자를 전제하고 있으므로, 거주지국에서 그러한 포괄적인 납세의무를 지는 자가 아니라면 원천지국에서 얻은 소득에 대하여 조세조약의 적용을 받을 수 없음이 원칙이다.

② 당초 유료도로였다가 무료도로로 된 양재~판교 간 경부고속국도 구간을 8차선 도로로 확장한 후 위 구간에 대하여 종전과 같이 다시 통행료를 징수하기로 한 한국도로공사의 고시는 자기구속의 법리에 반한다.

③ 관습법의 한계를 벗어난 재량권의 행사는 위법하다고 할 수 없다.

④ 신뢰보호는 절대적이고 어느 생활영역에서나 균일하게 보호되어야 하므로 개개의 사안마다 관련된 자유나 권리, 이익 등에 따라 보호의 정도와 방법이 다르다고 할 수 없다.

03 행정상 즉시강제에 대한 설명으로 옳지 않은 것은? (다툼이 있는 경우 판례에 의함)

① 「경찰관 직무집행법」 제6조 제1항은 "경찰관은 범죄행위가 목전에 행하여지려고 하고 있다고 인정될 때에는 이를 예방하기 위하여 관계인에게 필요한 경고를 발하고, 그 행위로 인하여 인명·신체에 위해를 미치거나 재산에 중대한 손해를 끼칠 우려가 있어 긴급을 요하는 경우에는 그 행위를 제지할 수 있다."라고 규정하고 있는데, 위 조항 중 경찰관의 제지에 관한 부분은 범죄의 예방을 위한 경찰 행정상 즉시강제에 관한 근거 조항이다.

② 술에 취한 상태로 인하여 자기 또는 타인의 생명·신체와 재산에 위해를 미칠 우려가 있는 피구호자에 대한 보호조치는 경찰 행정상 즉시강제에 해당한다.

③ 구 「윤락행위등방지법」 소정의 요보호여자에 해당한다면 그들을 경찰서 보호실에 유치하는 것은 영장주의에 위배되는 위법한 구금이라고 할 수 없다.

④ 대법원 판례는 헌법재판소 판례와 다르게 행정상 즉시강제에도 원칙적으로 영장주의가 적용되어야 한다고 한다.

04 국가배상제도에 대한 설명으로 옳지 않은 것은? (다툼이 있는 경우 판례에 의함)

① 「국가배상법」은 외국인이 피해자인 경우에는 해당 국가와 상호 보증이 있는 때에만 「국가배상법」이 적용된다고 규정하고 있는데, 상호보증은 외국의 법령, 판례 및 관례 등에 의하여 발생요건을 비교하여 인정되면 충분하고 반드시 당사국과의 조약이 체결되어 있을 필요는 없으며, 당해 외국에서 구체적으로 우리나라 국민에게 국가배상청구를 인정한 사례가 없더라도 실제로 인정될 것이라고 기대할 수 있는 상태이면 충분하다.

② 공무원의 불법행위에 따른 국가배상청구권의 소멸시효 기간이 지났으나 국가가 소멸시효 완성을 주장하는 것이 신의성실의 원칙에 반하는 권리남용으로 허용될 수 없어 배상책임을 이행한 경우, 원칙적으로 국가가 공무원에게 구상권을 행사할 수 없다.

③ 공무원이 직무상 불법행위를 한 경우에 국가 또는 공공단체만이 피해자에 대하여 「국가배상법」에 의한 손해배상책임을 부담할 뿐, 공무원 개인은 고의 또는 중과실이 있는 경우에도 피해자에 대하여 손해배상책임을 부담하지 않는 것으로 보아야 한다.

④ 직무집행과 관련하여 공상을 입은 군인 등이 먼저 「국가배상법」에 따라 손해배상금을 지급받은 다음 「보훈보상대상자 지원에 관한 법률」이 정한 보상금 등 보훈급여금의 지급을 청구하는 경우, 「국가배상법」에 따라 손해배상을 받았다는 이유로 그 지급을 거부할 수 없다.

05 강학상 인가에 대한 설명으로 옳지 않은 것은? (다툼이 있는 경우 판례에 의함)

① 구 「지역균형개발 및 지방중소기업 육성에 관한 법률」의 구 개발사업에 관한 지정권자의 실시계획승인처분은 강학상 인가에 해당한다.

② 재단법인 이사회의 정관변경 결의의 무효를 내세워 행정청의 정관변경 허가처분의 무효확인을 구하는 소는 소의 이익이 없다.

③ 학교법인의 이사선임행위가 불성립 또는 무효인 경우에는 비록 그에 대한 감독청의 취임승인이 있었다 하여도 이로써 무효인 그 선임행위가 유효한 것으로 될 수는 없다.

④ 구 「도시 및 주거환경정비법」 제20조 제3항 시장 등의 인가를 받지 못한 경우 조합의 변경된 정관은 효력이 없고, 시장 등이 변경된 정관을 인가하더라도 정관변경의 효력이 총회의 의결이 있었던 때로 소급하여 발생한다고 할 수 없다.

06 행정입법에 대한 설명으로 옳지 않은 것은? (다툼이 있는 경우 판례에 의함)

① 법령의 위임이 없음에도 법령에 규정된 처분 요건에 해당하는 사항을 부령에서 변경하여 규정한 경우에는 그 부령의 규정은 행정청 내부의 사무처리 기준 등을 정한 것으로서 행정조직 내에서 적용되는 행정명령의 성격을 지닐 뿐 국민에 대한 대외적 구속력은 없다고 보아야 한다.

② 시교육감이 '중학교 입학자격 검정고시 규칙'에 근거하여 만 12세 이상인 자를 대상으로 하는 '중학교 입학자격 검정고시 시행계획'을 공고하였는데, 초등학교에 재학하다가 취학의무를 유예받아 정원 외로 관리되던 만 9세인 甲이 응시원서를 제출하였다가 반려처분을 받은 사안에서, 위 '중학교 입학자격 검정고시 규칙' 제14조 제2호는 구 「초·중등교육법 시행령」 제96조 제2항의 위임 범위에서 벗어났다고 볼 수 없다.

③ 「지방공무원법」 제58조 제2항이 '사실상 노무에 종사하는 공무원'의 구체적인 범위를 조례로 정하도록 하였기 때문에, 「지방공무원법」 제58조 제1항의 '사실상 노무에 종사하는 공무원'에 해당되는 지방공무원이 단결권·단체교섭권 및 단체행동권을 원만하게 행사할 수 있도록 보장하기 위하여 그러한 공무원의 구체적인 범위를 조례로 제정할 헌법상 의무를 진다고 할 것이다.

④ 부령을 제정하려면 국무회의의 심의와 법제처의 심사를 거쳐야 한다.

07 행정대집행에 대한 설명으로 옳은 것은? (다툼이 있는 경우 판례에 의함)

① 건물의 점유자가 철거의무자일 때에는 건물철거의무에 퇴거의무도 포함되어 있는 것은 아니므로 별도로 퇴거를 명하는 집행권원이 필요하다.

② 구 「공유재산 및 물품 관리법」 제83조는 "정당한 사유 없이 공유재산을 점유하거나 이에 시설물을 설치한 때에는 「행정대집행법」 제3조 내지 제6조의 규정을 준용하여 철거 그 밖의 필요한 조치를 할 수 있다."라고 정하고 있는데, 위 규정은 대집행에 관한 개별적인 근거 규정을 마련함과 동시에 「행정대집행법」상의 대집행 요건 및 절차에 관한 일부 규정만을 준용한다는 취지에 그치는 것이므로 대체적 작위의무에 속하지 아니하여 원칙적으로 대집행의 대상이 될 수 없는 다른 종류의 의무에 대하여서까지 강제집행을 허용하는 취지이다.

③ 점유자들이 적법한 행정대집행을 위력을 행사하여 방해하는 경우 행정청은 직접 실력을 행사할 수 없으나 필요한 경우에는 「경찰관 직무집행법」에 근거한 위험발생 방지조치 또는 「형법」상 공무집행방해죄의 범행 방지 내지 현행범 체포의 차원에서 경찰의 도움을 받을 수도 있다.

④ 요양병원 건물 및 반출된 물품을 포함한 의료기기 등 일체에 대한 피고인들의 점유를 배제하고 그 점유를 이전받는 것에 있는데, 이러한 의무는 행정대집행의 대상이 된다.

08 행정행위의 하자에 대한 설명으로 옳지 않은 것은? (다툼이 있는 경우 판례에 의함)

① 선행처분인 개별공시지가결정이 위법하여 그에 기초한 개발부담금 부과처분도 위법하게 된 경우 그 하자의 치유를 인정하여 그 후 적법한 절차를 거쳐 공시된 개별공시지가결정이 종전의 위법한 공시지가결정과 그 내용이 동일하다는 사정만으로는 위법한 개별공시지가결정에 기초한 개발부담금 부과처분이 적법하게 된다고 볼 수 없다.

② 과세관청이 과세처분에 대한 이의신청절차에서 납세자의 이의신청 사유가 옳다고 인정하여 과세처분을 직권으로 취소한 경우, 특별한 사유 없이 이를 번복하고 종전과 동일한 처분을 하는 것이 위법하다.

③ 노선변경을 포함하는 운송사업의 사업계획변경인가처분의 하자는 치유될 수 있다.

④ 민원조정위원회 회의일정 등에 관한 사전통지의 흠결만을 이유로 건축신고 반려처분이 위법하다 할 수는 없고 행정기관의 장의 거부처분이 재량행위인 경우에, 위와 같은 사전통지의 흠결로 민원인에게 의견진술의 기회를 주지 아니한 결과 민원조정위원회의 심의과정에서 고려대상에 마땅히 포함시켜야 할 사항을 누락하는 등 재량권의 불행사 또는 해태로 볼 수 있는 구체적 사정이 있다면, 거부처분은 재량권을 일탈·남용한 것으로서 위법하다.

09 다음 사례에 대한 설명으로 옳지 않은 것은? (다툼이 있는 경우 판례에 의함)

> 서울시장은 서울시청 – 노량진 1개의 면허를 버스운송사업자 A에게 발급하기로 결정하고, 이 사실을 공고하였다. 이에 대해 같은 버스노선을 운행하고 있던 B가 행정쟁송을 제기하려 한다.

① B가 버스면허발급일로부터 「행정심판법」 제18조 제3항 본문 소정의 180일을 경과하여 행정심판을 제기하였다면 행정심판위원회는 각하재결을 한다.

② B는 이 사건 버스면허발급에 대해 취소를 구할 법률상 이익이 있다.

③ B가 청구한 행정심판이 기각된 경우 B는 원칙적으로 이 사건 버스면허발급처분의 취소를 구할 수밖에 없다.

④ B가 속한 전국고속버스운송사업조합은 이 사건 버스면허발급처분의 취소를 구할 원고적격이 없다.

10 다음 중 판례의 입장으로 옳지 않은 것은?

① 「하천법」 부칙 제2조에 의한 손실보상금의 지급을 구하거나 손실보상청구권의 확인을 구하는 소송은 민사소송이 아니라 「행정소송법」 제3조 제2호 소정의 당사자소송에 의하여야 한다.

② 국세징수권자의 과세처분이 취소되어 소급하여 그 효력을 상실하였다고 해서 이에 기한 국세체납처분에 의한 압류처분이 실효되어 당연무효가 된다고 할 수도 없으므로 그 압류로 인한 소멸시효중단의 효력도 사라지지 않는다.

③ 선행처분인 도시 · 군계획시설결정에 하자가 있는 경우, 그 하자가 후행처분인 실시계획인가에 승계된다.

④ 「의료법」의 목적 등을 종합하면, 불확정개념으로 규정되어 있는 「의료법」 제59조 제1항에서 정한 지도와 명령의 요건에 해당하는지, 나아가 요건에 해당하는 경우 행정청이 어떠한 종류와 내용의 지도나 명령을 할 것인지의 판단에 관해서는 행정청에 재량권이 부여되어 있다.

11 행정행위의 부관에 대한 설명으로 옳지 않은 것은? (다툼이 있는 경우 판례에 의함)

① 지방자치단체가 골프장사업계획승인과 관련하여 사업자로부터 기부금을 지급받기로 한 증여계약은 공무수행과 결부된 금전적 대가로서 그 조건이나 동기가 사회질서에 반하므로 「민법」 제103조에 의해 무효에 해당한다.

② 기속행위에도 요건을 충족하는 것을 조건으로 하는 정지조건부 부관을 붙일 수 있다.

③ 20년의 기한부 도로점용허가가 위법한 경우 20년의 기한은 독립적으로 항고소송의 대상은 아니나, 부관부 행정행위는 항고소송의 대상이 되므로 20년의 기한부 도로점용허가에 대해 취소소송을 제기할 수 있고, 20년이 위법인 경우 20년만을 법원은 취소할 수 있다.

④ 운송사업자에 대한 면허에 붙인 조건을 위반한 경우 감차 등이 따르는 사업계획변경명령(이하 '감차명령'이라 한다)을 할 수 있는데, 감차명령의 사유가 되는 '면허에 붙인 조건을 위반한 경우'에서 '조건'에는 운송사업자가 준수할 일정한 의무를 정하고 이를 위반할 경우 감차명령을 할 수 있다는 내용의 '부관'도 포함된다.

12 「행정심판법」상 행정심판에 대한 설명으로 옳지 않은 것은?

① 위원회는 처분, 처분의 집행 또는 절차의 속행 때문에 회복하기 어려운 손해를 예방하기 위하여 긴급한 필요가 있다고 인정할 때에는 직권으로 또는 당사자의 신청에 의하여 처분의 효력, 처분의 집행 또는 절차의 속행의 전부 또는 일부의 정지(이하 '집행정지'라 한다)를 결정할 수 있다.

② 거부처분은 취소심판, 무효등 확인심판, 의무이행심판의 대상이 될 수 있으나 실효성이 가장 큰 심판은 의무이행심판이다.

③ 행정심판위원회는 부작위가 위법 또는 부당하다고 인정하는 경우에도 이를 인용(認容)하는 것이 공공복리에 크게 위배된다고 인정하면 그 심판청구를 기각하는 재결을 할 수 있다.

④ 인용재결은 행정청을 기속하므로 행정청은 인용재결에 대해 항고소송을 제기할 수 없다.

13 행정상 손실보상에 대한 설명으로 옳지 않은 것은? (다툼이 있는 경우 판례에 의함)

① 공공용물에 관하여 적법한 개발행위 등이 이루어짐으로 말미암아 이에 대한 일정범위의 사람들의 일반사용이 종전에 비하여 제한받게 되었다 하더라도 특별한 사정이 없는 한 그로 인한 불이익은 손실보상의 대상이 되는 특별한 손실에 해당한다고 할 수 없다.

② 채권보상에는 임의적 채권보상과 의무적 채권보상이 있다.

③ 해당 공익사업과는 관계없는 다른 사업의 시행으로 인한 개발이익은 이를 포함한 가격으로 평가하여야 하고, 개발이익이 해당 공익사업의 사업인정고시일 후에 발생한 경우에도 마찬가지이다.

④ 사업시행자가 생활기본시설 설치의무를 부담해야 하는 이주대책대상자인지 여부를 판단하는 기준일은 「도시개발사업법」상 도시개발사업 인정의 고시일이다.

14 행정행위에 대한 설명으로 옳지 않은 것은? (다툼이 있는 경우 판례에 의함)

① 개발제한구역 내 건축물의 용도변경허가에 대한 사법심사는 법원이 사실인정과 관련 법규의 해석·적용을 통하여 일정한 결론을 도출한 후 그 결론에 비추어 행정청이 한 판단의 적법 여부를 독자의 입장에서 판정하는 방식에 의하게 된다.

② 원자로 건설허가처분이 있게 되면 원자로 및 관계 시설의 부지사전승인처분은 그 건설허가처분에 흡수되어 독립된 존재가치를 상실함으로써 그 건설허가처분만이 쟁송의 대상이 되는 것이므로, 부지사전승인처분의 취소를 구하는 소는 소의 이익을 잃게 된다.

③ 법무부장관은 난민인정 결정을 취소할 공익상의 필요와 취소로 당사자가 입을 불이익 등 여러 사정을 참작하여 취소 여부를 결정할 수 있는 재량이 있다.

④ 소관청이 토지대장상의 소유자명의변경신청을 거부한 행위는 이를 항고소송의 대상이 되는 행정처분이라고 할 수 없다.

15 행정소송의 피고적격에 대한 설명으로 옳지 않은 것은? (다툼이 있는 경우 판례에 의함)

① 저작권법령이 저작권 등록업무에 관한 권한을 저작권심의조정위원회에 위탁했다면 저작권심의조정위원회가 저작권등록처분에 대한 무효확인소송에서 피고적격을 가진다.

② 고용·산재보험료 납부의무 부존재확인의 소는 국민건강보험공단을 피고로 하여 제기하여야 한다.

③ SH공사가 택지개발사업 시행자인 서울특별시장으로부터 이주대책 수립권한을 포함한 택지개발사업에 따른 권한을 위임 또는 위탁받은 경우, 위 공사 명의로 이루어진 이주대책에 관한 처분에 대한 취소소송의 정당한 피고는 SH공사이다.

④ 취소소송에서 피고가 될 행정청이 없게 된 때에는 처분 등에 관한 사무가 귀속되는 국가 또는 공공단체를 피고로 한다.

16 다음 사례에 대한 설명으로 옳은 것은? (다툼이 있는 경우 판례에 의함)

> 「식품위생법」에 따르면 식품접객업자가 청소년에게 주류를 제공하는 행위는 금지되고, 이를 위반할 경우 관할 행정청이 영업허가 또는 등록을 취소하거나 6개월 이내의 기간을 정하여 그 영업의 전부 또는 일부를 정지할 수 있으며, 관할행정청이 영업허가 또는 등록의 취소를 하는 경우에는 청문을 실시하여야 한다.

① 대통령령인 「식품위생법 시행령」에 위반행위의 종류 및 위반 횟수에 따른 행정처분의 기준을 구체적으로 정하고 있는 경우에 이 행정처분기준은 행정기관 내부의 사무처리준칙을 규정한 것에 불과하여 법적 구속력이 인정되지 않는다.

② 행정처분의 상대방이 통지된 청문일시에 불출석했다면 청문절차를 생략할 수 있으므로 청문을 실시하지 아니한 침해적 행정처분은 위법하다고 볼 수 없다.

③ 행정청이 「식품위생법」 위반으로 영업허가를 취소하였다가 다시 직권으로 영업허가취소를 취소하였다면 영업허가는 별도의 처분 없이 살아난다.

④ 청소년에게 술을 팔았다는 이유로 행정청이 「식품위생법」 위반으로 영업허가를 취소했다면 이때 취소는 강학상 취소이다.

17 행정절차에 대한 설명으로 옳지 않은 것은? (다툼이 있는 경우 판례에 의함)

① 「행정절차법」제3조에 따르면 공무원 인사관계 법령에 의한 처분에 관한 사항은 「행정절차법」의 적용이 배제되는 것으로 보아야 하고, 이러한 법리는 '공무원 인사관계 법령에 의한 처분'에 해당하는 별정직 공무원에 대한 직권면직 처분의 경우에 사전통지와 의견청취절차는 면제된다.

② 감사원이 한국방송공사에 대한 감사를 실시한 결과 사장 甲에게 부실 경영 등 문책사유가 있다는 이유로 한국방송공사 이사회에 甲에 대한 해임제청을 요구하여 임용권자가 해임하는 경우 「행정절차법」의 사전통지와 의견청취절차는 적용된다.

③ 묘지공원과 화장장의 후보지를 선정하는 과정에서 서울특별시, 비영리법인, 일반 기업 등이 공동발족한 협의체인 추모공원건립추진협의회가 후보지 주민들의 의견을 청취하기 위하여 그 명의로 개최한 공청회는 개최에 관하여 「행정절차법」에서 정한 절차를 준수하여야 하는 것은 아니다.

④ 「행정절차법」에 따르면 행정청은 청문이 시작되는 날부터 7일 전까지 청문 주재자에게 청문과 관련한 필요한 자료를 미리 통지하여야 한다.

18 甲은 행정청 A가 보유·관리하는 정보 중 乙과 관련이 있는 정보를 사본 교부의 방법으로 공개하여 줄 것을 청구하였다. 이에 대한 설명으로 옳지 않은 것은? (다툼이 있는 경우 판례에 의함)

① A는 乙에게 정보공개가 청구되었음을 통지하여야 하며, 乙의 의견을 들을 것인지는 甲의 재량이다.

② A가 乙의 비공개 요청에도 불구하고 정보를 공개했다면 乙은 공개결정의 취소를 구하는 행정쟁송을 제기할 수 있다.

③ A가 정보공개를 거부했다면 甲은 거부의 취소와 더불어 집행정지 신청을 법원에 제기할 수 있다.

④ A가 정보공개를 거부하기에 앞서 甲에게 사전통지할 필요는 없으나 거부의 이유를 거부처분서에 명시해야 한다.

19 판례의 입장에 의할 때, 행정소송의 대상인 행정처분에 해당하지 않은 것만을 모두 고른 것은?

ㄱ. 다가구주택소유자의 분양신청에 대한 거부
ㄴ. 법관이 이미 수령한 명예퇴직수당액이 구 「법관 및 법원공무원 명예퇴직수당 등 지급규칙」에서 정한 정당한 수당액에 미치지 못한다고 주장하며 차액의 지급을 신청한 것에 대하여 법원행정처장의 거부
ㄷ. 감사원의 징계요구와 재심의 결정
ㄹ. 공무원이 소속 장관으로부터 받은 서면에 의한 경고
ㅁ. 「도로교통법」상 경찰서장의 통고처분

① ㄱ, ㄷ
② ㄹ, ㅁ
③ ㄴ, ㄷ, ㄹ, ㅁ
④ ㄴ, ㄷ, ㄹ

20 행정계획에 대한 설명으로 옳지 않은 것은? (다툼이 있는 경우 판례에 의함)

① 「택지개발촉진법」상 택지개발사업 시행자의 택지공급 방법결정행위는 행정처분이다.

② 「행정절차법」은 행정계획의 절차상에 관한 일반적인 규정이 없었으나 최근 「행정절차법」에 행정계획에 관한 규정이 도입되었다.

③ 행정주체가 행정계획을 결정함에 있어서 공익뿐 아니라 사익도 고려해야 한다.

④ 기획재정부장관이 2008. 8. 11.부터 2009. 3. 31.까지 사이에 6차에 걸쳐 공공기관 선진화 추진계획을 확정, 공표한 행위는 헌법소원심판의 대상이 되는 공권력 행사에 해당한다고 볼 수 없다.

전범위 모의고사

정답 및 해설 p.114

제한시간 : 14분 | 시작시각 ____시 ____분 ~ 종료시각 ____시 ____분　　　　나의 점수 _____

01 행정제재와 승계에 대한 설명으로 옳지 않은 것은? (다툼이 있는 경우 판례에 의함)

① 법률에 승계에 대한 규정이 없더라도 양도인의 법위반행위를 이유로 양수인에 대한 제재를 할 수 있으므로 제재사유가 승계될 수 있다는 것이 판례이다.

② 「식품위생법」 위반행위로 영업자가 영업을 양도하거나 법인이 합병되는 경우에는 종전의 영업자에게 행한 행정 제재처분의 효과는 그 처분기간이 끝난 날부터 1년간 양수인이나 합병 후 존속하는 법인에 승계되며, 행정제재처분 절차가 진행 중인 경우에는 양수인이나 합병 후 존속하는 법인에 대하여 행정제재처분 절차를 계속할 수 있다.

③ 「식품위생법」에 따르면 양수인이나 합병 후 존속하는 법인이 양수하거나 합병할 때에 그 처분 또는 위반사실을 알지 못하였음을 증명하는 때에는 재재처분은 승계되지 않는다.

④ 공장이 유해폐기물을 무단으로 공장 부지에 파묻어 폐기한 책임과 의사가 의료법을 위반한 행위에 대한 책임은 승계된다.

02 사인(私人)의 경제활동에 대한 행정청의 규제방식을 설명한 것으로 옳지 않은 것은? (다툼이 있는 경우 판례에 의함)

① 유료노인복지주택의 설치신고를 받은 행정관청은 그 유료노인복지주택의 시설 및 운용기준이 법령에 부합하는지와 설치신고 당시 부적격자들이 입소하고 있는지 여부를 심사할 수 있다.

② 구 「유통산업발전법」은 기존의 대규모점포의 등록된 유형 구분을 전제로 '대형마트로 등록 된 대규모점포' 일체를 규제 대상으로 삼고자 하는 것이 그 입법취지이므로 대규모점포의 개설 등록은 이른바 '수리를 요하는 신고'로서 행정처분에 해당한다.

③ 불특정 다수인을 대상으로 학습비를 받고 정보통신매체를 이용하여 원격평생교육을 실시하고자 하는 경우에는 누구든지 구 「평생교육법」 제22조 제2항에 따라 이를 신고하여야 하나, 형식적 요건을 모두 갖추었다고 하더라도 그 신고 대상이 된 교육이나 학습이 공익적 기준에 적합하지 않다는 등의 실체적 사유를 들어 신고의 수리를 거부할 수 있다.

④ 「식품위생법」에 의해 영업양도에 따른 지위승계신고를 수리하는 행정청의 행위는 단순히 양수인이 그 영업을 승계하였다는 사실의 신고를 접수한 행위에 그치는 것이 아니라 실질적으로 양도자의 사업허가 등을 취소함과 아울러 양수자에게 적법하게 사업을 할 수 있는 권리를 설정하여 주는 행위로서 사업허가자 등의 변경이라는 법률효과를 발생시키는 행위이다.

03 행정행위의 무효, 취소 및 철회에 대한 설명으로 옳은 것은? (다툼이 있는 경우에는 판례에 의함)

① 법령이 상대방의 신청 또는 동의를 필요적 절차로 규정하고 있는 경우 이를 결한 하자는 원칙적으로 취소사유에 해당한다.

② 위반행위에 대한 행정조치를 아무리 장기간 취하지 않은 채 방치하고 있었다고 할지라도 법률적합성의 원칙에 따라 행정청은 언제라도 행정행위를 철회할 수 있다.

③ 지방병무청장이 현역병입영대상편입처분을 보충역편입처분으로 변경한 다음, 다시 위 보충역편입처분을 취소한 경우 별도의 병역처분이 없더라도 종전의 현역병입영대상편입처분이 되살아난다.

④ 수익적 행정행위는 비록 하자가 있더라도 취소할 수 없는 경우가 있다.

04 행정행위의 부관에 대한 설명으로 옳은 것(○)과 옳지 않은 것(×)을 바르게 연결한 것은? (다툼이 있는 경우 판례에 의함)

> ㄱ. 기속행위 내지 기속적 재량행위인 건축허가를 하면서 법령상 아무런 근거 없이 일정 토지를 기부채납하도록 하는 내용의 허가조건을 붙인 경우, 이는 부관을 붙일 수 없는 건축허가에 붙인 부담이어서 무효이다.
>
> ㄴ. 부담부 행정처분에 있어서 처분의 상대방이 부담의무를 이행하지 아니한 경우에 처분행정청은 이를 이유로 해당 처분을 철회할 수 있다.
>
> ㄷ. 행정행위의 부관은 부담인 경우를 제외하고는 독립하여 행정소송의 대상이 될 수 없는바, 기부채납받은 행정재산에 대한 사용·수익허가에서 공유재산의 관리청이 정한 사용·수익허가의 기간에 대하여 독립하여 행정소송을 제기할 수 없다.
>
> ㄹ. 부담은 행정청이 행정처분을 하면서 일방적으로 부가할 수 있을 뿐 상대방과 협의하여 부담의 내용을 협약의 형식으로 미리 정한 다음 행정처분을 하면서 이를 부가할 수는 없다.

	ㄱ	ㄴ	ㄷ	ㄹ
①	○	×	○	○
②	○	○	○	×
③	×	○	○	×
④	○	×	○	×

05 기반시설부담금을 납부한 자가 구 「기반시설부담금에 관한 법률」 제17조 제1항의 사유에 해당하여 부담금을 환급할 때 지체 가산금을 환급하지 않자 이를 거부한 행정청의 행위에 대해 취소소송을 제기하였다. 이에 대한 설명으로 옳지 않은 것은? (다음 법조항을 전제로 함)

> 구 「기반시설부담금에 관한 법률」 제17조【부담금의 환급】① 건설교통부장관은 부담금을 납부한 자가 건축허가가 취소되거나 건축계획의 변경 기타 이에 준하는 사유로 인하여 허가의 대상면적이 감소된 때에는 그에 상당하는 부담금을 환급하여야 한다.

① 기반시설부담금 납부의무자의 환급신청에 대하여 행정청이 전부 또는 일부 환급을 거부하는 결정이 항고소송의 대상인 처분에 해당한다.

② 구 「기반시설부담금에 관한 법률」 제17조 제1항에 따라 부담금처분의 취소는 강학상 취소에 해당한다.

③ 원고가 당초 기반시설금 납부를 지체하여 피고 행정청이 가산금을 부과한 후 구 「기반시설부담금에 관한 법률」 제17조에 따라 부담금 환급에 있어서는 부담금환급금과 환급가산금을 지급할 의무가 있을 뿐이고, 나아가 당초 정당하게 징수한 지체가산금까지 환급할 의무는 없다고 봄이 타당하다.

④ 사례와 다르게 만약 당초 기반시설부담금 부과가 위법했다면 행정청은 납부의무자에게 기반시설부담금과 함께 지체가산금도 환급할 의무가 있다고 보아야 한다.

06 행정규칙에 대한 설명으로 옳지 않은 것은? (다툼이 있는 경우 판례에 의함)

① 대법원에 의하면, 이른바 법령보충적 행정규칙은 행정기관에 법령의 구체적 내용을 보충할 권한을 부여한 상위법령규정의 효력에 의해 대외적 효력을 갖게 된다.

② 대법원에 의하면, 법령보충적 행정규칙은 상위법령에서 위임한 범위 내에서만 대외적 효력을 갖는다.

③ 헌법재판소에 의하면, 헌법상 위임입법의 형식은 열거적이기 때문에, 국민의 권리·의무에 관한 사항을 고시 등 행정규칙으로 정하도록 위임한 법률 조항은 위헌이다.

④ 대법원에 의하면, 행정규칙은 원칙적으로 행정조직 내부에서만 효력을 가지지만 재량준칙인 행정규칙의 적용이 관행이 된 경우에는 그에 위반한 처분은 위법하게 될 수 있다.

07 단계적 행정결정에 대한 설명으로 가장 옳지 않은 것은? (다툼이 있는 경우 판례에 의함)

① 폐기물처리업 허가 전의 사업계획에 대한 부적정통보는 행정처분에 해당한다.

② 가행정행위인 선행처분이 후행처분으로 흡수되어 소멸하는 경우에도 선행처분의 취소를 구하는 소는 가능하다.

③ 구 「원자력법」상 원자로 및 관계 시설의 부지사전승인 처분은 그 자체로서 건설부지를 확정하고 사전공사를 허용하는 법률효과를 지닌 독립한 행정처분이다.

④ 행정청이 내인가를 한 후 이를 취소하는 행위는 별다른 사정이 없는 한 인가신청을 거부하는 처분으로 보아야 한다.

08 「공공기관의 정보공개에 관한 법률」상 정보공개에 대한 설명으로 옳은 것은?

① 정보의 공개 및 우송 등에 드는 비용은 공공기관이 부담한다.

② 공개하기로 결정된 정보로서 공개에 오랜 시간이 걸리지 아니하는 정보로서 즉시 또는 말로 처리가 가능한 정보의 경우, 정보공개 여부의 결정절차를 거쳐 공개하여야 한다.

③ 정보공개심의회는 위원장 1명을 포함하여 7명 이상 9명 이하의 위원으로 구성한다.

④ 공공기관은 정보공개의 청구를 받으면 그 청구를 받은 날부터 10일 이내에 공개 여부를 결정하여야 하고, 부득이한 사유로 그 기간 이내에 공개 여부를 결정할 수 없을 때에는 그 기간이 끝나는 날의 다음 날부터 기산하여 10일의 범위에서 공개 여부 결정기간을 연장할 수 있다.

09 「공공기관의 정보공개에 관한 법률」상 정보의 공개와 비공개에 대한 설명으로 옳지 않은 것은? (다툼이 있는 경우 판례에 의함)

① 정보공개에 관한 정책 수립 및 제도 개선에 관한 사항을 심의·조정하기 위하여 국무총리 소속으로 정보공개위원회를 둔다.

② 독립유공자서훈 공적심사위원회의 심의·의결 과정 및 그 내용을 기재한 회의록은 독립유공자 등록에 관한 신청당사자의 알 권리 보장과 공정한 업무수행을 위해서 공개되어야 한다.

③ 정보공개를 청구한 목적이 손해배상소송에 제출할 증거자료를 획득하기 위한 것이었고 그 소송이 이미 종결되었다 하더라도, 특별한 사정이 없는 한 그러한 정보공개청구는 권리남용에 해당한다고 볼 수 없다.

④ 방송프로그램의 기획·편성·제작 등에 관한 정보로서 방송사가 공개하지 아니한 것은, 사업활동에 의하여 발생하는 위해로부터 사람의 생명·신체 또는 건강을 보호하기 위하여 공개할 필요가 있는 정보나 위법·부당한 사업활동으로부터 국민의 재산 또는 생활을 보호하기 위하여 공개할 필요가 있는 정보를 제외하고는, 「공공기관의 정보공개에 관한 법률」 제9조 제1항 제7호에 정한 '법인 등의 경영·영업상 비밀에 관한 사항'에 해당한다.

10 행정의 실효성 확보수단에 대한 설명으로 옳지 않은 것은?

① 행정상 강제집행은 하명을 전제로 하나 행정상 즉시강제는 하명을 전제로 하지 않는다.

② 행정상 강제집행, 즉시강제, 가산금, 가산세, 과징금, 명단공표, 행정상 제재, 행정벌 모두 법률의 근거를 요하나 불가쟁력은 요하지 아니하며 이 중 고의 또는 과실을 요하는 것은 행정벌에 한정된다.

③ 행정상 강제집행과 즉시강제, 과징금, 가산세는 항고소송의 대상이 되는 처분에 해당하나, 가산금 고지, 명단 공표, 행정상 제재, 행정벌은 항고소송의 대상이 되는 처분이 아니다.

④ 행정상 강제집행 중 이행강제금을 제외한 대집행, 직접강제, 강제징수와 즉시강제는 직접적인 의무이행확보수단이라면, 가산금, 가산세, 과징금, 명단공표, 행정상 제재, 행정벌은 간접적인 의무이행확보수단이다.

11 과징금에 대한 설명으로 옳지 않은 것은?

① 과징금에 대한 불복절차는 「질서위반행위규제법」에 의한 과태료 불복절차와 동일하다.

② 과징금은 영업정지와 같은 제재적 처분으로 인한 국민의 불편 등을 고려하여 이에 갈음하여 부과하는 경우가 많다.

③ 원래 과징금은 「독점규제 및 공정거래에 관한 법률」상 의무 위반으로 인한 경제적 이익을 환수하기 위한 장치로 도입되었다.

④ 과징금은 재정수입의 확보보다는 위반행위에 대한 제재라는 성격이 강하게 나타난다.

12 행정법상 새로운 의무이행확보수단에 대한 설명으로 옳지 않은 것은? (다툼이 있는 경우 판례에 의함)

① 행정상의 공표는 행정법상의 의무 위반사항을 불특정 다수인이 주지할 수 있도록 알리는 사실행위로서, 개인의 명예심을 자극하여 행정법상의 의무이행을 간접적으로 확보하는 수단이다.

② 「국세기본법」에는 고액조세체납자의 명단공표에 관한 규정이 없다.

③ 일반적으로 과징금 부과처분을 하고자 하는 경우에 청문절차는 생략된다.

④ 「질서위반행위규제법」에 의하면 허가·인가 등을 요하는 사업을 경영하는 자로서 해당 사업과 관련된 질서위반행위로 부과받은 과태료를 3회 이상 체납하고 있고, 체납발생일부터 각 1년이 경과하였으며, 체납금액의 합계가 500만 원 이상인 체납자 중 대통령령으로 정하는 횟수와 금액 이상을 체납한 자로서 천재지변 등 특별한 사유 없이 과태료를 체납한 자에 대하여 행정청은 사업의 정지 또는 허가 등의 취소를 할 수 있다.

13 「공익사업을 위한 토지 등의 취득 및 보상에 관한 법률」의 토지취득절차에 대한 설명으로 옳은 것은?

① 사업시행자는 토지 등에 대한 보상에 관하여 토지소유자 및 관계인과 성실하게 협의하여야 하며, 사업시행자는 협의가 성립되었을 때에는 토지소유자 및 관계인과 계약을 체결하여야 한다.

② 협의가 성립되지 아니하거나 협의를 할 수 없을 때에는 사업시행자는 사업인정고시가 된 날부터 1년 이내에 대통령령으로 정하는 바에 따라 행정법원에 재결을 신청할 수 있다.

③ 사업인정고시가 된 후 협의가 성립되지 아니하였을 때에는 사업시행자는 대통령령으로 정하는 바에 따라 서면으로 토지소유자에게 재결을 신청할 것을 청구할 수 있다.

④ 수용재결신청을 청구를 받았을 때에는 그 청구를 받은 날부터 30일 이내에 대통령령으로 정하는 바에 따라 관할 토지수용위원회에 재결을 신청하여야 한다.

14 행정쟁송에 대한 설명으로 옳지 않은 것은?

① 「행정심판법」과 「행정소송법」에서 처분의 개념은 동일하나, 대상이 되는 처분의 범위는 다르다.

② 행정심판의 재결은 어떤 경우에도 행정심판의 대상이 될 수 없으나, 행정소송에서는 그 대상이 될 수 있다.

③ 처분의 취소를 구하는 항고소송 중 행정심판에서 기각재결이 나오면 항고소송은 소의 이익이 상실되나, 행정심판에서 인용재결이 나오면 항고소송에는 영향을 주지 않는다.

④ 「행정심판법」은 불고불리원칙을 규정하여 당사자주의를 도입하고 있으나, 「행정소송법」은 이를 규정하지 않고 「민사소송법」을 준용하여 당사자주의를 수용하고 있다.

15 취소소송의 제소기간에 대한 판례의 내용으로 옳은 것은?

① 취소소송의 제소기간 기산점으로 「행정소송법」 제20조 제1항이 정한 '처분 등이 있음을 안 날'은 유효한 행정처분이 있음을 안 날을, 제2항이 정한 '처분 등이 있는 날'은 그 행정처분이 성립한 날을 각 의미한다.

② 「행정소송법」상 취소소송에서 청구취지를 변경하여 구소가 취소되고 새로운 소가 제기된 것으로 변경된 경우, 새로운 소에 대한 제소기간의 준수 등은 원칙적으로 구소가 제기된 때를 기준으로 하여야 한다.

③ 공정거래위원회의 처분에 대하여 불복의 소를 제기하였다가 청구취지를 추가하는 경우, 추가된 청구취지에 대한 제소기간 준수는 원칙적으로 처음의 소가 제기된 때를 기준으로 판단하여야 한다.

④ 제소기간 내에 적법하게 제기된 선행처분에 대한 취소소송 계속 중에 행정청이 선행처분서 문언의 일부 오기를 정정할 수 있음에도 선행처분을 직권취소하고 실질적으로 동일한 내용의 후행처분을 함으로써 두 처분 사이에 밀접한 관련성이 있고 선행처분에 존재한다고 주장되는 위법사유가 후행처분에도 존재할 수 있는 관계인 경우, 후행처분의 취소를 구하는 소변경의 제소기간 준수 여부는 따로 따질 필요가 없다.

16 행정소송에서의 제3자에 대한 설명으로 옳은 것은?

① 거부처분의 취소판결에 의해 비로소 법률상 이익을 침해받는 제3자도 소송에 참가할 수 있다.

② 자기에게 책임 없는 사유로 소송에 참가하지 못함으로써 판결의 결과에 영향을 미칠 공격 또는 방어방법을 제출하지 못한 제3자에게는 처분 등을 취소하는 확정판결은 효력이 없다.

③ 법원의 집행정지결정은 피고인 행정청을 기속하나 제3자에 대해서는 그 효력이 없다.

④ 처분 등을 취소하는 판결에 의하여 권리 또는 이익의 침해를 받은 제3자라면 확정된 종국판결에 대하여 재심의 청구를 할 수 있다.

17 「행정절차법」상 행정절차에 대한 설명으로 가장 옳은 것은? (다툼이 있는 경우 판례에 의함)

① 「군인사법」상 보직해임처분은 해당 행정작용의 성질상 행정절차를 거치기 곤란하거나 불필요하다고 인정되는 사항 또는 행정절차에 준하는 절차를 거친 사항에 해당하므로, 처분의 근거와 이유제시 등에 관한 「행정절차법」의 규정이 별도로 적용되지 않는다.

② 고시의 방법으로 불특정 다수인을 상대로 의무를 부과하거나 권익을 제한하는 처분의 경우, 그 상대방에게 의견제출의 기회를 주어야 한다.

③ 행정청은 침익적 처분을 하는 경우 처분하려는 원인이 되는 사실과 처분의 내용 및 법적 근거와 이에 대하여 의견을 제출할 수 있다는 뜻과 의견제출기한 등을 당사자 등에게 사전 통지하여야 하고, 여기서 의견제출기한은 의견제출에 필요한 상당한 기간을 고려하여 정하여야 한다.

④ 인허가 등을 취소하는 경우에는 개별 법령상 청문을 하도록 하는 근거 규정이 없고 의견제출기한 내에 당사자 등의 신청이 없는 경우에도 청문을 하여야 한다.

18 사정판결에 대한 설명으로 옳지 않은 것은? (다음 법조문 참조)

> 「행정소송법」제28조 【사정판결】① 원고의 청구가 이유 있다고 인정하는 경우에도 처분 등을 취소하는 것이 현저히 공공복리에 적합하지 아니하다고 인정하는 때에는 법원은 원고의 청구를 기각할 수 있다. 이 경우 법원은 그 판결의 주문에서 그 처분 등이 위법함을 명시하여야 한다.
> ② 법원이 제1항의 규정에 의한 판결을 함에 있어서는 미리 원고가 그로 인하여 입게 될 손해의 정도와 배상방법 그 밖의 사정을 조사하여야 한다.
> ③ 원고는 피고인 행정청이 속하는 국가 또는 공공단체를 상대로 손해배상, 제해시설의 설치 그 밖에 적당한 구제방법의 청구를 당해 취소소송 등이 계속된 법원에 병합하여 제기할 수 있다.

① 「행정소송법」제28조에서 정한 사정판결의 요건이 충족되었는지는 엄격하게 판단하여야 한다.

② 원고는 「행정소송법」제28조 제3항에 따라 손해배상, 제해시설의 설치 그 밖에 적당한 구제방법의 청구를 병합하여 제기할 수 있으므로, 당사자가 이를 간과하였음이 분명하다면 법원은 사정판결을 함에 있어서 적절하게 석명권을 행사하여 그에 관한 의견을 진술할 수 있는 기회를 주어야 한다.

③ 원고의 청구가 이유 있다고 인정하는 경우에도 처분 등을 무효로 하는 것이 현저히 공공복리에 적합하지 아니하다고 인정하는 때에는 법원은 원고의 청구를 기각할 수 있다.

④ 관악구청장의 처분이 위법하나 이를 취소하는 것이 현저히 공공복리에 적합하지 아니하다고 인정하는 때, 원고는 관악구를 상대로 손해배상, 제해시설의 설치 그 밖에 적당한 구제방법의 청구를 당해 취소소송 등이 계속된 법원에 병합하여 제기할 수 있다.

19 「행정소송법」상 당사자소송에 대한 설명으로 옳은 것(○)과 옳지 않은 것(×)을 바르게 표시한 것은? (다툼이 있는 경우 판례에 의함)

> ㄱ. 재개발조합은 공법인이므로 재개발조합과 조합장 사이의 선임·해임 등을 둘러싼 법률관계는 공법상 법률관계이고 그 조합장의 지위를 다투는 소송은 공법상 당사자소송이다.
> ㄴ. 당사자소송이 부적법하여 각하된다고 하여 그에 병합된 관련청구소송까지 각하되어야 하는 것은 아니다.
> ㄷ. 「광주민주화운동관련자 보상 등에 관한 법률」에 의하여 관련자 및 유족들이 갖게 되는 보상금 등의 지급을 구하는 소송은 당사자소송의 형식으로 제기할 수 있다.
> ㄹ. 당사자소송에 대하여는 「민사집행법」상 가처분에 관한 규정이 준용될 수 없다.
> ㅁ. 법원이 당사자소송을 취소소송으로 변경하는 것을 허가한 경우, 그 제소기간은 처음에 당사자소송을 제기한 시점을 기준으로 계산한다.

	ㄱ	ㄴ	ㄷ	ㄹ	ㅁ
①	○	×	○	×	○
②	×	○	×	○	×
③	×	×	○	×	○
④	○	○	×	○	×

20 손실보상의 근거규정이 없는 경우, 법령상 규정에 의하여 재산권 행사에 제약을 받은 사람의 권리구제에 대한 설명으로 옳지 않은 것은?

① 위헌무효설은 "공공필요에 의한 재산권의 수용·사용 또는 제한 및 그에 대한 보상은 법률로써 하되, 정당한 보상을 지급하여야 한다."라는 헌법 제23조 제3항을 불가분조항으로 보나, 직접효력설에 따르면 헌법 제23조 제3항의 수용·사용·제한규정과 보상규정은 불가분조항이 아니다.

② 분리이론에 따르면 재산권의 제한규정은 있으나 보상규정이 없음에도 특별한 희생이 발생하는 경우 헌법 제23조 제3항의 공용침해가 된다.

③ 대법원 판례에 따르면, 물건 또는 권리 등에 대한 손실보상액 산정의 기준이나 방법에 관하여 구체적으로 정하고 있는 법령의 규정이 없는 경우, 그 성질상 유사한 물건 또는 권리 등에 대한 관련 법령상의 손실보상액 산정의 기준이나 방법에 관한 규정을 유추적용할 수 있다.

④ 헌법재판소는 재산권의 제한이 특별한 희생에 해당하는 경우에 보상규정을 두지 않는 것은 위헌이라고 하면서도 단순위헌이 아닌 헌법불합치결정을 하였다.

제한시간 : 14분 | 시작시각 ___시 ___분 ~ 종료시각 ___시 ___분   나의 점수 _____

01 행정법의 법원(法源)에 대한 설명으로 옳지 않은 것은? (다툼이 있으면 판례에 의함)

① 세계적으로 양심적 병역거부권의 보장에 관한 국제관습법이 형성되었다고 할 수 없어 양심적 병역거부가 일반적으로 승인된 국제법규로서 우리나라에 수용될 수는 없다.

② 농업협동조합이나 농업협동조합중앙회의 업무 및 재산에 대하여 부과금 면제를 규정한 구 「농업협동조합법」 제8조가 농지보전부담금 부과에 관한 구 「농지법」 제38조 제1항의 특별법이다.

③ 국가기본도상의 해상경계선은 행정관습법에 해당한다.

④ 수익적 행정행위가 위법하더라도 이에 대한 신뢰보호가 성립될 수 있다.

02 공권과 공의무의 승계에 관한 설명으로 옳지 않은 것은? (다툼이 있는 경우 판례에 의함)

① 체육시설에 관한 영업의 양도로 영업주체가 변경된 경우, 회원 모집 당시의 기존 회원의 권익에 관한 약정은 변경된 것으로 볼 수 있다.

② 당초에 어떠한 시설이 「체육시설의 설치·이용에 관한 법률」 제27조 제2항에서 정한 체육필수시설에 해당하였지만 본래 용도에 따른 기능을 상실하여 이를 이용해서 종전 체육시설업을 영위할 수 없는 정도에 이르렀고 체육시설업의 영업 실질이 남아 있지 않게 된 경우, 그 시설은 더는 체육필수시설에 해당한다고 볼 수 없고, 이러한 시설이 위 제27조 제2항에서 정한 절차에 따라 매각된다고 해도 그 매수인은 기존 체육시설업자의 회원에 대한 권리·의무를 승계한다고 볼 수도 없다.

③ 회사합병이 있는 경우 피합병회사의 권리·의무는 사법상의 관계나 공법상의 관계를 불문하고 모두 합병으로 인하여 존속한 회사에 승계되는 것이 원칙이다.

④ 「폐기물관리법」 제64조 제6호에서는 "거짓이나 그 밖의 부정한 방법으로 제25조 제3항에 따른 폐기물처리업 허가를 받은 자는 5년 이하의 징역이나 5천만 원 이하의 벌금에 처한다."라고 규정하고 있는데, 이미 허가를 받은 기존의 폐기물처리업을 양수하여 그 권리·의무의 승계를 신고하는 자에 대해서는 위 제6호 위반죄로 처벌할 수 없다.

03 행정행위의 하자에 대한 설명으로 옳은 것은? (다툼이 있는 경우 판례에 의함)

① 무효와 취소의 구분기준에 관한 명백성보충요건설에 의하면 무효판단의 기준에 명백성 요건이 추가되므로 중대명백설보다 무효의 인정범위가 좁아지게 된다.

② 절차상 또는 형식상 하자로 인하여 무효인 행정처분이 있은 후 행정청이 관계 법령에서 정한 절차 또는 형식을 갖추어 다시 동일한 행정처분을 하였다면, 당해 행정처분은 종전의 무효인 행정처분과 관계없이 새로운 행정처분이라고 보아야 한다.

③ 적법한 건축물에 대해 하자가 중대·명백한 철거명령이 행해진 경우, 이를 전제로 행하여진 후행행위인 건축물철거대집행 계고처분은 당연무효라 할 수 없다.

④ 하자승계의 차원에서 선행행위의 하자를 이유로 후행행위를 다툴 수 있을 뿐만 아니라, 후행행위의 하자를 이유로 선행행위를 다투는 것도 가능하다.

04 다른 법률행위를 보충하여 그 법적 효력을 완성시키는 행위에 대한 설명으로 옳은 것은? (다툼이 있는 경우 판례에 의함)

① 「도시 및 주거환경정비법」 등 관련 법령에 근거하여 행하는 조합설립 인가처분은 설권적 처분의 성격을 갖는 것이 아니라 사인들의 조합설립행위에 대한 보충행위로서의 성질을 갖는 것에 그친다.

② 「도시 및 주거환경정비법」상 주택재건축조합이 수립하는 관리처분계획에 대한 행정청의 인가는 관리처분계획의 법률상 효력을 완성시키는 보충행위로서의 성질을 갖는다.

③ 「도시 및 주거환경정비법」상 재개발조합설립인가신청에 대하여 행정청의 조합설립인가처분이 있은 이후에 조합설립 동의에 하자가 있음을 이유로 재개발조합설립의 효력을 부정하려면 조합설립 동의의 효력을 소의 대상으로 하여야 한다.

④ 구 「자동차관리법」상 자동차관리사업자로 구성하는 사업자단체인 조합설립인가에 관하여 인가권자인 국토해양부장관 또는 시·도지사는 설립인가 요건을 충족하는 경우에는 인가하여야 한다.

05 준법률행위적 행정행위에 대한 설명으로 옳지 않은 것은? (다툼이 있는 경우 판례에 의함)

① 인감증명행위는 인감증명청이 적법한 신청이 있는 경우에 인감대장에 이미 신고된 인감을 기준으로 출원자의 현재 사용하는 인감을 증명하는 것으로서, 출원자에게 어떠한 권리가 부여되거나 변동 또는 상실되는 효력을 발생하게 된다.

② 구 「교통안전공단법」에 분담금 납부의무자에 대하여 한 분담금 납부통지는 행정처분이다.

③ 의료유사업자 자격증 갱신발급행위는 의료유사업자의 자격을 부여 내지 확인하는 것은 아니라 그 자격의 존재를 증명하는 공증행위이다.

④ 토지대장상의 소유자명의변경신청을 거부하는 행위는 항고소송의 대상이 되는 행정처분이라고 할 수 없다.

06 행정지도에 대한 설명으로 옳지 않은 것은? (다툼이 있으면 판례에 의함)

① 행정청은 행정지도 전에 행정지도할 내용을 상대방에게 사전통지하고 의견을 청취하여야 한다.

② 주주가 주식매각의 종용을 거부한다는 의사를 명백하게 표시하였음에도 불구하고, 집요하게 위협적인 언동을 함으로써 그 매각을 강요하였다면 이는 위법한 강박행위에 해당하므로 정부의 재무부 이재국장 등이 ○○그룹 정리방안에 따라 신한투자금융주식회사의 주식을 주식회사 제일은행에게 매각하도록 종용한 행위가 행정지도에 해당되어 위법성이 조각된다고 할 수 없다.

③ 교육인적자원부장관의 대학총장들에 대한 학칙시정요구는 대학총장의 임의적인 협력을 통하여 사실상의 효과를 발생시키는 행정지도의 일종이지만, 그에 따르지 않을 경우 일정한 불이익조치를 예정하고 있어 사실상 상대방에게 그에 따를 의무를 부과하는 것과 다를 바 없으므로 단순한 행정지도로서의 한계를 넘어 규제적·구속적 성격을 상당히 강하게 갖는 것으로서 헌법소원의 대상이 되는 공권력의 행사라고 볼 수 있다.

④ 위법한 행정지도로 상대방에게 일정기간 어업권을 행사하지 못하는 손해를 입힌 행정기관이 '어업권 및 시설에 대한 보상 문제는 관련 부서와의 협의 및 상급기관의 질의, 전문기관의 자료에 의하여 처리해야 하므로 처리기간이 지연됨을 양지하여 달라'는 취지의 공문을 보낸 사유만으로 자신의 채무를 승인한 것으로 볼 수 없다.

07 다음은 「식품위생법」과 같은 법 시행규칙의 일부분이다. 「식품위생법 시행규칙」 제89조, [별표 23]과 같은 행정처분의 기준의 효력에 대한 대법원의 입장으로 옳지 않은 것은?

> 「식품위생법」 제75조 【허가취소 등】 ① 식품의약품안전처장 또는 특별자치시장·특별자치도지사·시장·군수·구청장은 영업자가 다음 각 호의 어느 하나에 해당하는 경우에는 대통령령으로 정하는 바에 따라 영업허가 또는 등록을 취소하거나 6개월 이내의 기간을 정하여 그 영업의 전부 또는 일부를 정지하거나 영업소 폐쇄(제37조 제4항에 따라 신고한 영업만 해당한다)를 명할 수 있다.
> ②~③ (생략)
> ④ 제1항 및 제2항에 따른 행정처분의 세부기준은 그 위반 행위의 유형과 위반 정도 등을 고려하여 총리령으로 정한다.
>
> 「식품위생법 시행규칙」 제89조 【행정처분의 기준】 법 제71조, 법 제72조, 법 제74조부터 법 제76조까지 및 법 제80조의 따른 행정처분의 기준은 [별표 23]과 같다.
>
> ※ 시행규칙 [별표 23] 행정처분기준(제89조 관련)

위반사항	근거법령	행정처분기준		
		1차 위반	2차 위반	3차 위반
10. 법 제44조 제1항을 위반한 경우 가. 식품접객업자의 준수사항(별표 17 제7호 자목·파목·머목 및 별도의 개별처분기준이 있는 경우는 제외한다)의 위반으로서 1) 별표 17 제7호 타목 1)을 위반한 경우	법 제71조 및 법 제75조	영업정지 1개월	영업정지 2개월	영업허가 취소 또는 영업소 폐쇄

① 위와 같은 처분기준은 대외적으로 국민을 구속하거나 법원의 재판규범이 되는 것은 아니다.

② 1차 위반으로 영업정지 1개월의 처분을 받은 후 이에 대한 취소소송 계속 중 영업정지기간이 도과하였더라도 위 처분의 취소를 구할 소의 이익이 있다.

③ 관할 행정청이나 담당공무원은 위와 같은 행정처분의 기준을 준수할 의무가 있다.

④ 위와 같은 행정처분의 기준을 시행령으로 정하여도 대외적으로 국민이나 법원을 구속하는 힘이 없다.

08 「행정절차법」상 청문 주재자에 대한 설명으로 옳은 것은?

① 행정청은 소속 직원을 청문 주재자로 선정할 수 없다.

② 자신이 해당 처분업무를 직접 처리하거나 처리하였던 경우와는 달리, 자신이 해당 처분업무를 처리하는 부서에 근무하는 경우는 청문 주재자의 제척사유에 해당하지 아니한다.

③ 청문 주재자는 당사자 등의 전부 또는 일부가 정당한 사유로 청문기일에 출석하지 못하거나 의견서를 제출하지 못한 경우에는 상당한 기간을 정하여 이들에게 의견진술 및 증거제출을 요구하여야 하며, 해당 기간이 지났을 때에 청문을 마칠 수 있다.

④ 행정청은 청문이 시작되는 날부터 7일 전까지 청문 주재자에게 청문과 관련한 필요한 자료를 미리 통지하여야 한다.

09 이행강제금에 대한 설명으로 옳지 않은 것은?

① 헌법재판소는 이행강제금의 부과와 형사처벌은 헌법 제13조 제1항이 정하는 이중처벌금지 원칙에 반하는 것으로 보고 있다.

② 헌법재판소의 다수의견은 이행강제금과 대집행이 선택적으로 규정된 「건축법」 조항이 헌법상 과잉금지의 원칙에 반하지 않는 것으로 판단하고 있다.

③ 이행강제금 부과처분에 대해서는 법률의 규정 방식에 따라 행정소송으로 심리되거나, 비송사건절차로 심리될 수 있다.

④ 이행강제금이나 대집행 모두 개별법에 따른 시정명령이 선행하고 그 명령을 이행하지 않을 때 선택될 수 있는 수단이다.

10 「공공기관의 정보공개에 관한 법률」상 정보공개방법에 대한 설명으로 옳지 않은 것은?

① 공공기관은 청구인이 사본 또는 복제물의 교부를 원하는 경우에도 공개 대상 정보의 양이 너무 많아 정상적인 업무수행에 현저한 지장을 초래할 우려가 있으면 열람과 병행하여 제공할 수 있다.

② 공개 청구한 정보가 비공개 대상 정보에 해당하는 부분과 공개 가능한 부분이 혼합되어 있는 경우로서 공개 청구의 취지에 어긋나지 아니하는 범위에서 두 부분을 분리할 수 있는 경우에는 비공개 대상 정보에 해당하는 부분을 제외하고 공개하여야 한다.

③ 공공기관은 전자적 형태로 보유·관리하는 정보에 대하여 청구인이 전자적 형태로 공개하여 줄 것을 요청하는 경우에는 청구인의 요청에 따라야 하고, 전자적 형태로 보유·관리하지 아니하는 정보에 대하여 청구인이 전자적 형태로 공개하여 줄 것을 요청한 경우에는 전자적 형태로 변환하여 공개하여야 한다.

④ 공공기관은 정보를 공개하는 경우에 그 정보의 원본이 더럽혀지거나 파손될 우려가 있거나 그 밖에 상당한 이유가 있다고 인정할 때에는 그 정보의 사본·복제물을 공개할 수 있다.

11 행정상 즉시강제에 대한 설명으로 옳은 것은?

① 행정상 즉시강제는 대체적 작위의무의 불이행이 있는 경우에 행정청이 스스로 의무자가 행할 행위를 대신 수행하는 조치이다.

② 행정상 즉시강제는 실력 행사를 전제하기 때문에 그 공권력의 발동에 행정청의 재량을 인정하지 않고 있다.

③ 「경찰관 직무집행법」 제3조의 불심검문에 대해서는 행정상 즉시강제가 아니라 권력적 행정조사로 보는 견해가 일반적이다.

④ 위법한 즉시강제에 대해서는 즉시강제의 성격상 취소소송에 의한 구제는 가능하지 않으나 「국가배상법」에 근거한 손해배상에 의한 구제가 인정될 여지는 있다.

12 행정소송에 대한 설명으로 옳은 것은? (다툼이 있는 경우 판례에 의함)

① 원고는 행정심판에서 주장하지 아니한 사유를 추가 변경하는 경우 당초사유와 동일성이 있는 경우에 한해 허용된다.

② 행정처분의 상대방에게 행정심판전치주의가 적용되는 경우라도, 제3자가 제기하는 행정소송의 경우 제3자는 행정처분의 존재를 알지 못하고 행정심판에 대한 고지도 받지 못하게 되므로 행정심판전치주의가 적용되지 않는다.

③ 제3자가 제기하는 행정소송의 경우 제3자는 행정처분의 존재를 알지 못하고 행정심판에 대한 고지도 받지 못하게 되므로 「행정소송법」 제20조 제2항 단서의 정당한 사유에 해당한다.

④ 취소소송에 병합할 수 있는 당해 처분과 관련된 부당이득반환소송은 당해 처분의 취소를 선결문제로 하는 부당이득반환청구가 포함되고, 이러한 부당이득반환청구가 인용되려면 그 소송절차에서 판결에 의해 당해 처분이 취소되면 충분하지 않고 그 처분의 취소가 확정되어야 한다.

13 「행정조사기본법」의 내용으로 옳은 것은?

① 행정기관의 장은 법령 등에서 규정하고 있는 조사사항을 조사대상자로 하여금 스스로 신고하도록 하는 제도를 운영하여야 하고, 이에 따라 신고한 내용이 거짓의 신고라고 인정할 만한 근거가 있거나 신고내용을 신뢰할 수 없는 경우를 제외하고는 그 신고내용을 행정조사에 갈음하여야 한다.

② 행정기관의 장은 조사대상자가 자율적으로 행정조사사항을 신고·관리하고 스스로 법령준수사항을 통제하도록 하는 체제의 기준을 마련하여 고시하여야 하고, 국가와 지방자치단체는 행정사무의 효율적인 집행과 법령 등의 준수를 위하여 조사대상자의 자율관리체제 구축을 지원할 수 있다.

③ 행정기관의 장은 자율신고를 하는 자와 자율관리체제를 구축하고 자율관리체제의 기준을 준수한 자에 대하여는 법령 등으로 규정한 바에 따라 행정조사의 감면 또는 행정·세제상의 지원을 하는 등 필요한 혜택을 부여하여야 한다.

④ 행정기관의 장은 인터넷 등 정보통신망을 통하여 조사대상자로 하여금 자료의 제출 등을 하게 할 수 있고, 이를 통하여 자료의 제출 등을 받은 경우에는 조사대상자의 신상이나 사업비밀 등이 유출되지 아니하도록 제도적·기술적 보안조치를 강구하여야 한다.

14 「공익사업을 위한 토지 등의 취득 및 보상에 관한 법률」에 대한 설명으로 옳지 않은 것은?

① 이 법에 따라 토지 등을 수용하거나 사용할 수 있는 사업은 제4조(공익사업) 또는 [별표]에 규정된 법률에 따르지 아니하고는 정할 수 없다.

② 공익사업에 수용되거나 사용되고 있는 토지 등은 특별히 필요한 경우라면 다른 공익사업을 위하여 수용하거나 사용할 수 있다.

③ 사업시행자는 토지조서와 물건조서를 작성하였을 때에는 공익사업의 개요, 토지조서 및 물건조서의 내용과 보상의 시기·방법 및 절차 등이 포함된 보상계획을 전국을 보급지역으로 하는 일간신문에 공고하고, 토지소유자 및 관계인에게 각각 통지하여야 한다.

④ 사업시행자는 토지조서 및 물건조서의 내용과 보상의 시기·방법 및 절차 등이 포함된 보상계획을 공고나 통지를 하였을 때에는 그 내용을 20일 이상 일반인이 열람할 수 있도록 하여야 한다.

15 「행정심판법」과 「행정소송법」에 대한 설명으로 옳은 것은?

① 행정심판위원회는 이행명령재결에도 불구하고 처분을 하지 아니하는 경우에는 당사자가 신청하면 기간을 정하여 서면으로 시정을 명하고 그 기간에 이행하지 아니하면 직접처분을 하거나 즉시 직접처분 할 수 있다.

② 처분의 효력정지는 처분 등의 집행 또는 절차의 속행을 정지함으로써 목적을 달성할 수 있는 경우에는 허용되지 아니한다.

③ 법원은 집행정지로 목적을 달성할 수 없는 경우에 한해 임시처분을 할 수 있다.

④ 법원은 취소소송을 당해 처분 등에 관계되는 사무가 귀속하는 국가 또는 공공단체에 대한 당사자소송 또는 취소소송 외의 항고소송으로 변경하는 것이 상당하다고 인정할 때에는 청구의 기초에 변경이 없는 한 사실심의 변론 종결시까지 원고의 신청에 의하여 결정 또는 직권으로 소의변경을 허가할 수 있다.

16 「행정소송법」에 대한 설명으로 옳은 것은?

① 법원은 직권으로 또는 당사자의 신청이 있는 때에는 결정으로써 재결을 행한 행정청에 대하여 행정심판에 관한 기록의 제출을 명할 수 있다.

② 취소소송이 제기된 경우에 처분 등이나 그 집행 또는 절차의 속행으로 인하여 생길 회복하기 어려운 손해를 예방하기 위하여 긴급한 필요가 있다고 인정할 때에는 본안이 계속되고 있는 법원은 당사자의 신청 또는 직권에 의하여 처분 등의 효력이나 그 집행 또는 절차의 속행의 전부 또는 일부의 정지를 결정할 수 있다.

③ 법원은 행정청이 소송의 대상인 처분을 소가 제기된 후 변경한 때에는 직권으로 또는 원고의 신청에 의하여 결정으로써 청구의 취지 또는 원인의 변경을 허가할 수 있다.

④ 법원은 취소소송을 당해 처분 등에 관계되는 사무가 귀속하는 국가 또는 공공단체에 대한 당사자소송 또는 취소소송 외의 항고소송으로 변경하는 것이 상당하다고 인정할 때에는 청구의 기초에 변경이 없는 한 사실심의 변론종결시까지 직권으로 또는 원고의 신청에 의하여 결정으로써 소의 변경을 허가할 수 있다.

17 부작위법확인소송에 대한 설명으로 옳은 것은?

① 부작위법확인소송이 적법하려면 당사자에게 처분을 구할 신청권이 있어야 하고, 적법한 신청이 있어야 한다.

② 부작위법확인소송에서 본안판단은 소극적 처분이 위법인지 여부이므로 법원은 원고의 신청이 인용될 수 있는지 여부를 심리해야 한다.

③ 법원은 무효등확인소송이나 부작위법확인소송을 취소소송 또는 당사자소송으로 청구의 기초에 변경이 없는 한 사실심의 변론종결시까지 원고의 신청에 의하여 결정으로써 변경을 허가할 수 있다.

④ 신청인의 신청이 있으면 상당한 기간 내 행정청은 처분을 해야 하는데, 이때 상당한 기간은 「행정절차법」 제19조(행정청은 신청인의 편의를 위하여 처분의 처리기간을 종류별로 미리 정하여 공표하여야 한다)에 따른 처리기간 내를 의미한다.

18 다음 중 공법상 당사자소송에 해당하는 것을 모두 고르면? (다툼이 있는 경우 판례에 의함)

ㄱ. 부가가치세 환급청구소송
ㄴ. 지방자치단체가 보조금지급결정을 하면서 일정기한 내에 보조금을 반환하도록 하는 교부조건을 부가한 경우, 보조금을 교부받은 사업자에 대한 지방자치단체의 보조금반환청구소송
ㄷ. 「민주화운동 관련자 명예회복 및 보상 등에 관한 법률」에 따른 보상심의위원회의 보상금 등 지급기각결정을 다투는 소송
ㄹ. 공무원연금법령 개정으로 퇴직연금 중 일부 금액의 지급이 정지되어 미지급된 퇴직연금의 지급을 구하는 소송

① ㄱ, ㄴ, ㄷ
② ㄴ, ㄷ, ㄹ
③ ㄱ, ㄷ, ㄹ
④ ㄱ, ㄴ, ㄹ

19 행정행위에 대한 설명으로 옳지 않은 것은?

① 기본행위인 주택재개발정비사업조합이 수립한 사업시행계획에 대한 관할 행정청의 사업시행계획 인가처분은 설권적 처분이다.

② 기본행위인 주택재개발정비사업조합이 수립한 사업시행계획에 하자가 있는데 보충행위인 관할 행정청의 사업시행계획 인가처분에는 고유한 하자가 없는 경우, 사업시행계획의 무효를 주장하면서 곧바로 그에 대한 인가처분의 무효확인이나 취소를 구할 수 없다.

③ 과세관청이 세무조사결과통지 후 과세전적부심사 청구나 그에 대한 결정이 있기 전에 과세처분을 한 경우, 절차상 하자가 중대하고도 명백하여 과세처분이 무효이다.

④ 과세관청이 법인에 대하여 세무조사결과통지를 하면서 익금누락 등으로 인한 법인세 포탈에 관하여 조세범 처벌법 위반으로 고발 또는 통고처분을 한 경우, 세무조사결과통지 후 과세전적부심사 청구 또는 그에 대한 결정이 있기 전에 이루어진 소득금액변동통지는 절차상 하자가 중대하고도 명백하여 무효라고 봄이 타당하다.

20 항고소송에 대한 설명으로 옳지 않은 것은?

① 검찰총장의 경고처분의 성격 및 검사의 직무상 의무 위반의 정도가 중하지 않아 검사징계법에 따른 '징계 사유'에 해당하지 않더라도 징계처분보다 낮은 수준의 감독조치로서 '경고처분'을 할 수 있고 법원은 그것이 직무감독권자에게 주어진 재량권을 일탈·남용한 것이 라는 특별한 사정이 없는 한 이를 존중하는 것이 바람 직하다.

② 행정처분의 무효 확인 또는 취소를 구하는 소송계속 중 해당 행정처분이 기간의 경과 등으로 효과가 소멸 한 때에 처분이 취소되어도 원상회복은 불가능하더라 도 예외적으로 처분의 취소를 구할 소의 이익을 인정 할 수 있는 경우 및 그 예외 중 하나인 '그 행정처분과 동일한 사유로 위법한 처분이 반복될 위험성이 있는 경우'는 '해당 사건의 동일한 소송 당사자 사이에서' 반 복될 위험이 있는 경우만을 의미한다.

③ 항고소송을 제기한 원고가 본안소송에서 패소확정판 결을 받았더라도 집행정지결정의 효력이 소급하여 소 멸하지 않는다.

④ 폐기물 중간처분업체인 '甲 주식회사가 소각시설을 허 가받은 내용과 달리 설치하거나 증설한 후 허가받은 처분능력의 100분의 30을 초과하여 폐기물을 과다소 각했다'는 사유와 '甲 회사는 변경허가를 받지 않은 채 소각시설을 무단 증설하여 과다소각했다'는 사유는 동 일성이 인정된다.

제한시간 : 14분 | 시작시각 ___시 ___분 ~ 종료시각 ___시 ___분   나의 점수 _____

01 법률우위원칙과 법률유보원칙에 대한 설명으로 옳지 않은 것은?

① 법률에서 주민의 권리제한에 대한 위임이 없음에도 주민의 권리를 제한하는 조례는 법률우위원칙보다는 법률유보원칙에 위배된다.

② 행정규칙은 법률유보원칙과 법률우위원칙의 '법률'에 해당하지 않으나, 법률우위원칙은 행정규칙에 적용되고 법률유보원칙은 행정규칙에 적용되지 않는다.

③ 오늘날 법률유보의 범위는 확대되고 있으며, 법률유보란 행정권 발동은 조직법적 근거가 있어야 한다는 것이다.

④ 법률유보원칙이 적용되지 않는 행정지도 또는 비권력적 사실행위에도 조직법적 근거는 필요하다.

02 신고에 대한 설명으로 옳은 것은? (다툼이 있는 경우 판례에 의함)

① 축산물판매업 신고를 하는 경우 당연히 그 신고를 수리하여야 하고, 적법한 요건을 갖춘 신고의 경우에는 행정관청의 수리처분 등 별단의 조처를 기다릴 필요 없이 그 접수시에 신고로서의 효력이 발생하는 것이므로 그 수리가 거부되었다고 하여 미신고 영업이 되는 것은 아니라고 할 것이다.

② 주민등록의 대상이 되는 실질적 의미에서의 거주지인지 여부를 심사하기 위하여 「주민등록법」의 입법 목적과 주민등록의 법률상 효과 이외에 「지방자치법」 및 지방자치의 이념까지도 고려하여야 한다.

③ 일반적인 건축신고는 특별한 사정이 없는 한 행정청이 그 실체적 요건에 관한 심사를 한 후 수리하여야 하는 이른바 '수리를 요하는 신고'로 보는 것이 옳다.

④ 기존에 다른 사람이 숙박업 신고를 한 적이 있더라도 새로 숙박업을 하려는 자가 그 시설 등의 소유권 등 정당한 사용권한을 취득하여 법령에서 정한 요건을 갖추어 신고하였더라도, 행정청으로서는 특별한 사정이 없는 한 이를 수리하여야 하고, 단지 해당 시설 등에 관한 기존의 숙박업 신고가 외관상 남아 있다는 이유만으로 이를 거부할 수 있다.

6회

2022 해커스공무원 함남기 행정법 모의고사 Season 2

03 위헌·위법인 법령에 근거한 행정처분의 효력에 대한 판례의 태도로 옳지 않은 것은?

① 시행령의 규정이 위헌·위법하여 무효라고 선언한 대법원의 판결이 선고되기까지 그 위헌·위법 여부가 해석의 여지 없이 명백하다고 인정되지 않는 이상, 이에 근거한 행정처분의 하자는 취소사유에 불과하다.

② 행정처분이 있은 후에 처분의 근거법률이 위헌으로 결정된 경우, 그 처분의 집행이나 집행력을 유지하기 위한 행위는 위헌결정의 기속력에 위반되어 허용되지 않는다.

③ 행정처분이 있은 후에 근거법률이 위헌으로 결정된 경우에 취소소송의 제기기간을 경과하여 불가쟁력이 발생하였다 하더라도 위헌결정의 소급효가 미친다.

④ 대법원은 구 「택지소유 상한에 관한 법률」의 위헌결정일에 부담금의 물납허가처분의 이행을 위해 이루어진 등기촉탁은 무효라고 보았다.

04 甲 지방자치단체의 장인 乙은 甲 지방자치단체가 설립·운영하는 A 고등학교에 영상음악 과목을 가르치는 산학겸임교사로 丙을 채용하는 계약을 체결하였다. 그런데 계약기간 중에 乙은 일방적으로 丙에게 위 계약을 해지하는 통보를 하였다. 이에 대한 설명으로 옳은 것을 모두 고르면? (다툼이 있는 경우 판례에 의함)

> ㄱ. 丙을 채용하는 계약은 공법상 계약에 해당하므로, 계약해지 의사표시가 무효임을 다투는 당사자소송의 피고적격은 乙에게 있다.
>
> ㄴ. 丙이 계약해지 의사표시의 무효확인을 당사자소송으로 청구한 경우, 당사자소송은 항고소송과 달리 확인소송의 보충성이 요구되므로 그 확인소송이 권리구제에 유효적절한 수단이 될 때에 한하여 소의 이익이 있다.
>
> ㄷ. 乙의 계약해지 통보는 그 실질이 징계해고와 유사하므로 「행정절차법」에 의하여 사전통지를 하고, 그 근거와 이유를 제시하여야 한다.

① ㄱ   ② ㄴ

③ ㄱ, ㄷ   ④ ㄴ, ㄷ

05 행정행위의 불가쟁력에 대한 설명으로 옳은 것은?

① 행정행위에 불가쟁력이 발생하면 행정행위의 하자는 치유된다.

② 하명의 쟁송기간이 도과되어 불가쟁력이 발생한 경우 의무불이행에 대해 대집행이 허용된다.

③ 선행 행정행위와 후행 행정행위 모두가 불가쟁력이 발생해야 하자 승계문제가 발생한다.

④ 행정행위에 불가쟁력이 발생하여 쟁송취소가 불가능하게 되는 경우에도 행정행위로 인한 손해가 있다면 배상은 가능하다.

06 인·허가 의제에 대한 설명으로 옳은 것은? (다툼이 있으면 판례에 의함)

① 주된 인·허가에 관한 사항을 규정하고 있는 법률에서 주된 인·허가가 있으면 다른 법률에 의한 인·허가를 받은 것으로 의제한다는 규정을 둔 경우, 주된 인·허가가 있으면 다른 법률에 의하여 인·허가를 받았음을 전제로 하는 그 다른 법률의 모든 규정들까지 적용된다.

② 인·허가 의제에 관계 기관의 장과 협의가 요구되는 경우, 주된 인·허가를 하기 전에 의제되는 모든 인·허가 사항에 관하여 관계 기관의 장과 사전협의를 거쳐야 한다.

③ 주된 인·허가에 의해 의제되는 인·허가는 원칙적으로 주된 인·허가로 인한 사업을 시행하는 데 필요한 범위 내에서만 그 효력이 유지되므로, 주된 인·허가로 인한 사업이 완료된 이후에는 효력이 없다.

④ 「중소기업창업 지원법」에 따른 사업계획승인의 경우, 의제된 인·허가만 취소 내지 철회함으로써 사업계획에 대한 승인의 효력은 유지하면서 해당 의제된 인·허가의 효력만을 소멸시킬 수 없다.

07 단계적 행정결정에 대한 설명으로 가장 옳지 않은 것은? (다툼이 있는 경우 판례에 의함)

① 폐기물처리업 허가 전의 사업계획에 대한 부적정통보는 행정처분에 해당한다.

② 가행정행위인 선행처분이 후행처분으로 흡수되어 소멸하는 경우에도 선행처분의 취소를 구하는 소는 가능하다.

③ 구 「원자력법」상 원자로 및 관계 시설의 부지사전승인처분은 그 자체로서 건설부지를 확정하고 사전공사를 허용하는 법률효과를 지닌 독립한 행정처분이다.

④ 행정청이 내인가를 한 후 이를 취소하는 행위는 별다른 사정이 없는 한 인가신청을 거부하는 처분으로 보아야 한다.

08 「개인정보 보호법」상 '개인정보 보호의 원칙'에 대한 설명으로 옳지 않은 것은?

① 개인정보처리자는 개인정보 처리방침 등 개인정보의 처리에 관한 사항을 공개하여야 한다.

② 개인정보처리자는 개인정보를 익명 또는 가명으로 처리하여도 개인정보 수집목적을 달성할 수 있는 경우 익명처리가 가능한 경우에는 익명 또는 가명으로 처리될 수 있도록 하여야 한다

③ 개인정보처리자는 정보주체의 신뢰를 얻기 위하여 노력하여야 한다.

④ 개인정보처리자는 개인정보의 처리 목적에 필요한 범위에서 적합하게 개인정보를 처리하여야 하며, 그 목적 외의 용도로 활용하여서는 아니 된다.

09 「행정조사기본법」의 내용으로 옳지 않은 것은?

① '행정조사'란 행정기관이 정책을 결정하거나 직무를 수행하는 데 필요한 정보나 자료를 수집하기 위하여 현장조사·문서열람·시료채취 등을 하거나 조사대상자에게 보고요구·자료제출요구 및 출석요구를 행하는 활동을 말하며, 진술요구는 이에 포함되지 않는다.

② 행정조사를 행하는 '행정기관'이란 법령 및 조례·규칙에 따라 행정권한이 있는 기관과 그 권한을 위임 또는 위탁받은 법인·단체 또는 그 기관이나 개인을 말한다.

③ '조사원'이란 행정조사업무를 수행하는 행정기관의 공무원·직원 또는 개인을 말하고, '조사대상자'란 행정조사의 대상이 되는 법인·단체 또는 그 기관이나 개인을 말한다.

④ 행정조사에 관하여 다른 법률에 특별한 규정이 있는 경우를 제외하고는 「행정조사기본법」으로 정하는 바에 따른다.

10 「공공기관의 정보공개에 관한 법률」상 청구인이 정보공개와 관련한 공공기관의 결정에 대하여 불복이 있거나 정보공개 청구 후 20일이 경과하도록 정보공개결정이 없는 경우, 청구인의 불복구제절차에 대한 설명으로 옳지 않은 것은?

① 공공기관으로부터 정보공개 여부의 결정 통지를 받은 날 또는 정보공개 청구 후 20일이 경과한 날부터 30일 이내에 해당 공공기관에 문서로 이의신청을 할 수 있다.

② 「행정심판법」에서 정하는 바에 따라 행정심판을 청구할 수 있다.

③ 이의신청 절차를 거치지 아니하고는 행정심판을 청구할 수 없다.

④ 「행정소송법」에서 정하는 바에 따라 행정소송을 제기할 수 있고, 재판장은 필요하다고 인정하면 당사자를 참여시키지 아니하고 제출된 공개 청구 정보를 비공개로 열람·심사할 수 있다.

11 「건축법」상의 이행강제금에 대한 설명으로 옳지 않은 것은? (다툼이 있는 경우 판례에 의함)

① 시정명령을 받은 의무자가 시정명령에서 정한 기간을 지나서 시정명령을 이행한 경우, 이행강제금이 부과되기 전에 그 이행이 있었다 하더라도 시정명령상의 기간을 준수하지 않은 이상 이행강제금을 부과하는 것은 정당하다.

② 시정명령을 받은 의무자가 시정명령의 취지에 부합하는 의무를 이행하기 위한 정당한 방법으로 행정청에 신청 또는 신고를 하였으나 행정청이 위법하게 거부 또는 반려함으로써 그 처분이 취소된 경우, 시정명령의 불이행을 이유로 이행강제금을 부과할 수 없다.

③ 이행강제금 부과에 대한 불복절차로서 「비송사건절차법」이 적용되었던 구 「건축법」하에서, 행정청이 「건축법」 위반에 대한 이행강제금 부과처분을 함에 있어서 위반행위의 근거법규를 잘못 적시한 경우 관할법원은 직권으로 이를 바로잡아 이행강제금을 부과할 수 있다.

④ 이행강제금의 납부의무는 상속인 기타의 사람에게 승계될 수 없는 일신전속적인 성질의 것이므로, 이미 사망한 사람에게 이행강제금을 부과하는 내용의 처분이나 결정은 당연무효이다.

12 「행정절차법」상 송달에 대한 내용으로 옳은 것은?

① 송달은 송달받을 자의 주소·거소·영업소·사무소 또는 전자우편주소로 하여야 하므로, 송달받을 자가 동의한다고 해도 그를 만나는 장소에서 송달할 수는 없다.

② 송달은 다른 법령 등에 특별한 규정이 있는 경우를 제외하고는 해당 문서를 송달받을 자에게 발송함으로써 그 효력이 발생한다.

③ 송달받을 자의 주소 등을 통상적인 방법으로 확인할 수 없어 공고의 방법으로 송달하는 경우에는 다른 법령 등에 특별한 규정이 있는 경우를 제외하고는 공고일부터 14일이 지난 때에 그 효력이 발생한다.

④ 정보통신망을 이용하여 전자문서로 송달하는 경우에는 행정청이 지정한 컴퓨터 등에 입력된 때에 도달된 것으로 본다.

13 다음의 행정작용에 있어서 고의·과실의 요부(要否)에 대한 설명으로 옳지 않은 것은? (다툼이 있는 경우 판례에 의함)

① 행정형벌과 달리 행정질서벌은 의무위반자의 고의·과실이 없어도 부과할 수 있다.

② 징계사유에 해당하는 행위를 한 공무원에게 고의·과실 없어도 징계를 할 수 있다.

③ 행정법규 위반에 대하여 가하는 제재조치는 행정목적의 달성을 위하여 행정법규 위반이라는 객관적 사실에 착안하여 가하는 제재이므로, 위반자의 의무 해태를 탓할 수 없는 정당한 사유가 있는 경우 등의 특별한 사정이 없는 한 위반자에게 고의나 과실이 없다고 하더라도 부과될 수 있다.

④ 가산세는 납세자가 정당한 이유 없이 법에 규정된 신고·납세 등 각종 의무를 위반한 경우에 개별 세법이 정하는 바에 따라 부과되는 행정상의 제재로서 납세자의 고의·과실은 요건이 아니다.

14 행정상 손실보상에 대한 판례의 내용으로 옳은 것은?

① 구 「하천법」 부칙 제2조 제1항, 「하천편입토지 보상 등에 관한 특별조치법」 제2조 제2호에 의한 손실보상청구권은 종전의 「하천법」 규정 자체에 의하여 하천구역으로 편입되어 국유로 되었으나 그에 대한 보상규정이 없거나 보상청구권이 시효로 소멸되어 보상을 받지 못한 토지에 대하여, 국가가 반성적 고려와 국민의 권리구제 차원에서 손실을 보상하기 위하여 규정한 것으로서, 「하천법」이 원래부터 규정하고 있던 하천구역에의 편입에 의한 손실보상청구권과 달리 사법상의 권리이다.

② 국가가 진정한 소유자가 아닌 등기명의인을 하천 편입당시의 소유자로 믿고 손실보상금을 지급한 경우, 그 소유자라고 믿은 데에 과실이 없다면 국가는 진정한 소유자에 대한 손실보상금 지급의무를 면한다.

③ 국가가 과실 없이 하천 편입 당시의 진정한 소유자가 손실보상대상자임을 전제로 하여 손실보상금청구권이 자신에게 귀속되는 것과 같은 외관을 가진 자에게 손실보상금을 지급한 경우, 국가는 진정한 소유자에 대한 손실보상금 지급의무를 면한다.

④ 토지수용위원회의 수용재결이 있은 후에는 토지소유자와 사업시행자가 다시 협의하여 토지 등의 취득·사용 및 그에 대한 보상에 관하여 임의로 계약을 체결할 수 없다.

15 「부패방지 및 국민권익위원회의 설치와 운영에 관한 법률」의 내용으로 옳지 않은 것은?

① 국민권익위원회는 고충민원의 조사를 함에 있어서 필요하다고 인정하는 경우에는 조사사항과 관계있다고 인정되는 장소·시설 등에 대한 실지조사를 할 수 있다.

② 국민권익위원회는 고충민원을 처리함에 있어 행정기관과 신청인 또는 이해관계인에게 미리 의견제출의 기회를 주어야 한다.

③ 국민권익위원회로부터 시정의 권고나 제도개선의 권고를 받은 행정기관의 장은 이에 따라 시정하거나 개선에 반영하여야 한다.

④ 국민권익위원회는 고충민원의 조사·처리 과정에서 관계 행정기관 등의 직원이 고의 또는 중대한 과실로 위법·부당하게 업무를 처리한 사실을 발견한 경우, 감사원에 감사를 의뢰할 수 있다.

16 「행정소송법」의 행정청에 대한 설명으로 옳은 것은?

① 취소소송은 다른 법률에 특별한 규정이 없는 한 그 처분 등을 행한 행정청을 피고로 한다.

② 원고는 피고인 행정청을 상대로 손해배상, 제해시설의 설치 그 밖에 적당한 구제방법의 청구를 당해 취소소송 등이 계속된 법원에 병합하여 제기할 수 있다.

③ 처분 등을 취소하는 판결에 의하여 권리 또는 이익의 침해를 받은 행정청은 자기에게 책임 없는 사유로 소송에 참가하지 못함으로써 판결의 결과에 영향을 미칠 공격 또는 방어방법을 제출하지 못한 때에는 이를 이유로 확정된 종국판결에 대하여 재심의 청구를 할 수 있다.

④ 당사자소송은 행정청과 그 밖의 권리주체를 피고로 한다.

17 당사자소송에 대한 판례의 내용으로 옳은 것은?

① 구 「군인연금법」상 선순위 유족이 유족연금수급권을 상실함에 따라 동순위 또는 차순위 유족이 유족연금수급권의 이전청구를 한 것에 대하여 국방부장관의 거부결정이 있는 경우, 청구인은 정당한 유족연금수급권자라는 국방부장관의 심사·확인 결정 없이 곧바로 국가를 상대로 한 당사자소송으로 그 권리의 확인이나 유족연금의 지급을 소구할 수는 없다

② 甲 주식회사가 국책사업인 '한국형 헬기 개발사업'에 개발주관사업자 중 하나로 참여하여 국가 산하 중앙행정기관인 방위사업청과 '한국형헬기 민군겸용 핵심구성품 개발협약'을 체결한 경우, 위 협약은 사법상 법률관계에 해당하므로 이에 관한 분쟁은 행정소송이 아니라 민사소송으로 제기하여야 한다.

③ 甲 주식회사가 고용노동부가 시행한 '청년취업인턴제' 사업에 실시기업으로 참여하여 고용노동부로부터 사업에 관한 업무를 위탁받은 乙 주식회사와 청년인턴지원협약을 체결하고 인턴을 채용해 왔는데, 甲 회사는 30명의 인턴에 대하여 실제 약정 임금이 130만 원임에도 마치 150만 원을 지급한 것처럼 꾸며 乙 회사로부터 1인당 150만 원의 50%인 75만 원의 청년인턴지원금을 청구하여 지급받은 경우, 乙 회사의 甲 회사에 대한 협약에 따른 지원금 반환청구는 공법상 당사자소송의 대상이라고 보아야 한다.

④ 「도시 및 주거환경정비법」 제97조 제2항은 "시장·군수 등 또는 토지주택공사 등이 아닌 사업시행자가 정비사업의 시행으로 용도가 폐지되는 국가 또는 지방자치단체 소유의 정비기반시설은 사업시행자가 새로 설치한 정비기반시설의 설치비용에 상당하는 범위에서 그에게 무상으로 양도된다."라고 규정하고 있는데, 이에 따른 정비기반시설의 소유권 귀속에 관한 소송은 당사자소송이 아니라 민사소송에 해당한다.

18 국가배상청구송과 행정소송과의 관계에서 기판력에 대한 설명으로 옳은 것은?

① 항고소송의 수소법원은 국가배상청구소송에서 처분의 위법성 판단과 모순되는 판단을 할 수 없다.

② 항고소송에서 처분의 위법성 판단의 기판력이 국가배상청구소송에 미친다면 항고소송에서 처분이 취소된 경우 국가배상청구는 인용되어야 한다.

③ 항고소송의 위법성 판단보다 국가배상청구소송에서의 위법성 판단을 넓게 보는 견해에 따르면 항고소송의 인용판결은 국가배상청구소송에서 기판력이 미치나, 기각판결은 국가배상청구소송에서 기판력이 미치지 아니한다.

④ 사정판결은 원고의 청구를 기각하는 판결이므로 사정판결의 처분의 위법성 판단은 국가배상청구소송에서 기판력이 인정되지 않는다.

19 인허가 의제에 대한 설명으로 옳지 않은 것은?

① 어떤 개발사업의 시행과 관련하여 인허가의 근거 법령에서 절차간소화를 위하여 관련 인허가를 의제 처리할 수 있는 근거 규정을 둔 경우, 사업시행자가 인허가를 신청하면서 반드시 관련 인허가 의제 처리를 신청할 의무가 있다고 할 수 없다.

② 주무 행정청이 사업계획을 승인하기 전에 관계 행정청과 미리 협의한 사항에 한하여 사업계획승인처분을 할 때에 관련 인허가가 의제되는 효과가 발생할 뿐이다.

③ 「중소기업창업 지원법」 제35조 제1항, 제4항에서 정한 인허가 의제 제도의 입법 취지 및 관련 인허가 사항에 관한 사전 협의가 이루어지지 않은 채 「중소기업창업 지원법」 제33조 제3항에서 정한 20일의 처리기간이 지난 날의 다음 날에 사업계획승인처분이 이루어진 것으로 의제된 경우, 창업자는 관련 인허가를 관계 행정청에 별도로 신청하는 절차를 거쳐야 하는 것은 아니다.

④ 관련 인허가 사항에 관한 사전 협의가 이루어지지 않은 채 중소기업창업법 제33조 제3항에서 정한 20일의 처리기간이 지난 날의 다음 날에 사업계획승인처분이 이루어진 것으로 의제된다고 하더라도, 창업자는 중소기업창업법에 따른 사업계획승인처분을 받은 지위를 가지게 될 뿐이고 관련 인허가까지 받은 지위를 가지는 것은 아니다.

20 행정소송에 대한 설명으로 옳지 않은 것은?

① 법원의 판결에 당사자가 주장한 사항에 대한 구체적·직접적 판단이 표시되어 있지 않지만 판결 이유의 전반적인 취지로 주장의 인용 여부를 알 수 있는 경우 또는 실제로 판단을 하지 않았지만 주장이 배척될 것이 분명한 경우, 판단 누락의 위법이 있다고 할 수 없다.

② 과거의 법률관계는 이미 소멸했으므로 과거의 법률관계에 관하여 확인의 소는 허용되지 않는다.

③ 법원이 위헌정당 해산결정에 따른 법적 효과와 관련한 헌법과 법률의 해석·적용에 관한 사항을 판단해야 한다.

④ 명문의 규정이 없더라도 위헌정당 해산결정에 따른 효과로 위헌정당 소속 국회의원은 국회의원직을 상실한다고 보아야 한다.

전범위 모의고사

정답 및 해설 p.135

제한시간 : 14분 | 시작시각 ___시 ___분 ~ 종료시각 ___시 ___분

나의 점수 _____

01 통치행위에 대한 설명으로 옳은 것은? (다툼이 있는 경우 판례에 의함)

① 서훈취소는 대통령이 국가원수로서 행하는 행위로서 법원이 사법심사를 자제하여야 할 고도의 정치성을 띤 행위라고 볼 수 있다.

② 남북정상회담의 개최와 달리, 남북정상회담의 개최 과정에서 관련 장관에게 신고하지 아니하거나 협력사업 승인을 얻지 아니한 채 북한 측에 사업권의 대가 명목으로 송금한 행위는 사법심사의 대상이 된다.

③ 대통령의 비상계엄의 선포나 확대행위는 고도의 정치적·군사적 성격을 지니고 있는 행위이므로, 국헌문란의 목적을 달성하기 위하여 그 선포나 확대가 행하여진 경우에도 법원은 그 자체가 범죄행위에 해당하는지 여부에 관하여 심사할 수 없다.

④ 사면은 국가원수의 고유한 권한에 해당하나, 사법부의 판단을 변경하는 제도로서 권력분립의 원리에 반하므로 사법심사의 대상이 된다.

02 다음의 「민법」과 「국가배상법」의 조문을 참조하여 볼 때, 손해배상책임에 대한 설명으로 옳지 않은 것은? (다른 법에 따른 손해배상은 성립하지 않은 것을 전제로 함)

> 「민법」 제750조 【불법행위의 내용】 고의 또는 과실로 인한 위법행위로 타인에게 손해를 가한 자는 그 손해를 배상할 책임이 있다.
>
> 제756조 【사용자의 배상책임】 ① 타인을 사용하여 어느 사무에 종사하게 한 자는 피용자가 그 사무집행에 관하여 제3자에게 가한 손해를 배상할 책임이 있다. 그러나 사용자가 피용자의 선임 및 그 사무감독에 상당한 주의를 한 때 또는 상당한 주의를 하여도 손해가 있을 경우에는 그러하지 아니하다.

> 제758조 【공작물 등의 점유자, 소유자의 책임】 ① 공작물의 설치 또는 보존의 하자로 인하여 타인에게 손해를 가한 때에는 공작물점유자가 손해를 배상할 책임이 있다. 그러나 점유자가 손해의 방지에 필요한 주의를 해태하지 아니한 때에는 그 소유자가 손해를 배상할 책임이 있다.
>
> 「국가배상법」 제2조 【배상책임】 ① 국가나 지방자치단체는 공무원 또는 공무를 위탁받은 사인이 직무를 집행하면서 고의 또는 과실로 법령을 위반하여 타인에게 손해를 입히거나, 「자동차손해배상 보장법」에 따라 손해배상의 책임이 있을 때에는 이 법에 따라 그 손해를 배상하여야 한다.
>
> 제5조 【공공시설 등의 하자로 인한 책임】 ① 도로·하천, 그 밖의 공공의 영조물의 설치나 관리에 하자가 있기 때문에 타인에게 손해를 발생하게 하였을 때에는 국가나 지방자치단체는 그 손해를 배상하여야 한다. 이 경우 제2조 제1항 단서, 제3조 및 제3조의2를 준용한다.

① 한국토지주택공사의 불법행위에 대한 배상책임은 「국가배상법」 제2조 제1항이 아니라 「민법」 제750조가 적용된다.

② 「민법」 제756조 제1항 단서는 공무원의 불법행위에 적용되지 않으므로 국가가 공무원의 선임·감독에 상당한 주의를 한 때라도 국가의 배상책임이 면제되는 것은 아니다.

③ 국가공무원의 고의·중과실에 의한 위법행위로 손해가 발생한 경우 국가는 「국가배상법」 제2조에 의한 배상책임을 지고 공무원은 「민법」 제750조에 의한 배상책임을 지나, 국가공무원의 경과실에 의한 위법행위로 손해가 발생한 경우 「민법」 제750조의 공무원 개인의 배상책임은 인정되지 않고 국가만 「국가배상법」 제2조에 의한 배상책임을 질뿐이다.

④ 한국도로공사가 고속도로 관리상 하자로 손해를 입힌 경우 「국가배상법」 제5조의 영조물 설치·관리상 하자로 인한 배상책임이므로, 「민법」 제756조의 점유자 면책조항은 적용되지 않으므로 한국도로공사가 손해의 방지에 필요한 주의를 해태하지 아니한 때에도 손해를 배상할 책임이 있다.

03 공법상 계약에 대한 설명으로 옳은 것은? (다툼이 있는 경우 판례에 의함)

① 공법상 계약은 하자가 중대·명백하면 무효가 되나, 그렇지 않다면 취소되기 전까지 유효하다.

② 조달청장이 「조달사업에 관한 법률」 제5조의2 제1항 또는 제2항에 따라 수요기관으로부터 계약 체결을 요청받아 그에 따라 체결하는 계약은 조달청장이 아니라 국가가 당사자가 된다.

③ 구 「지방재정법」 제63조에 의하여 준용되는 「국가를 당사자로 하는 계약에 관한 법률」에 따라 지방자치단체가 시행한 입찰절차에서 낙찰자결정은 행정처분에 해당한다.

④ 국가는 계약의 상대방이 공법상 계약 의무를 이행하지 않은 경우, 자력집행을 통해 의무 이행을 실현할 수 있다.

04 공정력에 대한 설명으로 옳은 것은 모두 몇 개인가? (다툼이 있는 경우 판례에 의함)

ㄱ. 잘못된 감정평가에 따라 저렴한 가격으로 공매 결정된 경우 공매처분이 취소되지 않았다면 공매재산의 시가와 감정평가액과의 차액에 대한 손해배상은 인정되지 않는다.

ㄴ. 무효인 조례 규정에 터 잡은 행정지도에 따라 스스로 납세의무자로 믿고 자진신고 납부하였다 하더라도 부과처분에 따라 납부한 취득세는 부당이득으로 인정된다.

ㄷ. 과세처분에 따른 납세의무를 이행하지 않아 체납자 소유의 자동차가 압류된 경우 과세처분이 당연무효가 아니라면 반환을 청구할 수 없다.

ㄹ. 위법한 수용재결로 사업시행자가 이익을 얻었다고 하더라도 수용재결이 당연무효가 아닌 한 부당이득이 인정되지 않는다.

ㅁ. 파면처분이 당연무효가 아닌 취소사유가 있다면 당사자소송으로 공무원지위확인을 주장할 수 없다.

ㅂ. 과세처분이 취소 확정되어야 과세처분의 공정력이 제거되므로 부당이득이 인정되려면 확정판결로 과세처분의 취소가 확정되어야 한다.

① 2개   ② 3개

③ 4개   ④ 5개

05 행정행위의 철회에 대한 설명으로 옳지 않은 것은? (다툼이 있는 경우 판례에 의함)

① 「방송법」 제18조 제1항 제9호는 "방송사업자가 시정명령을 이행하지 아니한 때에는 과학기술정보통신부장관 또는 방송통신위원회가 소관 업무에 따라 방송사업허가를 취소할 수 있다."라고 규정하고 있는데, 이에 따른 취소는 강학상 철회에 해당한다.

② 철회 자체도 행정행위의 성질을 가지는 것이어서 「행정절차법」상 처분절차를 적용하여야 하며, 신뢰보호원칙이나 비례원칙과 같은 행정법의 일반원칙을 준수하여야 한다.

③ 관악구청장의 유흥접객업 영업허가에 철회사유가 존재하는 경우, 서울특별시장은 법적 근거가 없어도 그 영업허가를 철회할 수 있다.

④ 행정청은 침익적 행정처분을 자유롭게 철회할 수 있음이 원칙이나, 수익적 행정처분이나 제3자효 행정처분은 자유롭게 철회할 수 없다.

06 부관에 대한 설명으로 옳은 것은? (다툼이 있는 경우 판례에 의함)

① 부담이 위법한 경우 부담의 하자가 중대·명백하면 행정행위도 무효가 되나, 그렇지 않으면 부담만 취소된다.

② 대법원 판례에 의하면 행정처분에 붙은 부담과 부담이행으로 인한 사법(私法)상 행위는 별개의 법률행위로서 부담이 무효가 된다고 하더라도 부담 이행으로 인한 사법(私法)상 행위가 무효가 되지 않는다고 한다.

③ 대법원 판례에 의하면 행정처분에 붙은 부담인 부관이 제소기간의 도과로 확정되어 이미 불가쟁력이 생겼다면 그 하자가 중대하고 명백하여 당연 무효로 보아야 할 경우 외에는 누구나 그 효력을 부인할 수 없으므로 부담 이행으로 인한 사법(私法)상 행위에 대해서 그 효력을 다툴 수 없다.

④ 대법원 판례에 의하면 행정처분에 붙은 부담인 기부채납부관이 당연무효 또는 취소되지 않는 한, 기부채납은 부담인 기부채납부관의 공정력으로 부당이득이 되지 아니한다.

07 강학상 허가와 예외적 승인에 대한 설명으로 옳지 않은 것은?

① 치료목적의 마약류사용허가, 사행행위 영업허가, 자연 공원 내 단란주점 영업허가 등은 예외적 승인의 대표적인 예이다.

② 허가와 예외적 승인은 금지의 해제라는 점에서 차이가 없으나, 허가는 예방적·사전적 금지를 해제하여 주는 행위인 점에서, 억제적·사후적 금지를 해제하여 주는 행위인 예외적 승인과 구별된다.

③ 허가와 예외적 승인은 법률행위적 행정행위라는 점에서 차이가 없으나, 원칙적으로 허가는 기속행위이고 예외적 승인은 재량행위이다.

④ 허가는 그 자체가 사회적으로 유해하여 법령에 의해 일반적으로 금지된 행위를 예외적으로 적법하게 수행할 수 있도록 하는 행위인 데 반하여, 예외적 승인은 공익침해의 우려가 있어 잠정적으로 금지된 행위를 적법하게 수행하도록 하는 것이다.

08 「개인정보 보호법」상 개인정보 보호위원회(이하 '보호위원회'라 한다)에 대한 설명으로 옳은 것은?

① 보호위원회는 대통령 소속으로 둔다.

② 보호위원회는 「정부조직법」에 따른 중앙행정기관으로 보며, 따라서 정보주체의 권리침해에 대한 조사 및 이에 따른 처분에 관한 사무에 대하여는 「정부조직법」 제18조(국무총리의 행정감독권)가 적용된다.

③ 위원장과 부위원장, 보호위원회에 두는 사무처의 장은 「정부조직법」 제10조에서 규정하고 있는 정부위원에 포함되어 있지 아니하나 정부위원이다.

④ 위원장은 국무회의에 출석하여 발언할 수 있으나, 국회에 출석하여 보호위원회의 소관 사무에 관하여 의견을 진술할 수는 없다.

09 「행정조사기본법」의 내용으로 옳은 것은?

① 행정기관은 법령 등에서 행정조사를 규정하고 있는 경우에 한하여 조사대상자의 자발적인 협조를 얻어 행정조사를 실시할 수 있다.

② 「근로기준법」에 따른 근로감독관의 직무에 관한 사항, 조세에 관한 사항, 금융감독기관의 감독·검사·조사 및 감리에 관한 사항, 「독점규제 및 공정거래에 관한 법률」에 따른 공정거래위원회의 법률위반행위 조사에 관한 사항에 대하여는 「행정조사기본법」을 적용하지 아니한다.

③ 형사·행형 및 보안처분에 관한 사항에 대하여는 「행정조사기본법」 제4조(행정조사의 기본원칙), 제5조(행정조사의 근거), 제28조(정보통신수단을 통한 행정조사)가 적용되지 아니한다.

④ 「행정조사기본법」에는 행정조사를 통해 직무상 알게 된 비밀의 누설금지에 대한 규정이 없다.

10 「행정대집행법」상 대집행에 드는 비용에 대한 설명으로 옳은 것은?

① 대집행에 드는 비용은 행정청이 부담하는 것이 원칙이다.

② 대집행에 요한 비용의 징수에 있어서는 실제에 요한 비용액과 그 납기일을 정하여 의무자에게 문서 또는 구두로써 그 납부를 명하여야 한다.

③ 대집행에 요한 비용은 「국세징수법」의 예에 의하여 징수할 수 있고, 그 징수금은 사무비의 소속에 따라 국고 또는 지방자치단체의 수입으로 한다.

④ 대집행에 요한 비용에 대해 행정청은 사무비의 소속에 따라 국세에 우선하여 선취득권을 가진다.

11 「질서위반행위규제법」의 내용으로 옳은 것은?

① 행정청의 과태료 부과에 불복하는 당사자는 과태료 부과 통지를 받은 날부터 30일 이내에 해당 행정청에 서면으로 이의제기를 할 수 있다.

② 행정청의 과태료 부과에 대해 당사자가 이의를 제기하면 과태료 부과처분은 그 집행이 정지된다.

③ 이의제기를 받은 행정청은 이의제기를 받은 날부터 7일 이내에 이에 대한 의견 및 증빙서류를 첨부하여 관할 법원에 통보하여야 하는 것이 원칙이다.

④ 행정청은 당사자가 납부기한까지 과태료를 납부하지 아니한 때에는 납부기한을 경과한 날부터 체납된 과태료에 대하여 100분의 3에 상당하는 가산금을 징수하고, 체납된 과태료를 납부하지 아니한 때에는 납부기한이 경과한 날부터 매 1개월이 경과할 때마다 60개월을 초과하지 않는 범위 내에서 체납된 과태료의 1천분의 12에 상당하는 중가산금을 가산금에 가산하여 징수한다.

12 가평소방서장은 건물주 김철수의 동의를 받고 이 사건 건물에 대한 현장조사를 실시하였다. 현장조사 과정에서 가평 소방공무원 황당해는 이 사건 불법건축이 「건축법」제14조 또는 제19조를 위반한 것이어서 시정명령이 나갈 것이고 이를 이행하지 않으면 이행강제금이 부과될 것이라고 설명하고, 김철수로부터 "상기 본인은 관계 법령에 의한 제반허가를 득하지 아니하고 아래와 같이 불법건축(증축, 용도변경)행위를 하였음을 확인합니다."라는 시인을 받았다. 가평소방서장은 별도의 사전통지나 의견진술기회 부여 절차를 거치지 아니한 채, 현장조사 다음 날에 시정명령을 하였다. 이에 대한 설명으로 옳지 않은 것은? (다툼이 있는 경우 판례에 의함)

> 「행정조사기본법」제5조 【행정조사의 근거】 행정기관은 법령등에서 행정조사를 규정하고 있는 경우에 한하여 행정조사를 실시할 수 있다. 다만, 조사대상자의 자발적인 협조를 얻어 실시하는 행정조사의 경우에는 그러하지 아니하다.
>
> 「행정절차법」제21조 【처분의 사전 통지】 ④ 다음 각 호의 어느 하나에 해당하는 경우에는 제1항에 따른 통지를 하지 아니할 수 있다.
> 3. 해당 처분의 성질상 의견청취가 현저히 곤란하거나 명백히 불필요하다고 인정될 만한 상당한 이유가 있는 경우
>
> 제24조 【처분의 방식】 ① 행정청이 처분을 할 때에는 다른 법령등에 특별한 규정이 있는 경우를 제외하고는 문서로 하여야 하며, 전자문서로 하는 경우에는 당사자 등의 동의가 있어야 한다.

① 「행정조사기본법」제5조 단서에서 정한 '조사대상자의 자발적인 협조를 얻어 실시하는 행정조사'는 개별 법령 등에서 행정조사를 규정하고 있는 경우에도 실시할 수 있다.

② 김철수가 법위반 사실을 시인하고 확인서를 제출했다면 「행정절차법」제 21조 제4항 제3호 '해당 처분의 성질상 의견청취가 현저히 곤란하거나 명백히 불필요하다고 인정될 만한 상당한 이유가 있는 경우'에 해당한다.

③ 현장조사 과정에서 공무원이 위반경위에 관하여 김철수에게 의견진술기회를 부여하였다 하더라도 의견제출에 필요한 상당한 기간을 고려하여 의견제출기한이 부여되었다고 보기도 어렵다.

④ 「행정절차법」제24조 규정을 위반하여 구두로 시정명령을 했다면 시정명령은 하자가 중대하고 명백하여 원칙적으로 무효이다.

13 행정상 즉시강제에 대한 설명으로 옳은 것은? (다툼이 있는 경우 판례에 의함)

① 즉시강제란 법령 또는 행정처분에 의한 선행의 구체적 의무의 불이행으로 인한 목전의 급박한 장해를 제거할 필요가 있는 경우에 행정기관이 즉시 국민의 신체 또는 재산에 실력을 행사하여 행정상의 필요한 상태를 실현하는 작용을 말한다.

② 사실행위인 즉시강제는 그 조치가 계속 중인 상태에 있는 경우에도 취소소송의 대상이 될 수 없다.

③ 「경찰관 직무집행법」 제6조에 의거한 범죄 예방을 위한 경찰관의 제지조치는 경찰행정상 즉시강제에 해당한다.

④ 신체의 자유를 제한하는 즉시강제는 헌법상 기본권 침해에 해당하여 법률의 규정에 의해서도 허용되지 아니한다.

14 「행정심판법」과 「행정소송법」에 대한 설명으로 옳은 것은?

① 행정소송에 대한 법원판결에 의하여 명령·규칙이 헌법 또는 법률에 위반된다는 것이 확정된 경우에는 각급법원은 지체 없이 그 사유를 법무부장관에게 통보하여야 한다.

② 중앙행정심판위원회는 심판청구를 심리·재결할 때에 처분 또는 부작위의 근거가 되는 명령 등(대통령령·총리령·부령·훈령·예규·고시·조례·규칙 등을 말한다)이 법령에 근거가 없거나 상위 법령에 위배되거나 국민에게 과도한 부담을 주는 등 크게 불합리하면 관계 행정기관에 그 명령 등의 개정·폐지 등 적절한 시정조치를 요청할 수 있다. 이 경우 중앙행정심판위원회는 시정조치를 요청한 사실을 행정안전부장관에게 통보하여야 한다.

③ 「행정심판법」은 항고심판만 규정하고 있는데, 「행정소송법」은 항고소송, 당사자소송, 민중소송, 기관소송을 규정하고 있다.

④ 원고가 피고를 잘못 지정한 때 피고를 경정하려면 원고의 신청이 있어야 하고, 청구인이 피청구인을 잘못 지정한 때 피청구인을 경정하려면 청구인의 신청이 있어야 한다.

15 항고소송의 대상인 처분에 대한 설명으로 옳은 것은? (다툼이 있는 경우 판례에 의함)

① 인터넷 포털사이트의 개인정보 유출사고로 주민등록번호가 불법 유출되었음을 이유로 주민등록번호 변경신청을 하였으나 관할 구청장이 이를 거부한 경우, 그 거부행위는 처분에 해당하지 않는다.

② 사업시행자인 한국도로공사가 구 「지적법」에 따라 고속도로 건설공사에 편입되는 토지소유자들을 대위하여 토지면적등록 정정신청을 하였으나 관할 행정청이 이를 반려하였다면, 이러한 반려행위는 항고소송 대상이 되는 행정처분에 해당한다.

③ 망인(亡人)에 대한 대통령의 서훈취소결정에 따라 국가보훈처장이 망인의 유족에게 서훈취소통보를 한 경우, 이 서훈취소통보에 대해 취소소송을 제기할 수 있다.

④ 무허가건물을 무허가건물관리대장에서 삭제하는 행위는 다른 특별한 사정이 없는 한 항고소송의 대상이 되는 행정처분에 해당한다.

16 「행정소송법」에 대한 설명으로 옳은 것은?

① 취소소송은 처분 등의 취소를 구할 사실상 이익이 있는 자가 제기할 수 있다.

② 처분 등이 있은 뒤에 그 처분 등에 관계되는 권한이 다른 행정청에 승계된 때에는 그 처분 등에 관한 사무가 귀속되는 국가 또는 공공단체를 피고로 한다.

③ 개별 법률에 당해 처분에 대한 행정심판의 재결을 거치지 아니하면 취소소송을 제기할 수 없다는 규정이 있더라도 처분의 집행 또는 절차의 속행으로 생길 중대한 손해를 예방하여야 할 긴급한 필요가 있는 때 행정심판의 재결을 거치지 아니하고 취소소송을 제기할 수 있다.

④ 취소소송은 처분 등이 있음을 안 날부터 90일 이내에 제기하여야 한다. 다만, 정당한 사유가 있는 때에는 그러하지 아니하다.

17 취소소송의 제소기간에 대한 설명으로 옳지 않은 것은? (다툼이 있는 경우 판례에 의함)

① A구청장은 법령 위반을 이유로 甲에 대하여 3월의 영업정지처분을 하였고, 甲은 2018. 12. 20.에 처분서를 송달받았다. 구청장은 3월의 영업정지처분을 상대방에게 유리한 100만 원 과징금으로 변경하는 처분을 하였고 2019. 1. 1.에 甲에게 도달하였다면, 2018. 12. 20.부터 90일 이내에 취소소송을 제기하여야 한다.

② A구청장은 법령 위반을 이유로 甲에 대하여 3월의 영업정지처분을 하였고, 甲은 2018. 12. 20.에 처분서를 송달받았다. 이에 대하여 甲이 행정심판을 청구하자, 행정심판위원회는 2019. 2. 11.에 "A구청장은 甲에 대하여 한 3월의 영업정지처분을 과징금 부과처분으로 변경하라."라는 일부 기각(일부 인용)의 재결을 하였고, 그 재결서 정본은 2019. 2. 13.에 甲에게 도달하였다. 이 경우 2019. 2. 13.부터 90일 이내에 취소소송을 제기하여야 한다.

③ 교육감이 학교장 등에 대한 징계를 요구하는 처분을 하자, 법인이 처분에 대한 이의신청을 하였다가 기각되자 처분의 취소를 구하는 소를 제기한 경우에는, 「행정소송법」 제20조의 행정심판을 거친 경우의 제소기간의 특례가 적용될 수 없어 이의신청에 대한 기각결정이 통지일이 아니라 처분이 있음을 안 날로부터 90일 이내에 제소해야 한다.

④ 민원사항에 대한 행정기관의 장의 거부처분에 불복하여 구 「민원사무 처리에 관한 법률」 제18조 제1항에 따라 이의신청을 한 경우, 이의신청에 대한 결과를 통지받은 날부터 취소소송의 제소기간이 기산된다.

18 행정소송에 대한 설명으로 옳은 것은? (다툼이 있는 경우 판례에 의함)

① 행정처분에 대한 효력정지신청을 구함에 있어서도 이를 구할 법률상 이익을 요하지 않는바, 행정처분과 간접적이거나 사실적·경제적 이해관계를 가지는 자도 집행정지를 신청할 수 있다.

② 법원은 소송의 결과에 따라 권리 또는 이익의 침해를 받을 제3자가 있는 경우에는 당사자 또는 제3자의 신청 또는 직권에 의하여 결정으로써 그 제3자를 소송에 참가시킬 수 있는데, 이때 제3자의 이익은 사실상 이익을 포함한다.

③ 「행정소송법」 제17조의 행정청의 소송참가에서 행정청은 소송의 결과에 따라 권리 또는 이익의 침해를 받을 자이어야 한다.

④ 처분 등을 취소하는 판결에 의하여 권리 또는 이익의 침해를 받은 제3자는 일정한 요건 하에서 확정된 종국판결에 대하여 재심의 청구를 할 수 있으나 행정청은 확정된 종국판결에 대하여 재심의 청구를 할 수 없다.

19 행정절차에 대한 설명으로 옳은 것은?

① 「행정절차법 시행령」 제13조 제2호에서 정한 '법원의 재판 또는 준사법적 절차를 거치는 행정기관의 결정 등에 따라 처분의 전제가 되는 사실이 객관적으로 증명되어 처분에 따른 의견청취가 불필요하다고 인정되는 경우'의 의미 및 처분의 전제가 되는 '일부' 사실만 증명된 경우이거나 의견청취에 따라 행정청의 처분 여부나 처분 수위가 달라질 수 있는 경우, 사전통지의 예외사유에 해당한다.

② 「행정절차법」 제17조 제5항이 행정청으로 하여금 신청에 대하여 거부처분을 하기 전에 반드시 신청인에게 신청의 내용이나 처분의 실체적 발급요건에 관한 사항까지 보완할 기회를 부여하여야 할 의무를 정한 것이다.

③ 행정청이 「행정절차법」 제20조 제1항의 처분기준 사전공표 의무를 위반하여 미리 공표하지 아니한 기준을 적용하여 처분을 하였다면 해당 처분에 취소사유에 이를 정도의 흠이 존재한다고 할 수 있다.

④ 행정청이 「행정절차법」 제20조 제1항에 따라 정하여 공표한 처분기준은, 그것이 해당 처분의 근거 법령에서 구체적 위임을 받아 제정·공포되었다는 특별한 사정이 없는 한, 원칙적으로 대외적 구속력이 없는 행정규칙에 해당한다.

20 「행정기본법」상 행정에 관한 기간의 계산에 대한 설명으로 옳은 것은?

① 법령등 또는 처분에서 국민의 권익을 부여하거나 의무를 면제하는 경우 권익이 제한되거나 의무가 지속되는 기간의 계산은 기간을 일, 주, 월 또는 연으로 정한 경우에는 기간의 첫날을 산입한다.

② 30일 운전면허정지기간의 말일이 토요일 또는 공휴일인 경우에도 기간은 그 날로 만료한다.

③ 도로점용허가 기간인 3년의 말일이 토요일 또는 공휴일인 경우에도 기간은 그 날로 만료한다.

④ 과징금 납부기한의 말일이 토요일 또는 공휴일인 경우에도 기간은 그 날로 만료한다.

제한시간 : 14분 | 시작시각 ___시 ___분 ~ 종료시각 ___시 ___분   나의 점수 _____

---

01 행정법상 신뢰보호의 원칙에 대한 설명으로 옳은 것은? (다툼이 있는 경우 판례에 의함)

① 행정청이 위법한 행정처분을 반복적으로 한 선례가 있더라도 신뢰보호의 원칙과 행정의 자기구속의 법리는 인정되지 않는다.

② 법률에 따른 개인의 행위가 국가에 의하여 일정 방향으로 유인된 신뢰의 행사가 아니라 단지 법률이 부여한 기회를 활용한 것이라 하더라도, 법률개정이익보다 신뢰보호의 이익이 우선된다고 볼 수 있다.

③ 선행조치는 반드시 관세관청이 납세자에 대하여 비과세를 시사하는 명시적 언동이 있어야만 하는 것은 아니고, 묵시적인 언동 다시 말하면 비과세의 사실상태가 장기간에 걸쳐 계속되는 경우에 그것이 그 사항에 대하여 과세의 대상으로 삼지 아니하는 뜻의 과세관청의 묵시적인 의향 표시로 볼 수 있는 경우에도 이를 인정할 수 있다.

④ 교통사고가 일어난 지 1년 10개월이 지난 뒤 그 교통사고를 일으킨 택시에 대하여 운송사업면허를 취소한 경우, 별다른 행정조치가 없을 것으로 자신이 믿고 있었다고 하면서 바로 신뢰의 이익을 주장할 수는 있다.

02 특별권력관계에 대한 설명으로 옳은 것은? (다툼이 있는 경우 판례에 의함)

① 학생에 대한 징계권의 발동이나 징계의 양정은 징계권자의 교육적 재량에 맡겨져 있으므로 법원이 심리한 결과 그 징계처분에 위법사유가 있다고 판단되는 경우에도 사법심사의 대상이 될 수 없다.

② 특별권력관계에 있는 수형자의 기본권은 법률의 구체적 위임이 없는 구 「행형법 시행령」이나 '계호근무준칙' 등에 의해 제한될 수 없다.

③ 서울특별시 지하철공사의 임원과 직원의 근무관계는 특별권력관계이므로 지하철공사 사장의 소속 직원에 대한 징계처분은 행정소송의 대상이 된다.

④ 농지개량조합(현 한국농어촌공사)과 그 직원과의 관계는 공법상 특별권력관계가 아닌 사법상 근로계약관계에 해당하므로 소속 직원에 대한 징계처분에 대한 불복은 행정소송이 아닌 민사소송에 의하여야 한다.

03 「행정기본법」의 취소와 철회에 대한 설명으로 옳은 것은?

① 행정청은 적법한 처분의 전부나 일부를 소급하여 취소할 수 있다. 다만, 당사자의 신뢰를 보호할 가치가 있는 등 정당한 사유가 있는 경우에는 장래를 향하여 취소할 수 있다.

② 행정청은 당사자에게 당사자에게 권리나 이익을 부여하는 처분을 처분을 취소하려는 경우에는 취소로 인하여 당사자가 입게 될 불이익을 취소로 달성되는 공익과 비교·형량하여야 한다.

③ 거짓이나 그 밖의 부정한 방법으로 처분을 받은 경우, 당사자가 처분의 위법성을 알고 있었거나 중대한 과실로 알지 못한 경우는 행정청은 당사자에게 권리나 이익을 부여하는 처분을 취소하려는 경우에는 취소로 인하여 당사자가 입게 될 불이익을 취소로 달성되는 공익과 비교·형량하여야 한다.

④ 행정청은 위법 또는 부당한 처분이 법률에서 정한 철회 사유에 해당하게 된 경우 처분을 더 이상 존속시킬 필요가 없게 된 경우에 그 처분의 전부 또는 일부를 장래를 향하여 철회할 수 있다.

04 하자 있는 행정행위의 치유에 대한 설명으로 옳지 않은 것은? (다툼이 있는 경우 판례에 의함)

① 세액산출근거가 기재되지 아니한 납세고지서에 의한 부과처분 후 납세의무자가 부과된 세금을 자진 납부하였거나 조세채권의 소멸시효기간이 만료된 경우에는 하자의 치유가 인정된다.

② 세액산출근거가 누락된 납세고지서에 의한 과세처분에 대하여 상고심 계류 중 세액산출 근거의 통지가 있었다 하더라도 당해 과세처분의 하자는 치유되지 않는다.

③ 부과처분에 앞서 보낸 과세예고통지서에 납세고지서의 필요적 기재사항이 제대로 기재되어 있었다면, 납세고지서에 그 기재사항의 일부가 누락되었다 해도 그 하자는 치유될 수 있다.

④ 압류처분의 단계에서 독촉의 흠결과 같은 절차상의 하자가 있었으나 그 이후에 이루어진 공매절차에서 공매통지서가 적법하게 송달된 경우에는 하자의 치유가 인정된다.

05 행정행위 하자승계에 대한 설명으로 옳지 않은 것은? (다툼이 있는 경우 판례에 의함)

① 계고처분과 대집행 영장통보는 하나의 법적 효과를 가져오므로 하자가 승계된다.

② 철거명령과 대집행계고는 별개의 법적 효과를 가져오는 처분이므로 철거명령이 무효가 아닌 한 하자는 승계되지 않는다.

③ 개별지 공시지가와 양도소득세 과세처분은 별개의 법적 효과를 가지나 처분의 상대방이 손해를 예측하기 힘들고 수인한도를 넘는 손해가 발생하므로 하자는 승계된다.

④ 甲을 친일반민족행위자로 결정한 친일반민족행위진상규명위원회의 최종발표(선행처분)에 따라 지방보훈지청장이 「독립유공자 예우에 관한 법률」 적용 대상자로 보상금 등의 예우를 받던 甲의 유가족 乙 등에 대하여 「독립유공자 예우에 관한 법률」 적용배제자 결정(후행처분)을 한 사안에서, 선행처분의 후행처분에 대한 구속력을 인정할 수 있어 선행처분의 위법을 이유로 후행처분의 효력을 다툴 수 없다.

06 행정행위의 요건에 관한 설명으로 옳은 것은? (다툼이 있는 경우 판례에 의함)

① 「국토의 계획 및 이용에 관한 법률」상 도시계획시설사업에서 사업시행자 지정처분이 고시의 방법으로 행하여질 수 있다고 하여 그 지정처분이 반드시 고시의 방법으로만 성립하거나 효력이 생긴다고 볼 수 없다.

② 도지사가 부정당업자 입찰참자자격 제한처분을 하면서 그 제한기간을 정한 경우에는 상대방에게 고지되기 이전의 제한기간에 대하여도 그 효력이 미친다.

③ 구 「중기관리법」에 「도로교통법 시행령」 제86조 제3항 제4호와 같은 운전면허의 취소·정지에 대한 통지 규정이 없다면, 중기조종사면허의 취소나 정지는 상대방에 대한 통지를 요하지 아니한다.

④ 행정청의 권한에는 사무의 성질 및 내용에 따르는 제약이 있고, 지역적·대인적으로 한계가 있으므로, 이러한 권한의 범위를 넘은 권한유월의 행위는 무권한행위로서 취소할 수 있는 것이 원칙이다.

07 A 군수는 甲에게 「중소기업창업 지원법」 관련 규정에 따라 농지의 전용허가 등이 의제되는 사업계획을 승인하는 처분을 하였다. 이에 대한 설명으로 옳은 것은? (다툼이 있는 경우 판례에 의함)

> 「중소기업창업 지원법」 제33조 【사업계획의 승인】 ① 제조업을 영위하고자 하는 창업자는 대통령령으로 정하는 바에 따라 사업계획을 작성하고, 이에 대한 시장·군수 또는 구청장의 승인을 받아 사업을 할 수 있다.
>
> 제35조 【다른 법률과의 관계】 ① 제33조 제1항에 따라 사업계획을 승인할 때 다음 각 호의 허가, 승인, 신고(이하 '허가 등'이라 한다)에 관하여 시장·군수 또는 구청장이 제4항에 따라 다른 행정기관의 장과 협의를 한 사항에 대하여는 그 허가 등을 받은 것으로 본다.
> 1. 「산업집적활성화 및 공장설립에 관한 법률」 제13조 제1항에 따른 공장설립 등의 승인
> 2. 「도로법」 제61조 제1항에 따른 도로의 점용허가
> 3. 「산지관리법」 제14조 및 제15조에 따른 산지전용허가, 산지전용신고
> 4. 「농지법」제34조 및 제35조에 따른 농지의 전용허가, 농지의 전용신고
> ④ 시장·군수 또는 구청장이 제33조에 따른 사업계획의 승인을 할 때 그 내용 중 제1항에 해당하는 사항이 다른 행정기관의 권한에 속하는 경우에는 그 행정기관의 장과 협의하여야 하며, 협의를 요청받은 행정기관의 장은 대통령령으로 정하는 기간에 의견을 제출하여야 한다.
>
> ※ 위 내용은 실제 법률과 다를 수 있음.

① A군수가 甲에게 사업계획을 승인하려면 「중소기업창업 지원법」 제35조 제1항 제1호부터 제4호까지의 허가 등 전부에 관하여 관계 행정기관의 장과 일괄하여 사전협의를 하여야 하며, 농지의 전용허가만이 의제되는 사업계획을 승인할 수는 없다.

② 사업계획의 승인을 받은 甲이 농지의 전용허가와 관련한 명령을 불이행하는 경우, 甲에 대해 사업계획에 대한 승인의 효력은 유지하면서 의제된 농지의 전용허가만을 철회할 수 있다.

③ 甲에 대해 농지의 전용허가가 취소되었고 이를 이유로 사업계획승인처분이 취소된 경우, 甲은 사업계획승인의 취소를 다투어야 하며 따로 농지의 전용허가의 취소를 다툴 수는 없다.

④ 甲에 대한 사업계획승인처분 이후에 「중소기업창업 지원법」 제35조에 따른 허가 등 의제가 행정권한의 과도한 침해임을 이유로 헌법불합치결정이 내려진 경우라도, 위헌결정과 달리 헌법불합치결정은 당해 사건에 대해서도 소급효가 미치지 않는다.

08 「공공기관의 정보공개에 관한 법률」의 내용으로 옳지 않은 것은?

① '정보'란 공공기관이 직무상 작성 또는 취득하여 관리하고 있는 문서(전자문서를 포함한다)·도면·사진·필름·테이프·슬라이드 및 그 밖에 이에 준하는 매체 등에 기록된 사항을 말하고, '공개'란 공공기관이 「공공기관의 정보공개에 관한 법률」에 따라 정보를 열람하게 하거나 그 사본·복제물을 제공하는 것 또는 「전자정부법」에 따른 정보통신망을 통하여 정보를 제공하는 것 등을 말한다.

② 「행정기관 소속 위원회의 설치·운영에 관한 법률」에 따른 위원회, 지방자치단체, 사립초등학교는 공공기관에 해당한다.

③ 국가의 시책으로 시행하는 공사 등 대규모 예산이 투입되는 사업에 관한 정보는 비공개 대상 정보가 아닌 한 국민의 정보공개 청구가 있으면 공개하여야 한다.

④ 공공기관 중 중앙행정기관 및 대통령령으로 정하는 기관은 전자적 형태로 보유·관리하는 정보 중 공개 대상으로 분류된 정보를 국민의 정보공개 청구가 없더라도 정보통신망을 활용한 정보공개시스템 등을 통하여 공개하여야 한다.

09 「질서위반행위규제법」의 내용으로 옳지 않은 것은?

① 과태료의 부과·징수, 재판 및 집행 등의 절차에 관하여 「질서위반행위규제법」의 규정에 저촉되는 다른 법률의 규정이 있는 경우에는 그 다른 법률의 규정이 정하는 바에 따른다.

② 지방자치단체의 조례상의 의무를 위반하여 과태료를 부과하는 행위는 질서위반행위에 해당한다.

③ 대통령령으로 정하는 사법(私法)상·소송법상의 의무를 위반하여 과태료를 부과하는 행위와 「질서위반행위규제법 시행령」으로 정하는 법률에 따른 징계사유에 해당하여 과태료를 부과하는 행위는 질서위반행위에서 제외된다.

④ 행정에 관한 의사를 결정하여 표시하는 국가 또는 지방자치단체의 기관은 물론이고, 그 밖의 법령 또는 자치법규에 따라 행정권한을 가지고 있거나 위임 또는 위탁받은 공공단체나 그 기관 또는 사인(私人)도 「질서위반행위규제법」상의 '행정청'에 포함된다.

10 「행정절차법」에 대한 설명으로 옳은 것은?

① 외국인의 출입국·난민인정은 「행정절차법」이 적용되지 않는다.

② 행정청은 당사자와 이해관계인에게 의무를 부과하거나 권익을 제한하는 처분을 하는 경우에는 미리 통지해야 한다.

③ 단순·반복적인 처분 또는 경미한 처분으로서 당사자가 그 이유를 명백히 알 수 있는 경우에는 사전통지를 하지 아니할 수 있다.

④ 행정청이 처분을 할 때에는 다른 법령 등에 특별한 규정이 있는 경우를 제외하고는 문서로 하여야 하나 신속히 처리할 필요가 있거나 사안이 경미한 경우에는 말 또는 그 밖의 방법으로 할 수 있다.

11 「행정절차법」상 처분의 사전통지와 의견제출에 대한 판례의 내용으로 옳은 것은?

① 행정청이 침해적 행정처분을 하면서 당사자에게 사전통지를 하거나 의견제출의 기회를 주지 아니한 경우, 사전통지나 의견제출의 예외적인 경우에 해당하지 아니하는 한 그 처분은 위법하여 무효이다.

② 행정청이 침해적 행정처분인 시정명령을 하면서 사전통지를 하거나 의견제출 기회를 부여하지 않아 시정명령이 절차적 하자로 위법하다면, 그 시정명령을 위반한 사람에 대하여는 시정명령위반죄가 성립하지 않는다.

③ 무단으로 용도변경된 건물에 대해 건물주에게 시정명령이 있을 것과 불이행 시 이행강제금이 부과될 것이라는 점을 설명한 후, 다음 날 시정명령을 하는 때에는 사전통지를 하거나 의견제출 기회를 부여하지 않아도 된다.

④ 외국인의 사증발급 신청에 대한 거부처분에는 「행정절차법」상 사전통지나 의견제출절차를 거쳐야 한다.

12 「민원 처리에 관한 법률」상 민원의 처리기간에 대한 설명으로 옳지 않은 것은?

① 민원의 처리기간을 5일 이하로 정한 경우에는 민원사항의 접수시각부터 '시간' 단위로 계산하되 공휴일과 토요일은 산입하지 아니하고, 이 경우 1일은 8시간의 근무시간을 기준으로 한다.

② 민원의 처리기간을 6일 이상으로 정한 경우에는 '일' 단위로 계산하고 첫날을 산입하되, 공휴일과 토요일은 산입하지 아니한다.

③ 민원의 처리기간을 주·월·연으로 정한 경우에는 첫날을 산입하되, 「민법」의 기간 계산에 관한 규정을 준용한다.

④ 행정기관의 장은 민원과 관련 없는 공과금을 미납하였다는 이유로 민원 처리를 지연시켜서는 아니 되나, 다른 법령에 특별한 규정이 없는 한 관계 법령 등에서 정한 처리기간이 남아 있는 경우에는 그 처리기간까지 민원 처리를 지연시킬 수 있다.

13 통고처분에 대한 설명으로 옳은 것은? (다툼이 있는 경우 판례에 의함)

① 「관세법」상 통고처분을 할 것인지 여부가 행정청의 재량에 맡겨져 있다.

② 관세청장 또는 세관장이 관세범에 대하여 통고처분을 하지 아니한 채 고발한 경우, 그 고발 및 이에 기한 공소의 제기는 부적법한 것이다.

③ 통고처분은 현행법상 조세범, 관세범, 출입국사범, 교통사범 등에 대하여 형사소송절차에 대신하여 과태료에 상당하는 금액의 납부를 명하는 것이다.

④ 일반 형사소송절차에 앞선 절차로서의 통고처분은 그 자체로 상대방에게 금전납부의무를 부과하는 행위로서 항고소송의 대상이 된다.

14 「행정심판법」과 「행정소송법」에 대한 설명으로 옳지 않은 것은?

① 사정재결은 취소심판과 의무이행심판에서 적용되나, 사정판결은 취소소송에서만 인정된다.

② 사정재결은 주문에서 그 처분 또는 부작위가 위법하거나 부당하다는 것을 구체적으로 밝혀야 하나, 사정판결은 판결의 주문에서 그 처분 등이 위법함을 명시하여야 한다.

③ 위원회는 사정재결을 함에 있어서는 미리 청구인이 그로 인하여 입게 될 손해의 정도와 배상방법 그 밖의 사정을 조사하여야 하고, 법원은 사정판결을 함에 있어서 원고에 대하여 상당한 구제방법을 취하거나 상당한 구제방법을 취할 것을 피고에게 명할 수 있다.

④ 처분이 무효라고 판단되는 경우에는 사정재결과 사정판결 모두 할 수 없다.

15 「국가배상법」 제5조 제1항에서 규정하고 있는 영조물의 설치·관리상 하자로 인한 손해배상책임에 대한 설명으로 옳지 않은 것은? (다툼이 있으면 판례에 의함)

① 공공의 영조물의 설치·관리의 하자에는 물적 하자만이 아니라 기능적 하자 또는 이용상 하자도 포함된다.

② 도로가 노선인정의 공고 기타 공용개시가 없었다 하더라도 사실상 도로로 사용되고 있었던 경우에는 「국가배상법」 제5조 소정의 영조물이라 할 수 있다.

③ 서울특별시가 점유·관리하는 도로에 대하여 행정권한 위임조례에 따라 보도 관리 등을 위임받은 관할 자치구청장으로부터 도로에 접한 보도의 가로수 생육환경 개선공사를 도급받은 회사가 공사를 진행하면서 남은 자갈더미를 그대로 방치하여, 오토바이를 타고 이곳을 지나가던 사람이 넘어져 상해를 입은 경우, 서울특별시는 설치·관리상의 하자로 인한 국가배상책임을 부담한다.

④ 영조물의 설치·관리자와 비용부담자가 상이한 경우에 비용부담자가 부담하는 책임은 「국가배상법」이 정한 자신의 고유한 배상책임이다.

16 「행정소송법」에 대한 설명으로 옳지 않은 것은?

① 무효확인소송은 처분 등을 대상으로 한다. 다만, 재결 무효확인소송의 경우에는 재결 자체에 고유한 위법이 있음을 이유로 하는 경우에 한한다.

② 무효확인소송은 처분 등이 있음을 안 날부터 90일 이내에 제기하여야 한다.

③ 무효확인소송의 제기는 처분 등의 효력이나 그 집행 또는 절차의 속행에 영향을 주지 아니한다.

④ 법원은 무효확인소송에서도 필요하다고 인정할 때에는 직권으로 증거조사를 할 수 있고, 당사자가 주장하지 아니한 사실에 대하여도 판단할 수 있다.

17 행정소송에 대한 설명으로 옳은 것은? (다툼이 있는 경우 판례에 의함)

① 원고는 행정심판에서 주장하지 아니한 사유를 추가 변경하는 경우 당초 사유와 동일성이 있는 경우에 한해 허용된다.

② 행정처분의 상대방에게 행정심판전치주의가 적용되는 경우라도, 제3자가 제기하는 행정소송의 경우 제3자는 행정처분의 존재를 알지 못하고 행정심판에 대한 고지도 받지 못하게 되므로 행정심판전치주의가 적용되지 않는다.

③ 제3자가 제기하는 행정소송의 경우 제3자는 행정처분의 존재를 알지 못하고 행정심판에 대한 고지도 받지 못하게 되므로 「행정소송법」 제20조 제2항 단서의 정당한 사유에 해당한다.

④ 취소소송에 병합할 수 있는 당해 처분과 관련된 부당이득반환소송은 당해 처분의 취소를 선결문제로 하는 부당이득반환청구가 포함되고, 이러한 부당이득반환청구가 인용되려면 그 소송절차에서 판결에 의해 당해 처분이 취소되면 충분하지 않고 그 처분의 취소가 확정되어야 한다.

18 「행정소송법」상의 재처분의무에 대한 설명으로 옳은 것은?

① 판결에 의하여 취소되는 처분이 당사자의 신청을 인용하는 것을 내용으로 하는 경우에는 그 처분을 행한 행정청은 판결의 취지에 따라 다시 이전의 신청에 대한 처분을 하여야 한다.

② 법원의 집행정지결정은 피고인 행정청을 기속하므로 행정청은 거부처분의 집행정지결정에 따라 이전의 신청에 대해 다시 처분해야 할 재처분할 의무를 진다.

③ 「행정소송법」에 명문의 규정은 없으나 신청에 따른 처분이 절차의 위법을 이유로 취소되는 경우에도 행정청의 재처분의무는 인정된다.

④ 판결에 의하여 위법확인되는 것이 당사자의 신청에 대한 부작위라면 신청을 받은 행정청은 판결의 취지에 따라 이전의 신청에 대한 처분을 하여야 한다.

19 공법상 계약에 대한 설명으로 옳은 것은?

① 계약당사자 사이에서 계약의 적정한 이행을 위하여 일정한 계약상 의무를 위반하는 경우 계약해지, 위약벌이나 손해배상액 약정, 장래 일정 기간의 거래제한 등의 제재조치를 약정하는 것은 법령에 근거한 공권력의 행사로서의 제재처분의 성질을 가진다.

② 거래업체가 일정한 계약상 의무를 위반하는 경우 장래 일정 기간의 거래제한 등의 제재조치는 계약상대방에게 그 중요 내용을 미리 설명하여 계약내용으로 편입하는 절차를 거치지 않았다면 계약의 내용으로 주장할 수 없다.

③ 행정기본법에 따르면 행정청은 법령에 근거가 있어야 행정목적을 달성하기 위하여 필요한 경우에는 공법상 법률관계에 관한 계약을 체결할 수 있다.

④ 행정기본법에 따르면 공법상 계약은 문서 또는 구두로 체결할 수 있다.

20 「행정기본법」상 법령해석에 대한 설명으로 옳지 않은 것은?

① 법령해석을 요청할 수 있는 자에는 제한이 없다.

② 누구든지 법령 등의 내용에 의문이 있으면 대통령령으로 정하는 바에 따라 법령해석업무를 전문으로 하는 기관에게 법령해석을 요청할 수 있다.

③ 법령해석요청권은 「행정기본법」에서 인정하고 있는 개인적 공권이다.

④ 중앙행정기관의 장('법령소관기관')과 자치법규를 소관하는 지방자치단체의 장은 반드시 요청에 응해야 하고 답변을 거부하거나 부작위하면 위법이다.

정답 및 해설 p.149

제한시간 : 14분 | 시작시각 ___시 ___분 ~ 종료시각 ___시 ___분

나의 점수 _____

01 개인적 공권에 관한 설명으로 옳은 것은? (다툼이 있는 경우 판례에 의함)

① 공무원에게 부과된 직무상 의무의 내용이 전적으로 사회구성원 개인의 안전과 이익을 보호하기 위한 것이 아니고 공공 일반의 이익을 보호하기 위하여 설정된 것이라면, 공무원이 그와 같은 직무상 의무를 위반함으로 인하여 피해자가 입은 손해에 대하여는 상당인과관계가 인정되는 범위 내에서 국가가 배상책임을 진다.

② 공무원연금법령상 급여를 받으려고 하는 자는 우선 공무원연금공단에 급여지급을 신청하여 공무원연금공단이 이를 거부하거나 일부 금액만 인정하는 급여지급결정을 하는 경우 그 결정을 대상으로 항고소송을 제기하는 등으로 구체적 권리를 인정받아야 하며, 그렇지 않은 상태에서 공무원연금공단을 상대로 한 당사자소송으로 권리의 확인이나 급여의 지급을 소구하는 것은 허용되지 아니한다.

③ 제소기간이 이미 도과하여 불가쟁력이 생긴 행정처분에 대하여도 특별한 사정이 없는 한 국민에게 행정처분의 변경을 구할 신청권이 인정된다.

④ 일반적으로 면허나 인허가의 근거가 되는 법률이 해당 업자들 사이의 과당경쟁으로 인한 경영의 불합리를 방지하는 것도 목적으로 하고 있는 경우, 乙에 대한 면허나 인허가에 대하여 동종의 면허나 인허가를 받아 영업을 하고 있는 기존업자 甲은 그 취소를 구할 당사자적격이 없다.

02 「행정기본법」에 규정된 법원칙에 대한 설명으로 옳은 것은?

① 법령우위원칙과 법률유보원칙, 평등원칙, 비례원칙, 성실의무 및 권한남용금지의 원칙, 신뢰보호의 원칙, 실권의 법리, 부당결부금지의 원칙을 규정하고 있으나 자기구속의 법리를 규정하고 있지는 않다.

② 행정작용은 법률에 위반되어서는 아니 되며, 국민의 권리를 제한하거나 의무를 부과하는 경우와 급부를 주는 경우에는 법률에 근거하여야 한다.

③ 행정작용은 행정작용으로 인한 국민의 이익 침해가 그 행정작용이 의도하는 공익보다 커야 비례원칙에 위반되지 않는다.

④ 행정청은 권한 행사의 기회가 있음에도 불구하고 장기간 권한을 행사하지 아니하여 국민이 그 권한이 행사되지 아니할 것으로 믿을 만한 정당한 사유가 있는 경우에는 그 권한을 행사해서는 아니 된다. 공익 또는 제3자의 이익을 현저히 해칠 우려가 있는 경우도 또한 같다.

03 「행정기본법」상 법 적용의 기준에 대한 설명으로 옳은 것은?

① 새로운 법령등은 법령등에 특별한 규정이 있는 경우를 제외하고는 그 법령등의 효력 발생 전에 이미 시작을 했으나 진행 중인 사실관계 또는 법률관계에 대해서는 적용되지 아니한다.

② 법령등의 부진정소급적용은 금지하고 있지 않다.

③ 새로운 법령등은 그 법령등의 효력 발생 전에 완성되거나 종결된 사실관계 또는 법률관계에 대해서 적용하는 것은 예외적으로도 인정될 수 없다.

④ 새로운 법령등은 법령등에 특별한 규정이 있는 경우를 제외하고는 그 법령등의 효력 발생 전에 완성되거나 종결된 사실관계 또는 법률관계에 대해서 적용한다.

04 행정행위의 취소와 철회에 대한 설명으로 옳지 않은 것은? (다툼이 있는 경우 판례에 의함)

① 「영유아보육법」에 따라 평가인증을 받은 어린이집의 설치·운영자가 사업 목적 외의 용도에 보조금을 사용하였음을 이유로 한 보건복지부장관의 평가인증 취소는 강학상 철회에 해당한다.

② 처분청이 수익적 행정처분을 직권으로 취소·철회하는 경우에 적용되는 처분의 취소·철회 제한에 관한 법리는 쟁송취소의 경우에도 그대로 적용된다.

③ 건축주가 토지소유자로부터 토지사용승낙서를 받아 그 토지 위에 건축물을 건축하는 건축허가를 받았다가 착공하기 전에 건축주의 귀책사유로 그 토지사용권을 상실한 경우 토지소유자는 건축허가의 철회를 신청할 수 있고, 그 신청을 거부한 행위는 항고소송의 대상이 된다.

④ 건축허가를 받은 자가 건축허가가 취소되기 전에 공사에 착수하였다면 허가권자는 그 착수기간이 지났다고 하더라도 건축허가를 취소할 수 없는 것이 원칙이고, 이는 건축허가를 받은 자가 건축허가가 취소되기 전에 공사에 착수하려 하였으나 허가권자의 위법한 공사중단명령으로 공사에 착수하지 못한 경우에도 마찬가지이다.

05 행정계획에 대한 설명으로 옳은 것은? (다툼이 있는 경우 판례에 의함)

① 폐기물처리사업의 적정통보를 받은 자가 폐기물처리업허가를 받기 위하여 국토이용계획의 변경이 선행되어야 하는 경우에는 그 계획변경을 신청할 법규상 또는 조리상 권리가 인정된다.

② 행정주체가 구체적인 행정계획을 입안·결정할 때 가지는 형성의 자유의 한계에 관한 법리는 주민의 도시관리계획의 입안 제안 또는 변경신청을 받아들여 도시관리계획결정을 하거나 도시계획시설을 변경할 것인지를 결정할 때에는 적용될 수 없다.

③ 개발제한구역 중 일부 취락을 개발제한구역에서 해제하는 내용의 도시관리계획변경결정에 대하여, 개발제한구역 해제대상에서 누락된 토지의 소유자는 위 결정의 취소를 구할 법률상 이익이 있다.

④ 도시계획시설결정과 토지의 수용이 위법한 경우에는, 일단 도시계획시설사업의 시행에 착수한 뒤에도 이해관계인은 그 도시계획시설결정 자체의 취소나 해제를 청구할 수 있다.

06 행정행위의 효력에 대한 설명으로 옳지 않은 것만을 모두 고르면? (다툼이 있는 경우 판례에 의함)

ㄱ. 과세처분에 관한 이의신청절차에서 과세관청이 이의신청사유가 옳다고 인정하여 과세처분을 직권으로 취소한 이상 그 후 특별한 사유 없이 이를 번복하고 종전 처분을 되풀이하는 것은 허용되지 않는데, 이는 이의신청결정에 불가쟁력이 인정되기 때문이다.

ㄴ. 과세처분에 대한 쟁송이 진행 중에 과세관청이 그 과세처분의 납부고지절차상의 하자를 발견한 경우에는 위 과세처분을 취소하고 절차상의 하자를 보완하여 다시 동일한 내용의 과세처분을 한다면 이는 행정행위의 불가쟁력이나 불가변력에 저촉된다.

ㄷ. 행정행위는 비록 행정행위에 하자가 있을지라도 그것이 권한 있는 기관에 의해 취소되기 전까지는 유효한 것으로 통용되므로, 과세처분 취소소송에서 과세처분의 적법 여부에 대한 증명책임은 취소를 구하는 원고가 부담한다.

ㄹ. 과세처분의 하자가 취소할 수 있는 정도에 불과한 때에는 과세관청이 스스로 취소하거나 항고소송에 의하여 취소되지 않는 한 그로 인한 조세의 납부가 부당이득이 된다고 할 수 없다.

① ㄱ, ㄴ, ㄷ   ② ㄱ, ㄷ

③ ㄴ, ㄷ   ④ ㄴ, ㄷ, ㄹ

07 행정행위의 하자 승계에 대한 설명으로 옳지 않은 것은? (다툼이 있는 경우 판례에 의함)

① 선행행위와 후행행위 모두 처분이어야 하나 불가쟁력과 독자적 하자는 선행행위에 한해 발생해야 하자승계 문제가 발생한다.

② 선행행위가 무효인 경우 후행행위와 결합하여 하나의 법적 효과를 가져온다면 하자는 승계되나 별개의 법적 효과를 가져 온다면 원칙적으로 하자 승계는 인정되지 않는다.

③ 甲을 친일반민족행위자로 결정한 친일반민족행위진상규명위원회의 최종발표(선행처분)에 따라 지방보훈지청장이 「독립유공자 예우에 관한 법률」 적용 대상자로 보상금 등의 예우를 받던 甲의 유가족 乙 등에 대하여 「독립유공자 예우에 관한 법률」 적용배제자 결정(후행처분)을 한 사안에서, 선행처분의 후행처분에 대한 구속력을 인정할 수 없어 선행처분의 위법을 이유로 후행처분의 효력을 다툴 수 있다.

④ 구속력이론에 따르면 선행행위가 후행행위를 구속하면 하자는 승계되지 않으나 선행행위가 후행행위를 구속하지 않으면 하자는 승계된다.

08 「행정대집행법」상 대집행의 절차에 대한 설명으로 옳은 것은?

① 대집행을 하려면 상당한 이행기한을 정하여 그 기한까지 이행되지 아니할 때에는 대집행을 한다는 뜻을 미리 문서 또는 구두로써 계고하여야 하고, 이 경우 행정청은 상당한 이행기한을 정함에 있어 사회통념상 해당 의무를 이행하는 데 필요한 기간이 확보되도록 하여야 한다.

② 의무자가 계고를 받고 지정기한까지 그 의무를 이행하지 아니할 때에는 당해 행정청은 문서 또는 구두로써 대집행을 할 시기, 대집행을 시키기 위하여 파견하는 집행책임자의 성명과 대집행에 요하는 비용의 개산에 의한 견적액을 의무자에게 통지하여야 한다.

③ 위험이 절박하여 당해 행위의 급속한 실시를 요하여 계고 내지 대집행영장에 의한 통지절차를 취할 여유가 없다고 하여 그 절차를 거치지 아니하고 대집행을 할 수는 없다.

④ 대집행과 관련된 서류의 송달은 「행정절차법」에서 정하는 바에 따르되, 교부에 의한 송달을 원칙으로 하되, 교부에 의한 송달을 할 수 없을 때에는 등기우편 또는 정보통신망을 이용하여 송달할 수 있다.

09 「질서위반행위규제법」의 적용범위에 관한 설명으로 옳은 것은?

① 질서위반행위의 성립과 과태료 처분은 행위 시의 법률에 따르나, 질서위반행위 후 법률이 변경되어 과태료가 변경되기 전의 법률보다 무겁게 된 때에는 법률에 특별한 규정이 없는 한 변경된 법률을 적용한다.

② 행정청의 과태료 처분이나 법원의 과태료 재판이 확정된 후 법률이 변경되어 그 행위가 질서위반행위에 해당하지 아니하게 된 때에는 변경된 법률에 특별한 규정이 없는 한 과태료를 감경한다.

③ 「질서위반행위규제법」은 대한민국 영역 안에서 질서위반행위를 한 자에게 적용되므로 대한민국 영역 밖에서 질서위반행위를 한 대한민국의 국민에게는 적용되지 아니한다.

④ 「질서위반행위규제법」은 대한민국 영역 밖에 있는 대한민국의 선박 또는 항공기 안에서 질서위반행위를 한 외국인에게도 적용한다.

10 행정처분의 방식에 대한 판례의 내용으로 옳은 것은?

① 행정처분을 원칙적으로 문서로 하도록 규정하고 있는 「행정절차법」 제24조 제1항에 위반한 처분은 위법하여 취소할 수 있다.

② 행정청이 문서로 처분을 한 경우, 처분서의 문언만으로 행정청이 어떤 처분을 하였는지 분명하다 하더라도 처분 경위나 처분 이후의 상대방의 태도 등 다른 사정을 고려하여 그 문언과 달리 다른 처분까지 포함되어 있는 것으로 해석할 수 있다.

③ 병무청장이 '가수 甲이 공연을 위하여 국외여행허가를 받고 출국한 후 미국 시민권을 취득함으로써 사실상 병역의무를 면탈하였다'는 이유로 입국 금지를 요청함에 따라 법무부장관이 甲의 입국금지결정을 한 후, 甲으로부터 재외동포(F-4) 체류자격의 사증발급을 신청받은 재외공관장장이 처분이유를 기재한 사증발급 거부처분서를 작성해 주지 않은 채 甲의 아버지에게 전화로 사증발급이 불허되었다고 통보한 경우, 위 사증발급 거부처분은 「행정절차법」 제24조 제1항 단서에서 정한 '신속히 처리할 필요가 있거나 사안이 경미한 경우'에 해당하므로 문서에 의한 처분 방식을 위반한 하자가 있다고 볼 수 없다.

④ 외국인의 사증발급 신청에 대한 거부처분은 성질상 「행정절차법」 제24조에서 정한 '처분서 작성·교부'를 할 필요가 없거나 곤란하다고 단정할 수 없고, 또 「행정절차법」 제24조에 정한 절차를 따르지 않고 '행정절차에 준하는 절차'로 대체할 수도 없다.

11 행정상 정보공개에 대한 설명으로 옳은 것은? (다툼이 있는 경우 판례에 의함)

① 공개 청구된 정보가 제3자와 관련이 있는 경우 행정청은 제3자에게 통지하여야 하고 의견을 들을 수 있으나, 제3자가 비공개를 요청할 권리를 갖지는 않는다.

② 정보공개 청구권자의 권리구제 가능성 등은 정보의 공개 여부 결정에 아무런 영향을 미치지 못한다.

③ 지방자치단체의 업무추진비 세부항목별 집행내역 및 그에 관한 증빙서류에 포함된 개인에 관한 정보는 「공공기관의 정보공개에 관한 법률」 소정의 '공개하는 것이 공익을 위하여 필요하다고 인정되는 정보'에 해당하여 공개 대상이 된다.

④ 외국 또는 외국기관으로부터 비공개를 전제로 정보를 입수하였다면 이를 '공개할 경우 업무의 공정한 수행에 현저한 지장을 받을 것'에 해당한다.

12 「개인정보 보호법」상 단체소송에 대한 설명으로 옳지 않은 것은?

① 원고의 청구를 기각하는 판결이 확정된 경우, 이와 동일한 사안에 관하여는 단체소송을 제기할 수 있는 다른 단체도 단체소송을 제기할 수 없다.

② 개인정보 단체소송에 관하여 「개인정보 보호법」에 특별한 규정이 없는 경우에는 「행정소송법」을 적용한다.

③ 단체소송은 피고의 주된 사무소 또는 영업소가 있는 곳의 지방법원 본원 합의부의 관할에 전속한다.

④ 개인정보 단체소송은 개인정보처리자가 「개인정보 보호법」상의 집단분쟁조정을 거부하거나 집단분쟁조정의 결과를 수락하지 아니한 경우에 제기할 수 있으며, 그 제기에 법원의 허가를 받아야 한다.

13 손해배상에 대한 설명으로 옳지 않은 것은?

① 헌법은 공무원의 직무상 불법행위로 인한 국가배상만을 규정하고 있을 뿐이고 영조물의 설치·관리의 하자로 인한 국가배상에 대해서는 규정하고 있지 않다.

② 「민법」상의 사용자 면책사유는 「국가배상법」상의 고의·과실의 판단에서는 적용되지 않는다.

③ 「국가배상법」은 공무원의 대외적 배상책임의 범위를 규정하고 있지 않으나 국가가 배상했을 때 고의·중과실에 한해 공무원의 구상책임을 규정하고 있다.

④ 「국가배상법」상 재산권의 침해로 인한 국가배상을 받을 권리는 압류하지는 못하나 양도할 수는 있다.

14 손실보상에 대한 설명으로 옳은 것은? (다툼이 있는 경우 판례에 의함)

① 「공익사업을 위한 토지 등의 취득 및 보상에 관한 법률」에 의한 잔여지 수용청구를 받아들이지 않은 토지수용위원회의 재결에 대하여 토지소유자가 불복하여 제기하는 소송은 항고소송에 해당한다.

② 공익사업의 시행으로 토석채취허가를 연장받지 못하게 된 경우, 그로 인한 손실과 공익사업 사이에 상당인과관계가 있다고 할 수 없고, 또 특별한 사정이 없는 한 그러한 손실이 적법한 공권력의 행사로 가하여진 재산상의 특별한 희생으로서 손실보상의 대상이 된다고 볼 수도 없다.

③ 사업시행자에게 한 잔여지 매수청구의 의사표시는 일반적으로 관할 토지수용위원회에 한 잔여지 수용청구의 의사표시로 볼 수 있다.

④ 공유수면매립면허의 고시가 있는 경우 그 사업이 시행되고 그로 인하여 직접 손실이 발생한다고 할 수 있으므로, 관행어업권자는 공유수면매립면허의 고시를 이유로 손실보상을 청구할 수 있다.

15 「행정심판법」과 「행정소송법」에 대한 설명으로 옳은 것은?

① 법원은 피고가 거부처분의 취소판결에도 불구하고 처분을 하지 아니하는 경우에는 당사자가 신청하면 기간을 정하여 서면으로 시정을 명하고 그 기간에 이행하지 아니하면 직접 처분을 할 수 있다.

② 재결에 의해 무효로 확인되는 처분이 당사자의 신청을 거부하는 것을 내용으로 하는 경우에 피청구인이 재처분을 하지 아니하면 당사자의 신청으로 행정심위원회는 간접강제할 수 있다.

③ 법원의 확정판결로 거부처분이 무효로 확인된 경우 피고인 행정청은 재처분할 의무가 없으므로 피고인 행정청이 처분을 하지 아니하였음에도 법원은 간접강제할 수 없다.

④ 부작위위법확인소송에서는 「행정소송법」 제34조의 간접강제가 허용되나, 의무이행심판에서는 「행정심판법」 제50조의2의 간접강제가 허용되지 않는다.

16 행정심판에 대한 설명으로 옳은 것은?

① 위원회는 처분, 처분의 집행 또는 절차의 속행 때문에 중대한 손해가 생기는 것을 예방할 필요성이 긴급하다고 인정할 때에는 직권으로 또는 당사자의 신청에 의하여 처분의 효력, 처분의 집행 또는 절차의 속행의 전부 또는 일부의 정지를 결정할 수 있다.

② 위원회는 처분 또는 부작위가 위법·부당하다고 상당히 의심되는 경우로서 처분 또는 부작위 때문에 당사자가 받을 우려가 있는 중대한 불이익이나 당사자에게 생길 급박한 위험을 막기 위하여 임시지위를 정하여야 할 필요가 있는 경우 임시처분을 결정하려면 당사자의 신청이 있어야 한다.

③ 위원회는 피청구인이 처분명령재결에도 불구하고 처분을 하지 아니하는 경우에는 직권으로 또는 당사자가 신청에 의하여 기간을 정하여 서면으로 시정을 명하고 그 기간에 이행하지 아니하면 직접 처분을 할 수 있다.

④ 위원회는 피청구인이 재처분의무에 따른 처분을 하지 아니하면 직권으로 또는 청구인의 신청에 의하여 결정으로 상당한 기간을 정하고 피청구인이 그 기간 내에 이행하지 아니하는 경우에는 그 지연기간에 따라 일정한 배상을 하도록 명하거나 즉시 배상을 할 것을 명할 수 있다.

17 「행정소송법」에 대한 설명으로 옳은 것은?

① 법원이 제3자의 소송참가신청에 대해 참가허가 여부를 결정함에 있어서 미리 당사자 및 제3자의 의견을 들어야 한다.

② 토지의 수용 기타 부동산 또는 특정의 장소에 관계되는 처분 등에 대한 취소소송은 그 부동산 또는 장소의 소재지를 관할하는 행정법원에 이를 제기하여야 한다.

③ 원고의 청구가 이유 있다고 인정하는 경우에도 처분 등을 취소하는 것이 현저히 공공복리에 적합하지 아니하다고 인정하는 때에는 법원은 원고의 청구를 기각하여야 한다.

④ 다른 법률에 당해 처분에 대한 행정심판의 재결을 거치지 아니하면 취소소송을 제기할 수 없다는 규정이 있는 때에는 당해 처분에 대한 행정심판을 거치지 아니하고 제기할 수 있다.

18 취소소송에서의 처분사유의 추가·변경에 대한 설명으로 옳은 것은? (다툼이 있는 경우 판례에 의함)

① 처분사유를 추가·변경한다는 관할 행정청의 주장이 법원에서 받아들여진 경우, 처분이 변경된 것이므로 원고는 처분변경으로 인한 소의 변경을 신청하여야 한다.

② 처분사유를 추가·변경할 수 있었음에도 추가·변경하지 않았다면 처분이 취소판결로 취소된 후에 추가·변경이 가능했던 사유를 들어 동일한 처분을 할 수 없다.

③ 추가사유나 변경사유는 처분시에 존재한 사유에 한정되지 않고 처분 이후에 발생한 사유도 가능하다.

④ 추가 또는 변경된 사유가 당초의 처분시 그 사유를 명기하지 않았을 뿐 처분시에 이미 존재하고 있었고 당사자도 그 사실을 알고 있었다면 당초의 처분사유와 동일성이 인정된다.

19 행정소송 중 무효확인소송에 있어서 권리보호에 대한 설명으로 옳지 않은 것은? (다툼이 있으면 판례에 의함)

① 환지계획에 따른 환지교부 등 처분의 효력발생 이후에는 환지 전체의 절차를 다시 밟지 않는 한 그 환지의 일부만을 따로 떼어 변경할 길이 없다.

② 시장건물 부지로 제공되어 있는 대지 위에 근린생활시설을 위한 임시적인 가설건축물을 축조할 수는 없으므로, 위 대지 위에 근린생활시설을 축조하려고 한 가설건축물축조신고를 반려한 처분은 적법하지 않다.

③ 정년의 초과 또는 사망하여 면직된 경우에는 설사 면직처분이 무효확인된다 하더라도 공무원의 권리 또는 법률상 지위의 불안이나 위험을 제거하기에 미흡하여, 면직처분 무효확인의 소가 필요하고도 적절한 것이라고 할 수 없다.

④ 무효임을 주장하는 과세처분에 따라 그 부과세액을 납부하여 이미 그 처분의 집행이 종료된 것과 같이 되어버렸다면, 그 과세처분이 존재하고 있는 것과 같은 외관이 남아 있음으로써 장차 이해관계인에게 다가올 법률상의 불안이나 위험은 전혀 없다 할 것이다.

20 행정절차에 대한 설명으로 옳지 않은 것은?

① 「행정절차법」 제19조 제1항의 처분기간의 공표규정은 처리기간에 관한 규정은 훈시규정이 아니라 강행규정이라고 볼 수 있음으로 행정청이 처리기간이 지나 처분을 하였다면 이를 처분을 취소할 절차상 하자로 볼 수 있다.

② 행정청이 관계 법령의 규정이나 자체적인 판단에 따라 처분상대방에게 특정한 권리나 이익 또는 지위 등을 부여한 후 일정한 기간마다 심사하여 갱신 여부를 판단하는 이른바 '갱신제'를 채택하여 운용하는 경우, 처분상대방은 갱신 여부에 관하여 합리적인 기준에 의한 공정한 심사를 요구할 권리를 가진다.

③ 사전에 공표한 심사기준을 심사대상기간이 이미 경과하였거나 상당 부분 경과한 시점에서 처분상대방의 갱신 여부를 좌우할 정도로 중대하게 변경하는 것이 허용되지 않는다.

④ 민원처리법 시행령 제23조에 따른 민원처리진행상황 통지도 민원인의 편의를 위한 부가적인 제도일 뿐, 그 통지를 하지 않았더라도 이를 처분을 취소할 절차상 하자로 볼 수 없다.

제한시간 : 14분 | 시작시각 ___시 ___분 ~ 종료시각 ___시 ___분   나의 점수 _____

01 행정법상 신뢰보호의 원칙에 대한 설명으로 옳은 것은? (다툼이 있는 경우 판례에 의함)

① 당초 정구장시설을 설치한다는 도시계획결정을 하였다가 정구장 대신 청소년수련시설을 설치한다는 도시계획 변경결정 및 지적 승인을 한 경우, 당초의 도시계획결정만으로도 도시계획사업의 시행자 지정을 받게 된다는 공적 견해를 표명했다고 할 수 있다.

② 행정청의 견해표명이 정당하다고 신뢰한 데에 대하여 그 개인에게 귀책사유가 있더라도 신뢰보호의 원칙이 적용된다.

③ 비권력적 사실행위인 행정지도나 법령 등은 신뢰의 대상이 되는 선행조치에 포함되지 않는다.

④ 처분청이 착오로 행정서사업 허가처분을 한 후 20년이 다 되어서야 취소사유를 알고 행정서사업 허가를 취소한 경우, 상대방에게 취소권을 행사하지 않을 것이란 신뢰를 심어준 것으로 여겨지지 않으므로 그 허가취소처분은 실권의 법리에 저촉되지 않는다.

02 영업양도에 따른 지위승계에 대한 설명으로 옳은 것은? (다툼이 있는 경우 판례에 의함)

① 영업이 양도·양수된 경우에는 아직 승계신고 및 그 수리처분이 있기 전에 양수인이 양도인의 허락 하에 해당 영업을 영위하던 중에 법령위반행위가 적발되었다면 그 행정적인 책임은 양도인에게 귀속된다.

② 사실상 영업이 양도·양수된 경우에는 아직 지위승계신고 및 그 수리처분이 있기 이전이라 하더라도 실질적인 영업허가자는 양수인이므로 행정제재처분의 사유가 있는지 여부 및 그 사유가 있다고 하여 행하는 행정제재처분은 양수인에 대하여 행하여야 한다.

③ 영업이 양도·양수되었지만 아직 지위승계신고 수리처분이 있기 이전에 관할 행정청이 양도인의 영업허가를 취소하는 처분을 한 경우, 양수인에게는 그 취소처분의 취소를 구할 법률상 이익이 없다.

④ 구 「식품위생법」상의 영업자지위승계신고를 수리하는 처분에 있어서 종전의 영업자는 그 처분에 대하여 직접 그 상대가 되는 자에 해당하지 아니한다.

03 난민에 대한 설명으로 옳지 않은 것은? (다툼이 있는 경우 판례에 의함)

① 난민으로 인정한 사람이 '난민의 인정을 하게 된 중요한 요소가 거짓된 서류제출 및 진술, 사실의 은폐 등에 의한 것으로 밝혀진 경우'에 해당하면 난민의 인정 취소는 강학상 취소이다.

② 난민으로 인정한 사람이 '난민의 인정을 하게 된 중요한 요소가 거짓된 서류제출 및 진술, 사실의 은폐 등에 의한 것으로 밝혀진 경우'에 해당하여 난민의 인정 취소시에는 행정청이 원고의 신뢰이익을 고려하지 않았다고 하더라도 재량권을 일탈·남용하였다고 할 수 없다.

③ 난민 인정에 관한 신청을 받은 행정청은 난민으로 인정해야 할 것인지는 재량이므로 원칙적으로 법령이 정한 난민 요건에 해당하더라도 국익을 위해 난민 인정을 거부할 수 있다.

④ 난민인정은 기속행위이나 난민인정취소는 법무부장관의 재량이므로 난민인정 결정을 취소할 공익상의 필요와 취소로 당사자가 입을 불이익 등 여러 사정을 참작하여 취소 여부를 결정할 수 있다.

04 행정입법부작위에 대한 설명으로 옳은 것은? (다툼이 있는 경우 판례에 의함)

① 추상적인 법령에 관한 제정의 여부 등은 부작위법확인소송의 대상이 될 수 있다.

② 상위법령을 시행하기 위하여 하위법령을 제정하거나 필요한 조치를 함에 있어서 합리적인 기간 내의 지체를 위헌적인 부작위로 볼 수 없으나, 법률의 시행에 반대하는 여론의 압력이나 이익단체의 반대 등은 장기간의 지체를 정당화하는 사유가 될 수 없다.

③ 입법자가 불충분하게 규율한 이른바 부진정입법부작위에 대하여 헌법소원을 제기하려면 그것이 평등의 원칙에 위배된다는 등 헌법위반을 내세워 적극적인 헌법소원을 제기하여야 하며, 이 경우에는 기본권 침해 상태가 계속되고 있으므로 「헌법재판소법」 소정의 제소기간을 준수할 필요는 없다.

④ 행정입법의 제정이 법률의 집행에 필수불가결한 경우로서 행정입법을 제정하지 아니하는 것이 곧 행정권에 의한 입법권 침해의 결과를 초래하는 경우, 행정권의 행정입법 등 법집행의무는 법률적 의무이다.

05 행정입법에 대한 판례의 입장으로 옳은 것은?

① 법률의 위임을 받은 것이라면 행정적 편의를 도모하기 위한 절차적 규정도 단순히 행정규칙의 성질을 가지는 데 불과한 것으로 보아서는 아니 된다.

② 법령의 규정이 특정 행정기관에게 법령 내용의 구체적 사항을 정할 수 있는 권한을 부여하면서 권한행사의 절차나 방법을 특정하지 아니한 경우, 수임 행정기관은 행정규칙 형식으로 법령 내용이 될 사항을 구체적으로 정할 수 없다.

③ 법률의 시행령이나 시행규칙의 내용이 모법의 해석상 가능한 것을 명시한 것에 지나지 않거나 모법 조항의 취지에 근거하여 이를 구체화하기 위한 것이라 하더라도, 모법에 직접 위임하는 규정이 없는 경우에는 무효이다.

④ 「공공기관의 운영에 관한 법률」 제39조에 규정된 것보다 한층 완화된 입찰참가자격제한 처분요건을 규정하여 그 처분대상을 확대하고 있는 「공기업·준정부기관 계약사무규칙」 제15조 제1항은 행정기관 내부의 사무처리준칙을 정한 것에 지나지 않는다.

06 다음 중 서로 연결이 옳지 않은 것은? (다툼이 있는 경우 판례에 의함)

① 「행정절차법」상 청문절차를 거쳐야 하는 처분임에도 청문절차를 결여한 처분 - 취소

② 「환경영향평가법」상 환경영향평가의 대상사업임에도 환경영향 평가를 거치지 않고 행해진 사업승인처분 - 무효

③ 관리처분계획의 주요 부분을 실질적으로 변경하는 내용으로 새로운 관리처분계획을 수립하여 시장·군수의 인가를 받은 경우, 당초 관리처분계획 - 실효

④ 군수와 주민대표가 선정·추천한 전문가를 포함시키지 않은 채 입지선정위원회가 임의로 구성되어 의결을 한 후, 그에 근거하여 이루어진 폐기물처리시설 입지결정처분 - 취소

07 행정계획에 대한 설명으로 옳은 것만을 모두 고르면? (다툼이 있으면 판례에 의함)

> ㄱ. 도시계획결정은 특정 개인의 권리 내지 법률상의 이익을 개별적이고 구체적으로 규제하는 효과를 가져오게 하는 행정청의 처분이라 할 것이고, 이는 행정소송의 대상이 된다.
>
> ㄴ. 형량명령이론은 도시관리계획결정을 할 것인지를 결정할 때뿐 아니라 도시계획시설을 변경할 것인지를 결정하는 경우에도 동일하게 적용된다고 보아야 한다.
>
> ㄷ. 후행 도시계획의 결정을 하는 행정청이 선행 도시계획의 결정·변경 등에 관한 권한을 가지고 있지 아니한 경우, 후행 도시계획의 결정에 대한 항고소송의 피고는 권한을 가진 행정청이다.
>
> ㄹ. 환지계획에 반하는 환지예정지처분이나 환지처분은 당연무효이다.
>
> ㅁ. 채광계획인가로 공유수면점용허가가 의제되는 경우, 공유수면점용불허가결정은 채광계획인가와 별개로 존재하는 처분이므로 공유수면점용불허가결정에 대해 쟁송기간 내 소가 제기되지 아니하였다면 불가쟁력이 생긴다.

① ㄱ, ㄴ, ㄹ   ② ㄱ, ㄷ, ㄹ

③ ㄴ, ㄷ, ㅁ   ④ ㄴ, ㄹ, ㅁ

08 「행정대집행법」의 내용으로 옳지 않은 것은?

① 법률에 의거한 행정청의 명령에 의한 대체적 작위의무의 불이행에 대해서는 대집행을 할 수 있다.

② 법률의 위임에 의한 명령이나 지방자치단체의 조례에 의하여 직접 명령된 대체적 작위의무의 불이행에 대해서도 대집행을 할 수 있다.

③ 대체적 작위의무의 불이행에 대하여 다른 수단으로써 그 이행을 확보하기 곤란하고 또한 그 불이행을 방치함이 심히 공익을 해할 것으로 인정되어야 대집행을 할 수 있다.

④ 행정청은 스스로 의무자가 하여야 할 행위를 하여야 하며 제3자로 하여금 이를 하게 할 수는 없다.

09 행정상 강제징수에 대한 설명으로 옳은 것(○)과 옳지 않은 것(×)을 바르게 연결한 것은? (다툼이 있는 경우 판례에 의함)

> ㄱ. 납세의무자의 재산에 대하여 사실상·법률상의 처분을 금지시키는 강제보전행위인 압류는 권력적 사실행위로서 처분성을 갖는다.
>
> ㄴ. 과세관청이 체납처분으로서 행하는 공매는 우월한 공권력의 행사로서 행정소송의 대상이 되는 공법상의 행정처분이며, 공매에 의하여 재산을 매수한 자는 그 공매처분이 취소된 경우에 그 취소처분의 위법을 주장하여 행정소송을 제기할 법률상 이익이 있다.
>
> ㄷ. 체납자에 대한 공매통지가 공매에서 체납자의 권리 내지 재산상의 이익을 보호하기 위하여 법률로 규정한 절차적 요건이라고 하더라도, 체납자는 자신에 대한 공매통지의 하자뿐만 아니라 다른 권리자에 대한 공매통지의 하자를 공매처분의 위법사유로 주장할 수 있다.
>
> ㄹ. 조세부과처분에 취소사유인 하자가 있는 경우 그 하자는 후행 강제징수절차인 독촉·압류·매각·청산절차에 승계된다.
>
> ㅁ. 압류처분에 기한 압류등기가 경료되어 있는 경우에는 압류처분의 무효확인을 구할 이익이 없다.

	ㄱ	ㄴ	ㄷ	ㄹ	ㅁ
①	○	○	○	×	×
②	○	○	×	×	×
③	○	×	×	×	×
④	×	○	×	○	○

10 「행정절차법」상 공청회에 대한 설명으로 옳지 않은 것은?

① 다른 법령 등에서 공청회를 개최하도록 규정하고 있는 경우와 해당 처분의 영향이 광범위하여 널리 의견을 수렴할 필요가 있다고 행정청이 인정하는 경우에 한해 공청회를 개최한다.

② 행정청은 공청회를 개최하려는 경우에는 공청회 개최 14일 전까지 제목, 일시 및 장소, 주요 내용 등을 당사자 등에게 통지하고 관보, 일간신문 등에 공고하는 등의 방법으로 널리 알려야 하나, 공청회 개최를 알린 후 예정대로 개최하지 못하여 새로 일시 및 장소 등을 정한 경우에는 공청회 개최 7일 전까지 알려야 한다.

③ 행정청은 해당 공청회의 사안과 관련된 분야에 전문적 지식이 있거나 그 분야에 종사한 경험이 있는 사람으로서 대통령령으로 정하는 자격을 가진 사람 중에서 공청회의 주재자를 선정한다.

④ 행정청은 공청회를 마친 후 처분을 할 때까지 새로운 사정이 발견되어 공청회를 다시 개최할 필요가 있다는 이유로 공청회를 다시 개최할 수 있다.

11 행정정보공개에 대한 설명으로 옳지 않은 것은? (다툼이 있는 경우 판례에 의함)

① 공공기관이 공개청구의 대상이 된 정보를 공개하였다면, 설령 청구인이 신청한 공개방법 이외의 방법으로 공개하기로 하는 결정을 하였더라도, 청구인은 그에 대하여 항고소송으로 다툴 수 없다.

② 공개청구의 대상이 되는 정보가 인터넷 등을 통하여 공개되어 인터넷검색 등을 통하여 쉽게 알 수 있다는 사정만으로는 비공개결정이 정당화될 수 없다.

③ 방송프로그램의 기획·편성·제작 등에 관한 정보로서 방송사가 공개하지 아니한 것은, 사업활동에 의하여 발생하는 위해로부터 사람의 생명·신체 또는 건강을 보호하기 위하여 공개할 필요가 있는 정보나 위법·부당한 사업활동으로부터 국민의 재산 또는 생활을 보호하기 위하여 공개할 필요가 있는 정보를 제외하고는, 「공공기관의 정보공개에 관한 법률」 제9조 제1항 제7호에 정한 '법인 등의 경영·영업상 비밀에 관한 사항'에 해당한다.

④ 실제로는 해당 정보를 취득 또는 활용할 의사가 전혀 없이, 정보공개제도를 이용하여 사회통념상 용인될 수 없는 부당한 이득을 얻으려는 목적으로 정보공개청구를 하는 경우처럼 권리의 남용에 해당하는 것이 명백한 경우에는 정보공개청구권의 행사가 허용되지 않는다.

12 국가배상에 대한 설명으로 옳은 것은? (다툼이 있는 경우 판례에 의함)

① 「국가배상법」 제7조가 정하는 상호보증은 반드시 당사국과의 조약이 체결되어 있을 필요는 없지만, 당해 외국에서 구체적으로 우리나라 국민에게 국가배상청구를 인정한 사례가 있어 실제로 국가배상이 상호 인정될 수 있는 상태가 인정되어야 한다.

② 국가배상청구권의 소멸시효기간이 지났으나 국가가 소멸시효 완성을 주장하는 것이 신의성실의 원칙에 반하는 권리남용으로 허용될 수 없어 배상책임을 이행한 경우에도, 특별한 사정이 없는 한 국가는 해당 공무원에게 구상권을 행사할 수 있다.

③ 「공직선거법」이 후보자가 되고자 하는 자와 그 소속 정당에게 전과기록을 조회할 권리를 부여하고 수사기관에 회보의무를 부과한 것은 공공의 이익만을 위한 것이지 후보자가 되고자 하는 자나 그 소속 정당의 개별적 이익까지 보호하기 위한 것은 아니다.

④ 형벌에 관한 법령이 헌법재판소의 위헌결정으로 소급하여 효력을 상실한 경우, 위헌 선언 전 그 법령에 기초하여 수사가 개시되어 공소가 제기되고 유죄판결이 선고되었더라도, 그러한 사정만으로 국가의 손해배상책임이 발생한다고 볼 수 없다.

13 「공익사업을 위한 토지 등의 취득 및 보상에 관한 법률」상의 보상원칙에 관한 설명으로 옳은 것은?

① 공익사업에 필요한 토지 등의 취득 또는 사용으로 인하여 토지소유자나 관계인이 입은 손실은 국가나 지방자치단체가 보상하여야 한다.

② 사업시행자는 해당 공익사업을 위한 공사에 착수하기 이전에 토지소유자와 관계인에게 분할하여 지급하여야 한다.

③ 손실보상은 다른 법률에 특별한 규정이 있는 경우를 제외하고는 현금으로 지급하여야 한다.

④ 손실보상은 토지소유자나 관계인에게 물건별로 하여야 한다. 다만, 물건별로 보상액을 산정할 수 없을 때에는 그러하지 아니하다.

14 행정심판의 청구기간에 대한 설명으로 옳지 않은 것은?

> 「행정심판법」 제27조 【심판청구의 기간】 ① 행정심판은 처분이 있음을 알게 된 날부터 90일 이내에 청구하여야 한다.
> ② 청구인이 천재지변, 전쟁, 사변, 그 밖의 불가항력으로 인하여 제1항에서 정한 기간에 심판청구를 할 수 없었을 때에는 그 사유가 소멸한 날부터 14일 이내에 행정심판을 청구할 수 있다. 다만, 국외에서 행정심판을 청구하는 경우에는 그 기간을 30일로 한다.
> ③ 행정심판은 처분이 있었던 날부터 180일이 지나면 청구하지 못한다. 다만, 정당한 사유가 있는 경우에는 그러하지 아니하다.
> ⑥ 행정청이 심판청구 기간을 알리지 아니한 경우에는 제3항에 규정된 기간에 심판청구를 할 수 있다.
>
> 「공익사업을 위한 토지 등의 취득 및 보상에 관한 법률」 제83조 【이의의 신청】 ① 중앙토지수용위원회의 제34조에 따른 재결에 이의가 있는 자는 중앙토지수용위원회에 이의를 신청할 수 있다.
> ③ 제1항 및 제2항에 따른 이의의 신청은 재결서의 정본을 받은 날부터 30일 이내에 하여야 한다.

① 수용재결에 대한 이의신청기간을 규정한 「공익사업을 위한 토지 등의 취득 및 보상에 관한 법률」 제83조 제2항은 「행정심판법」 제27조 제1항의 특별한 규정이므로 수용재결에 대한 이의신청에는 「행정심판법」 제27조 제1항의 적용이 배제된다.

② 수용재결을 한 토지수용위원회가 「행정심판법」 제58조 제1항에 따른 고지를 사업시행자나 토지소유자에게 하지 않았다면 수용재결에 대한 이의신청은 「공익사업을 위한 토지 등의 취득 및 보상에 관한 법률」 제83조 제2항의 적용이 배제되고 「행정심판법」 제27조 제6항에 따라 수용재결이 있었던 날부터 180일 이내에 이의신청하면 된다.

③ 불특정다수인에 처분에 대한 고시 또는 공고가 그 효력을 발생했다면 「행정심판법」 제27조 제3항이 적용되어 고시 또는 공고가 효력을 발생한 날부터 180일이 지나면 청구하지 못한다.

④ 불특정다수인에 처분에 대한 고시 또는 공고가 그 효력을 발생했다면 상대방이 처분이 있었음을 알지 못했다고 하더라도 「행정심판법」 제27조 제3항 단서의 정당한 사유가 적용되지 않는다.

15 「행정심판법」과 「행정소송법」에 대한 설명으로 옳은 것은?

① 법원은 원고의 청구가 이유가 있다고 인정하면 처분을 취소 또는 다른 처분으로 변경하거나 처분을 다른 처분으로 변경할 것을 피고에게 명한다.

② 법원은 부작위위법확인의 청구가 이유가 있다고 인정하면 지체 없이 신청에 따른 처분을 하거나 처분을 할 것을 피고에게 명한다.

③ 행정심판의 재결과 모순되는 주장이나 판단할 수 없다.

④ 「행정심판법」은 재결기간을 규정하고 있어 법정기간 내 재결할 의무를 지나 「행정소송법」은 심리기간 규정을 두고 있지 않고 법원은 일정기간 내 재판할 법적 의무도 없다.

16 항고소송에 있어서 법률상 이익에 관한 판례의 내용으로 옳지 않은 것은?

① 처분이 유효하게 존속하는 경우에는 특별한 사정이 없는 한 그 처분의 존재로 인하여 실제로 침해되고 있거나 침해될 수 있는 현실적인 위험을 제거하기 위해 취소소송을 제기할 권리보호의 필요성이 인정된다.

② 취소소송에 의해 행정처분을 취소하더라도 원상회복이 불가능하게 보이는 경우라 해도, 동일한 소송당사자 사이에서 그 행정처분과 동일한 사유로 위법한 처분이 반복될 위험성이 있어 행정처분의 위법성 확인 내지 불분명한 법률문제에 대한 해명이 필요하다고 판단되는 경우에는 여전히 그 처분의 취소를 구할 이익이 있다.

③ 행정처분의 무효확인 또는 취소를 구하는 소가 제소 당시에 소의 이익이 있어 적법하였다면, 소송계속 중 처분청이 다툼의 대상이 되는 행정처분을 직권으로 취소하더라도 그 처분을 대상으로 한 항고소송은 원칙적으로 적법하다.

④ 乙 회사가 甲 회사로부터 '제주일보' 명칭 사용을 허락받아 「신문 등의 진흥에 관한 법률」에 따라 등록관청인 도지사에게 신문의 명칭 등을 등록하고 제주일보를 발행하고 있던 중, 丙 회사가 甲 회사의 사업을 양수하였음을 원인으로 하여 사업자 지위승계신고 및 그에 따른 발행인·편집인 등의 등록사항 변경을 신청한 데 대하여 도지사가 이를 수리하고 변경등록을 한 경우, 乙 회사는 위 사업자 지위승계신고 수리와 신문사업변경등록에 대하여 무효확인 또는 취소를 구할 법률상 이익이 있다.

17 항고소송에서 원고적격에 대한 판례의 내용으로 옳지 않은 것은?

① 행정처분에 대한 취소소송에서 원고적격은 해당 처분의 상대방인지 여부가 아니라 그 취소를 구할 법률상 이익이 있는지 여부에 따라 결정되고, 여기에서 말하는 법률상 이익에 간접적이거나 사실적·경제적 이해관계를 가지는 데 불과한 경우는 포함되지 않는다.

② 행정처분에 있어서 불이익처분의 상대방은 직접 개인적 이익의 침해를 받은 자로서 원고적격이 인정된다.

③ 행정처분의 직접 상대방이 아닌 자로서 처분에 의하여 자신의 환경상 이익을 침해받거나 침해받을 우려가 있다는 이유로 취소소송을 제기하는 제3자는, 자신의 환경상 이익이 법률상 보호되는 이익임을 증명하여야 원고적격이 인정된다.

④ 법령이 특정한 행정기관으로 하여금 다른 행정기관을 상대로 제재적 조치를 취할 수 있도록 하면서, 그에 따르지 않으면 그 행정기관에 대하여 과태료를 부과하거나 형사처벌을 할 수 있도록 정하는 경우, 제재적 조치의 상대방인 행정기관에게는 원고적격을 인정할 수 없다.

18 집행정지에 대한 설명으로 옳지 않은 것은? (다툼이 있는 경우 판례에 의함)

① 집행정지 단계에서 본안에 관한 이유의 유무를 판단하는 것은 허용될 수 없는바, 본안청구에 이유 없음이 명백하지는 않을 것이라는 요건은 집행정지 요건으로 볼 수 없다.

② 행정처분의 효력정지나 집행정지를 구하는 신청사건에 있어서는 행정처분 자체의 적법 여부를 판단할 것이 아니므로 법원이 집행정지신청을 기각한 결정에 대하여 행정처분 자체의 적법 여부를 가지고 불복사유로 삼을 수는 없다.

③ 행정처분의 효력정지나 집행정지를 구하는 신청사건에 있어서 집행정지사건 자체에 의하여도 본안청구가 적법한 것이어야 한다는 점이 집행정지의 요건에 포함시켜야 한다.

④ 집행정지결정을 하려면 이에 대한 본안소송이 법원에 제기되어 계속 중임을 요건으로 하는 것이므로 집행정지결정을 한 후라도 본안소송이 취하되어 소송이 계속하지 아니한 것으로 되면 집행정지결정은 당연히 그 효력이 소멸되는 것이고 별도의 취소조치를 필요로 하는 것이 아니다.

2022 해커스공무원 함남기 행정법 모의고사 Season 2

19 항고소송에 대한 설명으로 옳지 않은 것은?

① 행정청이 여러 개의 위반행위에 대하여 하나의 제재처분을 하였으나, 위반행위별로 제재처분의 내용을 구분하는 것이 가능하고 여러 개의 위반행위 중 일부의 위반행위에 대한 제재처분 부분만이 위법하더라도 법원은 그 제재처분 중 위법성이 인정되는 부분만 취소해서는 안 되고 그 제재처분 전부를 취소하여야 한다.

② 한국수력원자력 주식회사는 공공기관운영법에 따른 '공기업'으로 지정됨으로써 공공기관운영법 제39조 제2항에 따라 입찰참가자격제한처분을 할 수 있는 권한을 부여받았으므로 '법령에 따라 행정처분권한을 위임받은 공공기관'으로서 행정청에 해당한다.

③ 한국수력원자력 주식회사가 등록된 공급업체에 대하여 하는 '등록취소 및 그에 따른 일정 기간의 거래제한조치'는 '처분'에 해당한다.

④ 검찰총장이 검사에 대하여 하는 '경고조치'가 항고소송의 대상이 되는 처분에 해당한다.

20 「행정기본법」의 부관에 대한 설명으로 옳은 것은?

① 행정청은 처분에 재량이 없는 경우 부관(조건, 기한, 부담, 철회권의 유보 등을 말한다. 이하 이 조에서 같다)을 붙일 수 있다.

② 처분에 재량이 없는 경우 요건충족부관을 붙일 수 있다는 규정을 두고 있지 않다.

③ 행정청은 부관을 붙일 수 있는 처분이 법률에 근거가 있는 경우와 당사자의 동의가 있는 경우에 해당하는 경우에 한해 그 처분을 한 후에도 부관을 새로 붙이거나 종전의 부관을 변경할 수 있다.

④ 부관의 한계로 해당 처분의 목적에 위배되지 아니할 것, 부당결부금지, 비례원칙, 처분의 상대방 신뢰보호를 규정하고 있다.

제한시간 : 14분 | 시작시각 ___시 ___분 ~ 종료시각 ___시 ___분   나의 점수 _____

01 A법인이 철도노선 실시설계 계약기간 중에 담당자인 피고 직원에게 각각 금품교부 행위를 하였다 하여 한국철도시설공단은 「공공기관의 운영에 관한 법률」 제39조가 규정한 '공정한 경쟁이나 계약의 적정한 이행을 해칠 것이 명백한 행위'에 해당한다고 하면서 A법인과 그 대표자인 甲에 대해 입찰참가자격을 제한하는 처분을 하자, A법인과 그 대표자인 甲이 취소소송을 제기하였다. 이에 대한 설명으로 옳지 않은 것은? (다음 법조문을 전제로 함)

> 「공공기관의 운영에 관한 법률」 제39조 【회계원칙 등】 ② 공기업·준정부기관은 공정한 경쟁이나 계약의 적정한 이행을 해칠 것이 명백하다고 판단되는 사람·법인 또는 단체 등에 대하여 2년의 범위 내에서 일정기간 입찰참가자격을 제한할 수 있다.
> 구 「공기업·준정부기관 계약사무규칙」(2016. 9. 12. 기획재정부령 제571호로 개정되기 전의 것) 제15조 ④ 입찰참가자격을 제한받은 자가 법인이나 단체인 경우에는 그 대표자에 대하여, 중소기업협동조합인 경우에는 그 원인을 직접 발생하게 한 조합원에 대하여도 제1항(입찰참가자격제한)을 적용한다.

① 법률의 위임 없이 제재처분의 대상자를 확대하는 부령은 위임입법의 한계를 벗어난 것으로서 대외적 효력을 인정할 수 없다.

② '입찰참가자격을 제한받은 자가 법인이나 단체인 경우에는 그 대표자'에 대하여도 입찰참가자격 제한을 할 수 있도록 규정한 구 「공기업·준정부기관 계약사무규칙」 제15조 제4항의 대외적 효력을 인정할 수 없다.

③ 구 「공기업·준정부기관 계약사무규칙」 제15조 제4항은 A법인 대표자인 甲에 대해 입찰참가자격을 제한하는 처분의 근거가 될 수 있으므로, A법인 대표자인 甲에 대해 입찰참가자격을 제한하는 처분의 적법 여부는 구 「공기업·준정부기관 계약사무규칙」에 따라 판단하여야 한다.

④ 뇌물공여사실이 인정된다면 「공공기관의 운영에 관한 법률」 제39조 제2항과 구 「공기업·준정부기관 계약사무규칙」 제15조 제4항에 근거하여 A법인에 대해 입찰참가제한처분을 할 수 있다.

02 국가의 사법(私法)작용에 대한 설명으로 옳지 않은 것은?

① 행정주체는 일정한 공행정작용을 사법(私法)적 형식으로 할 수 있으나 당해 행정작용은 공법적 규정에 의하여 행정주체에게 부여되어 있어야 한다.

② 국고관계에 있어서 「국가를 당사자로 하는 계약에 관한 법률」, 「국가재정법」, 「공유재산법」 등에 의해 계약의 방법과 내용 등에 일정한 공법적 제한이 가하여지는 경우, 이때 당해 행위의 본질적 부분에 관한 것일 때에 법률관계는 공법적 관계로 볼 수 있다.

③ 행정주체가 사법적 형식으로 공행정작용의 수행함에 있어서 헌법상 기본권이나 평등원칙 또는 비례원칙에 의하여 구속을 받는다.

④ 전기공급계약에는 「민법」상 계약에 관한 의사표시조항의 적용이 배제되거나 수정 적용될 수 있다.

2022 해커스공무원 함남기 행정법 모의고사 Season 2

03 준법률행위적 행정행위에 대한 설명으로 옳은 것은 모두 몇 개인가? (다툼이 있는 경우 판례에 의함)

> ㄱ. 다툼의 여지가 있는 일정한 사실이나 법률관계가 존재하는 것인가 아닌가 또는 정당한 것인가 아닌가를 공적으로 판단하여 확정하는 행정행위를 공증이라 하며, 공증의 예로는 토지대장에의 등재가 이에 해당한다.
> ㄴ. 확인은 의문·분쟁이 있음을 전제로 하는 인식작용이나, 공증은 의문·분쟁이 있음을 전제로 하지 않는 판단작용이다.
> ㄷ. 타인의 행위를 유효한 행위로 받아들이는 행정행위를 수리라 하며, 이러한 수리 중 '체육시설업자 등이 제출한 회원모집계획서에 대한 시·도지사의 검토 결과 통보'의 경우 대법원은 법적 효과를 발생하지 아니하는 수리행위로서 처분성이 인정되지 않는다고 보았다.
> ㄹ. 공증은 증명된 바에 대한 반증이 있을 때까지 일응 진실한 것으로 추정되는 효력을 가진다.
> ㅁ. 「친일반민족행위자 재산의 국가귀속에 관한 특별법」에 의한 친일반민족행위자재산조사위원회의 국가귀속결정은 당해 재산이 친일재산에 해당한다는 사실을 공증하는 이른바 준법률행위적 행정행위의 성격을 가진다.

① 1개 　　　　　② 2개
③ 3개 　　　　　④ 4개

04 제3자효 행정행위에 대한 설명으로 가장 옳은 것은?

① 행정청이 처분을 서면으로 하는 경우 상대방과 제3자에게 행정심판을 제기할 수 있는지 여부와 제기하는 경우의 행정심판절차 및 청구기간을 직접 알려야 한다.

② 제3자인 이해관계인은 법원의 참가결정이 없어도 관계 처분에 의하여 자신의 법률상 이익이 침해되는 한 청문이나 공청회 등 의견청취절차에 참가할 수 있다.

③ 제3자가 어떠한 방법에 의하든지 행정처분이 있었음을 안 경우에는 안 날로부터 90일 이내에 행정심판이나 행정소송을 제기하여야 한다.

④ 행정심판위원회는 필요하다고 인정하면 그 심판 결과에 이해관계가 있는 제3자에게 그 사건 심판에 참가할 것을 요구할 수 있으며, 이 요구를 받은 제3자는 그 사건 심판에 참가하여야 한다.

05 아래 사안과 관련하여 옳은 설명으로 묶인 것은? (다툼이 있는 경우 판례에 의함)

> 甲은 「국토의 계획 및 이용에 관한 법률」상 용도지역이 농림지역인 토지에 사업장일반폐기물, 건설폐기물 최종처리업을 영위할 목적으로 군수 乙에게 폐기물처리업 사업계획서를 제출하였다. 이에 대하여 乙은 "사업계획 대상지역을 도시지역으로 입안하여야 하고, 사업개시 전 및 사업추진 중 주민의 반대 및 기타 이로 인하여 발생되는 문제에 대하여는 원만하게 사업시행주체가 해결해야 한다."라는 등의 이행조건을 붙여 사업계획에 대한 적정통보를 하였다. 그 후 甲은 乙에게 이 사건 토지에 대한 용도지역을 농림지역에서 도시지역으로 변경하여 달라는 국토이용계획변경신청을 하였으나, 乙은 甲의 신청을 거부하였다.

> ㄱ. 폐기물처리업 사업계획에 대한 행정기관의 적정통보는 사업부지토지에 대한 국토이용계획변경신청을 승인해 주겠다는 취지의 묵시적 의사표시로 인정된다.
> ㄴ. 폐기물처리업 사업계획과 국토이용계획의 변경은 결정단계에서 고려되어야 할 사항들이 서로 다르므로, 乙의 거부처분은 신뢰보호원칙에 위반되지 않는다.
> ㄷ. 국토이용계획변경을 통해 폐기물처리시설이 들어설 경우 수질오염 등으로 인근 주민에게 피해를 줄 우려가 있다는 등의 공익상의 이유를 들어 거부처분을 한 것은 재량권의 일탈·남용으로 볼 수 없다.
> ㄹ. 폐기물처리업 사업계획의 적정통보를 하면서 붙인 이행조건의 적법 및 그 성취 여부는 국토이용계획변경신청 승인의 전제조건이 된다.

① ㄱ, ㄷ 　　　　② ㄴ, ㄷ
③ ㄱ, ㄹ 　　　　④ ㄴ, ㄹ

06 행정상 확약에 대한 설명으로 옳은 것은? (다툼이 있는 경우 판례에 의함)

① 행정청의 위법한 확약으로 인하여 손해를 입은 사람은 「국가배상법」에 따른 손해배상을 청구할 수도 있다.

② 확약에는 공정력이나 불가쟁력과 같은 효력이 인정되는 것은 아니라고 하더라도, 일단 확약이 있은 후에 사실적·법률적 상태가 변경되었다고 하여 행정청의 별다른 의사표시 없이 확약이 실효된다고 할 수 없다.

③ 재량행위와 달리 기속행위에 있어서는 행정청에게 해당 처분을 해야 할 법적 의무가 있으므로 확약은 무의미하다.

④ 어업면허에 선행하는 우선순위결정에 대한 신뢰는 보호되어야 하고, 종전의 우선순위결정을 무시하고 새로운 우선순위를 결정하고 새로운 우선순위결정에 기하여 새로운 어업권 면허를 하는 것은 신뢰보호 위반이다.

07 행정상 사실행위에 대한 설명으로 옳지 않은 것은? (다툼이 있는 경우 판례에 의함)

① 뉴스보도에서 횡령혐의자의 보석석방 소식을 전하면서 피고인의 실루엣으로 乙의원의 사진을 사용하여 시청자를 혼동케 하고 乙의원의 명예를 훼손하였다는 이유로 방송통신위원회가 지상파 방송사에 「방송법」에 따라 제재조치명령과 함께 한 고지방송명령은 권고적 효력만을 가지는 비권력적 사실행위에 해당할 뿐 항고소송의 대상이 되는 행정처분에 해당하지 않는다.

② 지방경찰청장이 횡단보도를 설치하여 보행자의 통행방법 등을 규제하는 것은 처분성이 인정된다.

③ 미납 공납금을 완납하지 아니할 경우 졸업증의 교부와 증명서를 발급하지 않겠다는 공립학교의 통고행위는 권력적 사실행위로서 헌법소원심판청구의 대상으로서의 공권력에 해당한다.

④ 교육감이 학교법인에 대한 감사 실시 후 처리지시를 하고 그와 함께 그 시정조치에 대한 결과를 증빙서를 첨부한 문서로 보고하도록 한 경우, 위 처리지시는 단순히 권고적 효력만을 가지는 비권력적 사실행위인 행정지도에 불과한 것이 아니라 항고소송의 대상이 되는 행정처분에 해당한다.

08 「행정절차법」상 당사자 등에 대한 설명으로 옳은 것은?

① 「행정절차법」상 당사자 등은 행정청의 처분에 대하여 직접 그 상대가 되는 당사자와 이해관계인을 의미한다.

② 행정청은 당사자 또는 이해관계인의 신청에 따라 여러 개의 사안을 병합하거나 분리하여 청문을 할 수 있다.

③ 청문은 당사자가 공개를 신청하거나 청문 주재자가 필요하다고 인정하는 경우 공개할 수 있으나 공익 또는 제3자의 정당한 이익을 현저히 해칠 우려가 있는 경우에는 공개하여서는 아니 된다.

④ 법률상 이익을 가지는 자는 청문의 통지가 있는 날부터 청문이 끝날 때까지 행정청에 해당 사안의 조사결과에 관한 문서와 그 밖에 해당 처분과 관련되는 문서의 열람 또는 복사를 요청할 수 있다.

09 「질서위반행위규제법」의 내용으로 옳은 것은?

① 고의가 아니라 과실로 질서위반행위를 한 자에 대하여는 과태료를 부과하지 아니한다.

② 자신의 행위가 위법하지 아니한 것으로 오인하고 행한 질서위반행위는 과태료를 부과하지 아니한다.

③ 다른 법률에 특별한 규정이 없는 한, 14세가 되지 아니한 자의 질서위반행위는 과태료를 부과하지 아니한다.

④ 스스로 심신장애 상태를 일으켜 행위의 옳고 그름을 판단할 능력이 없거나 그 판단에 따른 행위를 할 능력이 없는 자의 질서위반행위는 과태료를 감경한다.

10 「공공기관의 정보공개에 관한 법률」상 비공개 대상 정보에 관한 설명으로 옳은 것은? (다툼이 있는 경우 판례에 의함)

① 외국 또는 외국기관으로부터 비공개를 전제로 정보를 입수하였다면 이를 '공개할 경우 업무의 공정한 수행에 현저한 지장을 받을 것'에 해당한다.

② 한·일 군사정보보호협정 및 한·일 상호군수지원협정과 관련하여 각종 회의자료 및 회의록 등의 정보는 비공개 대상 정보에 해당하나, 공개가 가능한 부분과 공개가 불가능한 부분을 쉽게 분리할 수 있으므로 부분공개는 가능하다.

③ 외교부장관이 비공개결정을 할 당시 가서명만 이루어진 단계인 한·일 군사정보보호협정과 아직 합의문이 도출되지 않은 단계인 한·일 상호군수지원협정과 관련된 각종 회의자료 및 회의록 등의 정보는 비공개 대상 정보에도 해당한다.

④ 법원 이외의 공공기관이 '진행 중인 재판에 관련된 정보'에 해당한다는 사유로 정보공개를 거부하기 위하여는 반드시 그 정보가 진행 중인 재판의 소송기록 그 자체에 포함된 내용일 필요는 없으므로, 진행 중인 재판의 심리 또는 재판 결과에 구체적으로 영향을 미칠 위험이 있는 정보에 한정되는 것은 아니다.

11 행정대집행에 대한 설명으로 옳지 않은 것은? (다툼이 있는 경우 판례에 의함)

① 「공유재산 및 물품 관리법」 제83조에 따라 지방자치단체장이 행정대집행의 방법으로 공유재산에 설치한 시설물을 철거할 수 있는 경우, 민사소송의 방법으로 시설물의 철거를 구하는 것이 허용되지 않는다.

② 건물의 점유자가 철거의무자일 때에는 건물철거의무에 퇴거의무도 포함되어 있는 것이어서 별도로 퇴거를 명하는 집행권원이 필요하지 않다.

③ 행정청이 행정대집행의 방법으로 건물철거의무의 이행을 실현할 수 있는 경우에는 건물철거 대집행 과정에서 부수적으로 건물의 점유자들에 대한 퇴거 조치를 할 수 있고, 점유자들이 적법한 행정대집행을 위력을 행사하여 방해하는 경우 필요하다면 경찰의 도움을 받을 수도 있다.

④ 대집행권한을 위탁받아 공무인 대집행을 실시하기 위하여 지출한 비용은 민사소송절차에 의하여 그 비용의 상환을 청구할 수 있다.

12 분리이론과 경계이론에 대한 설명으로 옳지 않은 것은?

① 분리이론은 헌법 제23조 제1항과 제3항을 본질적으로 다른 제도로 보면서 보상규정을 규정한 법률이 있는 경우에는 헌법 제23조 제3항의 공용침해에 해당하고, 그렇지 않은 경우 헌법 제23조 제3항의 공용침해는 아니라고 한다.

② 경계이론에 따르면 헌법 제23조 제1항과 제3항은 본질적으로 다른 제도가 아니고 보상규정을 규정하지 않은 법률에 의해 보상이 필요한 재산권침해가 발생하면 헌법 제23조 제항의 공용침해에 해당한다.

③ 보상규정을 규정하지 않은 법률에 의한 재산권 침해가 발생한 경우 분리이론에 따르면 헌법재판소가 헌법불합치결정을 하고 입법자가 재산권침해를 배제하는 규정을 두어 권리를 구제해주는 방법을 취할 수 있으나, 경계이론에 따르면 보상규정을 규정하지 않은 법률에 의한 재산권침해가 발생한 경우 헌법 제23조 제3항에 따라 보상을 통한 가치보장으로 해결하면 족하다.

④ 보상규정을 규정하지 않은 법률에 의해 재산권침해가 발생한 경우 분리이론을 취하고 있는 독일최고재판소는 수용유사침해이론에 따른 보상을, 분리이론를 취하고 있는 우리 대법원은 유추적용설에 따른 보상을 하자는 입장이다.

13 공법상 결과제거청구권에 대한 설명으로 옳은 것은?

① 행정주체의 비권력적 행위, 부작위, 사실행위에 의한 침해에 대해서도 결과제거청구권이 인정된다.

② 결과제거청구권은 법률상 이익뿐만 아니라 사실상의 이익을 침해당한 경우에도 행사할 수 있다.

③ 결과제거청구권은 공행정작용의 직접적 또는 간접적인 결과를 그 대상으로 한다.

④ 침해행위인 행정행위에 취소할 수 있는 하자가 있는 경우에는 결과제거청구권을 행사할 수 있다.

14 「행정심판법」상 행정심판에 대한 설명으로 옳은 것은?

① 당사자의 신청을 거부하는 처분에 대한 취소심판에서 인용재결이 내려진 경우, 의무이행심판과 달리 행정청은 재처분의무를 지지 않는다.

② 「행정심판법」상 행정심판의 청구인과 피청구인은 행정심판위원회에 국선대리인을 선임하여 줄 것을 신청할 수 있다.

③ 「행정심판법」에 따른 서류의 송달에 관하여는 「행정절차법」 중 송달에 관한 규정을 준용한다.

④ 동작구청장의 처분이나 부작위에 대한 행정심판청구는 서울특별시 행정심판위원회에서 심리·재결하여야 한다.

15 「행정심판법」과 「행정소송법」에 대한 설명으로 옳지 않은 것은?

① 위원회가 심판청구서를 받은 날부터 60일이 지나도 재결이 없다면 행정심판의 재결을 거치지 아니하고 취소소송을 제기할 수 있다.

② 심판청구에 대한 재결이 있으면 그 재결 및 같은 처분 또는 부작위에 대하여 다시 행정심판을 청구할 수 없으나 재결에 고유한 위법이 있다면 재결의 취소소송을 제기할 수 있다.

③ 행정심판을 거친 경우에는 재결서의 정본을 송달받은 날부터 90일 이내에 제기하여야 한다. 다만, 정당한 사유가 있는 때에는 그러하지 아니하다.

④ 법원은 당사자의 신청이 있는 때에는 결정으로써 재결을 행한 행정청에 대하여 행정심판에 관한 기록의 제출을 명할 수 있다.

16 처분사유의 추가·변경에 관한 판례의 내용으로 옳은 것은?

① 「교과용도서에 관한 규정」 제33조 제2항에 따라 교육부장관의 검정도서에 대한 가격조정명령의 당초 사유인 '예상 발행부수보다 실제 발행부수가 1,000부 이상 많은 경우'와 추가사유인 '제조원가 중 도서의 개발 및 제조 과정에서 실제 발생하지 아니한 제조원가가 차지하는 비율이 1,000분의 15 이상인 경우'는 기본적 사실관계의 동일성이 인정되지 않는다.

② 당초 동일한 유효성분에 대하여 '최초 허가'를 이미 받았다는 이유로 특허권존속기간연장신청을 불승인하였는데, 소가 제기된 후 피고가 연장신청이 「특허법」이 허용하는 범위를 넘어서는 부당한 특허권 존속기간 연장 전략의 일환이므로 불승인처분이 적법하다는 취지로 주장하는 것은 기본적 사실관계의 동일성이 인정된다.

③ 외국인 甲이 법무부장관에게 귀화신청을 하였으나 법무부장관이 '품행 미단정'을 불허사유로 「국적법」상의 요건을 갖추지 못하였다며 신청을 받아들이지 않는 처분을 하였는데, 법무부장관이 甲을 '품행 미단정'이라고 판단한 이유에 대하여 제1심 변론절차에서 「자동차관리법」 위반죄로 기소유예를 받은 전력 등을 고려하였다고 주장한 후, 제2심 변론절차에서 불법 체류전력 등의 제반사정을 추가로 주장할 수 없다.

④ 甲이 인근 주민들의 통행로로 이용되고 있는 토지를 매수한 다음 2층 규모의 주택을 신축하겠다는 내용의 건축신고서를 제출한 데 대한 구청장의 건축신고수리 거부처분에 있어서 '위 토지가 「건축법」상 도로에 해당하여 건축을 허용할 수 없다'는 당초 처분사유와 '위 토지가 인근 주민들의 통행에 제공된 사실상의 도로인데, 주택을 건축하여 주민들의 통행을 막는 것은 사회공동체와 인근 주민들의 이익에 반하므로 甲의 주택 건축을 허용할 수 없다'는 추가사유는 기본적 사실관계의 동일성이 인정되지 않는다.

17 판결의 효력에 대한 설명으로 옳지 않은 것은?

① 집행정지결정은 형성효, 기속력, 장래효, 제3자효가 있으나 소급효, 기판력, 기속력에 따른 재처분의무는 없다.

② 취소소송에서 기속력은 인용판결에만 있고 행정청과 관계 행정청만 기속하나, 기판력은 기각판결에도 있으며 원고·피고, 피고 소속의 행정주체, 후소 법원에 미친다.

③ 판결에 의하여 취소되는 처분이 당사자의 신청을 거부하는 것을 내용으로 하는 경우에는 그 처분을 행한 행정청은 판결의 취지에 따라 다시 이전의 신청에 대한 처분을 하여야 하는데, 이는 기판력의 효력에 의한 것이다.

④ 행정청의 재처분의무는 무효확인소송과 부작위확인소송에서도 인정되나 당사자소송에서는 인정되지 않으나 간접강제는 부작위확인소송에서도 인정되나 무효확인소송과 당사자소송에서는 인정되지 않는다.

18 「행정소송법」상 부작위위법확인소송에 대한 설명으로 옳지 않은 것은? (다툼이 있는 경우 판례에 의함)

① 행정청의 아무런 처분이 없는 때에 이를 거부처분으로 간주하는 법규정이 있는 경우에는 부작위에 해당하지 않는다.

② 부작위위법확인소송에서 인용판결이 확정된 경우에도, 행정청은 이전의 신청에 대하여 거부처분을 할 수 있다.

③ 소제기의 전후를 통하여 판결시까지 행정청이 그 신청에 대하여 적극 또는 소극의 처분을 함으로써 부작위 상태가 해소된 경우에는 소의 이익을 상실하게 되어 해당 소는 기각판결을 받게 된다.

④ 취소소송의 집행정지와 사정판결 관한 규정은 부작위위법확인소송에 준용되지 않는다.

19 과징금에 대한 설명으로 옳은 것은?

① 공정거래위원회는 입찰담합에 관한 과징금의 기본 산정 기준이 되는 '계약금액'을 재량에 따라 결정할 수 있다.

② 공정거래위원회가 공동행위 외부자의 제보에 따라 필요한 증거를 충분히 확보한 이후 증거를 제공한 공동행위 참여자가 과징금 등 감면 대상자인 1순위 또는 2순위 조사협조자가 될 수 있다.

③ 여객자동차운수사업자가 범한 여러 가지 위반행위에 대하여 관할 행정청이 사업정지처분을 갈음하는 과징금 부과처분을 하기로 선택하는 경우, 여러 가지 위반행위에 대하여 1회에 부과할 수 있는 과징금 총액의 최고한도액(= 5,000만 원) 및 관할 행정청이 여객자동차운송사업자의 여러 가지 위반행위를 인지한 경우, 인지한 여러 가지 위반행위 중 일부에 대해서만 우선 과징금 부과처분을 하고 나머지에 대해서는 차후에 별도의 과징금 부과처분을 할 수 있다.

④ 관할 행정청이 여객자동차운송사업자가 범한 여러 가지 위반행위 중 일부만 인지하여 과징금 부과처분을 한 후 그 과징금 부과처분 시점 이전에 이루어진 다른 위반행위를 인지하여 이에 대하여 별도의 과징금 부과처분을 하게 되는 경우, 전체 위반행위에 대하여 하나의 과징금 부과처분을 할 경우에 산정되었을 정당한 과징금액에서 이미 부과된 과징금액을 뺀 나머지 금액을 한도로 하여서만 추가 과징금 부과처분을 할 수 있다.

20 행정기본법상 처분의 효력에 대한 설명으로 옳은 것은?

① 처분은 권한이 있는 기관이 취소 또는 철회하거나 기간의 경과 등으로 소멸되기 전까지는 적법한 것으로 통용된다.

② 무효인 처분은 권한이 있는 기관이 취소 또는 철회하거나 기간의 경과 등으로 소멸되기 전까지는 유효한 것으로 통용된다.

③ 공정력에 대한 명시적인 실정법적 근거가 있다.

④ 행정기본법은 불가변력과 불가쟁력을 규정하고 있다.

제한시간 : 14분 | 시작시각 ＿＿시 ＿＿분 ~ 종료시각 ＿＿시 ＿＿분   나의 점수 ＿＿＿＿＿

01 육군3사관학교 사관생도인 甲이 4회에 걸쳐 학교 밖에서 음주를 하여 '사관생도 행정예규' 제12조(이하 '금주조항'이라 한다)에서 정한 품위유지의무를 위반하였다는 이유로 육군3사관학교장이 교육운영위원회의 의결에 따라 甲에게 퇴학처분하였다. 이에 대한 설명으로 옳지 않은 것은?

① 육군3사관학교 생도와 국가는 특별한 권력관계이다.

② 특별권력관계에 있다고 하여 일반 국민보다 기본권을 더 제한할 수는 없으나 법률유보원칙, 과잉금지원칙 등 기본권 제한의 헌법상 원칙들을 지켜야 한다.

③ 「육군3사관학교 설치법」 및 시행령, 그 위임에 따른 육군3사관학교 학칙 및 사관생도 행정예규 등에서 육군3사관학교의 설치 목적과 교육 목표를 달성하기 위하여 사관생도가 준수하여야 할 사항을 정하고 이를 위반한 행위에 대하여는 징계를 규정할 수 있다.

④ 사관생도의 음주가 교육 및 훈련 중에 이루어졌는지 여부나 음주량, 음주 장소, 음주 행위에 이르게 된 경위 등을 묻지 않고 일률적으로 2회 위반 시 원칙으로 퇴학 조치하도록 정한 것은 사관생도의 일반적 행동자유권, 사생활의 비밀과 자유 등 기본권을 과도하게 제한하는 것이다.

02 판례의 입장에 따를 때, 신고에 대한 행정청의 수리행위가 행정처분에 해당하는 것(○)과 해당하지 않는 것(×)을 바르게 연결한 것은?

> ㄱ. 「액화석유가스의 안전 및 사업관리법」에 의한 사업양수에 의한 지위승계신고를 수리하는 허가관청의 행위
>
> ㄴ. 공동주택 입주민의 옥외운동시설인 테니스장을 배드민턴장으로 변경하고, 그 변동사실은 구 「주택건설촉진법」상 신고 사항이 아닌데도 이를 신고하여 관할 시장이 수리한 행위
>
> ㄷ. 수리를 요하는 신고에 해당하는 체육시설회원모집계획서의 제출에 대한 시·도지사의 수리행위인 검토결과 통보
>
> ㄹ. 「체육시설의 설치·이용에 관한 법률」상 체육시설업의 영업양수신고나 체육시설업의 시설기준에 따른 필수시설 인수신고의 수리행위

	ㄱ	ㄴ	ㄷ	ㄹ
①	×	○	○	×
②	○	×	○	○
③	○	×	×	○
④	×	○	×	×

03 법령등 시행일의 기간 계산에 대한 설명으로 옳은 것은?

① 법령등을 공포한 날부터 시행하는 경우에는 초일불산입원칙이 적용되지 않는다.

② 법령등을 공포한 날부터 일정 기간이 경과한 날부터 시행하는 경우 법령등을 공포한 날을 첫날에 산입하므로 초일불산입원칙이 적용되지 않는다.

③ 법령등을 공포한 날부터 일정 기간이 경과한 날부터 시행하는 경우 그 기간의 말일이 토요일 또는 공휴일인 때에는 그 다음날로 만료하는 민법이 적용된다.

④ 법령등 시행일 계산을 규정하고 잇는 「행정기본법」 제7조는 법률이나 법규명령, 법령보충적 행정규칙에 적용되나 훈령·예규·고시·지침과 같은 단순 행정규칙에는 적용되지 않는다.

04 「도시 및 주거환경정비법」상 조합 설립과 정비사업 추진에 대한 설명으로 옳지 않은 것은? (다툼이 있는 경우 판례에 의함)

① 조합설립추진위원회 구성승인처분은 조합의 설립을 위한 주체인 추진위원회의 구성행위를 보충하여 그 효력을 부여하는 처분으로 인가에 해당한다.

② 도시환경정비사업조합이 수립한 사업시행계획을 인가하는 행정청의 행위는 사업시행계획에 대한 법률상의 효력을 완성시키는 보충행위에 해당한다.

③ 재개발조합설립인가신청에 대하여 행정청의 재개발조합설립인가처분이 있은 후에는 재개발조합설립동의에 하자가 있음을 이유로 재개발조합설립의 효력을 부정하려면 항고소송으로 재개발조합설립인가처분의 효력을 다투어야 한다.

④ 재개발조합의 관리처분계획 결의에 대한 인가를 받고 난 이후에 관리처분계획을 다투기 위해서는 인가처분 자체를 취소소송으로 다투어야 한다.

05 행정행위의 효력발생요건인 통지에 대한 설명으로 옳지 않은 것은? (다툼이 있는 경우 판례에 의함)

① 보통우편의 방법으로 발송된 경우에는 그 우편물이 상당한 기간 내에 도달하였다고 추정할 수 없으므로, 송달의 효력을 주장하는 측에서 도달하였음을 입증하여야 한다.

② 등기에 의한 우편송달의 경우라도 수취인이 주민등록지에 실제로 거주하지 않는 경우에는 우편물의 도달사실을 처분청이 입증해야 한다.

③ 납세고지서의 교부송달 및 우편송달에 있어서는 납세의무자 또는 그와 일정한 관계에 있는 사람의 현실적인 수령행위를 전제로 하므로, 납세자가 과세처분의 내용을 이미 알고 있는 경우에는 송달하지 않아도 된다.

④ 면허관청이 운전면허정지처분을 하면서 통지서에 의해 면허정지사실을 통지하지 아니하거나 처분집행예정일 7일 전까지 발송하지 아니한 경우 효력이 없고, 면허관청이 임의로 출석한 상대방의 편의를 위해 구두로 면허정지사실을 알렸다 해도 역시 효력이 없다.

06 행정행위의 공정력에 대한 설명으로 옳은 것은?

① 수용재결이 무효나 취소되지 않는 한 수용재결로 인한 손해가 발생하더라도 손해배상은 인정되지 않는다.

② 당연무효가 아닌 행정행위는 취소되지 않는 한, 그 행정행위로 인한 결과의 제거나 원상회복을 청구할 권리는 인정되지 않는다.

③ 공정력과 구성요건적 효력을 구별하는 견해에 따르면 공정력의 근거로 권력분립에 따른 다른 국가기관의 권한 존중을 든다.

④ 대통령령의 하자가 중대·명백하면 무효가 되나, 그렇지 않은 경우에는 취소되기 전까지는 유효하다.

07 甲은 A시의 시립무용단원 선발시험에 합격하여, A시와 채용계약을 체결하였다. 그러나 甲과 A시 사이의 채용계약 중 임금 및 수당부분에 있어서 같은 무용단원에 지급되고 있는 급식보조비가 누락되어 이후 甲과 A시 사이에 분쟁이 발생하였다. 이에 대한 설명으로 옳지 않은 것은? (채용계약의 법적 성질은 판례에 의함)

① 위 채용계약에 대해서는 원칙적으로 공정력과 자력집행력이 인정될 수 없다.

② A시가 甲을 해촉하였다면, 甲은 공법상의 당사자소송으로 무효확인을 청구할 수 있다.

③ 甲과 A시의 채용계약에 하자가 있는 경우, 하자가 중대하고 명백하다면 이 계약은 무효가 되며, 만약 하자가 그 정도에 이르지 않으면 취소의 대상이 된다.

④ 사례와 같은 계약에는 법률유보원칙이 적용되지 않는 경우가 있을 수 있으나, 법률우위의 원칙은 적용된다는 것이 일반적 견해이다.

08 「행정기본법」상 직권취소에 대한 설명으로 옳은 것은?

① 위법 또는 부당한 처분의 취소를 규정하고 있는 「행정기본법」제17조는 직권취소뿐 아니라 쟁송취소에도 적용된다.

② 행정청은 위법 또는 부당한 처분의 전부나 일부를 장래를 향하여 취소할 수 있다.

③ 「행정기본법」은 직권취소권자로 처분청인 행정청과 감독청을 규정하고 있다.

④ 「행정기본법」은 사인의 직권취소신청권을 규정하지 않고 있고 판례에 따라 처분의 상대방은 직권취소사유가 존재하더라도 처분청에게 그 취소를 요구할 신청권은 없다.

09 「행정기본법」상 철회에 대한 설명으로 옳은 것은?

① 「행정기본법」제19조는 법률에서 정한 철회 사유에 해당하게 된 경우, 법령등의 변경이나 사정변경으로 처분을 더 이상 존속시킬 필요가 없게 된 경우, 중대한 공익을 위하여 필요한 경우를 철회사유로 규정하고 있다.

② 기존 판례는 처분의 일부철회를 인정하지 않았으나 「행정기본법」제19조는 처분의 전부뿐 아니라 일부를 철회할 수 있도록 규정하고 있다.

③ 부담적 처분을 철회하려는 경우에는 철회로 인하여 당사자가 입게 될 불이익을 철회로 달성되는 공익과 비교·형량하여야 한다.

④ 「행정기본법」은 철회기간 처분이 있은 날로부터 3년으로 제한하고 있다.

10 판례에 의할 때, 공시지가와 관련하여 하자의 승계가 인정된 것을 모두 고르면?

ㄱ. 표준지공시지가결정과 조세부과처분 사이
ㄴ. 표준지공시지가결정과 수용재결 사이
ㄷ. 비교표준지공시지가결정과 수용보상금결정처분 사이
ㄹ. 개별공시지가결정과 과세처분 사이
ㅁ. 개별공시지가결정과 개발부담금부과처분 사이
ㅂ. 표준지공시지가결정과 개별공시지가결정 사이
ㅅ. 개별공시지가결정에 대한 재조사청구에 따른 조정결정을 통지받고서도 다투지 않은 경우, 개별공시지가결정과 양도소득세 부과처분 사이

① ㄱ, ㄴ, ㄷ, ㄹ
② ㄴ, ㄷ, ㄹ, ㅁ
③ ㄷ, ㄹ, ㅁ, ㅂ
④ ㄹ, ㅁ, ㅂ, ㅅ

11 「행정기본법」상 공법상 계약에 대한 설명으로 옳은 것은?

① 공법상 계약의 실체적 요건은 「행정기본법」이 적용되고 공법상 계약의 절차는 「행정절차법」이 적용된다.

② 「행정기본법」은 공법상 계약의 일방당사자를 행정주체인 국가와 공공단체로 규정하고 있다.

③ 「행정기본법」은 법령등에 근거해서 행정목적을 달성하기 위하여 필요한 경우에는 공법상 법률관계에 관한 계약을 체결할 수 있도록 규정하고 법률유보원칙이 공법상 계약에도 적용됨을 명시하였다.

④ 계약의 목적 및 내용을 명확하게 적은 계약서를 작성하여야 한다고 규정하여 문서주의를 규정하였으나 구두에 의한 계약에 대해서는 규정하고 있지 않다.

12 「행정절차법」상 처분을 할 때, 당사자 등에게 주는 의견제출에 대한 설명으로 옳지 않은 것을 모두 고르면?

ㄱ. 행정청이 침익적 처분을 할 때, 청문을 하거나 공청회를 개최하는 경우에는 당사자 등에게 의견제출의 기회를 주지 않아도 된다.

ㄴ. 행정청은 처분 후 1년 이내에 당사자 등이 요청하는 경우에는 의견제출을 위하여 제출받은 서류나 그 밖의 물건을 반환하여야 한다.

ㄷ. 행정청은 침익적 처분을 하는 경우 처분하려는 원인이 되는 사실과 처분의 내용 및 법적 근거와 이에 대하여 의견을 제출할 수 있다는 뜻과 의견제출기한 등을 당사자 등에게 사전 통지하여야 하고, 여기서 의견제출기한은 의견제출에 필요한 상당한 기간을 고려하여 정하여야 한다.

ㄹ. 행정청은 당사자 등이 제출한 의견을 반영하지 아니하고 처분을 한 경우 당사자 등이 처분이 있음을 안 날부터 60일 이내에 그 이유의 설명을 요청하면 서면으로 그 이유를 알려야 하되, 당사자 등이 동의하면 말, 정보통신망 또는 그 밖의 방법으로 알릴 수 있다.

① ㄱ, ㄴ   ② ㄴ, ㄷ
③ ㄷ, ㄹ   ④ ㄱ, ㄹ

13 행정지도에 대한 설명으로 옳은 것은?

① 행정청은 행정지도를 하려고 하면 미리 행정지도의 제목, 행정지도의 내용을 당사자 등에게 통지하여야 한다.

② 행정지도가 문서주의를 원칙으로 하며, 다만 긴급을 요하는 경우 말로 할 수 있다.

③ 행정청은 행정지도의 상대방에게 의견제출의 기회를 주고 의견을 청취한 후 행정지도할 수 있다.

④ 행정지도에도 법률우위 원칙이 적용되므로 법령에서 행정지도의 요건과 한계를 규정했다면 이에 위반해서는 안 된다.

14 「행정대집행법」상 대집행의 실행과 행정쟁송에 대한 설명으로 옳지 않은 것은 모두 몇 개인가?

ㄱ. 행정청은 해가 지기 전에 대집행에 착수한 경우에는 해가 진 후에도 대집행을 할 수 있으나, 의무자가 동의하였다고 하여 해가 진 후에 대집행을 할 수는 없다.

ㄴ. 행정청은 대집행을 할 때 대집행 과정에서의 안전 확보를 위하여 필요하다고 인정하는 경우 현장에 긴급 의료장비나 시설을 갖추는 등 필요한 조치를 하여야 한다.

ㄷ. 대집행을 하기 위하여 현장에 파견되는 집행책임자는 그가 집행책임자라는 것을 표시한 증표를 휴대하여 대집행시에 이해관계인에게 제시하여야 한다.

ㄹ. 대집행에 대하여는 행정심판을 제기할 수 있다.

ㅁ. 대집행에 대하여는 행정소송을 제기할 수 없다.

① 1개   ② 2개
③ 3개   ④ 4개

15 행정상 강제징수에 대한 설명으로 옳은 것(○)과 옳지 않은 것(×)을 바르게 연결한 것은? (다툼이 있는 경우 판례에 의함)

> ㄱ. 「국세징수법」상 체납처분에 의한 채권압류에서 압류조서가 작성되지 않았거나 또는 제3채무자에 대한 채권압류통지서에 피압류채권이 특정되지 않은 경우에는 그 채권압류가 무효이다.
>
> ㄴ. 지방세의 결손처분은 납세의무가 소멸하는 사유이고, 결손처분의 취소는 국민의 권리·의무에 영향을 미치는 행정처분으로서의 의미를 가진다.
>
> ㄷ. 납세고지서에 해당 본세의 과세표준과 세액의 산출근거 등이 제대로 기재되지 않은 경우에는 특별한 사정이 없는 한 그 징수처분은 위법하나, 납세자가 납세고지서에 기재된 세율이 명백히 잘못된 오기임을 알 수 있고 납세자의 불복 여부의 결정이나 불복신청에 지장을 초래하지 않을 정도라면 납세고지서의 세율이 잘못 기재되었다는 사정만으로 그에 관한 징수처분을 위법하다고 볼 수 없다.
>
> ㄹ. 납세자에게 「국세징수법」 제14조 제1항 제1호 내지 제6호의 납기 전 징수사유가 발생하고 납부고지가 된 국세의 납부기한도 도과하여 체납상태에 있는 경우, 과세관청은 독촉장을 발급하거나 이미 발급한 독촉장에 기재된 납부기한의 도과를 기다릴 필요 없이 해당 국세에 대하여 교부청구를 할 수 있다.

	ㄱ	ㄴ	ㄷ	ㄹ
①	×	○	○	×
②	○	×	○	○
③	○	×	○	×
④	×	○	×	○

16 「행정기본법」상 과징금에 대한 설명으로 옳은 것은?

① 「행정기본법」은 자신의 행위가 위법하지 아니한 것으로 오인하고 행한 질서위반행위는 그 오인에 정당한 이유가 있는 때에 한하여 과징금을 부과하지 아니한다고 규정하고 있다.

② 재해 등으로 재산에 현저한 손실을 입어 과징금 전액을 한꺼번에 내기 어렵다고 인정될 때에는 그 납부기한을 연기하거나 분할 납부하게 할 수 있으며, 이 경우 필요하다고 인정하면 담보를 제공하게 할 수 있다.

③ 「행정기본법」은 과징금 미납시 영업허가 취소 또는 정지할 수 있도록 하고 있다.

④ 고의 또는 과실이 없는 법령등에 따른 의무를 위반행위는 과징금을 부과하지 아니한다.

17 법 개정과 판례와의 관계에 대한 설명으로 옳지 않은 것은?

① 「질서위반행위규제법」이 시행되기 전부터 대법원 판례는 과태료 부과에 고의·과실을 요한다고 보고 있었고, 현행 「질서위반행위규제법」은 그 판례의 입장을 반영하여 과태료 부과에 고의·과실을 요한다고 규정하고 있다.

② 「질서위반행위규제법」이 시행되기 전에 대법원 판례는 구 「예산회계법」(현행 「국가재정법」)의 소멸시효 조항이 과태료에는 적용되지 않는다고 하였으나, 현행 「질서위반행위규제법」은 과태료의 소멸시효를 5년으로 규정하고 있다.

③ 「국유재산법」 제74조가 시행되기 전에 대법원은 국가의 일반재산에 설치된 불법시설물에는 「행정대집행법」의 대집행이 허용되지 않는다고 하였으나, 「국유재산법」 제74조가 시행된 후에는 일반재산에도 대집행이 가능하다고 한다.

④ 구 「건축법」은 이행강제금 부과에 대해서 불복하려면 「비송사건절차법」의 절차에 따라야 한다고 규정하여 대법원은 이행강제금부과가 항고소송의 대상이 아니라고 한 바 있으나, 「건축법」의 개정으로 「비송사건절차법」에 따른다는 규정이 삭제됨에 따라 「건축법」상 이행강제금부과도 항고소송의 대상이 된다.

18 「공익사업을 위한 토지 등의 취득 및 보상에 관한 법률」의 사업인정에 대한 설명으로 옳은 것은?

① 사업시행자가 사업인정의 고시가 된 날부터 1년 이내에 제28조 제1항에 따른 재결신청을 하지 아니한 경우에는 행정청은 사업인정고시를 철회할 수 있다.

② 사업인정을 받은 사업시행자는 토지조서 및 물건조서의 작성, 보상계획의 공고·통지 및 열람, 보상액의 산정과 토지소유자 및 관계인과의 협의 절차를 거쳐야 한다.

③ 사업시행자는 토지 등을 수용하거나 사용하려면 대통령령으로 정하는 바에 따라 대통령의 사업인정을 받아야 한다.

④ 사업인정은 고시한 다음 날부터 그 효력이 발생한다.

19 행정소송에 대한 설명으로 옳은 것은?

① 취소소송은 행정청의 위법 또는 부당한 처분 등을 취소 또는 변경하는 소송이다.

② 법원은 취소소송의 청구가 이유가 있다고 인정하면 처분을 취소 또는 다른 처분으로 변경하거나 처분을 다른 처분으로 변경할 것을 피고에게 명한다.

③ 법원은 부작위위법확인소송의 청구가 이유가 있다고 인정하면 지체 없이 신청에 따른 처분을 하거나 처분을 할 것을 피고에게 명한다.

④ 「행정심판법」상으로는 항고심판만 있고 항고심판의 종류는 3가지이나, 「행정소송법」상 행정소송의 종류는 4가지이며 항고소송의 종류에는 3가지가 있다.

20 재처분의무에 대한 설명으로 옳지 않은 것은? (다음 법조문 참조할 것)

> 「행정소송법」 제30조 【취소판결 등의 기속력】 ② 판결에 의하여 취소되는 처분이 당사자의 신청을 거부하는 것을 내용으로 하는 경우에는 그 처분을 행한 행정청은 판결의 취지에 따라 다시 이전의 신청에 대한 처분을 하여야 한다.
> ③ 제2항의 규정은 신청에 따른 처분이 절차의 위법을 이유로 취소되는 경우에 준용한다.

① 법원이 적법한 건물에 대한 철거명령이라는 이유로 철거명령을 취소한 경우, 행정청은 「행정소송법」 제30조 제2항의 재처분의무를 진다.

② 동작구청장이 이유를 제시하지 아니하고 건축허가를 불허했다고 하여 절차상 하자를 이유로 동 불허처분이 취소된 경우, 동작구청장은 재처분의무를 진다.

③ 당사자의 신청에 대한 행정청의 부작위가 위법이라는 확인판결이 나온 경우, 행정청은 신청에 대한 처분을 하여야 한다.

④ 동작구청장의 거부처분이 무효확인된 경우, 동작구청장은 판결의 취지에 따라 다시 이전의 신청에 대한 처분을 하여야 한다.

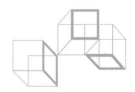

gosi.Hackers.com

해커스공무원 학원·인강

2022 해커스공무원 황남기 행정법 모의고사 Season 2

전범위
모의고사
정답 및 해설

정답

01	④	02	③	03	①	04	①
05	②	06	②	07	②	08	④
09	③	10	④	11	①	12	②
13	②	14	①	15	③	16	④
17	③	18	③	19	③	20	③

01
정답 ④

① [O] 국가배상청구권에 관한 3년의 단기시효기간을 기산하는 경우에도 「민법」 제766조 제1항 외에 소멸시효의 기산점에 관한 일반규정인 「민법」 제166조 제1항이 적용되므로, 3년의 단기시효기간은 '손해 및 가해자를 안 날'에 더하여 '권리를 행사할 수 있는 때'가 도래하여야 비로소 시효가 진행한다. 그런데 공무원의 직무수행 중 불법행위에 의하여 납북된 것을 원인으로 하는 국가배상청구권 행사의 경우, 남북교류의 현실과 거주·이전 및 통신의 자유가 제한된 북한 사회의 비민주성이나 폐쇄성 등을 고려하여 볼 때, 다른 특별한 사정이 없는 한 북한에 납북된 사람이 국가를 상대로 대한민국 법원에 소장을 제출하는 등으로 권리를 행사하는 것은 객관적으로도 불가능하므로, 납북상태가 지속되는 동안은 소멸시효가 진행하지 않는다(대판 2012.4.13, 2009다33754).

② [O] 군인사정책상 필요에 의하여 복무연장지원서와 전역(여군의 경우 면역임)지원서를 동시에 제출하게 한 피고측의 방침에 따라 위 양 지원서를 함께 제출한 이상, 그 취지는 복무연장지원의 의사표시를 우선으로 하되, 그것이 받아들여지지 아니하는 경우에 대비하여 원에 의하여 전역하겠다는 조건부 의사표시를 한 것이므로 그 전역지원의 의사표시도 유효한 것으로 보아야 하고 가사 전역지원의 의사표시가 진의 아닌 의사표시라고 하더라도 그 무효에 관한 법리를 선언한 「민법」 제107조 제1항 단서의 규정은 그 성질상 사인의 공법행위에는 적용되지 않는다 할 것이므로 그 표시된 대로 유효한 것으로 보아야 할 것이다(대판 1994.1.11, 93누10057).

③ [O] 「행정기본법」 제27조가 공법상 계약의 일반법이다.

❹ [X] 「국가배상법」 제5조 소정의 영조물의 설치·관리상의 하자로 인한 책임은 무과실책임이고 나아가 「민법」 제758조 소정의 공작물의 점유자의 책임과는 달리 면책사유도 규정되어 있지 않으므로, 국가 또는 지방자치단체는 영조물의 설치·관리상의 하자로 인하여 타인에게 손해를 가한 경우에 그 손해의 방지에 필요한 주의를 해태하지 아니하였다 하여 면책을 주장할 수 없다(대판 1994.11.22, 94다32924).

02
정답 ③

① [O] 행정행위가 그 재량성의 유무 및 범위와 관련하여 이른바 기속행위 내지 기속재량행위와 재량행위 내지 자유재량행위로 구분된다고 할 때, 이렇게 구분되는 양자에 대한 사법심사는, 전자의 경우 그 법규에 대한 원칙적인 기속성으로 인하여 법원이 사실인정과 관련 법규의 해석·적용을 통하여 일정한 결론을 도출한 후 그 결

론에 비추어 행정청이 한 판단의 적법 여부를 독자의 입장에서 판정하는 방식에 의하게 되나, 후자의 경우 행정청의 재량에 기한 공익판단의 여지를 감안하여 법원은 독자의 결론을 도출함이 없이 당해 행위에 재량권의 일탈·남용이 있는지 여부만을 심사하게 되고, 이러한 재량권의 일탈·남용 여부에 대한 심사는 사실오인, 비례·평등의 원칙 위배, 당해 행위의 목적 위반이나 동기의 부정 유무 등을 그 판단 대상으로 한다(대판 2001.2.9, 98두17593).

② [O] 「행정소송법」 제28조에서 정한 사정판결은 행정처분이 위법함에도 불구하고 이를 취소·변경하게 되면 그것이 도리어 현저히 공공의 복리에 적합하지 않은 경우에 극히 예외적으로 할 수 있으므로, 그 요건에 해당하는지는 위법·부당한 행정처분을 취소·변경하여야 할 필요와 취소·변경으로 발생할 수 있는 공공복리에 반하는 사태 등을 비교·교량하여 엄격하게 판단하되, … 처분 이후 처분청이 위법상태의 해소를 위해 취한 조치 및 적극성의 정도와 처분 상대방의 태도 등 제반 사정을 종합적으로 고려하여야 한다(대판 2016.7.14, 2015두4167).

❸ [X] 보건복지부 고시인 약제급여·비급여목록 및 급여상한금액표(보건복지부 고시 제2002-46호로 개정된 것)는 다른 집행행위의 매개 없이 그 자체로서 국민건강보험가입자, 국민건강보험공단, 요양기관 등의 법률관계를 직접 규율하는 성격을 가지므로 항고소송의 대상이 되는 행정처분에 해당한다(대판 2006.9.22, 2005두2506).

④ [O] 사정판결은 기각판결이므로 기판력은 발생하나 기속력과 형성력은 발생하지 않는다. 기속력과 형성력은 인용판결에 한해서만 발생한다.

03
정답 ①

❶ [O] 중소기업기술정보진흥원장이 甲 주식회사와 중소기업 정보화지원사업 지원대상인 사업의 지원에 관한 협약을 체결하였는데, 협약이 甲 회사에 책임이 있는 사업실패로 해지되었다는 이유로 협약에서 정한 대로 지급받은 정부지원금을 반환할 것을 통보한 사안에서, 중소기업 정보화지원사업에 따른 지원금 출연을 위하여 중소기업청장이 체결하는 협약은 공법상 대등한 당사자 사이의 의사표시의 합치로 성립하는 공법상 계약에 해당하는 점, 구 「중소기업 기술혁신 촉진법」(2010.3.31. 법률 제10220호로 개정되기 전의 것) 제32조 제1항은 제10조가 정한 기술혁신사업과 제11조가 정한 산학협력 지원사업에 관하여 출연한 사업비의 환수에 적용될 수 있을 뿐 이와 근거 규정을 달리하는 중소기업 정보화지원사업에 관하여 출연한 지원금에 대하여는 적용될 수 없고 달리 지원금 환수에 관한 구체적인 법령상 근거가 없는 점 등을 종합하면, 협약의 해지 및 그에 따른 환수통보는 공법상 계약에 따라 행정청이 대등한 당사자의 지위에서 하는 의사표시로 보아야 하고, 이를 행정청이 우월한 지위에서 행하는 공권력의 행사로서 행정처분에 해당한다고 볼 수는 없다고 한 사례(대판 2015.8.27, 2015다41449)

② [X] 계약직공무원에 관한 현행 법령의 규정에 비추어 볼 때, 계약직공무원 채용계약해지의 의사표시는 일반공무원에 대한 징계처분과는 달라서 항고소송의 대상이 되는 처분 등의 성격을 가진 것으로 인정되지 아니하고, 일정한 사유가 있을 때에 국가 또는 지방자치단체가 채용계약 관계의 한쪽 당사자로서 대등한 지위에서 행하는 의사표시로 취급되는 것으로 이해되므로, 이를 징계해고 등에서와 같이 그 징계사유에 한하여 효력 유무를 판단하여야 하거나, 행정처분과 같이 「행정절차법」에 의하여 근거와 이유를 제시하여야 하는 것은 아니다(대판 2002.11.26, 2002두5948).

<참고> 「행정절차법」의 사전통지절차도 공법상 계약에는 적용되지 않는다.

③ [X] 지방계약직공무원인 이 사건 옴부즈만 채용행위는 공법상 대등한 당사자 사이의 의사표시의 합치로 성립하는 공법상 계약에 해당한다. 이와 같이 이 사건 옴부즈만 채용행위가 공법상 계약에 해당하는 이상 원고의 채용계약 청약에 대응한 피고의 '승낙의 의사표시'가 대등한 당사자로서의 의사표시인 것과 마찬가지로 그 청약에 대하여 '승낙을 거절하는 의사표시' 역시 행정청이 대등한 당사자의 지위에서 하는 의사표시라고 보는 것이 타당하고, 그 채용계약에 따라 담당할 직무의 내용에 고도의 공공성이 있다거나 원고가 그 채용과정에서 최종합격자로 공고되어 채용계약 성립에 관한 강한 기대나 신뢰를 가지게 되었다는 사정만으로 이를 행정청이 우월한 지위에서 행하는 공권력의 행사로서 행정처분에 해당한다고 볼 수는 없다(대판 2014.4.24, 2013두6244).

④ [X] 구 「정부투자기관 관리기본법」의 적용 대상인 정부투자기관이 일방 당사자가 되는 계약(이하 '공공계약'이라 한다)은 정부투자기관이 사경제의 주체로서 상대방과 대등한 위치에서 체결하는 사법(사법)상의 계약으로서 본질적인 내용은 사인 간의 계약과 다를 바가 없으므로 그에 관한 법령에 특별한 정함이 있는 경우를 제외하고는 사적 자치와 계약자유의 원칙 등 사법의 원리가 그대로 적용된다(대판 2014.12.24, 2010다83182).

04 　　　　　　　　　　　　　　　　　　　　　　　　　정답 ①

❶ [O] 「행정조사기본법」 제17조 제1항 제3호

> 「행정조사기본법」 제17조 【조사의 사전통지】 ① 행정조사를 실시하고자 하는 행정기관의 장은 제9조에 따른 출석요구서, 제10조에 따른 보고요구서·자료제출요구서 및 제11조에 따른 현장출입조사서(이하 "출석요구서등"이라 한다)를 조사개시 7일 전까지 조사대상자에게 서면으로 통지하여야 한다. 다만, 다음 각 호의 어느 하나에 해당하는 경우에는 행정조사의 개시와 동시에 출석요구서등을 조사대상자에게 제시하거나 행정조사의 목적 등을 조사대상자에게 구두로 통지할 수 있다.
> 1. 행정조사를 실시하기 전에 관련 사항을 미리 통지하는 때에는 증거인멸 등으로 행정조사의 목적을 달성할 수 없다고 판단되는 경우
> 2. 「통계법」 제3조제2호에 따른 지정통계의 작성을 위하여 조사하는 경우
> 3. 제5조 단서에 따라 조사대상자의 자발적인 협조를 얻어 실시하는 행정조사의 경우
> ② 행정기관의 장이 출석요구서등을 조사대상자에게 발송하는 경우 출석요구서등의 내용이 외부에 공개되지 아니하도록 필요한 조치를 하여야 한다.

② [X] 음주운전 여부에 대한 조사 과정에서 운전자 본인의 동의를 받지 아니하고 또한 법원의 영장도 없이 채혈조사를 한 결과를 근거로 한 운전면허 정지·취소 처분은 도로교통법 제44조 제3항을 위반한 것으로서 특별한 사정이 없는 한 위법한 처분으로 볼 수밖에 없다(대판 2016.12.27, 2014두46850).

③ [X] (1) 인구주택총조사의 조사항목은 시의성을 가지고 시대와 상황에 따라 변경될 수 있는 사항이므로, 인구주택총조사의 모든 조사항목을 입법자가 반드시 법률로 규율하여야 한다고 볼 수 없다. 나아가 심판대상행위는 「통계법」 제5조의3에 근거하여 이루어졌으므로, 법률유보원칙에 위배되어 청구인의 개인정보자기결정권을 침해하지 않는다.
　　(2) 심판대상행위는 방문 면접을 통해 행정자료로 파악하기 곤란한 항목들을 조사하여 그 결과를 사회 현안에 대한 심층 분석과 각종 정책수립, 통계작성의 기초자료 또는 사회·경제현상

의 연구·분석 등에 활용하도록 하고자 한 것이므로 그 목적이 정당하고, 15일이라는 짧은 방문 면접조사 기간 등 현실적 여건을 감안하면 인근 주민을 조사원으로 채용하여 방문면접 조사를 실시한 것은 목적을 달성하기 위한 적정한 수단이 된다. 2015 인구주택총조사 조사표의 조사항목들은 당시 우리 사회를 진단하고 미래를 대비하기 위하여 필요한 항목들로 구성되어 있다. 저출산, 고령화, 변화하는 가구, 사회의 다양화와 통합, 주거복지 관련 실태를 파악하고자 자녀 출산 시기, 일상생활 및 사회 활동 제약, 결혼 전 취업 여부, 경력단절 항목 등을 신규로 추가하였고, 기존의 조사항목 중 불필요한 항목들(수도 및 식수 사용 형태, 정보통신기기 보유 및 이용현황, 교통수단 보유 및 이용 현황)은 폐지하였으며, 나머지 항목들은 시계열 축적을 통해 통계자료로서의 효율성을 높이고자 유지하였다. 또 조사항목 52개 가운데 성명, 성별, 나이 등 38개 항목은 UN통계처의 조사권고 항목을 그대로 반영한 것이어서 범세계적 조사항목에 속한다. 한편, 1인 가구 및 맞벌이 부부의 증가, 오늘날 직장인이나 학생들의 근무·학업 시간, 도시화·산업화가 진행된 현대사회의 생활형태 등을 고려하면, 출근 시간 직전인 오전 7시 30분경 및 퇴근 직후인 오후 8시 45분경이 방문 면접조사를 실시하기에 불합리할 정도로 이르거나 늦은 시간이라고 단정하기 어렵다. 나아가 관련 법령이나 실제 운용상 표본조사 대상 가구의 개인정보 남용을 방지할 수 있는 여러 제도적 장치도 충분히 마련되어 있다. 따라서 심판대상행위가 과잉금지원칙을 위반하여 청구인의 개인정보자기결정권을 침해하였다고 볼 수 없다(헌재 2017.7.27, 2015헌마1094).

④ [X] 「관세법」이 관세의 부과·징수와 아울러 수출입물품의 통관을 적정하게 함을 목적으로 한다는 점(「관세법」 제1조)에 비추어 보면, 우편물 통관검사절차에서 이루어지는 우편물의 개봉, 시료채취, 성분분석 등의 검사는 수출입물품에 대한 적정한 통관 등을 목적으로 한 행정조사의 성격을 가지는 것으로서 수사기관의 강제처분이라고 할 수 없으므로, 압수·수색영장 없이 우편물의 개봉, 시료채취, 성분분석 등의 검사가 진행되었다 하더라도 특별한 사정이 없는 한 위법하다고 볼 수 없다(대판 2013.9.26, 2013도7718).

05 　　　　　　　　　　　　　　　　　　　　　　　　　정답 ②

① [X] 수익적 행정행위취소는 침익적 처분이므로 행정절차법의 사전통지와 의견청취절차가 적용된다. 예를 들면, 운전면허취소를 하려면 행정청은 「행정절차법」의 사전통지와 의견청취절차를 거쳐야 한다.

❷ [O] 산재보상법상 각종 보험급여 등의 지급결정을 변경 또는 취소하는 처분과 처분에 터 잡아 잘못 지급된 보험급여액에 해당하는 금액을 징수하는 처분이 적법한지를 판단하는 경우 비교·교량할 각 사정이 동일하다고는 할 수 없으므로, 지급결정을 변경 또는 취소하는 처분이 적법하다고 하여 그에 터 잡은 징수처분도 반드시 적법하다고 판단해야 하는 것은 아니므로 관련이익을 비교형량하여 징수할 금액을 결정해야 한다(대판 2014.7.24, 2013두27159).

③ [X] 행정처분에 하자가 있음을 이유로 처분청이 이를 취소하는 경우에도 그 처분이 국민에게 권리나 이익을 부여하는 처분인 때에는 그 처분을 취소하여야 할 공익상의 필요와 그 취소로 인하여 당사자가 입게 될 불이익을 비교교량한 후 공익상의 필요가 당사자가 입을 불이익을 정당화할 만큼 강한 경우에 한하여 취소할 수 있는 것이지만, 그 처분의 하자가 당사자의 사실은폐나 기타 사위의 방법에 의한 신청행위에 기인한 것이라면 당사자는 그 처분에 의한 이익이 위법하게 취득되었음을 알아 그 취소가능성도 예상하고 있었다고 할 것이므로 그 자신이 위 처분에 관한 신뢰이익을 원용할

수 없음은 물론 행정청이 이를 고려하지 아니하였다고 하여도 재량권의 남용이 되지 않는다. 원고가 허위의 고등학교 졸업증명서를 제출하는 사위의 방법에 의하여 하사관을 지원하여 입대한 이상, 원고로서는 자신에 대한 하사관 임용이 소정의 지원요건을 갖추지 못한 자에 대하여 위법하게 이루어진 것을 알고 있어 그 취소가능성도 예상할 수 있었다 할 것이므로, 피고가 33년이 경과한 후 뒤늦게 원고에 대한 하사관 및 준사관 임용을 취소함으로써 원고가 입는 불이익이 적지 않다 하더라도 위 취소행위가 신뢰이익을 침해하였다고 할 수 없음은 물론 비례의 원칙에 위배하거나 재량권을 남용하였다고 볼 수 없어, 결국 원고에 대한 하사관 및 준사관 임용을 취소한 이 사건 처분은 적법하다(대판 2002.2.5, 2001두5286).

④ [X] 독일행정절차법은 행정청이 취소사유를 안 날로부터 1년이 경과하면 취소권을 행사할 수 없다고 규정하고 있으나 우리 행정절차법은 이런 규정은 없다. 다만, 판례는 취소 또는 철회 사유가 발생한 날로부터 1년 10개월 정도된 사건에서 직권취소는 여전히 가능하다는 판례가 있고 3년이 넘은 사건에서 철회권이 소멸되어 철회할 수 없다는 판례도 있다.

06

정답 ②

① [O] 「노동조합 및 노동관계조정법」이 행정관청으로 하여금 설립신고를 한 단체에 대하여 같은 법 제2조 제4호 각 목에 해당하는지를 심사하도록 한 취지가 노동조합으로서의 실질적 요건을 갖추지 못한 노동조합의 난립을 방지함으로써 근로자의 자주적이고 민주적인 단결권 행사를 보장하려는 데 있는 점을 고려하면, 행정관청은 해당 단체가 노동조합법 제2조 제4호 각 목에 해당하는지 여부를 실질적으로 심사할 수 있다(대판 2014.4.10, 2011두6998).

❷ [X] 건축에 관한 허가·신고 및 변경에 관한 구 「건축법」 제16조 제1항, 구 「건축법 시행령」 제12조 제1항 제3호, 제4항, 구 「건축법 시행규칙」 제11조 제1항 제1호, 제3항의 문언 내용 및 체계 등과 아울러 관련 법리들을 종합하면, 건축허가를 받은 건축물의 양수인이 건축주 명의변경을 위하여 건축관계자 변경신고서에 첨부하여야 하는 구 「건축법 시행규칙」 제11조 제1항에서 정한 '권리관계의 변경사실을 증명할 수 있는 서류'란 건축할 대지가 아니라 허가대상 건축물에 관한 권리관계의 변경사실을 증명할 수 있는 서류를 의미하고, 그 서류를 첨부하였다면 이로써 구 「건축법 시행규칙」에 규정된 건축주 명의변경신고의 형식적 요건을 갖추었으며, 허가권자는 양수인에 대하여 구 「건축법 시행규칙」 제11조 제1항에서 정한 서류에 포함되지 아니하는 '건축할 대지의 소유 또는 사용에 관한 권리를 증명하는 서류'의 제출을 요구하거나, 양수인에게 이러한 권리가 없다는 실체적인 이유를 들어 신고의 수리를 거부하여서는 아니 된다(대판 2015.10.29, 2013두11475).

③ [O] 구 「대기환경보전법」이나 그 시행규칙 등은 비산먼지배출사업을 단순한 신고사항으로 규정하고 있을 뿐 행정청으로 하여금 그 신고의 수리 여부를 심사, 결정할 수 있도록 규정하고 있지 않으므로, 행정청은 비산먼지배출사업 신고서가 구 「대기환경보전법」 제28조 제1항, 같은 법 시행규칙 제62조에서 정한 형식적 요건을 모두 갖춘 경우에는 특별한 사정이 없는 한 이를 수리하여야 하고, 만일 비산먼지배출사업을 하는 자가 비산먼지의 발생을 억제하기 위한 시설의 설치 또는 필요한 조치를 하지 않거나 그 시설이나 조치가 적합하지 않다고 인정하는 때에는 필요한 시설의 설치나 조치의 이행 또는 개선을 명하고, 위 명령을 이행하지 않는 경우에는 당해 사업의 중지 또는 시설 등의 사용중지나 사용제한을 명할 수 있을 뿐이다. 그러나 다른 법령에 의하여 비산먼지배출사업을 하는 것 자체가 허용되지 않는다면 설령 비산먼지배출사업이 구 「대기환경보전법」 제28조 제1항, 같은 법 시행규칙 제62조에서

정한 요건을 모두 갖추고 있다고 하더라도, 비산먼지배출사업을 하고자 하는 자가 적법한 신고를 할 수 없으므로 그 수리거부가 위법하게 되는 것은 아니다(대판 2008.12.24, 2007두17076).

④ [O] 휴업이란 사업자가 일정한 사유에 기하여 그 영업을 일시 중지하는 것을 말하므로, 영업장 소재지 및 영업시설이 모두 양도되어 영업 자체가 불가능하게 되고 그것이 영업허가 취소의 사유가 되는 때에는 휴업신고를 할 수 없다고 할 것이다(대판 2008.4.11, 2007두17113).

07

정답 ②

① [O] 국가 또는 지방자치단체라 할지라도 공권력의 행사가 아니고 단순한 사경제의 주체로 활동하였을 경우에는 그 손해배상책임에 국가배상법이 적용될 수 없고 「민법」상의 사용자책임 등이 인정되는 것이고 국가의 철도운행사업은 국가가 공권력의 행사로서 하는 것이 아니고 사경제적 작용이라 할 것이므로, 이로 인한 사고에 공무원이 간여하였다고 하더라도 「국가배상법」을 적용할 것이 아니고 일반 「민법」의 규정에 따라야 하나, 공공의 영조물인 철도시설물의 설치 또는 관리의 하자로 인한 불법행위를 원인으로 하여 국가에 대하여 손해배상청구를 하는 경우에는 「국가배상법」이 적용된다(대판 1999.6.22, 99다7008).

❷ [X] 「국가배상법」 제5조 제1항에 정하여진 '영조물 설치·관리상의 하자'라 함은 공공의 목적에 공여된 영조물이 그 용도에 따라 통상 갖추어야 할 안전성을 갖추지 못한 상태에 있음을 말하는바, 영조물의 설치 및 관리에 있어서 항상 완전무결한 상태를 유지할 정도의 고도의 안전성을 갖추지 아니하였다고 하여 영조물의 설치 또는 관리에 하자가 있다고 단정할 수 없는 것이고, 영조물의 설치자 또는 관리자에게 부과되는 방호조치의무는 영조물의 위험성에 비례하여 사회통념상 일반적으로 요구되는 정도의 것을 의미하므로 영조물인 도로의 경우도 다른 생활필수시설과의 관계나 그것을 설치하고 관리하는 주체의 재정적, 인적, 물적 제약 등을 고려하여 그것을 이용하는 자의 상식적이고 질서 있는 이용방법을 기대한 상대적인 안전성을 갖추는 것으로 족하다(대판 2002.8.23, 2002다9158).

③ [O] 「국가배상법」 제5조 제1항에 정해진 영조물의 설치 또는 관리의 하자라 함은 영조물이 그 용도에 따라 통상 갖추어야 할 안전성을 갖추지 못한 상태에 있음을 말하는 것이며, 다만 영조물이 완전무결한 상태에 있지 아니하고 그 기능상 어떠한 결함이 있다는 것만으로 영조물의 설치 또는 관리에 하자가 있다고 할 수 없고, 위와 같은 안전성의 구비 여부를 판단함에 있어서는 당해 영조물의 용도, 그 설치장소의 현황 및 이용 상황 등 제반 사정을 종합적으로 고려하여 설치·관리자가 그 영조물의 위험성에 비례하여 사회통념상 일반적으로 요구되는 정도의 방호조치의무를 다하였는지 여부를 그 기준으로 삼아야 할 것이며, 만일 객관적으로 보아 시간적·장소적으로 영조물의 기능상 결함으로 인한 손해발생의 예견가능성과 회피가능성이 없는 경우, 즉 그 영조물의 결함이 영조물의 설치·관리자의 관리행위가 미칠 수 없는 상황 아래에 있는 경우임이 입증되는 경우라면 영조물의 설치·관리상의 하자를 인정할 수 없다고 할 것이다(대판 2007.10.26, 2005다51235).

④ [O] 소음 등을 포함한 공해 등의 위험지역으로 이주하여 들어가 거주하는 경우와 같이 위험의 존재를 인식하거나 과실로 인식하지 못하고 이주한 경우에는 손해배상액의 산정에 있어 형평의 원칙상 과실상계에 준하여 감경 또는 면제사유로 고려하여야 한다(대판 2010.11.11, 2008다57975).

08 정답 ④

① [X] 부관만 소의 대상이 되고 부관만의 취소를 구하는 진정일부취소소송은 부담에 한해 인정된다.

② [X] 부관을 해제조건으로 본다면, 정해진 기간 내에 공원 부지를 기부채납하지 않은 경우에 도로점용허가는 실효된다.

③ [X] 행정행위가 철회되어 그 효력을 상실하면 부관도 효력을 상실한다.

❹ [O] 기부채납부관이 도로점용허가에 중요요소라면 무효가 되나, 그렇지 않은 경우 도로점용허가는 무효가 되지 않는다.

09 정답 ③

① [O] 수리처분은 甲에게는 침익적 처분이고 종전의 영업자는 수리처분의 당사자이므로 행정절차법상 사전통지와 수리처분을 거쳐서 수리여부를 결정해야 한다.

② [O] 「행정심판법」 제20조 제5항, 제21조 제1항

> 「행정심판법」 제20조 【심판참가】 ① 행정심판의 결과에 이해관계가 있는 제3자나 행정청은 해당 심판청구에 대한 제7조제6항 또는 제8조제7항에 따른 위원회나 소위원회의 의결이 있기 전까지 그 사건에 대하여 심판참가를 할 수 있다.
> ⑤ 위원회는 제2항에 따라 참가신청을 받으면 허가 여부를 결정하고, 지체 없이 신청인에게는 결정서 정본을, 당사자와 다른 참가인에게는 결정서 등본을 송달하여야 한다.
>
> 제21조 【심판참가의 요구】 ① 위원회는 필요하다고 인정하면 그 행정심판 결과에 이해관계가 있는 제3자나 행정청에 그 사건 심판에 참가할 것을 요구할 수 있다.
> ② 제1항의 요구를 받은 제3자나 행정청은 지체 없이 그 사건 심판에 참가할 것인지 여부를 위원회에 통지하여야 한다.

❸ [X] 당사자의 동의를 받아 조정을 할 수 있다.

> 「행정심판법」 제43조의2 【조정】 ① 위원회는 당사자의 권리 및 권한의 범위에서 당사자의 동의를 받아 심판청구의 신속하고 공정한 해결을 위하여 조정을 할 수 있다. 다만, 그 조정이 공공복리에 적합하지 아니하거나 해당 처분의 성질에 반하는 경우에는 그러하지 아니하다.
> ② 위원회는 제1항의 조정을 함에 있어서 심판청구된 사건의 법적·사실적 상태와 당사자 및 이해관계자의 이익 등 모든 사정을 참작하고, 조정의 이유와 취지를 설명하여야 한다.
> ③ 조정은 당사자가 합의한 사항을 조정서에 기재한 후 당사자가 서명 또는 날인하고 위원회가 이를 확인함으로써 성립한다.

④ [O] 거부처분의 제3자는 원처분이 아니라 인용재결의 고유한 하자를 이유로 취소재결에 대해 취소소송을 제기할 수 있다.

10 정답 ④

① [X] 제재적 행정처분의 가중사유나 전제요건에 관한 규정이 법령이 아니라 규칙의 형식으로 되어 있다고 하더라도, 그러한 규칙이 법령에 근거를 두고 있는 이상 그 법적 성질이 대외적·일반적 구속력을 갖는 법규명령인지 여부와는 상관없이, 관할 행정청이나 담당공무원은 이를 준수할 의무가 있으므로 이들이 그 규칙에 정해진 바에 따라 행정작용을 할 것이 당연히 예견되고, 그 결과 행정작용

의 상대방인 국민으로서는 그 규칙의 영향을 받을 수밖에 없다. 따라서 그러한 규칙이 정한 바에 따라 선행처분을 받은 상대방이 그 처분의 존재로 인하여 장래에 받을 불이익, 즉 후행처분의 위험은 구체적이고 현실적인 것이므로, 상대방에게는 선행처분의 취소소송을 통하여 그 불이익을 제거할 필요가 있다(대판 전합체 2006. 6.22, 2003두1684).

② [X] 도시개발사업의 시행에 따른 도시계획변경결정처분과 도시개발구역지정처분 및 도시개발사업실시계획인가처분은 도시개발사업의 시행자에게 단순히 도시개발에 관련된 공사의 시공권한을 부여하는 데 그치지 않고 당해 도시개발사업을 시행할 수 있는 권한을 설정하여 주는 처분으로서 위 각 처분 자체로 그 처분의 목적이 종료되는 것이 아니고 위 각 처분이 유효하게 존재하는 것을 전제로 하여 당해 도시개발사업에 따른 일련의 절차 및 처분이 행해지기 때문에 위 각 처분이 취소된다면 그것이 유효하게 존재하는 것을 전제로 하여 이루어진 토지수용이나 환지 등에 따른 각종의 처분이나 공공시설의 귀속 등에 관한 법적 효력은 영향을 받게 되므로, 도시개발사업의 공사 등이 완료되고 원상회복이 사회통념상 불가능하게 되었더라도 위 각 처분의 취소를 구할 법률상 이익은 소멸한다고 할 수 없다(대판 2005.9.9, 2003두5402,5419).

③ [X] 현역병입영대상자로 병역처분을 받은 자가 그 취소소송 중 모병에 응하여 현역병으로 자진 입대한 경우, 그 처분의 위법을 다툴 실제적 효용 내지 이익이 없다는 이유로 소의 이익이 없다고 본 사례(대판 1998.9.8, 98두9165).

❹ [O] 공무원이었던 원고가 1980.1.25.자로 이 사건 파면처분을 받은 후 1981.1.31. 대통령령 제10194호로 징계에 관한 일반사면령이 공포시행되었으나, 「사면법」 제5조 제2항, 제4조의 규정에 의하면 징계처분에 의한 기성의 효과는 사면으로 인하여 변경되지 않는다고 되어 있고 이는 사면의 효과가 소급하지 않음을 의미하는 것이므로, 이와 같은 일반사면이 있었다고 할지라도 파면처분으로 이미 상실된 원고의 공무원 지위가 회복될 수는 없는 것이니 원고로서는 이 사건 파면처분의 위법을 주장하여 그 취소를 구할 소송상 이익이 있다 할 것이다(대판 1983.2.8, 81누121).

11 정답 ①

❶ [X] 과태료의 징수 또는 집행을 면제한다.

> 「질서위반행위규제법」 제3조 【법 적용의 시간적 범위】 ① 질서위반행위의 성립과 과태료 처분은 행위 시의 법률에 따른다.
> ② 질서위반행위 후 법률이 변경되어 그 행위가 질서위반행위에 해당하지 아니하게 되거나 과태료가 변경되기 전의 법률보다 가볍게 된 때에는 법률에 특별한 규정이 없는 한 변경된 법률을 적용한다.
> ③ 행정청의 과태료 처분이나 법원의 과태료 재판이 확정된 후 법률이 변경되어 그 행위가 질서위반행위에 해당하지 아니하게 된 때에는 변경된 법률에 특별한 규정이 없는 한 과태료의 징수 또는 집행을 면제한다.

② [O] 법제정 전 대법원 판례: 과태료와 같은 행정질서벌은 행정질서유지를 위하여 행정법규위반이라는 객관적 사실에 대하여 과하는 제재이므로 반드시 현실적인 행위자가 아니라도 법령상 책임자로 규정된 자에게 부과되고 또한 특별한 규정이 없는 한 원칙적으로 위반자의 고의·과실을 요하지 아니한다(대판 1994.8.26, 94누6949).

> 「질서위반행위규제법」 제7조 【고의 또는 과실】 고의 또는 과실이 없는 질서위반행위는 과태료를 부과하지 아니한다.

③ [O]

> 「질서위반행위규제법」제11조 【법인의 처리 등】① 법인의 대표자, 법인 또는 개인의 대리인·사용인 및 그 밖의 종업원이 업무에 관하여 법인 또는 그 개인에게 부과된 법률상의 의무를 위반한 때에는 법인 또는 그 개인에게 과태료를 부과한다.

<참고> 과태료와 달리 행정형벌에서 고용주는 과실책임을 진다.

④ [O] 과태료재판의 경우, 법원으로서는 기록상 현출되어 있는 사항에 관하여 직권으로 증거조사를 하고 이를 기초로 하여 판단할 수 있는 것이나, 그 경우 행정청의 과태료부과처분사유와 기본적 사실관계에 있어서 동일성이 인정되는 한도 내에서만 과태료를 부과할 수 있다(대결 2012.10.19, 2012마1163).

12 정답 ②

① [X] 행정처분의 효력정지나 집행정지를 구하는 신청사건에서는 행정처분 자체의 적법 여부는 원칙적으로 판단의 대상이 아니고, 그 행정처분의 효력이나 집행을 정지할 것인가에 관한 「행정소송법」제23조 제2항에서 정한 요건의 존부만이 판단의 대상이 되는 것이다. 다만, 집행정지는 행정처분의 집행부정지원칙의 예외로서 인정되는 것이고, 또 본안에서 원고가 승소할 수 있는 가능성을 전제로 한 권리보호수단이라는 점에 비추어 보면, 집행정지사건 자체에 의하여도 신청인의 본안청구가 적법한 것이어야 한다는 것을 집행정지의 요건에 포함시키는 것이 옳다. 수도권매립지관리공사가 甲에게 입찰참가자격을 제한하는 내용의 부정당업자제재처분을 하자, 甲이 제재처분의 무효확인 또는 취소를 구하는 행정소송을 제기하면서 제재처분의 효력정지신청을 한 사안에서, 수도권매립지관리공사는 행정소송법에서 정한 행정청 또는 그 소속기관이거나 그로부터 제재처분의 권한을 위임받은 공공기관에 해당하지 않으므로, 수도권매립지관리공사가 한 위 제재처분은 행정소송의 대상이 되는 행정처분이 아니라 단지 甲을 자신이 시행하는 입찰에 참가시키지 않겠다는 뜻의 사법상의 효력을 가지는 통지에 불과하므로, 甲이 수도권매립지관리공사를 상대로 하여 제기한 위 효력정지신청은 부적법하다(대결 2010.11.26, 2010무137).

❷ [O] 부관이 부담이고 행정행위의 본질적 요소가 아니라면 부관만 집행정지될 수 있다.

③ [X] 당사자소송에 대하여는 「행정소송법」제23조 제2항의 집행정지에 관한 규정이 준용되지 아니하므로(「행정소송법」제44조 제1항 참조), 이를 본안으로 하는 가처분에 대하여는 「행정소송법」제8조 제2항에 따라 「민사집행법」상 가처분에 관한 규정이 준용되어야 한다(대결 2015.8.21, 2015무26).

④ [X] 집행정지결정은 판결이 아니다. 기판력은 확정판결의 효력이다. 집행정지결정은 기판력이 인정되지 않는다.

13 정답 ②

① [X] 학교법인은 「민법」상 재단법인으로서 공공기관의 정보공개에 관한 법률의 해석상 시행령 제2조 제4호의 특별법에 의하여 설립된 특수법인으로서 정보공개의무가 있는 공공기관이라 볼 수 없다(대판 2008.1.24, 2007두22160).

❷ [O] 甲이 재판기록 일부의 정보공개를 청구한 데 대하여 서울행정법원장이 「민사소송법」제162조를 이유로 소송기록의 정보를 비공개한다는 결정을 전자문서로 통지한 사안에서, '문서'에 '전자문서'를 포함한다고 규정한 구 「공공기관의 정보공개에 관한 법률」제2조

와 정보의 비공개결정을 '문서'로 통지하도록 정한 정보공개법 제13조 제5항의 규정에 의하면 정보의 비공개결정은 전자문서로 통지할 수 있고, 위 규정들은 「행정절차법」제3조 제1항에서 행정절차법의 적용이 제외되는 것으로 정한 '다른 법률'에 특별한 규정이 있는 경우에 해당하므로, 비공개결정 당시 정보의 비공개결정은 정보공개법 제13조 제5항에 의하여 전자문서로 통지할 수 있다(대판 2014.4.10, 2012두17384).

③ [X] 30일 이내에 이의신청을 할 수 있다.

> 「공공기관의 정보공개에 관한 법률」제18조 【이의신청】① 청구인이 정보공개와 관련한 공공기관의 비공개 결정 또는 부분 공개 결정에 대하여 불복이 있거나 정보공개 청구 후 20일이 경과하도록 정보공개 결정이 없는 때에는 공공기관으로부터 정보공개 여부의 결정 통지를 받은 날 또는 정보공개 청구 후 20일이 경과한 날부터 30일 이내에 해당 공공기관에 문서로 이의신청을 할 수 있다.

④ [X] 교도소에 복역 중인 甲이 지방검찰청 검사장에게 자신에 대한 불기소사건 수사기록 중 타인의 개인정보를 제외한 부분의 공개를 청구하였으나 검사장이 구 「공공기관의 정보공개에 관한 법률」(2013.8.6. 법률 제11991호로 개정되기 전의 것) 제9조 제1항 등에 규정된 비공개 대상 정보에 해당한다는 이유로 비공개 결정을 한 사안에서, 甲은 위 정보에 접근하는 것을 목적으로 정보공개를 청구한 것이 아니라, 청구가 거부되면 거부처분의 취소를 구하는 소송에서 승소한 뒤 소송비용 확정절차를 통해 자신이 그 소송에서 실제 지출한 소송비용보다 다액을 소송비용으로 지급받아 금전적 이득을 취하거나, 수감 중 변론기일에 출정하여 강제노역을 회피하는 것 등을 목적으로 정보공개를 청구하였다고 볼 여지가 큰 점 등에 비추어 甲의 정보공개청구는 권리를 남용하는 행위로서 허용되지 않는다고 한 사례(대판 2014.12.24, 2014두9349)

14 정답 ④

① [X] 청구인만 취하할 수 있다.

> 「행정심판법」제42조 【심판청구 등의 취하】① 청구인은 심판청구에 대하여 제7조 제6항 또는 제8조 제7항에 따른 의결이 있을 때까지 서면으로 심판청구를 취하할 수 있다.

② [X] 처분변경명령재결은 있으나 처분취소명령재결은 구법에 있었으나 법개정으로 폐지되었다.

> 「행정심판법」제43조 【재결의 구분】① 위원회는 심판청구가 적법하지 아니하면 그 심판청구를 각하(却下)한다.
> ② 위원회는 심판청구가 이유가 없다고 인정하면 그 심판청구를 기각(棄却)한다.
> ③ 위원회는 취소심판의 청구가 이유가 있다고 인정하면 처분을 취소 또는 다른 처분으로 변경하거나 처분을 다른 처분으로 변경할 것을 피청구인에게 명한다.
> ④ 위원회는 무효등확인심판의 청구가 이유가 있다고 인정하면 처분의 효력 유무 또는 처분의 존재 여부를 확인한다.
> ⑤ 위원회는 의무이행심판의 청구가 이유가 있다고 인정하면 지체 없이 신청에 따른 처분을 하거나 처분을 할 것을 피청구인에게 명한다.

③ [X] 위원회의 간접강제는 당사자의 신청에 의한 결정으로 할 수 있다.

> 「행정심판법」제49조 【재결의 기속력 등】① 심판청구를 인용하는 재결은 피청구인과 그 밖의 관계 행정청을 기속(羈束)한다.

② 재결에 의하여 취소되거나 무효 또는 부존재로 확인되는 처분이 당사자의 신청을 거부하는 것을 내용으로 하는 경우에는 그 처분을 한 행정청은 재결의 취지에 따라 다시 이전의 신청에 대한 처분을 하여야 한다.

③ 당사자의 신청을 거부하거나 부작위로 방치한 처분의 이행을 명하는 재결이 있으면 행정청은 지체 없이 이전의 신청에 대하여 재결의 취지에 따라 처분을 하여야 한다.

④ 신청에 따른 처분이 절차의 위법 또는 부당을 이유로 재결로써 취소된 경우에는 제2항을 준용한다.

제50조의2 【위원회의 간접강제】 ① 위원회는 피청구인이 제49조 제2항(제49조 제4항에서 준용하는 경우를 포함한다) 또는 제3항에 따른 처분을 하지 아니하면 청구인의 신청에 의하여 결정으로 상당한 기간을 정하고 피청구인이 그 기간 내에 이행하지 아니하는 경우에는 그 지연기간에 따라 일정한 배상을 하도록 명하거나 즉시 배상을 할 것을 명할 수 있다.

❹ [○]

「행정심판법」 제50조 【위원회의 직접 처분】 ① 위원회는 피청구인이 제49조 제3항에도 불구하고 처분을 하지 아니하는 경우에는 당사자가 신청하면 기간을 정하여 서면으로 시정을 명하고 그 기간에 이행하지 아니하면 직접 처분을 할 수 있다. 다만, 그 처분의 성질이나 그 밖의 불가피한 사유로 위원회가 직접 처분을 할 수 없는 경우에는 그러하지 아니하다.

② 위원회는 제1항 본문에 따라 직접 처분을 하였을 때에는 그 사실을 해당 행정청에 통보하여야 하며, 그 통보를 받은 행정청은 위원회가 한 처분을 자기가 한 처분으로 보아 관계 법령에 따라 관리·감독 등 필요한 조치를 하여야 한다.

15 정답 ③

① [○] 이 사건 토지는 잡종재산인 국유재산으로서, 「국유재산법」 제52조는 "정당한 사유 없이 국유재산을 점유하거나 이에 시설물을 설치한 때에는 「행정대집행법」을 준용하여 철거 기타 필요한 조치를 할 수 있다."라고 규정하고 있으므로, 관리권자인 보령시장으로서는 행정대집행의 방법으로 이 사건 시설물을 철거할 수 있고, 이러한 행정대집행의 절차가 인정되는 경우에는 따로 민사소송의 방법으로 피고들에 대하여 이 사건 시설물의 철거를 구하는 것은 허용되지 않는다고 할 것이다. 다만, 관리권자인 보령시장이 행정대집행을 실시하지 아니하는 경우 국가에 대하여 이 사건 토지 사용청구권을 가지는 원고로서는 위 청구권을 보전하기 위하여 국가를 대위하여 피고들을 상대로 민사소송의 방법으로 이 사건 시설물의 철거를 구하는 이외에는 이를 실현할 수 있는 다른 절차와 방법이 없어 그 보전의 필요성이 인정되므로, 원고는 국가를 대위하여 피고들을 상대로 민사소송의 방법으로 이 사건 시설물의 철거를 구할 수 있다고 보아야 할 것이다(대판 2009.6.11, 2009다1122).

② [○] 제1차로 창고건물의 철거 및 하천부지에 대한 원상복구명령을 하였음에도 이에 불응하므로 대집행계고를 하면서 다시 자진철거 및 토사를 반출하여 하천부지를 원상복구할 것을 명한 경우, 「행정대집행법」상의 철거 및 원상복구의무는 제1차 철거 및 원상복구명령에 의하여 이미 발생하였다 할 것이어서, 대집행계고서에 기재된 자진철거 및 원상복구명령은 새로운 의무를 부과하는 것이라고 볼 수 없으며, 단지 종전의 철거 및 원상복구를 독촉하는 통지에 불과하므로 취소소송의 대상이 되는 독립한 행정처분이라고 할 수 없고(대판 2000.2.22, 98두4665 참조), 대집행계고서에 기재된 철거 및 원상복구의무의 이행기한은 「행정대집행법」 제3조 제1항

에 따른 이행기한을 정한 것에 불과하다고 할 것이다(대판 2004.6.10, 2002두12618).

❸ [X] 체납자 등에 대한 공매통지는 국가의 강제력에 의하여 진행되는 공매에서 체납자 등의 권리 내지 재산상의 이익을 보호하기 위하여 법률로 규정한 절차적 요건이라고 보아야 하며, 공매처분을 하면서 체납자 등에게 공매통지를 하지 않았거나 공매통지를 하였더라도 그것이 적법하지 아니한 경우에는 절차상의 흠이 있어 그 공매처분은 위법하다(대판 전합체 2008.11.20, 2007두18154).

④ [○] 「부동산 실권리자명의 등기에 관한 법률」 제5조에 의하여 부과된 과징금 채무는 대체적 급부가 가능한 의무이므로 위 과징금을 부과받은 자가 사망한 경우 그 상속인에게 포괄승계된다(대판 1999.5.14, 99두35).

16 정답 ④

① [X] 「도시 및 주거환경정비법」 제57조 제1항에 규정된 청산금의 징수에 관하여는 지방세체납처분의 예에 의한 징수 또는 징수 위탁과 같은 간이하고 경제적인 특별구제절차가 마련되어 있으므로, 시장·군수가 사업시행자의 청산금 징수 위탁에 응하지 아니하였다는 등의 특별한 사정이 없는 한 시장·군수가 아닌 사업시행자가 이와 별개로 공법상 당사자소송의 방법으로 청산금 청구를 할 수는 없다(대판 2017.4.28, 2016두39498).

② [X] 甲시장이 감사원으로부터 「감사원법」 제32조에 따라 乙에 대하여 징계의 종류를 정직으로 정한 징계 요구를 받게 되자 「감사원법」 제36조 제2항에 따라 감사원에 징계 요구에 대한 재심의를 청구하였고, 감사원이 재심의청구를 기각하자 乙이 감사원의 징계 요구와 그에 대한 재심의결정의 취소를 구하고 甲시장이 감사원의 재심의결정 취소를 구하는 소를 제기한 사안에서, 징계 요구는 징계 요구를 받은 기관의 장이 요구받은 내용대로 처분하지 않더라도 불이익을 받는 규정도 없고, 징계 요구 내용대로 효과가 발생하는 것도 아니며, 징계 요구에 의하여 행정청이 일정한 행정처분을 하였을 때 비로소 이해관계인의 권리관계에 영향을 미칠 뿐, 징계 요구 자체만으로는 징계 요구 대상 공무원의 권리·의무에 직접적인 변동을 초래하지도 아니하므로, 행정청 사이의 내부적인 의사결정의 경로로서 '징계 요구, 징계 절차 회부, 징계'로 이어지는 과정에서의 중간처분에 불과하여, 감사원의 징계 요구와 재심의결정이 항고소송의 대상이 되는 행정처분이라고 할 수 없고, 「감사원법」 제40조 제2항을 甲시장에게 감사원을 상대로 한 기관소송을 허용하는 규정으로 볼 수는 없고 그 밖에 행정소송법을 비롯한 어떠한 법률에도 甲시장에게 '감사원의 재심의 판결'에 대하여 기관소송을 허용하는 규정을 두고 있지 않으므로, 甲시장이 제기한 소송이 기관소송으로서 「감사원법」 제40조 제2항에 따라 허용된다고 볼 수 없다(대판 2016.12.27, 2014두5637).

③ [X] 재단법인 甲수녀원이, 매립목적을 택지조성에서 조선시설용지로 변경하는 내용의 공유수면매립목적 변경 승인처분으로 인하여 법률상 보호되는 환경상 이익을 침해받았다면서 행정청을 상대로 처분의 무효 확인을 구하는 소송을 제기한 사안에서, 공유수면매립목적 변경 승인처분으로 甲수녀원에 소속된 수녀 등이 쾌적한 환경에서 생활할 수 있는 환경상 이익을 침해받는다고 하더라도 이를 가리켜 곧바로 甲수녀원의 법률상 이익이 침해된다고 볼 수 없고, 자연인이 아닌 甲수녀원은 쾌적한 환경에서 생활할 수 있는 이익을 향수할 수 있는 주체가 아니므로 위 처분으로 위와 같은 생활상의 이익이 직접적으로 침해되는 관계에 있다고 볼 수도 없으며, 위 처분으로 환경에 영향을 주어 甲수녀원이 운영하는 쨈 공장에 직접적이고 구체적인 재산적 피해가 발생한다거나 甲수녀원이 폐쇄되고 이전해야 하는 등의 피해를 받거나 받을 우려가 있다는 점 등에 관한 증명도 부족하다는 이유로, 甲수녀원에 처분의 무효 확

인을 구할 원고적격이 없다(대판 2012.6.28, 2010두2005).

❹ [O] 행정처분이 적법한지는 특별한 사정이 없는 한 처분 당시 사유를 기준으로 판단하면 되고, 처분청이 처분 당시 적시한 구체적 사실을 변경하지 아니하는 범위 내에서 단지 처분의 근거 법령만을 추가·변경하는 것은 새로운 처분사유의 추가라고 볼 수 없으므로 이와 같은 경우에는 처분청이 처분 당시 적시한 구체적 사실에 대하여 처분 후 추가·변경한 법령을 적용하여 처분의 적법 여부를 판단하여도 무방하다. 그러나 처분의 근거 법령을 변경하는 것이 종전 처분과 동일성을 인정할 수 없는 별개의 처분을 하는 것과 다름 없는 경우에는 허용될 수 없다. 행정청이 점용허가를 받지 않고 도로를 점용한 사람에 대하여 「도로법」 제94조에 의한 변상금 부과처분을 하였다가 처분에 대한 취소소송이 제기된 후 해당 도로가 「도로법」의 적용을 받는 도로에 해당하지 않을 경우를 대비하여 처분의 근거 법령을 도로의 소유자가 국가인 부분은 구 「국유재산법」 제51조와 그 시행령 등으로, 소유자가 서울특별시 종로구인 부분은 구 「공유재산 및 물품 관리법」 제81조와 그 시행령 등으로 변경하여 주장한 사안에서, 「도로법」과 구 국유재산법령 및 구 공유재산 및 물품 관리법령의 해당 규정은 별개 법령에 규정되어 입법 취지가 다르고, 해당 규정내용을 비교하여 보면 변상금의 징수목적, 산정 기준금액, 징수 재량 유무, 징수절차 등이 서로 달라 위와 같이 근거 법령을 변경하는 것은 종전 「도로법」 제94조에 의한 변상금 부과처분과 동일성을 인정할 수 없는 별개의 처분을 하는 것과 다름 없어 허용될 수 없다(대판 2011.5.26, 2010두28106).

① [O] 특수임무와 관련하여 국가를 위하여 특별한 희생을 한 특수임무수행자와 유족에 대하여 필요한 보상을 함으로써 특수임무수행자와 유족의 생활안정을 도모하고 국민화합에 이바지함을 목적으로 제정된 「특수임무수행자 보상에 관한 법률」 및 구 「특수임무수행자 보상에 관한 법률 시행령」의 각 규정 취지와 내용에 비추어 보면, 특임자보상법 제2조 및 개정 전 시행령 제2조, 제3조, 제4조 등의 규정만으로는 바로 특임자보상법상의 보상금 등 지급대상자가 확정된다고 볼 수 없고, '특수임무수행자 보상심의위원회'의 심의·의결을 거쳐 특수임무수행자로 인정되어야만 비로소 보상금 등 지급대상자로 확정될 수 있다. 이러한 심의·의결에 의하여 특수임무수행자로 인정되기 전에는 특임자보상법에 의한 보상금수급권은 헌법이 보장하는 재산권이라고 할 수 없고, 심의·의결이 있기 전의 신청인의 지위는 보상금수급권 취득에 대한 기대이익을 가지고 있는 것에 불과하다. 따라서 2010. 10. 27. 대통령령 제22460호로 개정된 「특수임무수행자 보상에 관한 법률 시행령」 제4조 제1항 제2호가 시행령 개정 전에 이미 보상금을 신청한 자들의 이러한 기대이익을 보장하기 위한 경과규정을 두지 아니함으로써 보상금수급 요건을 엄격히 정한 개정 시행령 조항이 그들에 대하여도 적용되게 하였다고 하더라도 헌법상 보장된 재산권을 소급입법에 의하여 박탈하는 것이라고 볼 수는 없다(대판 2014.7.24, 2012두23501).

② [O] 헌법재판소의 헌법불합치결정(국가유공자 자녀 가산점 10%)에 따라 개정된 「국가유공자 등 예우 및 지원에 관한 법률」 제31조 제1항·제2항 등의 적용 시기인 2007.7.1. 전에 실시한 공립 중등학교 교사 임용후보자 선정 경쟁시험에서, 위 법률 등의 개정 규정을 소급 적용하지 않고 개정 전 규정에 따른 가산점 제도를 적용하여 한 불합격처분은 적법하다(대판 2009.1.15, 2008두15596).

❸ [X] 제1심 판결 이후 이 사건 정비구역 내 토지 등 소유자 318명 중 그 4분의 3을 초과하는 247명으로부터 새로 조합설립동의서를 받았으니 이 사건 처분의 흠은 치유되었다는 피고 및 참가인의 주장에 대하여, 구 도시정비법 제16조 제1항에서 정하는 조합설립인

가처분은 설권적 처분의 성질을 갖고 있고, 흠의 치유를 인정하더라도 원고들을 비롯한 토지 등 소유자들에게 아무런 손해가 발생하지 않는다고 단정할 수 없다는 점 등을 이유로 하자치유를 배척하였다(대판 2010.8.26, 2010두2579).

④ [O] 헌법재판소의 1989. 12. 28.자 「국가보위입법회의법」 부칙 제4항 후단에 관한 위헌결정의 효력은 그 이후에 제소된 이 사건에도 미친다고 할 것이다. 따라서 위헌결정의 소급효가 이 사건에 미치는 이상, 위헌결정된 「국가보위입법회의법」 부칙 제4항 후단의 규정에 의하여 이루어진 원고에 대한 1980.11.16.자 면직처분은 당연무효의 처분이 되는 것이다(대판 1993.2.26, 92누12247).

① [X] 한국환경산업기술원장이 환경기술개발사업 협약을 체결한 甲주식회사 등에게 연차평가 실시 결과 절대평가 60점 미만으로 평가되었다는 이유로 연구개발 중단 조치 및 연구비 집행중지 조치(이하 '각 조치'라 한다)를 한 사안에서, 각 조치는 甲회사 등에게 연구개발을 중단하고 이미 지급된 연구비를 더 이상 사용하지 말아야 할 공법상 의무를 부과하는 것이고, 연구개발 중단 조치는 협약의 해약 요건에도 해당하며, 조치가 있은 후에는 주관연구기관이 연구개발을 계속하더라도 그에 사용된 연구비는 환수 또는 반환 대상이 되므로, 각 조치는 甲회사 등의 권리·의무에 직접적인 영향을 미치는 행위로서 항고소송의 대상이 되는 행정처분에 해당한다(대판 2015.12.24, 2015두264).

② [X] 재단법인 한국연구재단이 甲대학교 총장에게 연구개발비의 부당집행을 이유로 '해양생물유래 고부가식품·향장·한약 기초소재 개발 인력양성사업에 대한 2단계 두뇌한국(BK)21 사업' 협약을 해지하고 연구팀장 乙에 대한 대학자체 징계 요구 등을 통보한 사안에서, 재단법인 한국연구재단이 甲대학교 총장에게 乙에 대한 대학 자체징계를 요구한 것은 법률상 구속력이 없는 권유 또는 사실상의 통지로서 乙의 권리, 의무 등 법률상 지위에 직접적인 법률적 변동을 일으키지 않는 행위에 해당하므로, 항고소송의 대상인 행정처분에 해당하지 않는다(대판 2014.12.11, 2012두28704).

❸ [O] 대판 2014.12.11, 2012두28704

④ [X] 중소기업기술정보진흥원장이 甲주식회사와 중소기업 정보화지원사업 지원대상인 사업의 지원에 관한 협약을 체결하였는데, 협약이 甲회사에 책임이 있는 사업실패로 해지되었다는 이유로 협약에서 정한 대로 지급받은 정부지원금을 반환할 것을 통보한 사안에서, 중소기업 정보화지원사업에 따른 지원금 출연을 위하여 중소기업청장이 체결하는 협약은 공법상 대등한 당사자 사이의 의사표시의 합치로 성립하는 공법상 계약에 해당하는 점, 구 「중소기업 기술혁신 촉진법」(2010.3.31. 법률 제10220호로 개정되기 전의 것) 제32조 제1항은 제10조가 정한 기술혁신사업과 제11조가 정한 산학협력 지원사업에 관하여 출연한 사업비의 환수에 적용될 수 있을 뿐 이와 근거 규정을 달리하는 중소기업 정보화지원사업에 관하여 출연한 지원금에 대하여는 적용될 수 없고 달리 지원금 환수에 관한 구체적인 법령상 근거가 없는 점 등을 종합하면, 협약의 해지 및 그에 따른 환수통보는 공법상 계약에 따라 행정청이 대등한 당사자의 지위에서 하는 의사표시로 보아야 하고, 이를 행정청이 우월한 지위에서 행하는 공권력의 행사로서 행정처분에 해당한다고 볼 수는 없다(대판 2015.8.27, 2015두41449).

① [O] 취소는 행정행위의 하자, 이 사건에서는 이사 승인의 하자를 이유로 행정행위의 효력을 상실시키는 것이다. 이 사건에서 이사 승인

의 하자를 이유로 이사승인을 취소한 것이 아니다. 따라서 강학상 취소가 아니다. 甲이 학교법인의 재산을 횡령했다는 이유로 이사승인을 취소하는 것은 행정행위가 발해진 후 사유로 행정행위의 효력을 상실시키는 것이므로 철회이다.

② [○] 이사승인 취소는 침익적 처분이므로 행정절차법의 사전통지와 의견청취절차가 적용되어야 한다.

❸ [X] 학교법인의 이사나 감사 전원 또는 그 일부의 임기가 만료되었다고 하더라도, 그 후임이사나 후임감사를 선임하지 않았거나 또는 그 후임이사나 후임감사를 선임하였다고 하더라도 그 선임결의가 무효이고 임기가 만료되지 아니한 다른 이사나 감사만으로는 정상적인 학교법인의 활동을 할 수 없는 경우, 임기가 만료된 구 이사나 감사로 하여금 학교법인의 업무를 수행케 함이 부적당하다고 인정할 만한 특별한 사정이 없는 한, 「민법」 제691조를 유추하여 구 이사나 감사에게는 후임이사나 후임감사가 선임될 때까지 종전의 직무를 계속하여 수행할 긴급처리권이 인정된다고 할 것이며, 학교법인의 경우 「민법」상 재단법인과 마찬가지로 이사를 선임할 수 있는 권한은 이사회에 있으므로, 임기가 만료된 이사들의 참여 없이 후임 정식이사들을 선임할 수 없는 경우 임기가 만료된 이사들로서는 위 긴급처리권에 의하여 후임 정식이사들을 선임할 권한도 보유하게 된다. 그러므로 취임승인이 취소된 학교법인의 정식이사들로서는 그 취임승인취소처분 및 임시이사 선임처분에 대한 각 취소를 구할 법률상 이익이 있고, 나아가 선행 임시이사 선임처분의 취소를 구하는 소송 도중에 선행 임시이사가 후행 임시이사로 교체되었다고 하더라도 여전히 선행 임시이사 선임처분의 취소를 구할 법률상 이익이 있다(대판 전합체 2007.7.19, 2006두19297).

④ [○] 행정처분이 취소되면 그 소급효에 의하여 처음부터 그 처분이 없었던 것과 같은 효과를 발생하게 되는바, 행정청이 의료법인의 이사에 대한 이사취임승인취소처분(제1처분)을 직권으로 취소(제2처분)한 경우에는 그로 인하여 이사가 소급하여 이사로서의 지위를 회복하게 된다(대판 1997.1.21, 96누3401).

20   정답 ③

① [○] 구 「행정절차법」 제22조 제3항에 따라 행정청이 의무를 부과하거나 권익을 제한하는 처분을 할 때 의견제출의 기회를 주어야 하는 '당사자'는 '행정청의 처분에 대하여 직접 그 상대가 되는 당사자'(구 「행정절차법」 제2조 제4호)를 의미한다. 그런데 '고시'의 방법으로 불특정 다수인을 상대로 의무를 부과하거나 권익을 제한하는 처분은 성질상 의견제출의 기회를 주어야 하는 상대방을 특정할 수 없으므로, 이와 같은 처분에 있어서까지 구 「행정절차법」 제22조 제3항에 의하여 그 상대방에게 의견제출의 기회를 주어야 한다고 해석할 것은 아니다(대판 2014.10.27, 2012두7745).

② [○] 검사에 대한 인사발령은 처분은 관련 인사대상자의 보직과 근무지를 일괄하여 정하는 처분이어서 인사행정의 신속성, 원고에 대한 처분이 연쇄적으로 다른 인사 대상자들에게 영향을 미치는 점에 비추어 볼 때 공무원 인사관계 법령에 따른 처분으로서 성질상 행정절차를 거치기 곤란하거나 불필요하다고 인정되는 처분에 해당한다(대판 2010.02.11, 2009두16350).

❸ [X] 이 사건 평가인증취소처분은 이로 인하여 원고에 대한 인건비 등 보조금 지급이 중단되는 등 원고의 권익을 제한하는 처분에 해당하며, 보조금 반환명령과는 전혀 별개의 절차로서 보조금 반환명령이 있으면 피고 보건복지부장관이 평가인증을 취소할 수 있지만 반드시 취소하여야 하는 것은 아닌 점 등에 비추어 보면, 보조금 반환명령 당시 사전통지 및 의견제출의 기회가 부여되었다 하더라도 그 사정만으로 이 사건 평가인증취소처분이 구 「행정절차법」 제21조 제4항 제3호에서 정하고 있는 사전통지 등을 하지 아니하여도 되는 예외사유에 해당한다고도 볼 수 없으므로, 구 「행정절차법」 제

21조 제1항에 따른 사전통지를 거치지 않은 이 사건 평가인증취소처분은 위법하다(대판 2016.11.9, 2014두1260).

④ [○] 사전통지나 의견청취는 행정청이 하여야 한다. 행정청이 사회복지시설에 대해 감사를 하였고 그 과정에서 사회복지법인의 감사기관에 대한 의견표명이 있었다면 감사결과 지적사항에 대한 시정지시는 사전 의견청취가 불필요하나(대판 2009.2.12, 2008두14999), 언론 인터뷰나 수사기관의 수사는 침익적 처분을 할 행정청이 실시한 행정절차가 아니므로 행정청은 사전 의견청취절차를 거쳐서 침익적 처분을 하여야 한다(대판 2012.2.23, 2011두5001).

정답

01	④	02	②	03	④	04	①
05	②	06	①	07	③	08	②
09	③	10	④	11	③	12	④
13	③	14	②	15	③	16	②
17	③	18	④	19	③	20	②

01
정답 ④

① [O] 중소기업기술정보진흥원장이 甲주식회사와 중소기업 정보화지원 사업 지원대상인 사업의 지원에 관한 협약을 체결하였는데, 협약이 甲회사에 책임이 있는 사업실패로 해지되었다는 이유로 협약에서 정한 대로 지급받은 정부지원금을 반환할 것을 통보한 사안에서, 중소기업 정보화지원사업에 따른 지원금 출연을 위하여 중소기업청장이 체결하는 협약은 공법상 대등한 당사자 사이의 의사표시의 합치로 성립하는 공법상 계약에 해당한다(대판 2015.8. 27, 2015두41449).

② [O] 폐기물중간처리업 허가는 폐기물처리를 위한 시설·장비 및 기술능력 등 객관적 요소를 주된 대상으로 하는 대물적 허가 내지는 대물적 요소가 강한 혼합적 허가(대인적 요소로는, 법 제27조에서 법에 위반하여 형을 받거나 폐기물중간처리업의 허가가 취소된 후 2년이 경과되지 아니한 자 등에 대하여 허가를 금하고 있는 것 등을 들 수 있다)로서, 그 영업장의 소재지 및 시설·장비 등은 폐기물중간처리업 허가의 대상을 이루는 중요한 요소라 할 것이다(대판 2008.4.11, 2007두17113).

③ [O] 주거이전비는 당해 공익사업 시행지구 안에 거주하는 세입자들의 조기이주를 장려하여 사업추진을 원활하게 하려는 정책적인 목적과 주거이전으로 인하여 특별한 어려움을 겪게 될 세입자들을 대상으로 하는 사회보장적인 차원에서 지급되는 금원의 성격을 가지므로, 적법하게 시행된 공익사업으로 인하여 이주하게 된 주거용 건축물 세입자의 주거이전비 보상청구권은 공법상의 권리이고, 따라서 그 보상을 둘러싼 쟁송은 민사소송이 아니라 공법상의 법률관계를 대상으로 하는 행정소송에 의하여야 한다(대판 2008.5. 29, 2007다8129).

❹ [X] 산업단지 입주계약 해지통보는 대등한 지위에서 공법상 계약을 종료시키는 의사표시가 아니라 한국산업단지공단이 우월적 지위에서 원고에게 일정한 법률효과를 발생하게 하는 것으로서 항고소송의 대상이 되는 행정처분이다(대판 2011.6.30, 2010두23859).

<참고> 계약직 공무원 계약해지의 의사표시는 처분으로 보지 않아 당사자소송으로 무효확인을 청구해야 하나, 공법상 계약해지도 법에 근거하여 제재하는 것으로서 계약상대방에 대한 권력적 성격이 강한 경우 처분으로 본다.

02
정답 ②

① [X] 개인의 신뢰이익에 대한 보호가치는 ⓐ 법령에 따른 개인의 행위가 국가에 의하여 일정방향으로 유인된 신뢰의 행사인지, ⓑ 아니면 단지 법률이 부여한 기회를 활용한 것으로서 원칙적으로 사적 위험부담의 범위에 속하는 것인지 여부에 따라 달라진다. 만일 법률에 따른 개인의 행위가 단지 법률이 반사적으로 부여하는 기회의 활용을 넘어서 국가에 의하여 일정 방향으로 유인된 것이라면 특별히 보호가치가 있는 신뢰이익이 인정될 수 있고, 원칙적으로 개인의 신뢰보호가 국가의 법률개정이익에 우선된다고 볼 여지가 있다(헌재 2002.11.28, 2002헌바45).

❷ [O] 실제로 피고가 이 사건 고시를 수립하면서 관내 개발제한구역 내의 간선도로 중 일정한 도로 폭 이상인 곳은 주변에 학교나 병원 또는 시장 등 다중이용시설이 있는지 여부를 고려하지 않고 모두 이 사건 배치계획안에 포함시킨 것으로 보이는 점 등을 종합하면, 이 사건 고시에서 액화석유가스 충전소의 설치 허가 대상으로 정한 도로 구간에 이 사건 시장을 둘러싼 도로 구간이 모두 포함되어 있다는 사정만으로, 피고가 '이 사건 시장에 인접한 장소라는 이유로 자동차용 액화석유가스 충전소의 설치 허가를 거부하지는 않겠다'는 의사를 공적으로 표명한 것이라고 보기 어렵다(대판 2016. 1.28, 2015두52432).

③ [X] 실무부서의 최고 책임자인 안산시 도시계획국장 또는 도시계획과장에 의하여 이루어졌고, 보상심의위원회 자료가 사전에 준비, 배포된 것에 비추어 볼 때 위 도시계획국장 또는 도시계획과장이 피고의 의사와는 전혀 무관하게 아무런 사전검토 없이 단지 개인적인 견해에 따라 이 사건 약속을 하게 된 것이라고 보기는 어려우므로, 이 사건 약속은 실질적으로 피고가 한 것으로 봄이 상당한 점, 보상심의위원회의 개최를 전후하여 원고를 비롯한 토지소유자들이 이 사건 사업이 완료되면 이 사건 토지에 대한 완충녹지의 지정을 해제하여 그 환매를 요구한 것으로 보일 뿐만 아니라, 1999. 9.20. 보상심의위원회에서 이 사건 약속이 있은 후, 1999.11.13. 이 사건 토지에 관하여 안산시 앞으로 소유권이전등기가 경료되었고, 같은 달 17. 원고가 이 사건 토지에 대한 보상금을 수령한 점 등을 종합하여 보면, 원고는 이 사건 약속을 신뢰한 나머지 이 사건 사업이 완료되면 이 사건 토지에 대한 완충녹지 지정이 해제되어 이 사건 토지를 환매할 수 있을 것이라 믿고 이 사건 토지를 협의매매하기에 이르렀다고 봄이 상당하고, 달리 원고가 이 사건 약속을 신뢰한 데 대하여 어떠한 귀책사유가 있다고 볼 자료는 기록상 찾아볼 수 없으므로, 특별한 사정이 없는 한 원고가 갖게 된 이와 같은 고도의 신뢰는 보호되어야 할 것이다(대판 2008.10.9, 2008두6127).

④ [X] 상급행정기관이 하급행정기관에 대하여 업무처리지침이나 법령의 해석적용에 관한 기준을 정하여 발하는 이른바 '행정규칙이나 내부지침'은 일반적으로 행정조직 내부에서만 효력을 가질 뿐 대외적인 구속력을 갖는 것은 아니므로 행정처분이 그에 위반하였다고 하여 그러한 사정만으로 곧바로 위법하게 되는 것은 아니다. 다만, 재량권 행사의 준칙인 행정규칙이 그 정한 바에 따라 되풀이 시행되어 행정관행이 이루어지게 되면 평등의 원칙이나 신뢰보호의 원칙에 따라 행정기관은 그 상대방에 대한 관계에서 그 규칙에 따라야 할 자기구속을 받게 되므로, 이러한 경우에는 특별한 사정이 없는 한 그를 위반하는 처분은 평등의 원칙이나 신뢰보호의 원칙에 위배되어 재량권을 일탈·남용한 위법한 처분이 된다. 그러나 위 법리 및 기록에 의하면, 행정청 내부의 사무처리준칙에 해당하는 이 사건 지침이 그 정한 바에 따라 되풀이 시행되어 행정관행이 이루어졌다고 인정할 만한 자료를 찾아볼 수 없을 뿐만 아니라, 이 사건 지침의 공표만으로는 원고가 이 사건 지침에 명시된 요건을 충족할 경우 사업자로 선정되어 벼 매입자금 지원 등의 혜택을 받을 수 있다는 보호가치 있는 신뢰를 가지게 되었다고 보기도 어렵다(대판 2009.12.24, 2009두7967).

① [○] 비구속적 행정계획안이나 행정지침이라도 국민의 기본권에 직접적으로 영향을 끼치고, 앞으로 법령의 뒷받침에 의하여 그대로 실시될 것이 틀림없을 것으로 예상될 수 있을 때에는, 공권력행위로서 예외적으로 헌법소원의 대상이 될 수 있다. 이 사건 개선방안은 7개 중소도시권과 7개 대도시권에서 개발제한구역을 해제하거나 조정하기 위한 추상적이고 일반적인 기준들만을 담고 있을 뿐, 개발제한구역의 해제지역이 구체적으로 확정되어 있지 않아서, 해당 지역 주민들은 개발제한구역을 해제하는 구체적인 도시계획결정이 내려진 이후에야 비로소 법적인 영향을 받게 되므로, 이 사건 개선방안이 청구인들의 기본권에 직접적으로 영향을 끼칠 가능성이 없다. 그리고 이 사건 개선방안의 내용들은 건설교통부장관이 마련한 후속지침들에 반영되었고, 해당 지방자치단체들이 이 지침들에 따라서 관련 절차들을 거친 후 내려지는 도시계획결정을 통하여 실시될 예정이지만, 예고된 내용이 그대로 틀림없이 실시될 것으로 예상할 수는 없다. 따라서 이 사건 개선방안의 발표는 예외적으로 헌법소원의 대상이 되는 공권력의 행사에 해당되지 아니한다(헌재 2000.6.1. 99헌마538).

② [○] 구 「국토이용관리법」상 주민이 국토이용계획의 변경에 대하여 신청을 할 수 있다는 규정이 없을 뿐만 아니라, 국토건설종합계획의 효율적인 추진과 국토이용질서를 확립하기 위한 국토이용계획은 장기성, 종합성이 요구되는 행정계획이어서 원칙적으로는 그 계획이 일단 확정된 후에 어떤 사정의 변동이 있다고 하여 그러한 사유만으로는 지역주민이나 일반 이해관계인에게 일일이 그 계획의 변경을 신청할 권리를 인정하여 줄 수는 없을 것이지만, 장래 일정한 기간 내에 관계 법령이 규정하는 시설 등을 갖추어 일정한 행정처분을 구하는 신청을 할 수 있는 법률상 지위에 있는 자의 국토이용계획변경신청을 거부하는 것이 실질적으로 당해 행정처분 자체를 거부하는 결과가 되는 경우에는 예외적으로 그 신청인에게 국토이용계획변경을 신청할 권리가 인정된다고 봄이 상당하므로, 이러한 신청에 대한 거부행위는 항고소송의 대상이 되는 행정처분에 해당한다(대판 2003.9.23, 2001두10936).

③ [○] 「도시계획법」 제12조 소정의 도시계획결정이 고시되면 도시계획구역안의 토지나 건물 소유자의 토지형질변경, 건축물의 신축, 개축 또는 증축 등 권리행사가 일정한 제한을 받게 되는바 이런 점에서 볼 때 고시된 도시계획결정은 특정 개인의 권리 내지 법률상의 이익을 개별적이고 구체적으로 규제하는 효과를 가져오게 하는 행정청의 처분이라 할 것이고, 이는 행정소송의 대상이 되는 것이라 할 것이다(대판 1982.3.9, 80누105).

❹ [X] 도시계획의 결정·변경 등에 관한 권한을 가진 행정청은 이미 도시계획이 결정·고시된 지역에 대하여도 다른 내용의 도시계획을 결정·고시할 수 있고, 이 때에 후행 도시계획에 선행 도시계획과 서로 양립할 수 없는 내용이 포함되어 있다면, 특별한 사정이 없는 한 선행 도시계획은 후행 도시계획과 같은 내용으로 변경되는 것이나, 후행 도시계획의 결정을 하는 행정청이 선행 도시계획의 결정·변경 등에 관한 권한을 가지고 있지 아니한 경우에 선행 도시계획과 서로 양립할 수 없는 내용이 포함된 후행 도시계획결정을 하는 것은 아무런 권한 없이 선행 도시계획결정을 폐지하고, 양립할 수 없는 새로운 내용이 포함된 후행 도시계획결정을 하는 것으로서, 선행 도시계획결정의 폐지 부분은 권한 없는 자에 의하여 행해진 것으로서 무효이고, 같은 대상지역에 대하여 선행 도시계획결정이 적법하게 폐지되지 아니한 상태에서 그 위에 다시 한 후행 도시계획결정 역시 위법하고, 그 하자는 중대하고도 명백하여 다른 특별한 사정이 없는 한 무효라고 보아야 한다(대판 2000.9.8, 99두11257).

❶ [X] 「행정소송법」 제2조 제1항 제2호는 부작위의 개념으로 '처분'부작위만을 규정하여 행정입법부작위는 부작위위법확인소송의 대상이 되지 않는다.

> **「행정소송법」 제2조 【정의】** ① 이 법에서 사용하는 용어의 정의는 다음과 같다.
> 2. '부작위'라 함은 행정청이 당사자의 신청에 대하여 상당한 기간내에 일정한 처분을 하여야 할 법률상 의무가 있음에도 불구하고 이를 하지 아니하는 것을 말한다.
>
> **제4조 【항고소송】** 항고소송은 다음과 같이 구분한다.
> 3. 부작위위법확인소송: 행정청의 부작위가 위법하다는 것을 확인하는 소송

② [○] 법률이 특정 사안과 관련하여 시행령에 위임을 한 경우 시행령이 위임의 한계를 준수하고 있는지를 판단할 때는 당해 법률 규정의 입법 목적과 규정 내용, 규정의 체계, 다른 규정과의 관계 등을 종합적으로 살펴야 한다. 법률의 위임 규정 자체가 그 의미 내용을 정확하게 알 수 있는 용어를 사용하여 위임의 한계를 분명히 하고 있는데도 시행령이 그 문언적 의미의 한계를 벗어났다든지, 위임 규정에서 사용하고 있는 용어의 의미를 넘어 그 범위를 확장하거나 축소함으로써 위임 내용을 구체화하는 단계를 벗어나 새로운 입법을 한 것으로 평가할 수 있다면, 이는 위임의 한계를 일탈한 것으로서 허용되지 않는다(대판 전합체 2012.12.20, 2011두30878).

③ [○] 입법부가 법률로써 행정부에게 특정한 사항을 위임했음에도 불구하고 행정부가 정당한 이유 없이 이를 이행하지 않는다면 권력분립의 원칙과 법치국가 내지 법치행정의 원칙에 위배되는 것으로서 위법함과 동시에 위헌적인 것이 되는바, 구 「군법무관임용법」 제5조 제3항과 「군법무관임용 등에 관한 법률」 제6조가 군법무관의 보수를 법관 및 검사의 예에 준하도록 규정하면서 그 구체적 내용을 시행령에 위임하고 있는 이상, 위 법률의 규정들은 군법무관의 보수의 내용을 법률로써 일차적으로 형성한 것이고, 위 법률들에 의해 상당한 수준의 보수청구권이 인정되는 것이므로, 위 보수청구권은 단순한 기대이익을 넘어서는 것으로서 법률의 규정에 의해 인정된 재산권의 한 내용이 되는 것으로 봄이 상당하고, 따라서 행정부가 정당한 이유 없이 시행령을 제정하지 않은 것은 위 보수청구권을 침해하는 불법행위에 해당한다(대판 2007.11.29, 2006다3561).

④ [○] 법령에서 행정처분의 요건 중 일부 사항을 부령으로 정할 것을 위임한 데 따라 시행규칙 등 부령에서 이를 정한 경우에 그 부령의 규정은 국민에 대해서도 구속력이 있는 법규명령에 해당한다고 할 것이지만, 법령의 위임이 없음에도 법령에 규정된 처분 요건에 해당하는 사항을 부령에서 변경하여 규정한 경우에는 그 부령의 규정은 행정청 내부의 사무처리 기준 등을 정한 것으로서 행정조직 내에서 적용되는 행정명령의 성격을 지닐 뿐 국민에 대한 대외적 구속력은 없다고 보아야 한다. 따라서 어떤 행정처분이 그와 같이 법규성이 없는 시행규칙 등의 규정에 위배된다고 하더라도 그 이유만으로 처분이 위법하게 되는 것은 아니라 할 것이고, 또 그 규칙 등에서 정한 요건에 부합한다고 하여 반드시 그 처분이 적법한 것이라고 할 수도 없다. 이 경우 처분의 적법 여부는 그러한 규칙 등에서 정한 요건에 합치하는지 여부가 아니라 일반 국민에 대하여 구속력을 가지는 법률 등 법규성이 있는 관계 법령의 규정을 기준으로 판단하여야 한다(대판 2013.9.12, 2011두10584).

ㄱ. [O] 구 「자동차관리법」 제67조 제1항, 제3항, 제4항, 제5항, 구 「자동차관리법 시행규칙」 제148조 제1항, 제2항의 내용 및 체계 등을 종합하면, 「자동차관리법」상 자동차관리사업자로 구성하는 사업자단체인 조합 또는 협회의 설립인가처분은 국토해양부장관 또는 시·도지사가 자동차관리사업자들의 단체결성행위를 <u>보충하여 효력을 완성시키는 처분</u>에 해당한다(대판 2015.5.29, 2013두635).

ㄴ. [X] 행정청이 「도시 및 주거환경정비법」 등 관련 법령에 근거하여 행하는 조합설립인가처분은 단순히 사인들의 조합설립행위에 대한 보충행위로서의 성질을 갖는 것에 그치는 것이 아니라 법령상 요건을 갖출 경우 「도시 및 주거환경정비법」상 주택재건축사업을 시행할 수 있는 권한을 갖는 행정주체(공법인)로서의 지위를 부여하는 일종의 설권적 처분의 성격을 갖는다고 보아야 한다(대판 2009.9.24, 2008다60568).

ㄷ. [O] 관리처분계획에 대한 행정청의 인가는 관리처분계획의 법률상 효력을 완성시키는 <u>보충행위</u>로서의 성질을 갖는다(대판 2012.8.30, 2010두24951).

ㄹ. [X] 토지 등 소유자들이 직접 시행하는 도시환경정비사업에서 토지 등 소유자에 대한 사업시행인가처분은 단순히 사업시행계획에 대한 보충행위로서의 성질을 가지는 것이 아니라 구 도시정비법상 정비사업을 시행할 수 있는 권한을 가지는 행정주체로서의 지위를 부여하는 일종의 <u>설권적 처분의 성격</u>을 가진다(대판 2013.6.13, 2011두19994).

❶ [X] 행정지도는 문서주의를 원칙으로 하지 않는다.

> 「행정절차법」 제49조 【행정지도의 방식】 ① 행정지도를 하는 자는 그 상대방에게 그 행정지도의 취지 및 내용과 신분을 밝혀야 한다.
> ② 행정지도가 말로 이루어지는 경우에 상대방이 제1항의 사항을 적은 서면의 교부를 요구하면 그 행정지도를 하는 자는 직무 수행에 특별한 지장이 없으면 이를 교부하여야 한다.

② [O] 납세고지서에 해당 본세의 과세표준과 세액의 산출근거 등이 제대로 기재되지 않았다면 특별한 사정이 없는 한 그 과세처분은 위법하다는 것이 판례의 확립된 견해이다. 판례는 여기에서 한발 더 나아가 설령 「부가가치세법」과 같이 개별 세법에서 납세고지에 관한 별도의 규정을 두지 않은 경우라 하더라도 해당 본세의 납세고지서에 「국세징수법」 제9조 제1항이 규정한 것과 같은 세액의 산출근거 등이 기재되어 있지 않다면 그 과세처분은 적법하지 않다고 한다. 말하자면 개별 세법에 납세고지에 관한 별도의 규정이 없더라도 「국세징수법」이 정한 것과 같은 납세고지의 요건을 갖추지 않으면 안 된다는 것이고, 이는 적법절차의 원칙이 과세처분에도 적용됨에 따른 당연한 귀결이다. 같은 맥락에서, 하나의 납세고지서에 의하여 복수의 과세처분을 함께 하는 경우에는 과세처분별로 그 세액과 산출근거 등을 구분하여 기재함으로써 납세의무자가 각 과세처분의 내용을 알 수 있도록 해야 하는 것 역시 당연하다고 할 것이다(대판 전합체 2012.10.18, 2010두12347).

③ [O]

> 「행정절차법」 제41조 【행정상 입법예고】 ③ 법제처장은 입법예고를 하지 아니한 법령안의 심사 요청을 받은 경우에 입법예고를 하는 것이 적당하다고 판단할 때에는 해당 행정청에 입법예고를 권고하거나 직접 예고할 수 있다.

④ [O]

> 「행정절차법」 제35조 【청문의 종결】 ① 청문 주재자는 해당 사안에 대하여 당사자등의 의견진술, 증거조사가 충분히 이루어졌다고 인정하는 경우에는 청문을 마칠 수 있다.
> ② 청문 주재자는 당사자등의 전부 또는 일부가 정당한 사유 없이 청문기일에 출석하지 아니하거나 제31조제3항에 따른 의견서를 제출하지 아니한 경우에는 이들에게 다시 의견진술 및 증거제출의 기회를 주지 아니하고 청문을 마칠 수 있다.

① [O]

> 「개인정보 보호법」 제53조 【소송대리인의 선임】 단체소송의 원고는 변호사를 소송대리인으로 선임하여야 한다.

② [O]

> 「개인정보 보호법」 제56조 【확정판결의 효력】 원고의 청구를 기각하는 판결이 확정된 경우 이와 동일한 사안에 관하여는 제51조에 따른 다른 단체는 단체소송을 제기할 수 없다. 다만, 다음 각 호의 어느 하나에 해당하는 경우에는 그러하지 아니하다.
> 1. 판결이 확정된 후 그 사안과 관련하여 국가·지방자치단체 또는 국가·지방자치단체가 설립한 기관에 의하여 새로운 증거가 나타난 경우
> 2. 기각판결이 원고의 고의로 인한 것임이 밝혀진 경우

❸ [X] 지방법원 본원 합의부의 관할에 전속한다.

> 「개인정보 보호법」 제52조 【전속관할】 ① 단체소송의 소는 피고의 주된 사무소 또는 영업소가 있는 곳, 주된 사무소나 영업소가 없는 경우에는 주된 업무담당자의 주소가 있는 곳의 <u>지방법원 본원 합의부</u>의 관할에 전속한다.
> 제57조 【「민사소송법」의 적용 등】 ① 단체소송에 관하여 이 법에 특별한 규정이 없는 경우에는 <u>「민사소송법」을 적용</u>한다.

④ [O]

> 「개인정보 보호법」 제51조 【단체소송의 대상 등】 다음 각 호의 어느 하나에 해당하는 단체는 개인정보처리자가 제49조에 따른 집단분쟁조정을 거부하거나 집단분쟁조정의 결과를 수락하지 아니한 경우에는 법원에 권리침해 행위의 금지·중지를 구하는 소송을 제기할 수 있다.

① [X] 국가가 공권력의 주체로서가 아니라 사법상 재산권의 주체로서 국민을 대하는 사법관계에 있어서는 사인과 국가가 본질적으로 다르다고 할 수 없으므로, 국가를 부동산 점유취득시효의 주체로 인정한다고 하여 부동산 소유자의 평등권을 침해하지 아니한다(헌재 2015.6.25, 2014헌바404).

❷ [O] 「국가재정법」 제96조에서 '다른 법률의 규정'이라 함은 다른 법률에 「국가재정법」 제96조에서 규정한 5년의 소멸시효기간보다 짧

은 기간의 소멸시효의 규정이 있는 경우를 가리키는 것이고, 이보다 긴 10년의 소멸시효를 규정한 「민법」 제766조 제2항은 「국가재정법」 제96조에서 말하는 '다른 법률의 규정'에 해당하지 아니한다(대판 2001.4.24, 2000다57856).

③ [X] 일반적으로 위법한 행정처분의 취소, 변경을 구하는 행정소송은 사권을 행사하는 것으로 볼 수 없으므로 사권에 대한 시효중단사유가 되지 못하는 것이나, 다만 오납한 조세에 대한 부당이득반환청구권을 실현하기 위한 수단이 되는 과세처분의 취소 또는 무효확인을 구하는 소는 그 소송물이 객관적인 조세채무의 존부확인으로서 실질적으로 민사소송인 채무부존재확인의 소와 유사할 뿐 아니라, 과세처분의 유효 여부는 그 과세처분으로 납부한 조세에 대한 환급청구권의 존부와 표리관계에 있어 실질적으로 동일 당사자인 조세부과권자와 납세의무자 사이의 양면적 법률관계라고 볼 수 있으므로, 위와 같은 경우에는 과세처분의 취소 또는 무효확인청구의 소가 비록 행정소송이라고 할지라도 조세환급을 구하는 부당이득반환청구권의 소멸시효중단사유인 재판상 청구에 해당한다고 볼 수 있다(대판 전합체 1992.3.31, 91다32053).

④ [X] 소멸시효는 객관적으로 권리가 발생하여 그 권리를 행사할 수 있는 때로부터 진행하고 그 권리를 행사할 수 없는 동안만은 진행하지 아니하는데, 여기서 권리를 행사할 수 없는 경우라 함은 그 권리행사에 법률상의 장애사유가 있는 경우를 말하는데, 변상금 부과처분에 대한 취소소송이 진행중이라도 그 부과권자로서는 위법한 처분을 스스로 취소하고 그 하자를 보완하여 다시 적법한 부과처분을 할 수도 있는 것이어서 그 권리행사에 법률상의 장애사유가 있는 경우에 해당한다고 할 수 없으므로, 그 처분에 대한 취소소송이 진행되는 동안에도 그 부과권의 소멸시효가 진행된다(대판 2006.2.10, 2003두5686).

09 정답 ③

① [O] 체납처분에 기한 압류처분은 행정처분으로서 이에 기하여 이루어진 집행방법인 압류등기와는 구별되므로 압류등기의 말소를 구하는 것을 압류처분 자체의 무효를 구하는 것으로 볼 수 없고, 또한 압류등기가 말소된다고 하여도 압류처분이 외형적으로 효력이 있는 것처럼 존재하는 이상 그 불안과 위험을 제거할 필요가 있다고 할 것이므로, 압류처분에 기한 압류등기가 경료되어 있는 경우에도 압류처분의 무효확인을 구할 이익이 있다(대판 2003.5.16, 2002두3669).

② [O] 국세과세처분만이 아니라 강제징수처분도 「국세기본법」에 따른 불복절차를 따라야 한다.

❸ [X] 甲이 자신이 소유한 부동산에 대한 종합토지세 등을 납부하지 않자 관할 행정청이 위 부동산을 압류한 후 한국자산관리공사에 공매를 의뢰하였고, 한국자산관리공사가 공매절차를 진행하여 을에게 매각하는 결정을 한 사안에서, 공매대행사실의 통지는 세무서장이 아닌 한국자산관리공사가 공매를 대행하게 된다는 사실을 체납자와 이해관계인에게 알려주는 데 불과한 점 등에 비추어, 관할 행정청이 甲 또는 그 임차인에게 공매대행사실을 통지하지 않았다고 하더라도 그 후 공매통지서가 적법하게 송달되고 매수인이 매수대금을 납부하여 소유권이전등기까지 마쳤으므로 위와 같은 사정만으로 위 처분이 위법하게 된다고 볼 수 없고, 국세징수 관계 법령상 공매예고통지에 관한 규정이 없고 공매예고통지는 공매사실 자체를 체납자에게 알려주는 것에 불과하므로 공매예고통지가 없었다는 이유만으로 위 처분이 위법하게 되는 것은 아니다(대판 2013.6.28, 2011두18304).

④ [O] 공매하기로 한 결정은 내부행위로서 처분이 아니다.

10 정답 ④

① [O] 대법원은 서울대학교가 당시 법인이 아니라 공법상 영조물에 불과하다고 보아(지금은 서울대는 법인임) 권리주체성을 부정하였다. 국립대학교의 권리는 행정주체인 국가에 귀속된다고 보아 국가의 원고적격을 인정하였다.

> **관련 판례**
>
> 피고는, 이 사건 직권폐업통보로 인하여 권리나 이익을 침해받은 자는 원고가 아니라 서울대학교이므로, 원고는 이 사건 직권폐업통보의 무효확인 또는 취소를 구할 법률상 이익이 없어 원고 적격이 없다고 주장하나, 서울대학교는 국가가 설립·경영하는 학교일 뿐 위 학교는 법인도 아니고 대표자 있는 법인격 없는 사단 또는 재단도 아닌 교육시설의 명칭에 불과하여 권리능력과 당사자능력을 인정할 수 없으므로, 서울대학교를 상대로 하는 법률행위의 효과는 서울대학교를 설립·경영하는 주체인 국가에게 귀속되고, 그 법률행위에 대한 쟁송은 국가가 당사자가 되어 다툴 수밖에 없다 할 것이어서, 피고의 이 부분 주장 역시 이유 없다(대판 2010.3.11, 2009두23129).

② [O] 건축협의 취소는 상대방이 다른 지방자치단체 등 행정주체라 하더라도 '행정청이 행하는 구체적 사실에 관한 법집행으로서의 공권력 행사'로서 처분에 해당한다고 볼 수 있고, 지방자치단체인 원고가 이를 다툴 실효적 해결 수단이 없는 이상, 원고는 건축물 소재지 관할 허가권자인 지방자치단체의 장을 상대로 항고소송을 통해 건축협의 취소의 취소를 구할 수 있다. 구 「건축법」 제29조 제1항, 제2항, 제11조 제1항 등의 규정 내용에 의하면, 건축협의의 실질은 지방자치단체 등에 대한 건축허가와 다르지 않으므로, 지방자치단체 등이 건축물을 건축하려는 경우 등에는 미리 건축물의 소재지를 관할하는 허가권자인 지방자치단체의 장과 건축협의를 하지 않으면, 지방자치단체라 하더라도 건축물을 건축할 수 없다. 그리고 구 「지방자치법」 등 관련 법령을 살펴보아도 지방자치단체의 장이 다른 지방자치단체를 상대로 한 건축협의 취소에 관하여 다툼이 있는 경우에 법적 분쟁을 실효적으로 해결할 구제수단을 찾기도 어렵다. 따라서 건축협의 취소는 상대방이 다른 지방자치단체 등 행정주체라 하더라도 '행정청이 행하는 구체적 사실에 관한 법집행으로서의 공권력 행사'(「행정소송법」 제2조 제1항 제1호)로서 처분에 해당한다고 볼 수 있고, 지방자치단체인 원고가 이를 다툴 실효적 해결 수단이 없는 이상, 원고는 건축물 소재지 관할 허가권자인 지방자치단체의 장을 상대로 항고소송을 통해 건축협의 취소의 취소를 구할 수 있다(대판 2014.2.27, 2012두22980).

③ [O] 甲이 국민권익위원회에 「부패방지 및 국민권익위원회의 설치와 운영에 관한 법률」(이하 '국민권익위원회법'이라 한다)에 따른 신고와 신분보장조치를 요구하였고, 국민권익위원회가 甲의 소속기관장인 乙 시·도선거관리위원회 위원장에게 '甲에 대한 중징계요구를 취소하고 향후 신고로 인한 신분상 불이익처분 및 근무조건상의 차별을 하지 말 것을 요구'하는 내용의 조치요구를 한 사안에서, 국가기관 일방의 조치요구에 불응한 상대방 국가기관에 국민권익위원회법상의 제재규정과 같은 중대한 불이익을 직접적으로 규정한 다른 법령의 사례를 찾아보기 어려운 점, 그럼에도 乙이 국민권익위원회의 조치요구를 다툴 별다른 방법이 없는 점 등에 비추어 보면, 처분성이 인정되는 위 조치요구에 불복하고자 하는 乙로서는 조치요구의 취소를 구하는 항고소송을 제기하는 것이 유효·적절한 수단이므로 비록 乙이 국가기관이더라도 당사자능력 및 원고적격을 가진다고 보는 것이 타당하고, 乙이 위 조치요구 후 甲을 파면하였다고 하더라도 조치요구가 곧바로 실효된다고 할 수 없고 乙은 여전히 조치요구를 따라야 할 의무를 부담하므로 乙에게는 위 조치요구의 취소를 구할 법률상 이익도 있다고 본 원심판단을 정당하다고 한 사례(대판 2013.7.25, 2011두1214)

❹ [X] 건설교통부장관은 지방자치단체의 장이 기관위임사무인 국토이용계획 사무를 처리함에 있어 자신과 의견이 다를 경우 행정협의조정위원회에 협의·조정 신청을 하여 그 협의·조정 결정에 따라 의견불일치를 해소할 수 있고, 법원에 의한 판결을 받지 않고서도 행정권한의 위임 및 위탁에 관한 규정이나 구 지방자치법에서 정하고 있는 지도·감독을 통하여 직접 지방자치단체의 장의 사무처리에 대하여 시정명령을 발하고 그 사무처리를 취소 또는 정지할 수 있으며, 지방자치단체의 장에게 기간을 정하여 직무이행명령을 하고 지방자치단체의 장이 이를 이행하지 아니할 때에는 직접 필요한 조치를 할 수도 있으므로, 국가가 국토이용계획과 관련한 지방자치단체의 장의 기관위임사무의 처리에 관하여 지방자치단체의 장을 상대로 취소소송을 제기하는 것은 허용되지 않는다(대판 2007.9.20, 2005두6935).

11 정답 ③

① [O] 부관은 면허 발급 당시에 붙이는 것뿐만 아니라 면허 발급 이후에 붙이는 것도 법률에 명문의 규정이 있거나 변경이 미리 유보되어 있는 경우 또는 상대방의 동의가 있는 경우 등에는 특별한 사정이 없는 한 허용된다(대판 2016.11.24, 2016두45028).

② [O] 「여객자동차 운수사업법」 제85조 제1항 제38호에 의하면, 운송사업자에 대한 면허에 붙인 조건을 위반한 경우 감차 등이 따르는 사업계획변경명령(이하 '감차명령'이라 한다)을 할 수 있는데, 감차명령의 사유가 되는 '면허에 붙인 조건을 위반한 경우'에서 '조건'에는 운송사업자가 준수할 일정한 의무를 정하고 이를 위반할 경우 감차명령을 할 수 있다는 내용의 '부관'도 포함된다(대판 2016.11.24, 2016두45028).

❸ [X] 이 사건 합의는 피고가 여객자동차법을 집행할 권한을 위임받은 관할 행정청으로서 감차명령을 할 수 있음을 전제로, 원고들과 감차의 시기와 범위 등 감차계획의 구체적 사항을 정한 것으로 보아야 하고, 피고가 위와 같은 법령상 권한을 행사하는 대신 이 사건 합의 자체의 구속력에 의하여 감차계획의 이행을 확보하고 후속 법률관계를 규율하고자 한 것으로 보기는 어렵다. 따라서 이 사건 합의는 여객자동차법 제4조 제3항이 정한 '면허조건'을 원고들의 동의하에 사후적으로 붙인 것으로서, 이러한 면허조건을 위반하였음을 이유로 한 이 사건 직권감차 통보는 피고가 우월적 지위에서 여객자동차법 제85조 제1항 제38호에 따라 원고들에게 일정한 법적 효과를 발생하게 하는 것이므로 항고소송의 대상이 되는 처분에 해당한다고 보아야 하고, 단순히 대등한 당사자의 지위에서 형성된 공법상 계약에 근거한 의사표시에 불과한 것으로는 볼 수 없다(대판 2016.11.24, 2016두45028).

④ [O] 건축허가를 하면서 일정 토지를 기부채납하도록 하는 내용의 허가조건은 부관을 붙일 수 없는 기속행위 내지 기속적 재량행위인 건축허가에 붙인부담이거나 또는 법령상 아무런 근거가 없는 부관이어서 무효이다. 허가조건이 무효라고 하더라도 그 부관 및 본체인 건축허가 자체의 효력이 문제됨은 별론으로 하고, 허가신청대행자가 그 소유인 토지를 허가관청에게 기부채납함에 있어 위 허가조건은 증여의사표시를 하게 된 하나의 동기 내지 연유에 불과한 것이고, 위 허가신청대행자가 건축허가를 받은 토지의 일부를 반드시 허가관청에 기부채납하여야 한다는 법령상의 근거규정이 없음에도 불구하고 위 허가조건의 내용에 따라 위 토지를 기부채납하여야만 허가신청인들이 시공한 건축물의 준공검사가 나오는 것으로 믿고 증여계약을 체결하여 허가관청인 시 앞으로 위 토지에 관하여 소유권이전등기를 경료하여 주었다면 이는 일종의 동기의 착오로서 그 허가조건상의 하자가 허가신청대행자의 증여의사표시 자체에 직접 영향을 미치는 것은 아니므로, 이를 이유로 하여 위 시 명의의 소유권이전등기의 말소를 청구할 수는 없다(대판 1995.

6.13, 94다56883).

12 정답 ④

① [O] 행정처분에 대한 효력정지신청을 구함에 있어서도 이를 구할 법률상 이익이 있어야 하는바, 이 경우 법률상 이익이라 함은 그 행정처분으로 인하여 발생하거나 확대되는 손해가 당해 처분의 근거 법률에 의하여 보호되는 직접적이고 구체적인 이익과 관련된 것을 말하는 것이고 단지 간접적이거나 사실적·경제적 이해관계를 가지는 데 불과한 경우는 여기에 포함되지 않는다. 그러므로 신청인에게 이 사건 처분의 효력정지를 구할 법률상 이익이 있는지 살펴본다. 먼저 신청인은, 이 사건 처분으로 참가인은 신청인과의 관계에서 종래 가지던 전세계 또는 중국 내 노선의 점유율이 증대되어 경쟁력과 대내외적 신뢰도가 제고되는 이익을 얻고, 뿐만 아니라 이 사건 노선을 바탕으로 하여 이에 연계되는 노선망의 개발이나 국제항공계의 타 항공사와의 전략적 제휴기회를 얻게 되는 반면, 신청인은 참가인과의 관계에서 종전보다 그 점유율이 감소됨으로써 경쟁력과 대내외적 신뢰도가 상대적으로 감소되고 연계노선망 개발이나 타 항공사와의 전략적 제휴의 기회를 얻지 못하게 되는 손해를 입게 된다고 주장하는바, 가사 그러한 상대적 손해가 본안 소송종료시까지 잠정적으로 생긴다고 하더라도 신청인이 아직 이 사건 노선에 관한 노선면허를 받지 못하고 있는 한 그러한 손해는 법률상 보호되는 권리나 이익침해로 인한 손해라고는 볼 수 없으므로 그것이 이 사건 처분의 효력정지를 구할 법률상 이익이 될 수 없을 것이다(대결 2000.10.10, 2000무17).

② [O] 위 사업구간에 편입되는 팔당지역 농지 대부분이 국가 소유의 하천부지이고, 유기농업에 종사하는 주민들 대부분은 국가로부터 하천점용허가를 받아 경작을 해온 점, 위 점용허가의 부관에 따라 허가를 한 행정청은 공익상 또는 법령이 정하는 것에 따르거나 하천정비사업을 시행하는 경우 허가변경·취소 등을 할 수 있는 점 등에 비추어, 주민들 중 환경영향평가대상지역 및 근접 지역에 거주하거나 소유권 기타 권리를 가지고 있는 사람들이 위 사업으로 인하여 토지 소유권 기타 권리를 수용당하고 이로 인하여 정착지를 떠나 타지로 이주를 해야 하며 더 이상 농사를 지을 수 없게 되고 팔당지역의 유기농업이 사실상 해체될 위기에 처하게 된다고 하더라도, 그러한 손해는 「행정소송법」 제23조 제2항에서 정하고 있는 효력정지 요건인 금전으로 보상할 수 없거나 사회관념상 금전보상으로는 참고 견디기 어렵거나 현저히 곤란한 경우의 유·무형 손해에 해당하지 않는다(대결 전합체 2011.4.21, 2010무111).

③ [O] 집행정지의 대상은 처분이다. 부작위는 정지시킬 처분이 없으므로 집행정지의 대상이 되지 않는다.

❹ [X] 미결수용 중 다른 교도소로 이송된 피고인이 그 이송처분의 취소를 구하는 행정소송을 제기하고 아울러 그 효력정지를 구하는 신청을 제기한 데 대하여 법원에서 위 이송처분의 효력정지신청을 인용하는 결정을 하였고 이에 따라 신청인이 다시 이송되어 현재 위 이송처분이 있기 전과 같은 교도소에 수용 중이라 하여도 이는 법원의 효력정지 결정에 의한 것이어서 그로 인하여 효력정지신청이 그 신청의 이익이 없는 부적법한 것으로 되는 것은 아니다(대결 1992.8.7, 92두30).

13 정답 ③

① [O] 한국토지공사는 구 「한국토지공사법」 제2조, 제4조에 의하여 정부가 자본금의 전액을 출자하여 설립한 법인이고, 같은 법 제9조 제4호에 규정된 한국토지공사의 사업에 관하여는 「공익사업을 위한 토지 등의 취득 및 보상에 관한 법률」 제89조 제1항, 위 한국

토지공사법 제22조 제6호 및 같은 법 시행령 제40조의3 제1항의 규정에 의하여 본래 시·도지사나 시장·군수 또는 구청장의 업무에 속하는 대집행권한을 한국토지공사에게 위탁하도록 되어 있는 바, 한국토지공사는 이러한 법령의 위탁에 의하여 대집행을 수권받은 자로서 공무인 대집행을 실시함에 따르는 권리·의무 및 책임이 귀속되는 행정주체의 지위에 있다고 볼 것이지 지방자치단체 등의 기관으로서 「국가배상법」 제2조 소정의 공무원에 해당한다고 볼 것은 아니다(대판 2010.1.28, 2007다82950·82967).

② [○]

> 「행정대집행법」 제3조【대집행의 절차】 ① 전조의 규정에 의한 처분(대집행)을 하려함에 있어서는 상당한 이행기한을 정하여 그 기한까지 이행되지 아니할 때에는 대집행을 한다는 뜻을 미리 문서로써 계고하여야 한다.

❸ [X] 대한주택공사가 구 「대한주택공사법」 및 구 「대한주택공사법 시행령」에 의하여 대집행권한을 위탁받아 공무인 대집행을 실시하기 위하여 지출한 비용을 「행정대집행법」 절차에 따라 「국세징수법」의 예에 의하여 징수할 수 있음에도 민사소송절차에 의하여 그 비용의 상환을 청구한 사안에서, 「행정대집행법」이 대집행비용의 징수에 관하여 민사소송절차에 의한 소송이 아닌 간이하고 경제적인 특별구제절차를 마련해 놓고 있으므로, 위 청구는 소의 이익이 없어 부적법하다(대판 2011.9.8, 2010다48240).

④ [○] 관계 법령상 행정대집행의 절차가 인정되어 행정청이 행정대집행의 방법으로 건물의 철거 등 대체적 작위의무의 이행을 실현할 수 있는 경우에는 따로 민사소송의 방법으로 그 의무의 이행을 구할 수 없다. 한편 건물의 점유자가 철거의무자일 때에는 건물철거의무에 퇴거의무도 포함되어 있는 것이어서 별도로 퇴거를 명하는 집행권원이 필요하지 않다(대판 2017.4.28, 2016다213916).

14 정답 ②

① [X] 하자의 치유는 늦어도 과세처분에 대한 불복 여부의 결정 및 불복신청에 편의를 줄 수 있는 상당한 기간 내에 하여야 한다. 세액산출근거가 누락된 납세고지서에 의한 과세처분의 하자의 치유를 허용하려면 늦어도 과세처분에 대한 불복 여부의 결정 및 불복신청에 편의를 줄 수 있는 상당한 기간 내에 하여야 한다고 할 것이므로 위 과세처분에 대한 전심절차가 모두 끝나고 상고심의 계류중에 세액산출근거의 통지가 있었다고 하여 이로써 위 과세처분의 하자가 치유되었다고는 볼 수 없다(대판 1984.4.10, 83누393).

❷ [○] 수도과태료의 부과처분에 대한 납입고지서에 송달상대방이나 송달장소, 송달방법 등에 관하여는 서울특별시급수조례 제37조에 따라 「지방세법」의 규정에 의하여야 할 것이므로, 납세고지서의 송달이 부적법하면 그 부과처분은 효력이 발생할 수 없고, 또한 송달이 부적법하여 송달의 효력이 발생하지 아니하는 이상 상대방이 객관적으로 위 부과처분의 존재를 인식할 수 있었다 하더라도 그와 같은 사실로써 송달의 하자가 치유된다고 볼 수 없다(대판 1988.3.22, 87누986).

③ [X] 의견진술절차는 행정행위 전에 방어의 기회를 준다는 취지이므로 침익적 처분을 한 후 의견진술의 기회를 주었다고 하더라도 하자는 치유되지 않는다.

④ [X] 판례는 행정심판을 포함하여 행정쟁송제기 전에 한해 하자가 치유된다고 한다.

15 정답 ③

① [○]

> 「행정심판법」 제43조【재결의 구분】 ⑤ 위원회는 의무이행심판의 청구가 이유가 있다고 인정하면 지체 없이 신청에 따른 처분을 하거나 처분을 할 것을 피청구인에게 명한다.

② [○] 부작위에 대한 의무이행심판에도 사정판결이 허용된다.

> 「행정심판법」 제44조【사정재결】 ① 위원회는 심판청구가 이유가 있다고 인정하는 경우에도 이를 인용(認容)하는 것이 공공복리에 크게 위배된다고 인정하면 그 심판청구를 기각하는 재결을 할 수 있다. 이 경우 위원회는 재결의 주문(主文)에서 그 처분 또는 부작위가 위법하거나 부당하다는 것을 구체적으로 밝혀야 한다.
> ② 위원회는 제1항에 따른 재결을 할 때에는 청구인에 대하여 상당한 구제방법을 취하거나 상당한 구제방법을 취할 것을 피청구인에게 명할 수 있다.
> ③ 제1항과 제2항은 무효등확인심판에는 적용하지 아니한다.

❸ [X] 인용재결은 행정청을 기속하므로 乙은 인용재결의 취소를 구하는 소를 제기할 수 없다.

④ [○]

> 「행정심판법」 제49조【재결의 기속력 등】 ① 심판청구를 인용하는 재결은 피청구인과 그 밖의 관계 행정청을 기속(羈束)한다.
> ② 재결에 의하여 취소되거나 무효 또는 부존재로 확인되는 처분이 당사자의 신청을 거부하는 것을 내용으로 하는 경우에는 그 처분을 한 행정청은 재결의 취지에 따라 다시 이전의 신청에 대한 처분을 하여야 한다.
> ③ 당사자의 신청을 거부하거나 부작위로 방치한 처분의 이행을 명하는 재결이 있으면 행정청은 지체 없이 이전의 신청에 대하여 재결의 취지에 따라 처분을 하여야 한다.
>
> 제50조【위원회의 직접 처분】 ① 위원회는 피청구인이 제49조 제3항에도 불구하고 처분을 하지 아니하는 경우에는 당사자가 신청하면 기간을 정하여 서면으로 시정을 명하고 그 기간에 이행하지 아니하면 직접 처분을 할 수 있다. 다만, 그 처분의 성질이나 그 밖의 불가피한 사유로 위원회가 직접 처분을 할 수 없는 경우에는 그러하지 아니하다.
>
> 제50조의2【위원회의 간접강제】 ① 위원회는 피청구인이 제49조 제2항(제49조 제4항에서 준용하는 경우를 포함한다) 또는 제3항에 따른 처분을 하지 아니하면 청구인의 신청에 의하여 결정으로 상당한 기간을 정하고 피청구인이 그 기간 내에 이행하지 아니하는 경우에는 그 지연기간에 따라 일정한 배상을 하도록 명하거나 즉시 배상을 할 것을 명할 수 있다.

16 정답 ②

① [○] 검사 또는 수사관서의 장이 수사를 위하여 「전기통신사업법」 제54조 제3항·제4항에 의하여 전기통신사업자에게 통신자료의 제공을 요청하고, 이에 전기통신사업자가 위 규정에서 정한 형식적·절차적 요건을 심사하여 검사 또는 수사관서의 장에게 이용자의 통신자료를 제공하였다면, 검사 또는 수사관서의 장이 통신자료의 제공 요청 권한을 남용하여 정보주체 또는 제3자의 이익을 부당하게 침해하는 것임이 객관적으로 명백한 경우와 같은 특별한 사정이

없는 한, 이로 인하여 해당 이용자의 개인정보자기결정권이나 익명표현의 자유 등이 위법하게 침해된 것이라고 볼 수 없다. 이 사건에서는 명예훼손을 당하였다고 주장하는 피해자의 고소에 따라 수사관서의 장인 종로경찰서장이 그 수사를 위하여 「전기통신사업법」 제54조 제3항·제4항에 따라 전기통신사업자인 피고에게 이 사건 게시물에 관한 통신자료의 제공을 요청하자, 피고가 위 규정에서 정한 요건과 절차에 따라 종로경찰서장에게 원고의 성명, 주민등록번호 등 통신자료를 제공한 것이고, 이때 피고가 원고의 이메일 주소도 제공하였으나 그 이메일 주소는 원고의 네이버 아이디에 '@naver.com'이 붙어 있는 것이어서 원고의 네이버 아이디와 별개의 개인정보를 담고 있다고 평가하기 어려워 「전기통신사업법」 제54조 제3항에서 정한 제공의 범위를 초과하였다고 볼 수 없으며, 달리 종로경찰서장이 그 권한을 남용하여 통신자료 제공을 요청하는 것임이 객관적으로 명백하였다거나 그로 인하여 원고의 이익을 부당하게 침해할 우려가 있었다는 등의 특별한 사정을 찾을 수 없다. 따라서 피고가 종로경찰서장의 요청에 따라 원고의 통신자료를 제공한 것은 「전기통신사업법」 제54조 제3항·제4항에 의한 적법한 행위로서, 그로 인하여 피고가 원고에 대해 손해배상책임을 부담한다고 볼 수 없다(대판 2016.3.10, 2012다105482).

❷ [X] 법령에 대한 해석이 복잡, 미묘하여 워낙 어렵고 이에 대한 학설과 판례조차 귀일되어 있지 않는 등의 특별한 사정이 없는 한 일반적으로 공무원이 관계 법규를 알지 못하였거나 필요한 지식을 갖추지 못하여 법규의 해석을 그르쳐 행정처분을 하였다면 그가 법률전문가가 아닌 행정공무원이라 하여 과실이 없다고 할 수 없는바, 서울특별시 중구청장이 미성년자인 남녀의 혼숙행위를 이유로 숙박업 영업허가를 취소하였다면, 서울특별시는 「국가배상법」상의 손해배상책임이 있다(대판 1981.8.25, 80다159).

③ [O] 이 사건 당시 원고에게는 스스로의 힘만으로는 방지하기 어려운 생명·신체에 대한 중대한 위험이 존재하였을 뿐 아니라, 원고로부터 직접 신변보호요청을 받은 검사로서도 원고의 호소내용과 당해 사건기록을 통하여 그 위험발생을 쉽게 예상할 수 있었으므로, 검사는 재판부에 원고의 신변보호를 요청하여 적절한 조치를 취하게 하는 등 원고에 대한 신변안전조치를 취하여야 할 작위의무가 있었다고 할 것이고, 따라서 이를 위반한 검사의 부작위는 「국가배상법」 제2조 제1항이 정하는 '직무를 집행하면서 과실로 법령을 위반하여 타인에게 손해를 입힌 때'에 해당한다(대판 2009.9.24, 2006다82649).

④ [O] 구 「식품위생법」 제7조, 제9조, 제10조, 제16조 등 관련 규정이 식품의약품안전청장 및 관련 공무원에게 합리적인 재량에 따른 직무수행 권한을 부여한 것으로 해석된다고 하더라도, 식품의약품안전청장 등에게 그러한 권한을 부여한 취지와 목적에 비추어 볼 때 구체적인 상황 아래에서 식품의약품안전청장 등이 그 권한을 행사하지 아니한 것이 현저하게 합리성을 잃어 사회적 타당성이 없는 경우에는 직무상 의무를 위반한 것이 되어 위법하게 된다. 그리고 위와 같이 식약청장등이 그 권한을 행사하지 아니한 것이 직무상 의무를 위반하여 위법한 것으로 되는 경우에는 특별한 사정이 없는 한 과실도 인정된다(대판 2010.9.9, 2008다77795).

17 정답 ③

① [X] 위헌법률에 기한 행정처분의 집행이나 집행력을 유지하기 위한 행위는 위헌결정의 기속력에 위반되어 허용되지 않는다고 보아야 할 것인데, 그 규정 이외에는 체납부담금을 강제로 징수할 수 있는 다른 법률적 근거가 없으므로, 그 위헌결정 이전에 이미 부담금 부과처분과 압류처분 및 이에 기한 압류등기가 이루어지고 위의 각 처분이 확정되었다고 하여도, 위헌결정 이후에는 별도의 행정처분인 매각처분, 분배처분 등 후속 체납처분절차를 진행할 수 없는 것은

물론이고, 특별한 사정이 없는 한 기존의 압류등기나 교부청구만으로는 다른 사람에 의하여 개시된 경매절차에서 배당을 받을 수도 없다(대판 2002.8.23, 2001두2959).

② [X] 재결서를 받은 날부터 60일 이내에 제기할 수 있다.

> **「공익사업을 위한 토지 등의 취득 및 보상에 관한 법률」 제85조【행정소송의 제기】** ① 사업시행자, 토지소유자 또는 관계인은 제34조에 따른 재결에 불복할 때에는 재결서를 받은 날부터 90일 이내에, 이의신청을 거쳤을 때에는 이의신청에 대한 재결서를 받은 날부터 60일 이내에 각각 행정소송을 제기할 수 있다. 이 경우 사업시행자는 행정소송을 제기하기 전에 제84조에 따라 늘어난 보상금을 공탁하여야 하며, 보상금을 받을 자는 공탁된 보상금을 소송이 종결될 때까지 수령할 수 없다.

❸ [O] 건축허가를 받은 건축물의 양수인이 건축주 명의변경을 위하여 건축관계자 변경신고서에 첨부하여야 하는 구 「건축법 시행규칙」 제11조 제1항에서 정한 '권리관계의 변경사실을 증명할 수 있는 서류'란 건축할 대지가 아니라 허가대상 건축물에 관한 권리관계의 변경사실을 증명할 수 있는 서류를 의미하고, 그 서류를 첨부하였다면 이로써 구 「건축법 시행규칙」에 규정된 건축주 명의변경신고의 형식적 요건을 갖추었으며, 허가권자는 양수인에 대하여 구 「건축법 시행규칙」 제11조 제1항에서 정한 서류에 포함되지 아니하는 '건축할 대지의 소유 또는 사용에 관한 권리를 증명하는 서류'의 제출을 요구하거나, 양수인에게 이러한 권리가 없다는 실체적인 이유를 들어 신고의 수리를 거부하여서는 아니 된다(대판 2015.10.29, 2013두11475).

④ [X] 「행정절차법」 제23조 제1항은 행정청은 처분을 하는 때에는 당사자에게 그 근거와 이유를 제시하여야 한다고 규정하고 있는바, 일반적으로 당사자가 근거규정 등을 명시하여 신청하는 인·허가 등을 거부하는 처분을 함에 있어 당사자가 그 근거를 알 수 있을 정도로 상당한 이유를 제시한 경우에는 당해 처분의 근거 및 이유를 구체적 조항 및 내용까지 명시하지 않았더라도 그로 말미암아 그 처분이 위법한 것이 된다고 할 수 없다(대판 2002.5.17, 2000두8912).

18 정답 ④

① [X] 과세처분의 위법을 이유로 그 취소를 구하는 행정소송에 있어 처분의 적법성 및 과세요건사실의 존재에 관하여는 원칙적으로 과세관청이 그 입증책임을 부담하나, 경험칙상 이례에 속하는 특별한 사정의 존재에 관하여는 납세의무자에게 입증책임 내지는 입증의 필요가 돌아가는 것이다(대판 1996.4.26, 96누1627).

② [X] 「행정소송법」 제19조는 취소소송은 행정청의 원처분을 대상으로 하되(원처분주의), 다만 '재결 자체에 고유한 위법이 있음을 이유로 하는 경우'에 한하여 행정심판의 재결도 취소소송의 대상으로 삼을 수 있도록 규정하고 있으므로 재결취소소송의 경우 재결 자체에 고유한 위법이 있는지 여부를 심리할 것이고, 재결 자체에 고유한 위법이 없는 경우에는 원처분의 당부와는 상관없이 당해 재결취소소송은 이를 기각하여야 한다(대판 1994.1.25, 93누16901).

③ [X] 무효확인소송의 보충성을 규정하고 있는 외국의 일부 입법례와는 달리 우리나라 「행정소송법」에는 명문의 규정이 없어 이로 인한 명시적 제한이 존재하지 않는다. 이와 같은 사정을 비롯하여 행정에 대한 사법통제, 권익구제의 확대와 같은 행정소송의 기능 등을 종합하여 보면, 행정처분의 근거 법률에 의하여 보호되는 직접적이고 구체적인 이익이 있는 경우에는 「행정소송법」 제35조에 규정된 '무효확인을 구할 법률상 이익'이 있다고 보아야 하고, 이와 별도로 무효확인소송의 보충성이 요구되는 것은 아니므로 행정처

분의 무효를 전제로 한 이행소송 등과 같은 직접적인 구제수단이 있는지 여부를 따질 필요가 없다고 해석함이 상당하다(대판 전합체 2008.3.20, 2007두6342).

❹ [O] 서울대공원 시설을 기부채납한 사람이 무상사용기간 만료 후 확약 사실에 근거하여 10년 유상사용 등의 허가를 구하는 확정적인 취지의 신청을 한 사안에서, 서울대공원 관리사업소장이 그 신청서를 반려하고 조건부 1년의 임시사용허가처분을 통보한 것은 사실상 거부처분에 해당한다고 한 사례(대판 2008.10.23, 2007두6212·6229).

19   정답 ③

① [O]

> 「국가공무원법」 제16조【행정소송과의 관계】① 제75조에 따른 처분, 그 밖에 본인의 의사에 반한 불리한 처분이나 부작위(不作爲)에 관한 행정소송은 소청심사위원회의 심사·결정을 거치지 아니하면 제기할 수 없다.
> ② 제1항에 따른 행정소송을 제기할 때에는 대통령의 처분 또는 부작위의 경우에는 소속 장관(대통령령으로 정하는 기관의 장을 포함한다. 이하 같다)을, 중앙선거관리위원회위원장의 처분 또는 부작위의 경우에는 중앙선거관리위원회사무총장을 각각 피고로 한다.

② [O] 「지방재정법」에 의하여 준용되는 「국가를 당사자로 하는 계약에 관한 법률」에 따라 지방자치단체가 당사자가 되는 이른바 공공계약은 사경제의 주체로서 상대방과 대등한 위치에서 체결하는 사법(私法)상의 계약으로서 그 본질적인 내용은 사인 간의 계약과 다를 바가 없으므로, 그에 관한 법령에 특별한 정함이 있는 경우를 제외하고는 사적 자치와 계약자유의 원칙 등 사법의 원리가 그대로 적용된다고 할 것이므로, 계약 체결을 위한 입찰절차에서 입찰서의 제출에 하자가 있다 하여도 다른 서류에 의하여 입찰의 의사가 명백히 드러나고 심사 기타 입찰절차의 진행에 아무 지장이 없어 입찰서를 제출하게 한 목적이 전혀 훼손되지 않는다면 그 사유만으로 당연히 당해 입찰을 무효로 할 것은 아니고, 다만 그 하자가 입찰절차의 공공성과 공정성이 현저히 침해될 정도로 중대할 뿐 아니라 상대방도 그러한 사정을 알았거나 알 수 있었을 경우 또는 그러한 하자를 묵인한 낙찰자의 결정 및 계약체결이 선량한 풍속 기타 사회질서에 반하는 결과가 될 것임이 분명한 경우 등 이를 무효로 하지 않으면 그 절차에 관하여 규정한 「국가를 당사자로 하는 계약에 관한 법률」의 취지를 몰각하는 결과가 되는 특별한 사정이 있는 경우에 한하여 무효가 된다고 해석함이 타당하다(대결 2006.6.19, 2006마117).

❸ [X] 특정인에 대한 행정처분을 주소불명 등의 이유로 송달할 수 없어 관보·공보·게시판·일간신문 등에 공고한 경우에는, 공고가 효력을 발생하는 날에 상대방이 그 행정처분이 있음을 알았다고 볼 수는 없고, 상대방이 당해 처분이 있었다는 사실을 현실적으로 안 날에 그 처분이 있음을 알았다고 보아야 한다(대판 2006.4.28., 2005두14851).

④ [O] 원천징수의무자에 대한 소득금액변동통지는 원천납세의무의 존부나 범위와 같은 원천납세의무자의 권리나 법률상 지위에 어떠한 영향을 준다고 할 수 없으므로 소득처분에 따른 소득의 귀속자는 법인에 대한 소득금액변동통지의 취소를 구할 법률상 이익이 없다(대판 2015.3.26, 2013두9267).

20   정답 ②

① [X] 처분이 있었던 날부터 180일 이내에 청구하여야 한다.

> 「행정심판법」 제27조【심판청구의 기간】① 행정심판은 처분이 있음을 알게 된 날부터 90일 이내에 청구하여야 한다.
> ③ 행정심판은 처분이 있었던 날부터 180일이 지나면 청구하지 못한다. 다만, 정당한 사유가 있는 경우에는 그러하지 아니하다.
> ⑥ 행정청이 심판청구 기간을 알리지 아니한 경우에는 제3항에 규정된 기간에 심판청구를 할 수 있다.

❷ [O] 재결은 서면으로 한다(「행정심판법」 제46조 제1항).

③ [X] 재결은 송달되었을 때에 그 효력이 생긴다.

> 「행정심판법」 제48조【재결의 송달과 효력 발생】① 위원회는 지체 없이 당사자에게 재결서의 정본을 송달하여야 한다. 이 경우 중앙행정심판위원회는 재결 결과를 소관 중앙행정기관의 장에게도 알려야 한다.
> ② 재결은 청구인에게 제1항 전단에 따라 송달되었을 때에 그 효력이 생긴다.

④ [X] 결정서 등본을 송달받은 날부터 7일 이내에 이의신청을 할 수 있다.

> 「행정심판법」 제51조【행정심판 재청구의 금지】심판청구에 대한 재결이 있으면 그 재결 및 같은 처분 또는 부작위에 대하여 다시 행정심판을 청구할 수 없다.
> 제29조【청구의 변경】① 청구인은 청구의 기초에 변경이 없는 범위에서 청구의 취지나 이유를 변경할 수 있다.
> ⑥ 위원회는 제1항 또는 제2항의 청구변경 신청에 대하여 허가할 것인지 여부를 결정하고, 지체 없이 신청인에게는 결정서 정본을, 당사자 및 참가인에게는 결정서 등본을 송달하여야 한다.
> ⑦ 신청인은 제6항에 따라 송달을 받은 날부터 7일 이내에 위원회에 이의신청을 할 수 있다.

정답

01	④	02	①	03	③	04	③
05	①	06	④	07	③	08	③
09	①	10	③	11	③	12	①
13	④	14	①	15	②	16	③
17	①	18	③	19	③	20	①

01
정답 ④

① [O] 원고의 주민등록전입신고에 대한 수리를 거부한 이 사건 처분의 위법성에 대하여 판단하면서 거주자의 실질적 요건으로 지방자치의 이념에 부합하는지 여부를 들고 있는 것은 위에서 본 법리에 반하는 것이어서 적절하지 않지만, 한편 원고가 이 사건 거주지를 생활의 근거로 삼아 10년 이상 거주하여 온 사실에 기초하여 투기나 이주대책 요구 등을 방지할 목적으로 주민등록전입신고를 거부하는 것은 「주민등록법」의 입법 목적과 취지 등에 비추어 허용될 수 없다(대판 전합체 2009.6.18, 2008두10997).

② [O] 의원, 치과의원, 한의원 또는 조산소의 개설은 단순한 신고사항으로만 규정(법 제30조 제3항)하고 있고 또 그 신고의 수리 여부를 심사, 결정할 수 있게 하는 별다른 규정도 두고 있지 아니하므로 이러한 규정의 내용에 비추어 보면 의원의 개설신고를 받은 행정관청으로서는 별다른 심사, 결정 없이 그 신고를 당연히 수리하여야 하는 것이며, 소론과 같이 의원의 개설이 행정관청의 허가사항에 해당하는 것이라고 해석되지 않는다. 「의료법 시행규칙」 제22조 제3항에 의하여 의원개설신고서를 수리한 행정관청이 소정의 신고필증을 교부하도록 되어 있음은 소론과 같으나 이는 신고사실의 확인행위로서 신고필증을 교부하도록 규정한 것에 불과한 것이므로 그와 같은 신고필증의 교부가 없다 하여 개설신고의 효력을 부정할 수 없다(대판 1985.4.23, 84도2953).

③ [O] 이른바 1980년의 공직자숙정계획의 일환으로 일괄사표의 제출과 선별수리의 형식으로 공무원에 대한 의원면직처분이 이루어진 경우, 사직원 제출행위가 강압에 의하여 의사결정의 자유를 박탈당한 상태에서 이루어진 것이라고 할 수 없고 민법상 비진의 의사표시의 무효에 관한 규정은 사인의 공법행위에 적용되지 않는다는 등의 이유로 그 의원면직처분을 당연무효라고 할 수 없다고 한 사례(대판 2001.8.24, 99두9971).

❹ [X]

> 「행정절차법」 제40조【신고】① 법령등에서 행정청에 일정한 사항을 통지함으로써 의무가 끝나는 신고를 규정하고 있는 경우 신고를 관장하는 행정청은 신고에 필요한 구비서류, 접수기관, 그 밖에 법령 등에 따른 신고에 필요한 사항을 게시(인터넷 등을 통한 게시를 포함한다)하거나 이에 대한 편람을 갖추어 두고 누구나 열람할 수 있도록 하여야 한다.
> ② 제1항에 따른 신고가 다음 각 호의 요건을 갖춘 경우에는 신고서가 접수기관에 도달된 때에 신고 의무가 이행된 것으로 본다.
> 1. 신고서의 기재사항에 흠이 없을 것
> 2. 필요한 구비서류가 첨부되어 있을 것

> 3. 그 밖에 법령등에 규정된 형식상의 요건에 적합할 것
> ③ 행정청은 제2항 각 호의 요건을 갖추지 못한 신고서가 제출된 경우에는 지체 없이 상당한 기간을 정하여 신고인에게 보완을 요구하여야 한다.
> ④ 행정청은 신고인이 제3항에 따른 기간 내에 보완을 하지 아니하였을 때에는 그 이유를 구체적으로 밝혀 해당 신고서를 되돌려 보내야 한다.

02
정답 ①

❶ [O] 조세조약은 거주지국에서 주소, 거소, 본점이나 주사무소의 소재지 또는 이와 유사한 성질의 다른 기준에 의한 포괄적인 납세의무를 지는 자를 전제하고 있으므로, 거주지국에서 그러한 포괄적인 납세의무를 지는 자가 아니라면 원천지국에서 얻은 소득에 대하여 조세조약의 적용을 받을 수 없음이 원칙이고, 대한민국과 독일연방공화국 간의 소득과 자본에 대한 조세의 이중과세회피와 탈세방지를 위한 협정 제1조와 제4조 제1항 역시 거주지국에서 포괄적인 납세의무를 지는 거주자에 대하여만 조세조약이 적용됨을 밝히고 있다(대판 2015.3.26, 2013두7711).

② [X] 경부고속국도 양재~수원 간 4차선 도로가 8차선 도로로 확장됨으로써 도로시설이 크게 개선되어 당해 도로의 통행 또는 이용으로 인하여 통행자 또는 이용자가 받는 이익이 현저하게 증가하게 되었고, 이러한 확장공사에 소요된 막대한 투자비를 피고 공사가 회수하여야 할 필요성이 생긴 점 등을 고려하면, 이 사건 구간에 대하여 다시 통행료를 징수하여야 할 중대한 사정변경이 생겼다고 할 것이고, 당초 이 사건 구간이 유료도로였던 점에 비추어 보면 위와 같은 사정변경을 이유로 이 사건 구간에서 다시 통행료를 징수한다고 하더라도 이로 인해 이 사건 구간 이용자가 받게 될 불이익의 정도는, 위 사정변경을 이유로 이 사건 구간에서 통행료를 징수하여야 할 공익상의 필요성보다는 적으므로, 피고 공사가 이 사건 공고 이후에 발생한 위와 같은 중대한 사정변경 등을 이유로 하여 이 사건 구간을 통행 또는 이용하는 자에 대하여 종전과 같이 다시 통행료를 징수하기로 한 것은 도로관리청으로서의 적법한 재량권 행사의 범위에 속하는 것이라고 판단하였다. 관계 법령에 비추어 기록을 살펴보면, 원심의 위와 같은 인정과 판단은 정당하고, 거기에 상고이유에서 주장하는 바와 같은 신뢰보호의 원칙 및 비례원칙, 헌법상 자기구속의 원리, 평등의 원칙, 구법 제3조, 제6조 등에 대한 법리를 오해한 위법이 있다고 할 수 없다(대판 2005.6.24, 2003두6641).

③ [X] 자유재량에 있어서도 그 범위의 넓고 좁은 차이는 있더라도 법령의 규정뿐만 아니라 관습법 또는 일반적 조리에 의한 일정한 한계가 있는 것으로서 위 한계를 벗어난 재량권의 행사는 위법하다고 하지 않을 수 없으므로, 대학교 총장인 피고가 해외근무자들의 자녀를 대상으로 한 「교육법 시행령」 제71조의2 제4항 소정의 특별전형에서 외교관, 공무원의 자녀에 대하여만 획일적으로 과목별 실제 취득점수에 20%의 가산점을 부여하여 합격사정을 함으로써 실제 취득점수에 의하면 충분히 합격할 수 있는 원고들에 대하여 불합격처분을 하였다면 위법하다(대판 1990.8.28, 89누8255).

④ [X] 법령의 개정에서 신뢰보호원칙이 적용되어야 하는 이유는, 어떤 법령이 장래에도 그대로 존속할 것이라는 합리적이고 정당한 신뢰를 바탕으로 국민이 그 법령에 상응하는 구체적 행위로 나아가 일정한 법적 지위나 생활관계를 형성하여 왔음에도 국가가 이를 전혀 보호하지 않는다면 법질서에 대한 국민의 신뢰는 무너지고 현재의 행위에 대한 장래의 법적 효과를 예견할 수 없게 되어 법적 안정성이 크게 저해되기 때문이고, 이러한 신뢰보호는 절대적이거나 어느 생활영역에서나 균일한 것은 아니고 개개의 사안마다 관

련된 자유나 권리, 이익 등에 따라 보호의 정도와 방법이 다를 수 있으며, 새로운 법령을 통하여 실현하고자 하는 공익적 목적이 우월한 때에는 이를 고려하여 제한될 수 있으므로, 이 경우 신뢰보호원칙의 위배 여부를 판단하기 위해서는 한편으로는 침해된 이익의 보호가치, 침해의 중한 정도, 신뢰가 손상된 정도, 신뢰침해의 방법 등과 다른 한편으로는 새 법령을 통해 실현하고자 하는 공익적 목적을 종합적으로 비교·형량하여야 한다(대판 전합체 2007.10.29, 2005두4649).

① [○] 「경찰관 직무집행법」 제6조 제1항은 "경찰관은 범죄행위가 목전에 행하여지려고 하고 있다고 인정될 때에는 이를 예방하기 위하여 관계인에게 필요한 경고를 발하고, 그 행위로 인하여 인명·신체에 위해를 미치거나 재산에 중대한 손해를 끼칠 우려가 있어 긴급을 요하는 경우에는 그 행위를 제지할 수 있다."라고 규정하고 있는데, 위 조항 중 경찰관의 제지에 관한 부분은 범죄의 예방을 위한 경찰 행정상 즉시강제, 즉 눈앞의 급박한 경찰상 장해를 제거하여야 할 필요가 있고 의무를 명할 시간적 여유가 없거나 의무를 명하는 방법으로는 그 목적을 달성하기 어려운 상황에서 의무불이행을 전제로 하지 아니하고 경찰이 직접 실력을 행사하여 경찰상 필요한 상태를 실현하는 권력적 사실행위에 관한 근거조항이다(대판 2008.11.13, 2007도9794).

② [○] 「경찰관 직무집행법」 제4조 제1항 제1호에서 규정하는 술에 취한 상태로 인하여 자기 또는 타인의 생명·신체와 재산에 위해를 미칠 우려가 있는 피구호자에 대한 보호조치는 경찰 행정상 즉시강제에 해당하므로, 그 조치가 불가피한 최소한도 내에서만 행사되도록 발동·행사 요건을 신중하고 엄격하게 해석하여야 한다(대판 2012.12.13, 2012도11162).

❸ [X] 「경찰관 직무집행법」 제4조 제1항, 제4항의 규정에 의하면 경찰서 보호실에의 유치는 정신착란자, 주취자, 자살기도자 등 응급의 구호를 요하는 자를 24시간을 초과하지 아니하는 범위 내에서 경찰관서에서 보호조치하기 위한 경우에만 제한적으로 허용될 뿐이라고 할 것이어서 비록 구 「윤락행위등방지법」 소정의 요보호여자에 해당한다 하더라도 그들을 경찰서 보호실에 유치하는 것은 영장주의에 위배되는 위법한 구금이라고 할 것이므로 위 경장 소외 2가 위 원고를 경찰서 보호실에 유치한 것은 불법구금행위로서 위법하다고 판단하였는바, 관련 법령의 취지에 비추어 보면 원심의 판단은 정당한 것으로 수긍이 가고, 거기에 소론과 같은 국가배상책임에 있어서의 위법 판단에 관한 법리오해의 위법이 있다고 볼 수 없다(대판 1998.2.13, 96다28578).

④ [○] 우리 헌법 제12조 제3항은 현행법 등 일정한 예외를 제외하고는 인신의 체포, 구금에는 반드시 법관이 발부한 사전영장이 제시되어야 하도록 규정하고 있는데, 이러한 사전영장주의원칙은 인신보호를 위한 헌법상의 기속원리이기 때문에 인신의 자유를 제한하는 국가의 모든 영역(예 행정상의 즉시강제)에서도 존중되어야 하고, 다만 사전영장주의를 고수하다가는 도저히 그 목적을 달성할 수 없는 지극히 예외적인 경우에만 형사절차에서와 같은 예외가 인정된다고 할 것이다. 그런데 지방의회에서의 사무감사·조사를 위한 증인의 동행명령장제도도 증인의 신체의 자유를 억압하여 일정 장소로 인치하는 것으로서 헌법 제12조 제3항의 '체포 또는 구속'에 준하는 사태로 보아야 할 것이고, 거기에 현행범 체포와 같이 사후에 영장을 발부받지 아니하면 목적을 달성할 수 없는 긴박성이 있다고 인정할 수는 없을 것이다. 그러므로, 이 경우에도 헌법 제12조 제3항에 의하여 법관이 발부한 영장의 제시가 있어야 할 것이다. 그럼에도 불구하고 동행명령장을 법관이 아닌 의장이 발부하고 이에 기하여 증인의 신체의 자유를 침해하여 증인을 일정 장소에 인치하도

록 규정된 조례안 제6조는 영장주의원칙을 규정한 헌법 제12조 제3항에 위반한 것이라고 할 것이다(대판 1995.6.30, 93추83).

① [○] 우리나라와 외국 사이에 국가배상청구권의 발생요건이 현저히 균형을 상실하지 아니하고 외국에서 정한 요건이 우리나라에서 정한 그것보다 전체로서 과중하지 아니하여 중요한 점에서 실질적으로 거의 차이가 없는 정도라면 「국가배상법」 제7조가 정하는 상호보증의 요건을 구비하였다고 봄이 타당하다. 그리고 상호보증은 외국의 법령, 판례 및 관례 등에 의하여 발생요건을 비교하여 인정되면 충분하고 반드시 당사국과의 조약이 체결되어 있을 필요는 없으며, 당해 외국에서 구체적으로 우리나라 국민에게 국가배상청구를 인정한 사례가 없더라도 실제로 인정될 것이라고 기대할 수 있는 상태이면 충분하다. 일본인 甲이 대한민국 소속 공무원의 위법한 직무집행에 따른 피해에 대하여 국가배상청구를 한 사안에서, 일본 국가배상법 제1조 제1항, 제6조가 국가배상청구권의 발생요건 및 상호보증에 관하여 우리나라 「국가배상법」과 동일한 내용을 규정하고 있는 점 등에 비추어 우리나라와 일본 사이에 「국가배상법」 제7조가 정하는 상호보증이 있다고 한 사례(대판 2015.6.11, 2013다208388).

② [○] 공무원의 불법행위로 손해를 입은 피해자의 국가배상청구권의 소멸시효 기간이 지났으나 국가가 소멸시효 완성을 주장하는 것이 신의성실의 원칙에 반하는 권리남용으로 허용될 수 없어 배상책임을 이행한 경우에는, 소멸시효 완성 주장이 권리남용에 해당하게 된 원인행위와 관련하여 공무원이 원인이 되는 행위를 적극적으로 주도하였다는 등의 특별한 사정이 없는 한, 국가가 공무원에게 구상권을 행사하는 것은 신의칙상 허용되지 않는다(대판 2016.6.10, 2015다217843).

❸ [X] [다수의견] 공무원이 직무수행 중 불법행위로 타인에게 손해를 입힌 경우에 국가 등이 국가배상책임을 부담하는 외에 공무원 개인도 고의 또는 중과실이 있는 경우에는 불법행위로 인한 손해배상책임을 진다고 할 것이지만, 공무원에게 경과실뿐인 경우에는 공무원 개인은 손해배상책임을 부담하지 아니한다고 해석하는 것이 헌법 제29조 제1항 본문과 단서 및 「국가배상법」 제2조의 입법취지에 조화되는 올바른 해석이다.
　　[반대의견] 공무원이 직무상 불법행위를 한 경우에 국가 또는 공공단체만이 피해자에 대하여 「국가배상법」에 의한 손해배상책임을 부담할 뿐, 공무원 개인은 고의 또는 중과실이 있는 경우에도 피해자에 대하여 손해배상책임을 부담하지 않는 것으로 보아야 한다(대판 전합체 1996.2.15, 95다38677).

④ [○] 전투·훈련 등 직무집행과 관련하여 공상을 입은 군인·군무원·경찰공무원 또는 향토예비군대원이 먼저 「국가배상법」에 따라 손해배상금을 지급받은 다음 「보훈보상대상자 지원에 관한 법률」(이하 '보훈보상자법'이라 한다)이 정한 보상금 등 보훈급여금의 지급을 청구하는 경우, 「국가배상법」 제2조 제1항 단서가 명시적으로 '다른 법령에 따라 보상을 지급받을 수 있을 때에는 「국가배상법」 등에 따른 손해배상을 청구할 수 없다'고 규정하고 있는 것과 달리 보훈보상자법은 「국가배상법」에 따른 손해배상금을 지급받은 자를 보상금 등 보훈급여금의 지급대상에서 제외하는 규정을 두고 있지 않은 점, 「국가배상법」 제2조 제1항 단서의 입법 취지 및 보훈보상자법이 정한 보상과 「국가배상법」이 정한 손해배상의 목적과 산정방식의 차이 등을 고려하면 「국가배상법」 제2조 제1항 단서가 보훈보상자법 등에 의한 보상을 받을 수 있는 경우 「국가배상법」에 따른 손해배상청구를 하지 못한다는 것을 넘어 「국가배상법」상 손해배상을 받은 경우 보훈보상자법상 보상금 등 보훈급여금의 지급을 금지하는 것으로 해석하기는 어려운 점 등에 비추

어, 국가보훈처장은 「국가배상법」에 따라 손해배상을 받았다는 사정을 들어 보상금 등 보훈급여금의 지급을 거부할 수 없다(대판 2017.2.03, 2015두60075).

❶ [X] 지구개발사업에 관한 지정권자의 실시계획승인처분은 단순히 시행자가 작성한 실시계획에 대한 법률상의 효력을 완성시키는 보충행위에 불과한 것이 아니라 법령상의 요건을 갖춘 경우 법이 규정하고 있는 지구개발사업을 시행할 수 있는 지위를 시행자에게 부여하는 일종의 설권적 처분으로서의 성격을 가진 독립된 행정처분으로 보아야 한다(대판 2014.9.26, 2012두5602).

② [O] 기본행위인 재단법인 이사회의 정관변경 결의의 무효를 내세워 피고의 이 사건 허가(인가)처분의 무효확인을 구하는 이 사건 소는 소의 이익이 없다고 판시한 것은 위 법리에 비추어 정당하고 거기에 소론이 지적하는 법리오해 등의 위법이 있다고 할 수 없다(대판 전합 1996.5.16, 95누4810).

③ [O] 「사립학교법」 제20조 제2항의 규정 및 학교법인의 정관에 의한 이사에 대한 감독청의 취임승인은 학교법인의 이사선임행위를 보충하여 그 법률상의 효력을 완성케 하는 보충적 행정행위로서, 성질상 그 기본행위를 떠나 승인처분 그 자체만으로는 법률상 아무런 효력도 발생할 수 없는 것이므로, 기본행위인 학교법인의 이사선임행위가 불성립 또는 무효인 경우에는 비록 그에 대한 감독청의 취임승인이 있었다 하여도 이로써 무효인 그 선임행위가 유효한 것으로 될 수는 없다(대판 1995.4.14, 94다12371).

④ [O] 구 「도시 및 주거환경정비법」 제20조 제3항은 조합이 정관을 변경하고자 하는 경우에는 총회를 개최하여 조합원 과반수 또는 3분의 2 이상의 동의를 얻어 시장·군수의 인가를 받도록 규정하고 있다. 여기서 시장 등의 인가는 그 대상이 되는 기본행위를 보충하여 법률상 효력을 완성시키는 행위로서 이러한 인가를 받지 못한 경우 변경된 정관은 효력이 없고, 시장 등이 변경된 정관을 인가하더라도 정관변경의 효력이 총회의 의결이 있었던 때로 소급하여 발생한다고 할 수 없다(대판 2014.7.10, 2013도11532).

① [O] 법령에서 행정처분의 요건 중 일부 사항을 부령으로 정할 것을 위임한 데 따라 시행규칙 등 부령에서 이를 정한 경우에 그 부령의 규정은 국민에 대해서도 구속력이 있는 법규명령에 해당한다고 할 것이지만, 법령의 위임이 없음에도 법령에 규정된 처분 요건에 해당하는 사항을 부령에서 변경하여 규정한 경우에는 그 부령의 규정은 행정청 내부의 사무처리 기준 등을 정한 것으로서 행정조직 내에서 적용되는 행정명령의 성격을 지닐 뿐 국민에 대한 대외적 구속력은 없다고 보아야 한다. 따라서 어떤 행정처분이 그와 같이 법규성이 없는 시행규칙 등의 규정에 위배된다고 하더라도 그 이유만으로 처분이 위법하게 되는 것은 아니라 할 것이고, 또 그 규칙 등에서 정한 요건에 부합한다고 하여 반드시 그 처분이 적법한 것이라고 할 수도 없다. 이 경우 처분의 적법 여부는 그러한 규칙 등에서 정한 요건에 합치하는지 여부가 아니라 일반 국민에 대하여 구속력을 가지는 법률 등 법규성이 있는 관계 법령의 규정을 기준으로 판단하여야 한다(대판 2013.9.12, 2011두10584).

② [O] 법률의 시행령이나 시행규칙은 그 법률에 의한 위임이 없으면 개인의 권리·의무에 관한 내용을 변경·보충하거나 법률이 규정하지 아니한 새로운 내용을 정할 수는 없지만, 법률의 시행령이나 시행규칙의 내용이 모법의 입법 취지와 관련 조항 전체를 유기적·체계적으로 살펴보아 모법의 해석상 가능한 것을 명시한 것에 지

나지 아니하거나 모법 조항의 취지에 근거하여 이를 구체화하기 위한 것인 때에는 모법의 규율 범위를 벗어난 것으로 볼 수 없으므로, 모법에 이에 관하여 직접 위임하는 규정을 두지 아니하였다고 하더라도 이를 무효라고 볼 수는 없다. 이러한 법리는 지방자치단체의 교육감이 제정하는 교육규칙과 그 모법인 상위 법령의 관계에서도 마찬가지이다.

교육감이 '중학교 입학자격 검정고시 규칙'에 근거하여 만 12세 이상인 자를 대상으로 하는 '중학교 입학자격 검정고시 시행계획'을 공고하였는데, 초등학교에 재학하다가 취학의무를 유예받아 정원 외로 관리되던 만 9세인 甲이 응시원서를 제출하였다가 응시자격이 없다는 이유로 반려처분을 받은 사안에서, 중학교 입학자격 검정고시 응시자격을 만 12세 이상인 자로 응시연령을 제한하고 있는 위 '중학교 입학자격 검정고시 규칙' 제14조 제2호가 초등학교 취학의무 대상 연령대의 아동에 대하여 중학교 입학자격 검정고시 응시자격을 제한한 것은 구 「초·중등교육법」 및 구 「초·중등교육법 시행령」의 해석상 가능한 내용을 구체화한 것으로 볼 수 있으므로, 구 「초·중등교육법」 시행령 제96조 제2항의 위임 범위에서 벗어났다고 볼 수 없다(대판 2014.8.20, 2012두19526).

③ [O] 「지방공무원법」 제58조 제2항이 '사실상 노무에 종사하는 공무원'의 구체적인 범위를 조례로 정하도록 하였기 때문에, 그 범위를 정하는 조례가 정해져야 비로소 지방공무원 중에서 단결권·단체교섭권 및 단체행동권을 보장받게 되는 공무원이 구체적으로 확정되고 근로3권을 현실적으로 행사할 수 있게 된다. 그러므로 지방자치단체는 소속 공무원 중에서 「지방공무원법」 제58조 제1항의 '사실상 노무에 종사하는 공무원'에 해당되는 지방공무원이 단결권·단체교섭권 및 단체행동권을 원만하게 행사할 수 있도록 보장하기 위하여 그러한 공무원의 구체적인 범위를 조례로 제정할 헌법상 의무를 진다고 할 것이다(헌재 2009.7.30, 2006헌마358).

❹ [X] 헌법 제89조에 따르면 대통령령안은 국무회의의 심의를 거쳐야 하나, 총리령안과 부령안은 국무회의의 심의를 거쳐야 하는 것은 아니다. 부령도 법제처 심사 대상이다.

> **헌법 제89조** 다음 사항은 국무회의의 심의를 거쳐야 한다.
> 1. 국정의 기본계획과 정부의 일반정책
> 2. 선전·강화 기타 중요한 대외정책
> 3. 헌법개정안·국민투표안·조약안·법률안 및 대통령령안
>
> **「정부조직법」 제23조【법제처】** ① 국무회의에 상정될 법령안·조약안과 총리령안 및 부령안의 심사와 그 밖에 법제에 관한 사무를 전문적으로 관장하기 위하여 국무총리 소속으로 법제처를 둔다.

① [X] 관계 법령상 행정대집행의 절차가 인정되어 행정청이 행정대집행의 방법으로 건물의 철거 등 대체적 작위의무의 이행을 실현할 수 있는 경우에는 따로 민사소송의 방법으로 그 의무의 이행을 구할 수 없다. 한편 건물의 점유자가 철거의무자일 때에는 건물철거의무에 퇴거의무도 포함되어 있는 것이어서 별도로 퇴거를 명하는 집행권원이 필요하지 않다(대판 2017.4.28, 2016다213916).

② [X] 구 「공유재산 및 물품 관리법」 제83조는 "정당한 사유 없이 공유재산을 점유하거나 이에 시설물을 설치한 때에는 「행정대집행법」 제3조 내지 제6조의 규정을 준용하여 철거 그 밖의 필요한 조치를 할 수 있다."라고 정하고 있는데, 위 규정은 대집행에 관한 개별적인 근거 규정을 마련함과 동시에 「행정대집행법」상의 대집행 요건 및 절차에 관한 일부 규정만을 준용한다는 취지에 그치는 것이고, 대체적 작위의무에 속하지 아니하여 원칙적으로 대집행의 대상이 될 수 없는 다른 종류의 의무에 대하여서까지 강제집행을 허용하

는 취지는 아니다(대판 2011.4.28, 2007도7514).

❸ [O] 행정청이 행정대집행의 방법으로 건물철거의무의 이행을 실현할 수 있는 경우에는 건물철거 대집행 과정에서 부수적으로 건물의 점유자들에 대한 퇴거 조치를 할 수 있고, 점유자들이 적법한 행정대집행을 위력을 행사하여 방해하는 경우 형법상 공무집행방해죄가 성립하므로, 필요한 경우에는 「경찰관 직무집행법」에 근거한 위험발생 방지조치 또는 형법상 공무집행방해죄의 범행방지 내지 현행범체포의 차원에서 경찰의 도움을 받을 수도 있다(대판 2017. 4.28, 2016다213916).

④ [X] 이 사건 계고처분의 주된 목적은 이 사건 요양병원 건물 및 반출된 물품을 포함한 의료기기 등 일체에 대한 피고인들의 점유를 배제하고 그 점유를 이전받는 것에 있는데, 이러한 의무는 그것을 강제적으로 실현함에 있어 직접적인 실력행사가 필요한 것이지 대체적 작위의무에 해당하는 것이 아니어서 행정대집행의 대상이 되지 아니하므로, 이 사건 행정대집행은 「행정대집행법」상의 요건을 갖추지 아니하여 적법한 직무집행으로 볼 수 없다(대판 2013.3.14, 2011도7259).

① [O] 선행처분인 개별공시지가결정이 위법하여 그에 기초한 개발부담금 부과처분도 위법하게 된 경우 그 하자의 치유를 인정하면 개발부담금 납부의무자로서는 위법한 처분에 대한 가산금 납부의무를 부담하게 되는 등 불이익이 있을 수 있으므로, 그 후 적법한 절차를 거쳐 공시된 개별공시지가결정이 종전의 위법한 공시지가결정과 그 내용이 동일하다는 사정만으로는 위법한 개별공시지가결정에 기초한 개발부담금 부과처분이 적법하게 된다고 볼 수 없다(대판 2001.6.26, 99두11592).

② [O] 과세처분에 관한 불복절차과정에서 불복사유가 옳다고 인정하여 이에 따라 필요한 처분을 하였을 경우에는, 불복제도와 이에 따른 시정방법을 인정하고 있는 국세기본법 취지에 비추어 볼 때 동일 사항에 관하여 특별한 사유 없이 이를 번복하고 종전과 동일한 처분을 하는 것은 허용될 수 없다. 따라서 과세관청이 과세처분에 대한 이의신청절차에서 납세자의 이의신청 사유가 옳다고 인정하여 과세처분을 직권으로 취소한 경우, 납세자가 허위의 자료를 제출하는 등 부정한 방법에 기초하여 직권취소되었다는 등의 특별한 사유가 없는데도 이를 번복하고 종전과 동일한 과세처분을 하는 것은 위법하다(대판 2017.3.9, 2016두56790).

❸ [X] 사업계획변경인가처분에 관한 하자가 행정처분의 내용에 관한 것이고 새로운 노선면허가 소 제기 이후에 이루어진 사정 등에 비추어 하자의 사후적 치유를 인정하지 아니한 사례(대판 1991.5.28, 90누1359).

④ [O] 민원사무처리법령 관련 규정의 내용과 그 취지에 의하면, 민원 1회 방문 처리제는 다수의 행정기관 또는 부서와 관련되는 복합민원에 대하여 관계 행정기관 및 부서에 의한 공동 심의 등을 통하여 민원인의 1회 방문으로 일괄처리함으로써 민원인의 불편과 부담을 경감시키려는 데에 주된 도입 취지가 있다. 민원조정위원회는 이러한 민원 1회방문 처리제의 시행을 위한 절차적 구성요소의 하나로 설치 · 운영되는 것으로서, 그 심의 · 조정 대상은 당사자에게 의무를 과하거나 권익을 제한하는 이른바 침해적 행정처분에 관한 사항이 아니라 민원인이 행정기관에 대하여 요구하는 특정한 행위에 관한 사항이다. 따라서 민원 1회 방문 처리제의 부수적 목적으로 민원 처리과정의 투명성 · 책임성과 민원행정의 능률성 · 효율성 제고가 고려될 수 있다 하더라도, 민원인이 행정기관에 처분 등 특정한 행위를 요구함에 대하여 민원사무처리법령에서 민원조정위원회를 개최하도록 하고 민원인에게 그 회의일정 등을 사전통지하도록 정한 주된 취지 역시 민원인의 불편과 부담 경감에 있다고 해석

될 수 있고, 행정청이 침해적 행정처분을 하는 경우에 그 침해되는 권익을 보호하기 위하여 당사자에게 사전통지를 하고 의견제출의 기회를 주도록 정한 행정절차법상의 행정절차와는 그 입법 목적이나 취지가 다르다. 그리고 스스로 민원사항을 신청하는 민원인으로서는, 그 신청을 하면서 행정기관에 자료를 제출하고 의견을 제출할 수 있는 기회를 가질 뿐 아니라, 민원사무 처리과정을 확인하고 민원조정위원회 개최 전에도 의견을 제출할 수 있다.

이 사건 건축신고를 처리하기 위하여 민원 1회 방문 처리제의 시행 절차에 따른 민원조정위원회를 개최하면서 원고에게 그 회의일정 등의 통지를 하지 아니하였다 하더라도, 이러한 사정만으로 곧바로 이 사건 건축신고를 반려한 피고의 처분을 취소하여야 할 위법이 있다고 보기는 어렵고, 위 사전통지의 흠결로 인하여 민원조정위원회의 심의나 이 사건 건축신고 반려처분 과정에서 마땅히 고려하여야 할 사항이 누락되는 등 재량권의 불행사 또는 해태로 볼 수 있는 구체적 사정이 인정되어야 피고의 처분에 재량권을 일탈 · 남용한 위법이 있다고 할 수 있다.

그럼에도 이와 달리 원심은 민원조정위원회 회의일정 등에 관한 사전통지의 흠결만을 이유로 이 사건 건축신고 반려처분이 위법하다고 단정하고 말았으니, 이러한 원심의 판단에는 민원사무처리법에서 정한 민원조정위원회 심의절차의 취지 및 그 회의일정 사전통지의 흠결 효과에 관한 법리를 오해하여 판결에 영향을 미친 위법이 있다. 이를 지적하는 취지의 상고이유 주장은 이유 있다(대판 2015.8.27, 2013두1560).

<비교> 민원법상 민원조정위원회 회의일정 등에 관한 사전통지의 흠결만으로는 위법은 아니나, 「행정절차법」상 침익적 처분 이전에 사전통지하지 않았다면 그것만으로 위법이 된다.

❶ [X] 甲운수회사에 대한 노선여객자동차운송사업의 사업계획변경인가처분의 이해관계 있는 제3자인 乙운수회사가 처분일부터 「행정심판법」제18조 제3항 본문 소정의 180일을 경과하여 행정심판을 제기하였지만, 乙운수회사는 甲운수회사의 대외홍보로 비로소 처분사실을 알았다고 하여 위 심판청구기간을 지키지 못한 데에 정당한 사유가 있다고 본 사례(대판 1991.5.28, 90누1359)

② [O] 구 「여객자동차 운수사업법」제6조 제1항 제1호에서 '사업계획이 당해 노선 또는 사업구역의 수송수요와 수송력공급에 적합할 것'을 여객자동차운송사업의 면허기준으로 정한 것은 여객자동차운송사업에 관한 질서를 확립하고 여객자동차운송사업의 종합적인 발달을 도모하여 공공의 복리를 증진함과 동시에 업자 간의 경쟁으로 인한 경영의 불합리를 미리 방지하자는 데 그 목적이 있다 할 것이고, 시외버스운송사업계획변경인가처분으로 인하여 기존의 시내버스운송사업자의 노선 및 운행계통과 시외버스운송사업자들의 그것들이 일부 중복되게 되고 기존업자의 수익감소가 예상된다면, 기존의 시내버스운송사업자와 시외버스운송사업자들은 경업관계에 있는 것으로 봄이 상당하다 할 것이어서 기존의 시내버스운송사업자에게 시외버스운송사업계획변경인가처분의 취소를 구할 법률상의 이익이 있다(대판 2002.10.25, 2001두4450).

③ [O] 「행정심판법」제19조에 따라 행정심판을 거친 경우라도 원칙적으로 원처분인 버스면허발급처분이 항고소송의 대상인 된다.

> 「행정소송법」제19조【취소소송의 대상】취소소송은 처분등을 대상으로 한다. 다만, 재결취소소송의 경우에는 재결 자체에 고유한 위법이 있음을 이유로 하는 경우에 한한다.

④ [O] 원고 전국고속버스운송사업조합이 고속버스운송사업면허를 얻은 자동차운전사업자들을 조합원으로 하여 설립된 동업자단체로서

고속버스운송사업의 건전한 발전과 고속버스운송사업자들의 공동의 이익을 증진시키는 사업을 수행한다고 하더라도, 피고인 경상북도지사가 시외버스운송사업자에게, 그가 보유하고 있던 대구 - 주왕산 노선의 운행계통을 일부 분리하여 기점을 영천으로 하고 경부고속도로를 경유하여 종점을 서울까지 연장하는 내용의 이 사건 시외버스운송사업계획변동인가처분을 함으로 인하여, 그 노선에 관계가 있는 고속버스운송사업자의 경제적 이익이 침해됨은 별론으로 하고 원고조합 자신의 법률상 이익이 침해된다거나, 고속버스운송사업자가 아닌 원고조합이 이 사건 처분에 관하여 직접적이고 구체적인 이해관계를 가진다고는 볼 수 없으므로, 원고조합이 이 사건 시외버스운송사업계획변동인가처분의 취소를 구하는 행정소송을 제기할 원고적격은 없다(대판 1990.2.9, 89누4420).

10 정답 ③

① [O] 「하천법」 부칙 제2조와 '법률 제3782호 하천법 중 개정법률 부칙 제2조의 규정에 의한 보상청구권의 소멸시효가 만료된 하천구역 편입토지 보상에 관한 특별조치법' 제2조, 제6조의 각 규정들을 종합하면, 위 규정들에 의한 손실보상청구권은 1984.12.31. 전에 토지가 하천구역으로 된 경우에는 당연히 발생되는 것이지, 관리청의 보상금지급결정에 의하여 비로소 발생하는 것은 아니므로, 위 규정들에 의한 손실보상금의 지급을 구하거나 손실보상청구권의 확인을 구하는 소송은 「행정소송법」 제3조 제2호 소정의 당사자소송에 의하여야 한다(대판 전합체 2006.5.18, 2004다6207).

② [O] 소멸시효의 중단은 소멸시효의 기초가 되는 권리의 불행사라는 사실상태와 맞지 않은 사실이 생긴 것을 이유로 소멸시효의 진행을 차단케 하는 제도인 만큼 납세고지에 의한 국세징수권자의 권리행사에 의하여 이미 발생한 소멸시효중단의 효력은 그 과세처분(납세고지)이 취소되었다 하여 사라지지 않음은 물론 과세처분이 취소되어 소급하여 그 효력을 상실하였다고 해서 이에 기한 국세체납처분에 의한 압류처분이 실효되어 당연무효가 된다고 할 수도 없으므로 그 압류로 인한 소멸시효중단의 효력도 사라지지 않는다(대판 1988.2.23, 85누820).

❸ [X] 도시·군계획시설결정과 실시계획인가는 도시·군계획시설사업을 위하여 이루어지는 단계적 행정절차에서 별도의 요건과 절차에 따라 별개의 법률효과를 발생시키는 독립적인 행정처분이다. 그러므로 선행처분인 도시·군계획시설결정에 하자가 있더라도 그것이 당연무효가 아닌 한 원칙적으로 후행처분인 실시계획인가에 승계되지 않는다(대판 2017.7.18, 2016두49938).

④ [O] 「의료법」 제53조 제1항·제2항, 제59조 제1항의 문언과 체제, 형식, 모든 국민이 수준 높은 의료 혜택을 받을 수 있도록 국민의료에 필요한 사항을 규정함으로써 국민의 건강을 보호하고 증진하려는 「의료법」의 목적 등을 종합하면, 불확정개념으로 규정되어 있는 「의료법」 제59조 제1항에서 정한 지도와 명령의 요건에 해당하는지, 나아가 요건에 해당하는 경우 행정청이 어떠한 종류와 내용의 지도나 명령을 할 것인지의 판단에 관해서는 행정청에 재량권이 부여되어 있다(대판 2016.1.28, 2013두21120).

11 정답 ③

① [O] 공무원이 인·허가 등 수익적 행정처분을 하면서 상대방에게 그 처분과 관련하여 이른바 부관으로서 부담을 붙일 수 있다 하더라도, 그러한 부담은 법치주의와 사유재산 존중, 조세법률주의 등 헌법의 기본원리에 비추어 비례의 원칙이나 부당결부의 원칙에 위반되지 않아야만 적법한 것인바, 행정처분과 부관 사이에 실제적 관련성이 있다고 볼 수 없는 경우 공무원이 위와 같은 공법상의 제한

을 회피할 목적으로 행정처분의 상대방과 사이에 사법상 계약을 체결하는 형식을 취하였다면 이는 법치행정의 원리에 반하는 것으로서 위법하다. 지방자치단체가 골프장사업계획승인과 관련하여 사업자로부터 기부금을 지급받기로 한 증여계약은 공무수행과 결부된 금전적 대가로서 그 조건이나 동기가 사회질서에 반하므로 「민법」 제103조에 의해 무효라고 본 사례(대판 2009.12.10, 2007다63966)

② [O] 기속행위에도 요건을 충족하는 것을 조건으로 하는 정지조건부 부관을 붙일 수 있다. 기속행위의 경우 요건을 충족하지 못한다고 신청을 거부하면 요건을 충족하여 신청을 하면 허가를 해주어야 하므로 무익한 행정을 방지하기 위해서라도 정지조건부 부관은 허용된다.

❸ [X] 20년의 기한부 도로점용허가에 대해 취소소송을 제기할 수 있다. 다만, 20년이 위법인 경우 20년만을 법원은 취소할 수 있다는 부진정일부취소송을 인정하는 견해가 있으나 판례는 부정적이다.

④ [O] 운송사업자에 대한 면허에 붙인 조건을 위반한 경우 감차 등이 따르는 사업계획변경명령(이하 '감차명령'이라 한다)을 할 수 있는데, 감차명령의 사유가 되는 '면허에 붙인 조건을 위반한 경우'에서 '조건'에는 운송사업자가 준수할 일정한 의무를 정하고 이를 위반할 경우 감차명령을 할 수 있다는 내용의 '부관'도 포함된다. 그리고 부관은 면허 발급 당시에 붙이는 것뿐만 아니라 면허 발급 이후에 붙이는 것도 법률에 명문의 규정이 있거나 변경이 미리 유보되어 있는 경우 또는 상대방의 동의가 있는 경우 등에는 특별한 사정이 없는 한 허용된다. 따라서 관할 행정청은 면허 발급 이후에도 운송사업자의 동의하에 여객자동차운송사업의 질서 확립을 위하여 운송사업자가 준수할 의무를 정하고 이를 위반할 경우 감차명령을 할 수 있다는 내용의 면허 조건을 붙일 수 있고, 운송사업자가 조건을 위반하였다면 여객자동차법 제85조 제1항 제38호에 따라 감차명령을 할 수 있으며, 감차명령은 행정소송법 제2조 제1항 제1호가 정한 처분으로서 항고소송의 대상이 된다(대판 2016. 11.24, 2016두45028).

12 정답 ①

❶ [X]

> 「행정심판법」 제30조 【집행정지】 ② 위원회는 처분, 처분의 집행 또는 절차의 속행 때문에 중대한 손해가 생기는 것을 예방할 필요성이 긴급하다고 인정할 때에는 직권으로 또는 당사자의 신청에 의하여 처분의 효력, 처분의 집행 또는 절차의 속행의 전부 또는 일부의 정지 결정할 수 있다. 다만, 처분의 효력정지는 처분의 집행 또는 절차의 속행을 정지함으로써 그 목적을 달성할 수 있을 때에는 허용되지 아니한다.
>
> <비교> 「행정소송법」 제23조 【집행정지】 ② 취소소송이 제기된 경우에 처분등이나 그 집행 또는 절차의 속행으로 인하여 생길 회복하기 어려운 손해를 예방하기 위하여 긴급한 필요가 있다고 인정할 때에는 본안이 계속되고 있는 법원은 당사자의 신청 또는 직권에 의하여 처분등의 효력이나 그 집행 또는 절차의 속행의 전부 또는 일부의 정지를 결정할 수 있다. 다만, 처분의 효력정지는 처분등의 집행 또는 절차의 속행을 정지함으로써 목적을 달성할 수 있는 경우에는 허용되지 아니한다.

② [O] 의무이행심판에서는 위원회가 직접 처분하거나 처분을 명하는 재결을 할 수 있으므로 실효성이 가장 큰 심판이라고 할 수 있다.

③ [O] 사정재결은 무효등확인심판에는 적용되지 않으나 의무이행심판에는 적용되므로 타당한 지문이다.

④ [○] 인용재결은 행정청을 기속하므로 기속력 관점에서 불복할 수 없다는 것이 판례의 입장이다.

13 정답 ④

① [○] 일반 공중의 이용에 제공되는 공공용물에 대하여 특허 또는 허가를 받지 않고 하는 일반사용은 다른 개인의 자유이용과 국가 또는 지방자치단체 등의 공공목적을 위한 개발 또는 관리·보존행위를 방해하지 않는 범위 내에서만 허용된다 할 것이므로, 공공용물에 관하여 적법한 개발행위 등이 이루어짐으로 말미암아 이에 대한 일정범위의 사람들의 일반사용이 종전에 비하여 제한받게 되었다 하더라도 특별한 사정이 없는 한 그로 인한 불이익은 손실보상의 대상이 되는 특별한 손실에 해당한다고 할 수 없다(대판 2002.2.26, 99다35300).

② [○]

「공익사업을 위한 토지 등의 취득 및 보상에 관한 법률」 제63조【현금보상 등】⑦ 사업시행자가 국가, 지방자치단체, 그 밖에 대통령령으로 정하는 「공공기관의 운영에 관한 법률」에 따라 지정·고시된 공공기관 및 공공단체인 경우로서 다음 각 호의 어느 하나에 해당되는 경우에는 제1항 본문에도 불구하고 해당 사업시행자가 발행하는 채권으로 지급할 수 있다.
1. 토지소유자나 관계인이 원하는 경우
2. 사업인정을 받은 사업의 경우에는 대통령령으로 정하는 부재부동산 소유자의 토지에 대한 보상금이 대통령령으로 정하는 일정 금액을 초과하는 경우로서 그 초과하는 금액에 대하여 보상하는 경우
⑧ 토지투기가 우려되는 지역으로서 대통령령으로 정하는 지역에서 다음 각 호의 어느 하나에 해당하는 공익사업을 시행하는 자 중 대통령령으로 정하는 「공공기관의 운영에 관한 법률」에 따라 지정·고시된 공공기관 및 공공단체는 제7항에도 불구하고 제7항 제2호에 따른 부재부동산 소유자의 토지에 대한 보상금 중 대통령령으로 정하는 1억원 이상의 일정 금액을 초과하는 부분에 대하여는 해당 사업시행자가 발행하는 채권으로 지급하여야 한다.
1. 「택지개발촉진법」에 따른 택지개발사업
2. 「산업입지 및 개발에 관한 법률」에 따른 산업단지개발사업
3. 그 밖에 대규모 개발사업으로서 대통령령으로 정하는 사업

③ [○] 「공익사업을 위한 토지 등의 취득 및 보상에 관한 법률」 제67조 제2항은 "보상액을 산정할 경우에 해당 공익사업으로 인하여 토지 등의 가격이 변동되었을 때에는 이를 고려하지 아니한다."라고 규정하고 있는바, 수용 대상 토지의 보상액을 산정함에 있어 해당 공익사업의 시행을 직접 목적으로 하는 계획의 승인, 고시로 인한 가격변동은 이를 고려함이 없이 재결 당시의 가격을 기준으로 하여 적정가격을 정하여야 하나, 해당 공익사업과는 관계없는 다른 사업의 시행으로 인한 개발이익은 이를 포함한 가격으로 평가하여야 하고, 개발이익이 해당 공익사업의 사업인정고시일 후에 발생한 경우에도 마찬가지이다(대판 2014.2.27, 2013두21182).

❹ [X] 토지수용 절차에 공익사업법을 준용하도록 한 관계 법률에서 사업인정의 고시 외에 주민 등에 대한 공람공고를 예정하고 있는 경우에, 이주대책대상자의 기준이 되는 '공익사업을 위한 관계 법령에 의한 고시 등이 있은 날'에는 사업인정의 고시일뿐만 아니라 공람공고일도 포함될 수 있다. 그렇지만 법령이 정하는 이주대책대상자에 해당되는지 여부를 판단하는 기준은 각 공익사업의 근거 법령에 따라 개별적으로 특정되어야 한다. 강행규정인 이주대책 수립 등에 관한 공익사업법령의 적용대상은 일관성 있게 정해져야 하므로 그 기준이 되는 개별 법령의 법정 이주대책기준일은 하나로 해석함이 타당하다. 만약 그와 반대로 이를 둘 이상으로 보아 사업시행자가 그중 하나를 마음대로 선택할 수 있다고 한다면 사업마다 그 기준이 달라지게 되어 혼란을 초래하고 형평에 반하는 결과를 낳을 수 있어 바람직하지 아니하다. 이러한 사정들과 아울러, 도시개발법상 공익사업의 진행절차와 그 사업 시행에 따른 투기적 거래를 방지하여야 할 정책적 필요성 등을 종합하여 보면, 도시개발사업에서 '공익사업을 위한 관계 법령에 의한 고시 등이 있은 날'에 해당하는 법정 이주대책기준일은 구 「도시개발법」 제7조, 구 「도시개발법 시행령」 제9조의2에 따른 도시개발구역의 지정에 관한 공람공고일이라고 봄이 타당하다(대판 2015.7.23, 2014다14672).

14 정답 ①

❶ [X] 행정행위가 그 재량성의 유무 및 범위와 관련하여 이른바 기속행위 내지 기속재량행위와 재량행위 내지 자유재량행위로 구분된다고 할 때, 그 구분은 당해 행위의 근거가 된 법규의 체재·형식과 그 문언, 당해 행위가 속하는 행정 분야의 주된 목적과 특성, 당해 행위 자체의 개별적 성질과 유형 등을 모두 고려하여 판단하여야 하고, 이렇게 구분되는 양자에 대한 사법심사는, 전자의 경우 그 법규에 대한 원칙적인 기속성으로 인하여 법원이 사실인정과 관련 법규의 해석·적용을 통하여 일정한 결론을 도출한 후 그 결론에 비추어 행정청이 한 판단의 적법 여부를 독자의 입장에서 판정하는 방식에 의하게 되나, 후자의 경우 행정청의 재량에 기한 공익판단의 여지를 감안하여 법원은 독자의 결론을 도출함이 없이 당해 행위에 재량권의 일탈·남용이 있는지 여부만을 심사하게 되고, 이러한 재량권의 일탈·남용 여부에 대한 심사는 사실오인, 비례·평등의 원칙 위배, 당해 행위의 목적 위반이나 동기의 부정 유무 등을 그 판단 대상으로 한다(대판 2001.2.9, 98두17593). ➡ 개발제한구역 내 건축물의 용도변경허가는 재량행위이므로 행정청의 재량에 기한 공익판단의 여지를 감안하여 법원은 독자의 결론을 도출함이 없이 당해 행위에 재량권의 일탈·남용이 있는지 여부만을 심사해야 한다.

② [○] 원자로 및 관계 시설의 부지사전승인처분은 그 자체로서 건설부지를 확정하고 사전공사를 허용하는 법률효과를 지닌 독립한 행정처분이기는 하지만, 건설허가 전에 신청자의 편의를 위하여 미리 그 건설허가의 일부 요건을 심사하여 행하는 사전적 부분 건설허가처분의 성격을 갖고 있는 것이어서 나중에 건설허가처분이 있게 되면 그 건설허가처분에 흡수되어 독립된 존재가치를 상실함으로써 그 건설허가처분만이 쟁송의 대상이 되는 것이므로, 부지사전승인처분의 취소를 구하는 소는 소의 이익을 잃게 되고, 따라서 부지사전승인처분의 위법성은 나중에 내려진 건설허가처분의 취소를 구하는 소송에서 이를 다투면 된다(대판 1998.9.4, 97누19588).

③ [○] 구 「출입국관리법」 제76조의3 제1항 제3호의 문언·내용 등에 비추어 보면, 비록 그 규정에서 정한 사유가 있더라도, 법무부장관은 난민인정 결정을 취소할 공익상의 필요와 취소로 당사자가 입을 불이익 등 여러 사정을 참작하여 취소 여부를 결정할 수 있는 재량이 있다. 그러나 그 취소처분이 사회통념상 현저하게 타당성을 잃거나 비례·평등의 원칙을 위반하였다면 재량권을 일탈·남용한 것으로서 위법하다. 다만, 구 「출입국관리법」 제76조의3 제1항 제3호는 거짓 진술이나 사실은폐 등으로 난민인정 결정을 하는 데

하자가 있음을 이유로 이를 취소하는 것이므로, 당사자는 애초 난민인정 결정에 관한 신뢰를 주장할 수 없음은 물론 행정청이 이를 고려하지 않았다고 하더라도 재량권을 일탈·남용하였다고 할 수 없다(대판 2017.3.15, 2013두16333).

④ [O] 토지대장에 기재된 일정한 사항을 변경하는 행위는, 그것이 지목의 변경이나 정정 등과 같이 토지소유권 행사의 전제요건으로서 토지소유자의 실체적 권리관계에 영향을 미치는 사항에 관한 것이 아닌 한 행정사무집행의 편의와 사실증명의 자료로 삼기 위한 것일 뿐이어서, 그 소유자 명의가 변경된다고 하여도 이로 인하여 당해 토지에 대한 실체상의 권리관계에 변동을 가져올 수 없고 토지소유권이 지적공부의 기재만에 의하여 증명되는 것도 아니다. 따라서 소관청이 토지대장상의 소유자명의변경신청을 거부한 행위는 이를 항고소송의 대상이 되는 행정처분이라고 할 수 없다(대판 2012.1.12, 2010두12354).

---

15   정답 ②

① [O] 구 「저작권법」 제97조의3 제2호는 '문화관광부장관은 대통령령이 정하는 바에 의하여 법 제53조에 규정한 저작권 등록업무에 관한 권한을 저작권심의조정위원회에 위탁할 수 있다'고 규정하고, 같은 법 시행령 제42조는 '문화관광부장관은 법 제97조의3의 규정에 의하여 저작권 등록업무에 관한 권한을 저작권심의조정위원회에 위탁한다'고 규정하고 있으므로, '저작권심의조정위원회'가 저작권 등록업무의 처분청으로서 그 등록처분에 대한 무효확인소송에서 피고적격을 가진다(대판 2009.7.9, 2007두16608).

❷ [X] 「고용보험 및 산업재해보상보험의 보험료징수 등에 관한 법률」 제4조는 고용보험법 및 산업재해보상보험법에 따른 보험사업에 관하여 이 법에서 정한 사항은 고용노동부장관으로부터 위탁을 받아 근로복지공단이 수행하되, 보험료의 체납관리 등의 징수업무는 국민건강보험공단이 고용노동부장관으로부터 위탁을 받아 수행한다고 규정하고 있다. 따라서 고용·산재보험의 귀속주체, 즉 사업주가 각 보험료 납부의무를 부담하는 상대방은 근로복지공단이고, 국민건강보험공단은 단지 각 보험료의 징수업무를 수행하는 데에 불과하므로, 고용·산재보험료 납부의무 부존재확인의 소는 근로복지공단을 피고로 하여 제기하여야 한다(대판 2016.10.13, 2016다221658).

> **비교 판례** 근로복지공단이 甲 지방자치단체에 고용보험료 부과처분을 하자, 甲 지방자치단체가 구 「고용보험 및 산업재해보상보험의 보험료징수 등에 관한 법률」 제4조 등에 따라 국민건강보험공단을 상대로 위 처분의 무효확인 및 취소를 구한 사안에서, 근로복지공단이 甲 지방자치단체에 대하여 고용보험료를 부과·고지하는 처분을 한 후, 국민건강보험공단이 위 법 제4조에 따라 종전 근로복지공단이 수행하던 보험료의 고지 및 수납 등의 업무를 수행하게 되었고, 위 법 부칙 제5조가 '위 법 시행 전에 종전의 규정에 따른 근로복지공단의 행위는 국민건강보험공단의 행위로 본다'고 규정하고 있어, 甲지방자치단체에 대한 근로복지공단의 고용보험료 부과처분에 관계되는 권한 중 적어도 보험료의 고지에 관한 업무는 국민건강보험공단이 그 명의로 고용노동부장관의 위탁을 받아서 한 것으로 보아야 하므로, 위 처분의 무효확인 및 취소소송의 피고는 국민건강보험공단이 되어야 한다(대판 2013.2.28, 2012두22904).

③ [O] SH공사가 택지개발사업 시행자인 서울특별시장으로부터 이주대책 수립권한을 포함한 택지개발사업에 따른 권한을 위임 또는 위탁받은 경우, 이주대책 대상자들이 SH공사 명의로 이루어진 이주대책에 관한 처분에 대한 취소소송을 제기함에 있어 정당한 피고는 SH공사가 된다(대판 2007.8.23, 2005두3776).

④ [O]

> **「행정소송법」 제13조【피고적격】** ① 취소소송은 다른 법률에 특별한 규정이 없는 한 그 처분등을 행한 행정청을 피고로 한다. 다만, 처분등이 있은 뒤에 그 처분등에 관계되는 권한이 다른 행정청에 승계된 때에는 이를 승계한 행정청을 피고로 한다.
> ② 제1항의 규정에 의한 행정청이 없게 된 때에는 그 처분등에 관한 사무가 귀속되는 국가 또는 공공단체를 피고로 한다.

---

16   정답 ③

① [X] 행정부 내부의 사무처리기준을 규정하고 있는 부령인 시행규칙과 다르게 대통령령인 시행령은 법규명령이라는 것이 판례의 입장이다.

② [X] 「행정절차법」 제21조 제4항 제3호는 침해적 행정처분을 할 경우 청문을 실시하지 않을 수 있는 사유로서 '당해 처분의 성질상 의견청취가 현저히 곤란하거나 명백히 불필요하다고 인정될 만한 상당한 이유가 있는 경우'를 규정하고 있으나, 여기에서 말하는 '의견청취가 현저히 곤란하거나 명백히 불필요하다고 인정될 만한 상당한 이유가 있는지 여부'는 당해 행정처분의 성질에 비추어 판단하여야 하는 것이지, 청문통지서의 반송 여부, 청문통지의 방법 등에 의하여 판단할 것은 아니며, 또한 행정처분의 상대방이 통지된 청문일시에 불출석하였다는 이유만으로 행정청이 관계 법령상 그 실시가 요구되는 청문을 실시하지 아니한 채 침해적 행정처분을 할 수는 없을 것이므로, 행정처분의 상대방에 대한 청문통지서가 반송되었다거나, 행정처분의 상대방이 청문일시에 불출석하였다는 이유로 청문을 실시하지 아니하고 한 침해적 행정처분은 위법하다(대판 2001.4.13, 2000두3337).

❸ [O] 수익적 행정행위는 취소가 다시 취소된 경우 다시 살아나나, 침익적 행정행위는 취소가 다시 취소된 경우 다시 살아나지 않는다.

④ [X] 행정행위인 허가의 하자로 취소된 것이 아니라 법을 위반한 사후행위로 취소된 경우이므로 강학상 철회이다.

---

17   정답 ①

❶ [X] 구 「행정절차법」 제3조 제2항 제9호, 구 「행정절차법 시행령」 제2조 제3호의 내용을 행정의 공정성, 투명성 및 신뢰성을 확보하고 국민의 권익을 보호함을 목적으로 하는 「행정절차법」의 입법 목적에 비추어 보면, 공무원 인사관계 법령에 의한 처분에 관한 사항이라 하더라도 전부에 대하여 「행정절차법」의 적용이 배제되는 것이 아니라, 성질상 행정절차를 거치기 곤란하거나 불필요하다고 인정되는 처분이나 행정절차에 준하는 절차를 거치도록 하고 있는 처분의 경우에만 「행정절차법」의 적용이 배제되는 것으로 보아야 하고, 이러한 법리는 '공무원 인사관계 법령에 의한 처분'에 해당하는 별정직 공무원에 대한 직권면직 처분의 경우에도 마찬가지로 적용된다(대판 2013.1.16, 2011두30687).

② [O] 감사원이 한국방송공사에 대한 감사를 실시한 결과 사장 甲에게 부실 경영 등 문책사유가 있다는 이유로 한국방송공사 이사회에 甲에 대한 해임제청을 요구하였고, 해임처분 과정에서 甲이 처분 내용을 사전에 통지받거나 그에 대한 의견제출 기회 등을 받지 못했고 해임처분 시 법적 근거 및 구체적 해임 사유를 제시받지 못하였으므로 해임처분이 행정절차법에 위배되어 위법하지만, 절차나 처분형식의 하자가 중대하고 명백하다고 볼 수 없어 역시 당연무효가 아닌 취소 사유에 해당한다고 본 원심판단을 정당하다고 한 사례(대판 2012.2.23, 2011두5001).

③ [O] 묘지공원과 화장장의 후보지를 선정하는 과정에서 서울특별시, 비영리법인, 일반 기업 등이 공동발족한 협의체인 추모공원건립추진협의회가 후보지 주민들의 의견을 청취하기 위하여 그 명의로 개최한 공청회는 행정청이 도시계획시설결정을 하면서 개최한 공청회가 아니므로, 위 공청회의 개최에 관하여 「행정절차법」에서 정한 절차를 준수하여야 하는 것은 아니라고 한 사례(대판 2007. 4.12, 2005두1893)

④ [O]

> 「행정절차법」 제28조【청문 주재자】② 행정청은 청문이 시작되는 날부터 7일 전까지 청문 주재자에게 청문과 관련한 필요한 자료를 미리 통지하여야 한다.

18　　정답 ③

① [O]

> 「공공기관의 정보공개에 관한 법률」 제11조【정보공개 여부의 결정】③ 공공기관은 공개 청구된 공개 대상 정보의 전부 또는 일부가 제3자와 관련이 있다고 인정할 때에는 그 사실을 제3자에게 지체 없이 통지하여야 하며, 필요한 경우에는 그의 의견을 들을 수 있다.

② [O]

> 「공공기관의 정보공개에 관한 법률」 제21조【제3자의 비공개 요청 등】① 제11조 제3항에 따라 공개 청구된 사실을 통지받은 제3자는 그 통지를 받은 날부터 3일 이내에 해당 공공기관에 대하여 자신과 관련된 정보를 공개하지 아니할 것을 요청할 수 있다.
> ② 제1항에 따른 비공개 요청에도 불구하고 공공기관이 공개 결정을 할 때에는 공개 결정 이유와 공개 실시일을 분명히 밝혀 지체 없이 문서로 통지하여야 하며, 제3자는 해당 공공기관에 문서로 이의신청을 하거나 행정심판 또는 행정소송을 제기할 수 있다. 이 경우 이의신청은 통지를 받은 날부터 7일 이내에 하여야 한다.

❸ [X] 거부는 집행정지의 대상이 아니다.

④ [O] 거부처분은 침익적 처분이 아니므로 사전통지의 대상은 아니다. 다만, 신청에 의한 처분에도 이유제시는 필요하다.

19　　정답 ③

ㄱ. [O] 다가구주택 중 각 세대를 독립적으로 소유하고 있는 원고들에게도 개별적으로 국민주택을 특별공급하여야 하므로 이 사건 거부처분은 위법하다(대판 2007.11.29, 2006두8495).

ㄴ. [X] 명예퇴직수당 지급대상자로 결정된 법관에 대하여 지급할 수당액은 명예퇴직수당규칙 제4조 [별표 1]에 산정 기준이 정해져 있으므로, 위 법관은 위 규정에서 정한 정당한 산정 기준에 따라 산정된 명예퇴직수당액을 수령할 구체적인 권리를 가진다. 따라서 위 법관이 이미 수령한 수당액이 위 규정에서 정한 정당한 명예퇴직수당액에 미치지 못한다고 주장하며 차액의 지급을 신청함에 대하여 법원행정처장이 거부하는 의사를 표시했더라도, 그 의사표시는 명예퇴직수당액을 형성·확정하는 행정처분이 아니라 공법상의 법률관계의 한쪽 당사자로서 지급의무의 존부 및 범위에 관하여 자신의 의견을 밝힌 것에 불과하므로 행정처분으로 볼 수 없다. 그 지급을 구하는 소송은 「행정소송법」의 당사자소송에 해당하며, 그 법률관계의 당사자인 국가를 상대로 제기하여야 한다(대판 2016.

5.24, 2013두14863).

ㄷ. [X] 甲시장이 감사원으로부터 「감사원법」 제32조에 따라 乙에 대하여 징계의 종류를 정직으로 정한 징계 요구를 받게 되자 감사원에 징계 요구에 대한 재심의를 청구하였고, 감사원이 재심의청구를 기각하자 乙이 감사원의 징계 요구와 그에 대한 재심의결정의 취소를 구하고 甲시장이 감사원의 재심의결정 취소를 구하는 소를 제기한 사안에서, 감사원의 징계 요구와 재심의결정이 항고소송의 대상이 되는 행정처분이라고 할 수 없고, 甲시장이 제기한 소송이 기관소송으로서 「감사원법」 제40조 제2항에 따라 허용된다고 볼 수 없다고 한 사례(대판 2016.12.27, 2014두5637)

ㄹ. [X] 공무원이 소속 장관으로부터 받은 "직상급자와 다투고 폭언하는 행위 등에 대하여 엄중 경고하니 차후 이러한 사례가 없도록 각별히 유념하기 바람."이라는 내용의 서면에 의한 경고가 공무원의 신분에 영향을 미치는 「국가공무원법」상의 징계의 종류에 해당하지 아니하고, 근무충실에 관한 권고행위 내지 지도행위로서 그 때문에 공무원으로서의 신분에 불이익을 초래하는 법률상의 효과가 발생하는 것도 아니므로, 경고가 「국가공무원법」상의 징계처분이나 행정소송의 대상이 되는 행정처분이라고 할 수 없어 그 취소를 구할 법률상의 이익이 없다(대판 1991.11.12, 91누2700).

ㅁ. [X] 「도로교통법」 제118조에서 규정하는 경찰서장의 통고처분은 행정소송의 대상이 되는 행정처분이 아니므로 그 처분의 취소를 구하는 소송은 부적법하고, 「도로교통법」상의 통고처분을 받은 자가 그 처분에 대하여 이의가 있는 경우에는 통고처분에 따른 범칙금의 납부를 이행하지 아니함으로써 경찰서장의 즉결심판청구에 의하여 법원의 심판을 받을 수 있게 될 뿐이다(대판 1995.6.29, 95누4674).

20　　정답 ①

❶ [X] 「택지개발촉진법」 제18조, 제20조의 규정에 따라 택지개발사업시행자가 건설부장관으로부터 승인을 받아 택지의 공급방법을 결정하였더라도 그 공급방법의 결정은 내부적인 행정계획에 불과하여 그것만으로 택지공급희망자의 권리나 법률상 이익에 개별적이고 구체적인 영향을 미치는 것은 아니므로, 택지개발사업시행자가 그 공급방법을 결정하여 통보한 것은 분양계약을 위한 사전 준비절차로서의 사실행위에 불과하고 항고소송의 대상이 되는 행정처분으로 볼 수 없다(대판 1993.7.13, 93누36).

② [O]

> 「행정절차법」 제3조【적용 범위】① 처분, 신고, 확약, 위반사실 등의 공표, 행정계획, 행정상 입법예고, 행정예고 및 행정지도의 절차(이하 "행정절차"라 한다)에 관하여 다른 법률에 특별한 규정이 있는 경우를 제외하고는 이 법에서 정하는 바에 따른다. (시행 2022.7.12)
>
> 제40조의4【행정계획】행정청은 행정청이 수립하는 계획 중 국민의 권리·의무에 직접 영향을 미치는 계획을 수립하거나 변경·폐지할 때에는 관련된 여러 이익을 정당하게 형량하여야 한다. (시행 2022.7.12)

③ [O] 주민들의 환경권이나 재산권도 고려해서 도로건설계획을 결정해야 한다.

④ [O] 이 사건 선진화 계획은 그 법적 성격이 행정계획이라고 할 것인바, 국민의 기본권에 직접적인 영향을 미친다고 볼 수 없고, 장차 법령의 뒷받침에 의하여 그대로 실시될 것이 틀림없을 것으로 예상된다고 보기도 어려우므로, 헌법소원의 대상이 되는 공권력의 행사에 해당한다고 할 수 없다(헌재 2011.12.29, 2009헌마330).

정답

01	④	02	③	03	④	04	②
05	②	06	③	07	②	08	④
09	②	10	③	11	①	12	③
13	①	14	③	15	④	16	①
17	①	18	③	19	③	20	②

01

정답 ④

① [O] 공중위생영업에 대한 어떠한 제한규정도 두고 있지 아니한 것은 공중위생영업의 양도가 가능함을 전제로 한 것이라 할 것이므로, 양수인이 그 양수 후 행정청에 새로운 영업소개설통보를 하였다 하더라도, 그로 인하여 영업양도·양수로 영업소에 관한 권리의무가 양수인에게 이전하는 법률효과까지 부정되는 것은 아니라 할 것인바, 만일 어떠한 공중위생영업에 대하여 그 영업을 정지할 위법사유가 있다면, 관할 행정청은 그 영업이 양도·양수되었다 하더라도 그 업소의 양수인에 대하여 영업정지처분을 할 수 있다고 봄이 상당하다(대판 2001.6.29, 2001두1611).

② [O], ③ [O]

> 「식품위생법」 제78조 【행정 제재처분 효과의 승계】 영업자가 영업을 양도하거나 법인이 합병되는 경우에는 제75조 제1항 각 호, 같은 조 제2항 또는 제76조 제1항 각 호를 위반한 사유로 종전의 영업자에게 행한 행정 제재처분의 효과는 그 처분기간이 끝난 날부터 1년간 양수인이나 합병 후 존속하는 법인에 승계되며, 행정 제재처분절차가 진행 중인 경우에는 양수인이나 합병 후 존속하는 법인에 대하여 행정 제재처분 절차를 계속할 수 있다. 다만, 양수인이나 합병 후 존속하는 법인이 양수하거나 합병할 때에 그 처분 또는 위반사실을 알지 못하였음을 증명하는 때에는 그러하지 아니하다.

❹ [X] 공장이 유해폐기물을 무단으로 공장 부지에 파묻어 폐기한 책임은 승계되나, 의사가 「의료법」을 위반한 행위에 대한 책임은 일신전속적이므로 승계되지 않는다.

02

정답 ③

① [O] 구 「노인복지법」 제33조 제2항에 의한 유료노인복지주택의 설치신고를 받은 행정관청으로서는 그 유료노인복지주택의 시설 및 운영기준이 위 법령에 부합하는지와 아울러 그 유료노인복지주택이 적법한 입소대상자에게 분양되었는지와 설치신고 당시 부적격자들이 입소하고 있는지 않은지 여부까지 심사하여 그 신고의 수리여부를 결정할 수 있다(대판 2007.1.11, 2006두14537).

② [O] 구 「유통산업발전법」은 기존의 대규모점포의 등록된 유형 구분을 전제로 '대형마트로 등록된 대규모점포'를 일체로서 규제 대상으로 삼고자 하는 데 취지가 있고, 대규모점포의 개설 등록은 이른바 '수리를 요하는 신고'로서 행정처분에 해당하고 등록은 구체적 유형 구분에 따라 이루어지므로, 등록의 효력은 대규모점포가 구체

적으로 어떠한 유형에 속하는지에 관하여도 미친다(대판 전합체 2015.11.19, 2015두295).

❸ [X] 불특정 다수인을 대상으로 학습비를 받고 정보통신매체를 이용하여 원격평생교육을 실시하고자 하는 경우에는 누구든지 구 「평생교육법」 제22조 제2항에 따라 이를 신고하여야 하나, 신고서의 기재사항에 흠결이 없고 소정의 서류가 구비된 때에는 이를 수리하여야 하고, 이러한 형식적 요건을 모두 갖추었음에도 그 신고 대상이 된 교육이나 학습이 공익적 기준에 적합하지 않다는 등의 실체적 사유를 들어 신고의 수리를 거부할 수는 없다고 할 것이다(대판 2016.7.22, 2014두42179).

④ [O] 구 「식품위생법」상 영업양도에 따른 지위승계신고를 수리하는 허가관청의 행위는 단순히 양도인과 양수인 사이에 이미 발생한 사법상 사업양도의 법률효과에 의하여 양수인이 영업을 승계하였다는 사실의 신고를 접수하는 행위에 그치는 것이 아니라, 실질적으로 양도자의 사업허가 등을 취소함과 아울러 양수자에게 적법하게 사업을 할 수 있는 권리를 설정하여 주는 행위로서 사업허가자 등의 변경이라는 법률효과를 발생시키는 행위라고 할 것이다(대판 2012.1.12, 2011도6561). ➡ 식품접객업 영업자지위승계신고는 '수리를 요하는 신고'이고, 따라서 허가관청의 수리가 있어야 영업양도의 법률효과가 발생하게 된다.

03

정답 ④

① [X] 법령이 필요적 절차로 규정하고 있는 사인의 신청 또는 동의를 결한 하자는 취소사유가 아니라 무효이다. 즉, 분배신청을 한 바 없는 자에 대한 농지분배는 당연무효의 처분이다(대판 1970.10.23, 70다1750). 또 어떤 행정처분에 제3자의 동의가 필요한 경우에 그 동의 없이 한 행정처분은 당연무효이다(대판 1964.12.29, 64누103). 따라서 기존 어업권자의 동의가 있는 경우 등에 한하여 업무구역 안에 중복하여 어업면허를 허용할 수 있는 경우에, 이에 위반한 어업면허처분은 당연무효이다(대판 1978.4.25, 78누42).

② [X] 택시운전사가 1983. 4. 5. 운전면허정지기간 중의 운전행위를 하다가 적발되어 형사처벌을 받았으나 행정청으로부터 아무런 행정조치가 없어 안심하고 계속 운전업무에 종사하고 있던 중 행정청이 위 위반행위가 있은 이후에 장기간에 걸쳐 아무런 행정조치를 취하지 않은 채 방치하고 있다가 3년여가 지난 1986. 7. 7.에 와서 이를 이유로 행정제재를 하면서 가장 무거운 운전면허를 취소(강학상의 철회)하는 행정처분을 하였다면 이는 행정청이 그간 별다른 행정조치가 없을 것이라고 믿은 신뢰의 이익과 그 법적 안정성을 빼앗는 것이 되어 매우 가혹할 뿐만 아니라 비록 그 위반행위가 운전면허취소사유에 해당한다 할지라도 그와 같은 공익상의 목적만으로는 위 운전사가 입게 될 불이익에 견줄 바 못된다 할 것이다(대판 1987.9.8, 87누373). 즉, 위반행위에 대한 행정조치의 장기간 방치는 철회권의 제한사유가 된다.

③ [X] 구 「병역법」 제5조, 제8조, 제12조, 제14조, 제62조, 제63조, 제65조의 규정을 종합하면, 지방병무청장이 재신체검사 등을 거쳐 현역병입영대상편입처분을 보충역편입처분이나 제2국민역편입처분으로 변경하거나 보충역편입처분을 제2국민역편입처분으로 변경하는 경우 비록 새로운 병역처분의 성립에 하자가 있다고 하더라도 그것이 당연무효가 아닌 한 일단 유효하게 성립하고 제소기간의 경과 등 형식적 존속력이 생김과 동시에 종전의 병역처분의 효력은 취소 또는 철회되어 확정적으로 상실된다고 보아야 할 것이므로 그 후 새로운 병역처분의 성립에 하자가 있었음을 이유로 하여 이를 취소한다고 하더라도 종전의 병역처분의 효력이 되살아난다고 할 수 없다(대판 2002.5.28, 2001두9653).

❹ [O] 행정행위를 한 처분청은 그 행위에 흠(하자)이 있는 경우 별도의 법적 근거가 없더라도 스스로 이를 취소할 수 있고, 다만 수익적

행정처분을 취소할 때에는 이를 취소하여야 할 공익상의 필요와 그 취소로 인하여 당사자가 입게 될 기득권과 신뢰보호 및 법률생활 안정의 침해 등 불이익을 비교·교량한 후 공익상의 필요가 당사자가 입을 불이익을 정당화할 만큼 강한 경우에 한하여 취소할 수 있으나, 수익적 행정처분의 흠이 당사자의 사실은폐나 기타 사위의 방법에 의한 신청행위에 기인한 것이라면 당사자는 처분에 의한 이익이 위법하게 취득되었음을 알아 취소가능성도 예상하고 있었다고 할 것이므로, 그 자신이 처분에 관한 신뢰이익을 원용할 수 없음은 물론 행정청이 이를 고려하지 아니하였다고 하여도 재량권의 남용이 되지 않는다(대판 2010.11.11, 2009두14934 ; 대판 2006.5.25, 2003두4669 등). 즉, 침익(부담)적 행정행위는 취소하더라도 신뢰보호문제가 생기지 않으므로 자유롭게 취소할 수 있으나, 수익적 행정행위의 취소는 신뢰보호 및 법적 안정성을 침해할 우려 때문에 제한을 받는다.

04 정답 ②

ㄱ. [O] 건축허가를 하면서 일정 토지를 기부채납하도록 하는 내용의 허가조건은 부관을 붙일 수 없는 기속행위 내지 기속적 재량행위인 건축허가에 붙인 부담이거나 또는 법령상 아무런 근거가 없는 부관이어서 무효이다(대판 1995.6.13, 94다56883).

ㄴ. [O] 부담부 행정처분에 있어서 처분의 상대방이 부담(의무)을 이행하지 아니한 경우에 처분행정청으로서는 이를 들어 당해 처분을 철회할 수 있는 것이다(대판 1989.10.24, 89누2431). 즉, 부담부 행정행위에서 그 부담을 이행하지 않는다고 해도 철회가 없는 한 주된 행정행위의 효력이 바로 상실되는 것은 아니다.

ㄷ. [O] 행정행위의 부관은 부담인 경우를 제외하고는 독립하여 행정소송의 대상이 될 수 없는바, 기부채납받은 행정재산에 대한 사용·수익허가에서 공유재산의 관리청이 정한 사용·수익허가의 기간은 그 허가의 효력을 제한하기 위한 행정행위의 부관으로서 이러한 사용·수익허가의 기간에 대해서는 독립하여 행정소송을 제기할 수 없다(대판 2001.6.15, 99두509).

ㄹ. [X] 수익적 행정처분에 있어서는 법령에 특별한 근거규정이 없다고 하더라도 그 부관으로서 부담을 붙일 수 있고, 그와 같은 부담은 행정청이 행정처분을 하면서 일방적으로 부가할 수도 있지만 부담을 부가하기 이전에 상대방과 협의하여 부담의 내용을 협약의 형식으로 미리 정한 다음 행정처분을 하면서 이를 부가할 수도 있다(대판 2009.2.12, 2005다65500).

05 정답 ②

① [O] 납부의무자의 환급신청에 대하여 행정청이 전부 또는 일부 환급을 거부하는 결정은 행정청이 공권력의 주체로서 행하는 구체적 사실에 관한 법집행으로서 납부의무자의 권리·의무에 직접 영향을 미치므로 항고소송의 대상인 처분에 해당한다고 보아야 한다(대판 2018.6.28, 2016두50990).

❷ [X] 철회에 해당함 ➡ 기반시설부담금 부과처분이 처분 당시에는 적법하였고 납부의무자의 납부의무 이행지체에도 정당한 사유가 없어 행정청이 지체가산금을 정당하게 징수하였던 경우에는, 그 후 납부의무자에게 법 제17조 제1항, 시행령 제15조 제2항 각호의 환급사유가 발생하였다고 하더라도 행정청이 당초 적법하게 부과·징수하였던 기반시설부담금의 전부 또는 일부를 납부의무자에게 환급하여야 할 의무가 그때 비로소 성립하는 것일 뿐(행정청의 환급결정에는 당초 적법하였던 기반시설부담금 부과처분을 장래를 향하여 일부 취소하는 결정의 의미가 포함되어 있는 것으로 보아

야 한다)이다(대판 2018.6.28, 2016두50990).

③ [O] 피고가 원고로부터 징수한 기반시설부담금 및 지체가산금에 부과처분 당시부터 위법사유가 있었다고 볼 만한 사정이 없고, 원고도 부과처분 이후에 환급사유가 발생하였다는 점만을 이유로 기반시설부담금의 환급을 주장하고 있다. 따라서 이러한 사정을 앞서 본 법리에 비추어 보면, 피고는 기반시설부담금을 다시 산정하여 원고에게 부담금환급금과 환급가산금을 지급할 의무가 있을 뿐이고, 나아가 당초 정당하게 징수한 지체가산금까지 환급할 의무는 없다고 봄이 타당하다(대판 2018.6.28, 2016두50990).

④ [O] 법 제16조 제2항에 따른 지체가산금은 납부의무자가 부과된 기반시설부담금의 납부의무 이행을 지체하는 경우에 부담하는 지연배상금의 성질을 띤 것으로 납부기한이 경과함으로써 당연히 발생한다. 기반시설부담금 부과처분에 처분 당시부터 위법사유가 있어 그 부과처분이 당연무효이거나 그 부과처분을 소급적으로 취소하는 경우에는 지체가산금도 그 기초를 상실하는 것이어서, 행정청이 납부의무자에게 기반시설부담금과 함께 지체가산금도 환급할 의무가 있다고 보아야 한다(대판 2018.6.28, 2016두50990).

06 정답 ③

① [O] 일반적으로 행정 각부의 장이 정하는 고시라 하더라도 그것이 특히 법령의 규정에서 특정 행정기관에게 법령 내용의 구체적 사항을 정할 수 있는 권한을 부여함으로써 그 법령 내용을 보충하는 기능을 가질 경우에는 그 형식과 상관없이 근거법령 규정과 결합하여 대외적으로 구속력이 있는 법규명령으로서의 효력을 가지는 것이나, 이는 어디까지나 법령의 위임에 따라 그 법령 규정을 보충하는 기능을 가지는 점에 근거하여 예외적으로 인정되는 효력이므로 특정 고시가 비록 법령에 근거를 둔 것이라고 하더라도 그 규정 내용이 법령의 위임범위를 벗어난 것일 경우에는 위와 같은 법규명령으로서의 대외적 구속력을 인정할 여지는 없다(대판 1999. 11.26, 97누13474). 즉, 법령의 규정이 특정 행정기관에 그 법령 내용의 구체적 사항을 정할 수 있는 권한을 부여하면서 그 권한 행사의 절차나 방법을 특정하고 있지 않아 수임행정기관이 행정규칙인 고시의 형식으로 그 법령의 내용이 될 사항을 구체적으로 정하고 있는 경우, 그 고시가 당해 법령의 위임한계를 벗어나지 않는 한, 그와 결합하여 대외적으로 구속력이 있는 법규명령으로서 효력을 가진다(대판 2008.4.10, 2007두4841).

② [O] 법령보충적인 행정규칙은 당해 법령의 위임한계를 벗어나지 아니하는 범위 내에서만 그것들과 결합하여 법규적 효력을 가지고, 「노인복지법」 제13조 제2항의 규정에 따른 「노인복지법 시행령」 제17조, 제20조 제1항은 노령수당의 지급대상자의 연령범위에 관하여 위 법 조항과 동일하게 '65세 이상의 자'로 반복하여 규정한 다음 소득수준 등을 참작한 일정소득 이하의 자라고 하는 지급대상자의 선정기준과 그 지급대상자에 대한 구체적인 지급수준(지급액) 등의 결정을 보건복지부장관에게 위임하고 있으므로, 보건복지부장관이 노령수당의 지급대상자에 관하여 정할 수 있는 것은 65세 이상의 노령자 중에서 그 선정기준이 될 소득수준 등을 참작한 일정소득 이하의 자인 지급대상자의 범위와 그 지급대상자에 대하여 매년 예산확보상황 등을 고려한 구체적인 지급수준과 지급시기·지급방법 등일 뿐이지, 나아가 지급대상자의 최저연령을 법령상의 규정보다 높게 정하는 등 노령수당의 지급대상자의 범위를 법령의 규정보다 축소·조정하여 정할 수는 없다고 할 것임에도, 보건복지부장관이 정한 「1994년도 노인복지사업지침」은 노령수당의 지급대상자를 '70세 이상'의 생활보호대상자로 규정함으로써 당초 법령이 예정한 노령수당의 지급대상자를 부당하게 축소·조정하였고, 따라서 위 지침 가운데 노령수당의 지급대상자를 '70세 이상'으로 규정한 부분은 법령의 위임한계를 벗어난 것이어서 그

효력이 없다(대판 1996.4.12, 95누7727).

❸ [X] 오늘날 의회의 입법독점주의에서 입법중심주의로 전환하여 일정한 범위 내에서 행정입법을 허용하게 된 동기가 사회적 변화에 대응한 입법수요의 급증과 종래의 형식적 권력분립주의로는 현대사회에 대응할 수 없다는 기능적 권력분립론에 있다는 점 등을 감안하여 헌법 제40조와 헌법 제75조, 제95조의 의미를 살펴보면, 국회입법에 의한 수권이 입법기관이 아닌 행정기관에게 법률 등으로 구체적인 범위를 정하여 위임한 사항에 관하여는 당해 행정기관에게 법정립의 권한을 갖게 되고, 입법자가 규율의 형식도 선택할 수 있다 할 것이므로, 헌법이 인정하고 있는 위임입법의 형식은 예시적인 것으로 보아야 할 것이고, 그것은 법률이 행정규칙에 위임하더라도 그 행정규칙은 위임된 사항만을 규율할 수 있으므로, 국회입법의 원칙과 상치되지도 않는다. 다만, 행정규칙은 법규명령과 같은 엄격한 제정 및 개정절차를 요하지 아니하므로, 재산권 등과 같은 기본권을 제한하는 작용을 하는 법률이 입법위임을 할 때에는 대통령령·총리령·부령 등 법규명령에 위임함이 바람직하고, 고시와 같은 형식으로 입법위임을 할 때에는 적어도 「행정규제기본법」 제4조 제2항 단서에서 정한 바와 같이 법령이 전문적·기술적 사항이나 경미한 사항으로서 업무의 성질상 위임이 불가피한 사항에 한정된다 할 것이고, 그러한 사항이라 하더라도 포괄위임금지의 원칙상 법률의 위임은 반드시 구체적·개별적으로 한정된 사항에 대하여 행하여져야 한다(헌재 2006.12.28, 2005헌바59).

④ [O] 상급행정기관이 하급행정기관에 대하여 업무처리지침이나 법령의 해석적용에 관한 기준을 정하여 발하는 이른바 '행정규칙이나 내부지침'은 일반적으로 행정조직 내부에서만 효력을 가질 뿐 대외적인 구속력을 갖는 것은 아니므로 행정처분이 그에 위반하였다고 하여 그러한 사정만으로 곧바로 위법하게 되는 것은 아니다. 다만, 재량권 행사의 준칙인 행정규칙이 그 정한 바에 따라 되풀이 시행되어 행정관행이 이루어지게 되면 평등의 원칙이나 신뢰보호의 원칙에 따라 행정기관은 그 상대방에 대한 관계에서 그 규칙에 따라야 할 자기구속을 받게 되므로, 이러한 경우에는 특별한 사정이 없는 한 그를 위반하는 처분은 평등의 원칙이나 신뢰보호의 원칙에 위배되어 재량권을 일탈·남용한 위법한 처분이 된다(대판 2009.12.24, 2009두7967).

⑤ [O] 행정규칙은 일반적으로 행정조직 내부에서만 효력을 가지는 것이나, 행정규칙이 법령의 규정에 의하여 행정관청에 법령의 구체적 내용을 보충할 권한을 부여한 경우나 재량권 행사의 준칙인 규칙이 그 정한 바에 따라 되풀이 시행되어 행정관행이 이룩되게 되면, 평등의 원칙이나 신뢰보호의 원칙에 따라 행정기관은 그 상대방에 대한 관계에서 그 규칙에 따라야 할 자기구속을 당하게 되는 경우에는 대외적인 구속력을 가지게 되는바, 이러한 경우에는 헌법소원의 대상이 될 수도 있다(헌재 2001.5.31, 99헌마413).

07   정답 ②

① [O] 구 「폐기물관리법」 관계 법령의 규정에 의하면 폐기물처리업의 허가를 받기 위하여는 먼저 사업계획서를 제출하여 허가권자로부터 사업계획에 대한 적정통보를 받아야 하고, 그 적정통보를 받은 자만이 일정기간 내에 시설, 장비, 기술능력, 자본금을 갖추어 허가신청을 할 수 있으므로, 결국 부적정통보는 허가신청 자체를 제한하는 등 개인의 권리 내지 법률상의 이익을 개별적이고 구체적으로 규제하고 있어 행정처분에 해당한다(대판 1998.4.28, 97누21086).

❷ [X] 선행처분이 종국적 처분인 후행처분을 예정하고 있는 일종의 잠정적 처분인 경우, 후행처분이 있으면 선행처분은 후행처분에 흡수되어 소멸하므로 선행처분의 취소를 구하는 소는 이미 효력을 잃은 처분의 취소를 구하는 것으로 부적법하다(대판 2015.2.12,

2013두987).

③ [O] 구 「원자력법」상 원자로 및 관계 시설의 부지사전승인처분은 그 자체로서 건설부지를 확정하고 사전공사를 허용하는 법률효과를 지닌 독립한 행정처분이다(대판 1998.9.4, 97누19588).

④ [O] 자동차운송사업양도·양수계약에 기한 양도·양수인가 신청에 대하여 피고 시장이 내인가를 한 후 그 내인가에 기한 본인가 신청이 있었으나 사업양도·양수인가 신청서가 합의에 의한 정당한 신청서라고 할 수 없다는 이유로 내인가를 취소한 경우, 위 내인가의 법적 성질을 행정행위의 일종으로 볼 수 있든 아니든 그것이 행정청의 상대방에 대한 의사표시임이 분명하고, 피고가 위 내인가를 취소함으로써 다시 본인가에 대하여 따로이 인가 여부의 처분을 한다는 사정이 보이지 않는다면 위 내인가취소를 인가 신청을 거부하는 처분으로 보아야 할 것이다(대판 1991.6.28, 90누4402).

08   정답 ④

① [X]

> 「공공기관의 정보공개에 관한 법률」 제17조 【비용 부담】 ① 정보의 공개 및 우송 등에 드는 비용은 실비(實費)의 범위에서 청구인이 부담한다.
> ② 공개를 청구하는 정보의 사용 목적이 공공복리의 유지·증진을 위하여 필요하다고 인정되는 경우에는 제1항에 따른 비용을 감면할 수 있다.

② [X]

> 「공공기관의 정보공개에 관한 법률」 제16조 【즉시 처리가 가능한 정보의 공개】 다음 각 호의 어느 하나에 해당하는 정보로서 즉시 또는 말로 처리가 가능한 정보에 대해서는 제11조(정보공개 여부의 결정)에 따른 절차를 거치지 아니하고 공개하여야 한다.
> 1. 법령 등에 따라 공개를 목적으로 작성된 정보
> 2. 일반국민에게 알리기 위하여 작성된 각종 홍보자료
> 3. 공개하기로 결정된 정보로서 공개에 오랜 시간이 걸리지 아니하는 정보
> 4. 그 밖에 공공기관의 장이 정하는 정보

③ [X]

> 「공공기관의 정보공개에 관한 법률」 제12조 【정보공개심의회】 ① 국가기관, 지방자치단체 및 「공공기관의 운영에 관한 법률」 제5조에 따른 공기업(이하 '국가기관 등'이라 한다)은 제11조에 따른 정보공개 여부 등을 심의하기 위하여 정보공개심의회(이하 '심의회'라 한다)를 설치·운영한다.
> ② 심의회는 위원장 1명을 포함하여 5명 이상 7명 이하의 위원으로 구성한다.

❹ [O]

> 「공공기관의 정보공개에 관한 법률」 제11조 【정보공개 여부의 결정】 ① 공공기관은 제10조에 따라 정보공개의 청구를 받으면 그 청구를 받은 날부터 10일 이내에 공개 여부를 결정하여야 한다.
> ② 공공기관은 부득이한 사유로 제1항에 따른 기간 이내에 공개 여부를 결정할 수 없을 때에는 그 기간이 끝나는 날의 다음 날부터 기산하여 10일의 범위에서 공개 여부 결정기간을 연장할 수 있다. 이 경우 공공기관은 연장된 사실과 연장 사유를 청구인에게 지체 없이 문서로 통지하여야 한다.

① [○] 정보공개에 관한 정책 수립 및 제도 개선에 관한 사항, 정보공개에 관한 기준 수립에 관한 사항, 공공기관의 정보공개 운영실태 평가 및 그 결과 처리에 관한 사항 등을 심의·조정하기 위하여 국무총리 소속으로 정보공개위원회를 둔다(「공공기관의 정보공개에 관한 법률」제22조).

❷ [×] 甲이 친족인 망 乙 등에 대한 독립유공자 포상신청을 하였다가 독립유공자서훈 공적심사위원회의 심사를 거쳐 포상에 포함되지 못하였다는 내용의 공적심사 결과를 통지받자 국가보훈처장에게 '망인들에 대한 공적심사위원회의 심의·의결 과정 및 그 내용을 기재한 회의록' 등의 공개를 청구하였다. 위 회의록은 「공공기관의 정보공개에 관한 법률」제9조 제1항 제5호에서 정한 공개될 경우 업무의 공정한 수행에 현저한 지장을 초래한다고 인정할 만한 상당한 이유가 있는 정보'에 해당한다(대판 2014.7.24, 2013두20301).

③ [○] 정보공개청구의 목적에 특별한 제한이 있다고 할 수 없으므로, 정보공개를 청구한 목적이 손해배상소송에 제출할 증거자료를 획득하기 위한 것이었고 위 소송이 이미 종결되었다고 하더라도, 오로지 담당공무원을 괴롭힐 목적으로 정보공개를 구하고 있다는 등의 특별한 사정이 없는 한, 위와 같은 사정만으로는 위 정보공개청구가 권리남용에 해당한다고 볼 수 없다(대판 2004.9.23, 2003두1370).

④ [○] 방송프로그램의 기획·편성·제작 등에 관한 정보로서 방송사가 공개하지 아니한 것은, 사업활동에 의하여 발생하는 위해로부터 사람의 생명·신체 또는 건강을 보호하기 위하여 공개할 필요가 있는 정보나 위법·부당한 사업활동으로부터 국민의 재산 또는 생활을 보호하기 위하여 공개할 필요가 있는 정보를 제외하고는, 「공공기관의 정보공개에 관한 법률」제9조 제1항 제7호에 정한 '법인 등의 경영·영업상·비밀에 관한 사항'에 해당할 뿐만 아니라 그 공개를 거부할 만한 정당한 이익도 있다고 보아야 한다(대판 2010.12.23, 2008두13101).

① [○] 행정상 즉시강제는 하명과 의무불이행을 요건으로 하지 않는다는 점에서 행정상 강제집행과 구별된다.

② [○] 모두 침익적 행정작용이므로 법률의 근거를 요한다. 형벌과 과태료부과는 고의 또는 과실을 요한다. 불가쟁력과는 무관하다.

❸ [×] 행정상 제재는 허가신청의 거부나 영업허가 정지등은 항고소송의 대상이 되는 처분이다. 나머지는 모두 옳다.

④ [○] 모두 옳다.

❶ [×] 과징금의 부과·징수에 하자가 있는 경우, 과징금의 부과·징수행위도 행정쟁송법상 처분성이 인정되므로 납부의무자는 「질서위반행위구제법」이 아니라 행정쟁송절차에 따라 다툴 수 있다(대판 2008.2.15, 2006두4226 참조).

② [○] 변형과징금제도는 인·허가사업에 관한 법률상의 의무 위반을 이유로 단속상 그 인·허가사업(영업) 등을 정지(수익처분의 취소·철회)해야 할 경우에 사업(영업)정지가 주민의 생활, 대외적인 신용·고용·물가 등 국민경제 그 밖에 공익에 현저한 지장을 초래할 우려가 있다고 인정되는 경우 그 취소·철회에 갈음하여 부과하는

과징금이다. 오늘날 「대기환경보전법」(제37조), 「여객자동차 운수사업법」(제88조) 등 변형과징금에 대해 규정하는 법률이 늘어나고 있는 경향에 있다.

③ [○] 과징금은 「독점규제 및 공정거래에 관한 법률」에 의해 처음으로 도입된 수단으로, 원래 행정법이 아니라 경제법상의 의무위반행위로 인해 얻은 불법적인 경제적 이익을 박탈하기 위한 것이었다.

④ [○] 구 「독점규제 및 공정거래에 관한 법률」제23조 제1항 제7호, 같은 법 제24조의2 소정의 부당지원행위를 한 지원주체에 대한 과징금은 그 취지와 기능, 부과의 주체와 절차 등을 종합할 때 부당지원행위의 억지라는 행정목적을 실현하기 위한 입법자의 정책적 판단에 기하여 그 위반행위에 대하여 제재를 가하는 행정상의 제재금으로서의 기본적 성격에 부당이득환수적 요소도 부가되어 있는 것(➡ 재정수입의 확보보다는 위반행위에 대한 제재라는 성격이 강함)이라고 할 것이어서 그것이 헌법 제13조 제1항에서 금지하는 국가형벌권 행사로서의 처벌에 해당한다고 할 수 없으므로 구 「독점규제 및 공정거래에 관한 법률」에서 형사처벌과 아울러 과징금의 부과처분을 할 수 있도록 규정하고 있다 하더라도 이중처벌금지원칙이나 무죄추정원칙에 위반된다거나 사법권이나 재판청구권을 침해한다고 볼 수 없고, 또한 같은 법 제55조의3 제1항에 정한 각 사유를 참작하여 부당지원행위의 불법의 정도에 비례하여 상당한 금액의 범위 내에서만 과징금을 부과할 수 있도록 하고 있음에 비추어 비례원칙에 반한다고 할 수도 없다(대판 2004.4.9, 2001두6197 ; 헌재 2003.7.24, 2001헌가25).

① [○] 행정상 공표란 행정법상의 의무 위반이나 의무불이행에 대하여 행정청이 그 사실을 일반(불특정 다수인)에게 알림으로써 그에 따르는 사회적 비난이라는 간접적·심리적 강제에 의하여 그 의무이행을 확보하려는 제도(예 고액조세체납자의 명단이나 사업명의 공시, 공해배출업소의 명단공개 등)를 말한다. 즉, 행정상 공표는 개인의 명예심을 자극하여 행정법상의 의무이행에 대한 간접적 강제 수단으로서, 비권력적 사실행위이다.

② [○] 고액·상습체납자 등의 명단공개는 「국세징수법」제114조, 「관세법」제116조의2 제1항에서 규정하고 있다. 종래 고액·상습체납자 등에 관하여 규정하고 있던 「국세징수법」제85조의5 제1항에서 제1호가 삭제되어 현재는 불성실기부금수령단체 등의 명단공개에 대해서만 규정하고 있다.

> 「국세징수법」제114조【고액·상습체납자의 명단 공개】① 국세청장은 「국세기본법」제81조의13에도 불구하고 체납 발생일부터 1년이 지난 국세의 합계액이 2억 원 이상인 경우 체납자의 인적사항 및 체납액 등을 공개할 수 있다. 다만, 체납된 국세와 관련하여 심판청구 등이 계속 중이거나 그 밖에 대통령령으로 정하는 경우에는 공개할 수 없다.
>
> 「국세기본법」제85조의5【불성실기부금수령단체 등의 명단 공개】① 국세청장은 제81조의13과 「국제조세조정에 관한 법률」제57조에도 불구하고 다음 각 호의 어느 하나에 해당하는 자의 인적사항 등을 공개할 수 있다. 다만, 체납된 국세가 이의신청·심사청구 등 불복청구 중에 있거나 그 밖에 대통령령으로 정하는 사유가 있는 경우에는 그러하지 아니하다.
> 1. 삭제 〈2020. 12. 22.〉
> 2. 대통령령으로 정하는 불성실기부금수령단체의 인적사항, 국세추징명세 등

3. 「조세범 처벌법」 제3조 제1항, 제4조 및 제5조에 따른 범죄로 유죄판결이 확정된 자로서 「조세범 처벌법」 제3조 제1항에 따른 포탈세액 등이 연간 2억 원 이상인 자의 인적사항, 포탈세액 등
4. 「국제조세조정에 관한 법률」 제53조 제1항에 따른 계좌신고의무자로서 신고기한 내에 신고하지 아니한 금액이나 과소 신고한 금액이 50억 원을 초과하는 자(해외금융계좌 신고의무 위반자)의 인적사항, 신고의무 위반금액 등

❸ [X] 개별법상 과징금 부과처분을 하고자 하는 경우에 청문절차가 규정되어 있는 경우가 많은데, 이 경우에는 청문절차를 거쳐야 한다.

④ [O]

> 「질서위반행위규제법」 제52조 【관허사업의 제한】 ① 행정청은 허가·인가·면허·등록 및 갱신을 요하는 사업을 경영하는 자로서 다음 각 호의 사유에 '모두' 해당하는 체납자에 대하여는 사업의 정지 또는 허가 등의 취소를 할 수 있다.
> 1. 해당 사업과 관련된 질서위반행위로 부과받은 과태료 를 3회 이상 체납하고 있고, 체납발생일부터 각 1년이 경과하였으며, 체납금액의 합계가 500만 원 이상인 체납자 중 대통령령으로 정하는 횟수와 금액 이상을 체납한 자
> 2. 천재지변이나 그 밖의 중대한 재난 등 대통령령으로 정하는 특별한 사유 없이 과태료를 체납한 자

13 정답 ①

❶ [O]

> 「공익사업을 위한 토지 등의 취득 및 보상에 관한 법률」 제16조 【협의】 사업시행자는 토지 등에 대한 보상에 관하여 토지소유자 및 관계인과 성실하게 협의하여야 하며, 협의의 절차 및 방법 등 협의에 필요한 사항은 대통령령으로 정한다.
> 제17조 【계약의 체결】 사업시행자는 제16조에 따른 협의가 성립되었을 때에는 토지소유자 및 관계인과 계약을 체결하여야 한다.

② [X]

> 「공익사업을 위한 토지 등의 취득 및 보상에 관한 법률」 제28조 【재결의 신청】 ① 제26조에 따른 협의가 성립되지 아니하거나 협의를 할 수 없을 때(제26조 제2항 단서에 따른 협의 요구가 없을 때를 포함한다)에는 사업시행자는 사업인정고시가 된 날부터 1년 이내에 대통령령으로 정하는 바에 따라 관할 토지수용위원회에 재결을 신청할 수 있다.

③ [X]

> 「공익사업을 위한 토지 등의 취득 및 보상에 관한 법률」 제30조 【재결 신청의 청구】 ① 사업인정고시가 된 후 협의가 성립되지 아니하였을 때에는 토지소유자와 관계인은 대통령령으로 정하는 바에 따라 서면으로 사업시행자에게 재결을 신청할 것을 청구할 수 있다.

④ [X]

> 「공익사업을 위한 토지 등의 취득 및 보상에 관한 법률」 제30조 【재결 신청의 청구】 ② 사업시행자는 제1항에 따른 청구를 받았을 때에는 그 청구를 받은 날부터 60일 이내에 대통령령으로 정하는 바에 따라 관할 토지수용위원회에 재결을 신청하여야 한다.

14 정답 ③

① [O] 「행정심판법」은 대통령의 처분을 그 대상을 제외하나, 행정소송에서는 포함하므로 그 범위는 다르다.

② [O] 「행정심판법」 제51조에 따르면 재결에 대한 청구는 허용되지 않으나, 행정소송법 제19조 단서에 따르면 재결에 고유한 하자가 있다면 항고소송의 대상이 될 수 있다.

❸ [X] 행정심판에서 인용재결이 나오면 처분의 취소되어 항고소송에서 취소를 구할 소의 이익이 상실된다.

④ [O] 「행정심판법」 제47조는 불고불리 원칙을 규정하고 있으나 행정소송법은 이를 규정하고 있지 않다.

> 「행정심판법」 제47조 【재결의 범위】 ① 위원회는 심판청구의 대상이 되는 처분 또는 부작위 외의 사항에 대하여는 재결하지 못한다.

15 정답 ④

① [X] 취소소송의 제소기간 기산점으로 「행정소송법」 제20조 제1항이 정한 '처분 등이 있음을 안 날'은 유효한 행정처분이 있음을 안 날을, 같은 조 제2항이 정한 '처분 등이 있은 날'은 그 행정처분의 효력이 발생한 날을 각 의미한다. 이러한 법리는 행정심판의 청구기간에 관해서도 마찬가지로 적용된다(대판 2019.8.9, 2019두38656).

② [X], ❹ [O] 「행정소송법」상 취소소송은 처분 등이 있음을 안 날부터 90일 이내에 제기하여야 하고, 처분 등이 있은 날부터 1년을 경과하면 제기하지 못한다(「행정소송법」 제20조 제1항, 제2항). 그리고 청구취지를 변경하여 구소가 취하되고 새로운 소가 제기된 것으로 변경되었을 때에 새로운 소에 대한 제소기간의 준수 등은 원칙적으로 소의 변경이 있은 때를 기준으로 하여야 한다. 그러나 선행처분에 대하여 제소기간 내에 취소소송이 적법하게 제기되어 계속 중에 행정청이 선행처분서 문언에 일부 오기가 있어 이를 정정할 수 있음에도 선행처분을 직권으로 취소하고 실질적으로 동일한 내용의 후행처분을 함으로써 선행처분과 후행처분 사이에 밀접한 관련성이 있고 선행처분에 존재한다고 주장되는 위법사유가 후행처분에도 마찬가지로 존재할 수 있는 관계인 경우에는 후행처분의 취소를 구하는 소변경의 제소기간 준수 여부는 따로 따질 필요가 없다(대판 2019.7.4, 2018두58431).

③ [X] 「독점규제 및 공정거래에 관한 법률」 제54조 제1항에 따르면, 위법에 의한 공정거래위원회의 처분에 대하여 불복의 소를 제기하고자 할 때에는 처분의 통지를 받은 날 또는 이의신청에 대한 재결서의 정본을 송달받은 날부터 30일 이내에 소를 제기하여야 한다. 청구취지를 추가하는 경우, 청구취지가 추가된 때에 새로운 소를 제기한 것으로 보므로, 추가된 청구취지에 대한 제소기간 준수 등은 원칙적으로 청구취지의 추가·변경 신청이 있는 때를 기준으로 판단하여야 한다. 그러나 선행처분의 취소를 구하는 소를 제기하였다가 이후 후행처분의 취소를 구하는 청구취지를 추가한 경우에도, 선행처분이 종국적 처분을 예정하고 있는 일종의 잠정적 처분으로서 후행처분이 있을 경우 선행처분은 후행처분에 흡수되어 소멸되는 관계에 있고, 당초 선행처분에 존재한다고 주장되는 위법사유가 후행처분에도 마찬가지로 존재할 수 있는 관계여서 선행처분의 취소를 구하는 소에 후행처분의 취소를 구하는 취지도 포함되어 있다고 볼 수 있다면, 후행처분의 취소를 구하는 소의 제소기간은 선행처분의 취소를 구하는 최초의 소가 제기된 때를 기준으로 정하여야 한다(대판 2018.11.15, 2016두48737).

❶ [○]

> 「행정소송법」제16조【제3자의 소송참가】① 법원은 소송의 결과에 따라 권리 또는 이익의 침해를 받을 제3자가 있는 경우에는 당사자 또는 제3자의 신청 또는 직권에 의하여 결정으로써 그 제3자를 소송에 참가시킬 수 있다.

② [X]

> 「행정소송법」제29조【취소판결 등의 효력】① 처분 등을 취소하는 확정판결은 제3자에 대하여도 효력이 있다.

③ [X]

> 「행정소송법」제29조【취소판결 등의 효력】② 제1항의 규정은 제23조의 규정에 의한 집행정지의 결정 또는 제24조의 규정에 의한 그 집행정지결정의 취소결정에 준용한다.

④ [X]

> 「행정소송법」제31조【제3자에 의한 재심청구】① 처분 등을 취소하는 판결에 의하여 권리 또는 이익의 침해를 받은 제3자는 자기에게 책임 없는 사유로 소송에 참가하지 못함으로써 판결의 결과에 영향을 미칠 공격 또는 방어방법을 제출하지 못한 때에는 이를 이유로 확정된 종국판결에 대하여 재심의 청구를 할 수 있다.

❶ [○] 구 「군인사법」상 보직해임처분은 구 「행정절차법」제3조 제2항 제9호, 같은 법 시행령 제2조 제3호에 의하여 당해 행정작용의 성질상 행정절차를 거치기 곤란하거나 불필요하다고 인정되는 사항 또는 행정절차에 준하는 절차를 거친 사항에 해당하므로, 처분의 근거와 이유제시 등에 관한 「행정절차법」의 규정이 별도로 적용되지 아니한다고 봄이 상당하다(대판 2014.10.15, 2012두5756).

② [X] '고시'의 방법으로 불특정 다수인을 상대로 의무를 부과하거나 권익을 제한하는 처분은 성질상 의견제출의 기회를 주어야 하는 상대방을 특정할 수 없으므로, 이와 같은 처분에 있어서까지 「행정절차법」제22조 제3항에 의하여 그 상대방에게 의견제출의 기회를 주어야 한다고 해석할 것은 아니다(대판 2014.10.27. 2012두7745).

③ [X] 제21조(처분의 사전 통지) ③ 제1항 제6호에 따른 기한은 의견제출에 필요한 기간을 10일 이상으로 고려하여 정하여야 한다. ⇦ 개정 전 제21조(처분의 사전 통지) ③ 제1항 제6호에 따른 기한은 의견제출에 필요한 상당한 기간을 고려하여 정하여야 한다.

④ [X] 현재로는 옳지 않은 지문이나, 2022년 7월 12일 이후로는 옳은 지문이다.

> 「행정절차법」제22조【의견청취】① 행정청이 처분을 할 때 다음 각 호의 어느 하나에 해당하는 경우에는 청문을 한다. (시행 2022.7.12)
> 1. 다른 법령등에서 청문을 하도록 규정하고 있는 경우
> 2. 행정청이 필요하다고 인정하는 경우
> 3. 다음 각 목의 처분을 하는 경우
> 　가. 인허가 등의 취소
> 　나. 신분·자격의 박탈
> 　다. 법인이나 조합 등의 설립허가의 취소

① [○] 「행정소송법」제28조에서 정한 사정판결은 행정처분이 위법함에도 불구하고 이를 취소·변경하게 되면 그것이 도리어 현저히 공공의 복리에 적합하지 않은 경우에 극히 예외적으로 할 수 있으므로, 그 요건에 해당하는지는 위법·부당한 행정처분을 취소·변경하여야 할 필요와 취소·변경으로 발생할 수 있는 공공복리에 반하는 사태 등을 비교·교량하여 엄격하게 판단하되, 처분에 이르기까지의 경과 및 처분 상대방의 관여 정도, 위법사유의 내용과 발생 원인 및 전체 처분에서 위법사유가 관련된 부분이 차지하는 비중, 처분을 취소할 경우 예상되는 결과, 특히 처분을 기초로 새로운 법률관계나 사실상태가 형성되어 다수 이해관계인의 신뢰보호 등 처분의 효력을 존속시킬 공익적 필요성이 있는지 여부 및 정도, 처분의 위법으로 인해 처분 상대방이 입게 된 손해 등 권익 침해의 내용, 행정청의 보완조치 등으로 위법상태의 해소 및 처분 상대방의 피해 전보가 가능한지 여부, 처분 이후 처분청이 위법상태의 해소를 위해 취한 조치 및 적극성의 정도와 처분 상대방의 태도 등 제반 사정을 종합적으로 고려하여야 한다(대판 2016.7.14, 2015두4167).

② [○] 나아가 사정판결은 처분이 위법하나 공익상 필요 등을 고려하여 취소하지 아니하는 것일 뿐 처분이 적법하다고 인정하는 것은 아니므로, 사정판결의 요건을 갖추었다고 판단되는 경우 법원으로서는 「행정소송법」제28조 제2항에 따라 원고가 입게 될 손해의 정도와 배상방법, 그 밖의 사정에 관하여 심리하여야 하고, 이 경우 원고는 「행정소송법」제28조 제3항에 따라 손해배상, 제해시설의 설치 그 밖에 적당한 구제방법의 청구를 병합하여 제기할 수 있으므로, 당사자가 이를 간과하였음이 분명하다면 적절하게 석명권을 행사하여 그에 관한 의견을 진술할 수 있는 기회를 주어야 한다(대판 2016.7.14, 2015두4167).

❸ [X] 무효확인소송에서는 사정판결이 인정되지 않는다.

④ [○] 「행정소송법」제28조 제3항에 따라 피고 행정청인 관악구청장이 아니라 관악구를 상대로 손해배상, 제해시설의 설치 그 밖에 적당한 구제방법의 청구를 당해 취소소송 등이 계속된 법원에 병합하여 제기할 수 있다.

ㄱ. [X] 구 「도시 및 주거환경정비법」상 재개발조합이 공법인이라는 사정만으로 재개발조합과 조합장 또는 조합임원 사이의 선임·해임 등을 둘러싼 법률관계가 공법상의 법률관계에 해당한다거나 그 조합장 또는 조합임원의 지위를 다투는 소송이 당연히 공법상 당사자소송에 해당한다고 볼 수는 없고, 구 「도시 및 주거환경정비법」의 규정들이 재개발조합과 조합장 및 조합임원과의 관계를 특별히 공법상의 근무관계로 설정하고 있다고 볼 수도 없으므로, 재개발조합과 조합장 또는 조합임원 사이의 선임·해임 등을 둘러싼 법률관계는 사법상의 법률관계로서 그 조합장 또는 조합임원의 지위를 다투는 소송은 민사소송에 의하여야 할 것이다(대결 2009.9.24, 2009마168 ; 대결 2010.4.8, 2009마1026).

ㄴ. [X] 「행정소송법」제44조, 제10조에 의한 관련 청구소송의 병합은 본래의 당사자소송이 적법할 것을 요건으로 하는 것이어서 본래의 당사자소송이 부적법하여 각하되면 그에 병합된 관련청구소송도 소송요건을 흠결하여 부적합하므로 각하되어야 한다(대판 2011.9.29, 2009두10963).

ㄷ. [○] 「광주민주화운동 관련자 보상 등에 관한 법률」에 의거하여 관련자 및 유족들이 갖게 되는 보상 등에 관한 권리는 헌법 제23조 제3항에 따른 재산권침해에 대한 손실보상청구나 「국가배상법」에 따른

손해배상청구와는 그 성질을 달리하는 것으로서 법률이 특별히 인정하고 있는 공법상의 권리라고 하여야 할 것이므로 그에 관한 소송은 「행정소송법」 제3조 제2호 소정의 당사자소송에 의하여야 할 것이며 보상금 등의 지급에 관한 법률관계의 주체는 대한민국이다(대판 1992.12.24, 92누3335). ⇒ '민주화운동관련자 명예회복 및 보상심의위원회'의 결정은 국민의 권리의무에 직접 영향을 미치는 행정처분에 해당하므로, 관련자 등으로서 보상금 등을 지급받고자 하는 신청에 대하여 심의위원회가 관련자 해당 요건의 전부 또는 일부를 인정하지 아니하여 보상금 등의 지급을 기각하는 결정을 한 경우에는 신청인은 심의위원회를 상대로 그 결정의 취소를 구하는 소송을 제기하여 보상금 등의 지급대상자가 될 수 있다(대판 전합체 2008.4.17, 2005두16185).

ㄹ. [X] 「행정소송법」상 당사자소송에 대하여는 「행정소송법」 제23조 제2항의 집행정지에 관한 규정이 준용되지 아니하므로(「행정소송법」 제44조 제1항 참조), 이를 본안으로 하는 가처분에 대하여는 「행정소송법」 제8조 제2항에 따라 「민사집행법」상 가처분에 관한 규정이 준용되어야 한다(대결 2015.8.21, 2015무26).

ㅁ. [O] 법원은 당사자소송을 항고소송으로 변경하는 것이 상당하다고 인정할 때에는 청구의 기초에 변경이 없는 한 사실심의 변론종결시까지 원고의 신청에 의하여 결정으로써 소의 변경을 허가할 수 있다. 이에 의한 허가결정이 있은 때에는 변경된 새로운 소송은 처음에 소를 제기한 때에 제기된 것으로 보고, 종전 소송은 취하된 것으로 본다(「행정소송법」 제21조 제1항·제4항, 제14조 제4항·제5항).

20   정답 ②

① [O] 위헌무효설은 헌법 제23조 제3항을 불가분조항(결부조항)으로 보나, 직접효력설은 불가분조항으로 보지 않는다.

❷ [X] 법률에 보상규정이 없는 경우 경계이론에 따르면 헌법 제23조 제3항의 공용침해가 되나, 분리이론에 따르면 헌법 제23조 제3항의 공용침해가 아니다.

③ [O] 물건 또는 권리 등에 대한 손실보상액 산정의 기준이나 방법에 관하여 구체적으로 정하고 있는 법령의 규정이 없는 경우에는, 그 성질상 유사한 물건 또는 권리 등에 대한 관련 법령상의 손실보상액 산정의 기준이나 방법에 관한 규정을 유추적용할 수 있다(대판 2018.12.27, 2014두11601).

④ [O] 구 「도시계획법」 제21조에 규정된 개발제한구역제도 그 자체는 원칙적으로 합헌인 규정인데, 다만 개발제한구역의 지정으로 말미암아 일부 토지소유자에게 사회적 제약의 범위를 넘는 가혹한 부담이 발생하는 예외적인 경우에 대하여 보상규정을 두지 않은 것에 위헌성이 있는 것이고, 보상의 구체적 기준과 방법은 헌법재판소가 결정할 성질의 것이 아니라 광범위한 입법형성권을 가진 입법자가 입법정책적으로 정할 사항이므로, 입법자가 보상입법을 마련함으로써 위헌적인 상태를 제거할 때까지 위 조항을 형식적으로 존속케 하기 위하여 헌법불합치결정을 하는 것이다(헌재 1998.12.24, 89헌마214).

5회 전범위 모의고사

정답

01   정답 ③

① [O] 우리나라가 1990. 4. 10. 가입한 '시민적·정치적 권리에 관한 국제 규약(International Covenant on Civil and Political Rights)'에 따라 바로 양심적 병역거부권이 인정되거나 양심적 병역거부에 관한 법적인 구속력이 발생한다고 보기 곤란하고, 양심적 병역거부 권을 명문으로 인정한 국제인권조약은 아직까지 존재하지 않으며, 유럽 등의 일부국가에서 양심적 병역거부권이 보장된다고 하더라도 전 세계적으로 양심적 병역거부권의 보장에 관한 국제관습법이 형성 되었다고 할 수 없어 양심적 병역거부가 일반적으로 승인된 국제법 규로서 우리나라에 수용될 수는 없다(헌재 2011.8.30, 2008헌가 22).

② [O] 농업협동조합이나 농업협동조합중앙회의 업무 및 재산에 대하여 부과금 면제를 규정한 구 「농업협동조합법」 제8조가 농지보전부담 금 부과에 관한 구 「농지법」 제38조 제1항의 특별법이다. 따라서 부과금 면제에 관한 특별법인 농협법 제8조는 농지법령에 대한 관 계에서도 특별법으로 보아 농업협동조합이나 농업협동조합중앙회 의 업무 및 재산에 대하여는 부과금의 일종인 농지보전부담금을 부 과할 수 없다고 해석해야 한다(대판 2012.5.24, 2010두16714).

❸ [X] 국가기본도상의 해상경계선은 국토지리정보원이 국가기본도상 도 서 등의 소속을 명시할 필요가 있는 경우 해당 행정구역과 관련하 여 표시한 선으로서, 여러 도서 사이의 적당한 위치에 각 소속이 인지될 수 있도록 실지측량 없이 표시한 것에 불과하므로, 이 해상 경계선을 공유수면에 대한 불문법상 행정구역에 경계로 인정해 온 종전의 결정은 이 결정의 견해와 저촉되는 범위 내에서 이를 변경 하기로 한다(헌재 2015.7.30, 2010헌라2).

④ [O] 수익적 행정처분의 하자가 당사자의 사실은폐나 기타 사위의 방법 에 의한 신청행위에 기인한 것이라면, 처분에 관한 신뢰이익을 원 용할 수 없으나, 당사자의 귀책사유가 없었다면 위법한 행정행위 에 대한 신뢰가 성립된다.

02   정답 ①

❶ [X] 「체육시설의 설치·이용에 관한 법률」 제27조 제1항은 체육시설 에 관한 영업의 양도가 있는 경우에는 양도인과 회원 간에 약정한 사항을 포함하여 그 체육시설업의 등록 또는 신고에 따른 권리·의 무를 양수인이 승계하도록 규정하고 있다. 이는 사업의 인허가와 관련하여 형성된 양도인에 대한 공법상의 관리체계를 영업주체의 변동에도 불구하고 유지시키려는 취지와 함께, 양도인과 이용관계

를 맺은 다수 회원들의 이익을 보호하려는 취지에서 둔 특칙으로 서, 영업양도로 영업주체가 변경되었더라도 회원 모집 당시의 기 존 회원의 권익에 관한 약정은 당연히 양수인에게 그대로 승계될 뿐이므로, 회원 권익에 관한 약정이 변경된 것으로 볼 수 없다(대 판 2015.12.23, 2013다85417).

② [O] 「체육시설의 설치·이용에 관한 법률」 제27조는 영업주체의 변동 에도 불구하고 사업의 인허가와 관련하여 형성된 공법상 관리체계 를 유지시키고 체육시설업자와 이용관계를 맺은 다수 회원의 이익 을 보호하는 데 입법취지가 있다. 특히 「체육시설의 설치·이용에 관한 법률」 제27조 제2항은 같은 조 제1항의 영업양도에는 해당 하지 않더라도 제2항 각 호에서 정하는 「민사집행법」에 따른 경매 등 절차에 따라 문화체육관광부령으로 정하는 체육시설업의 시설 기준에 따른 필수시설(이하 '체육필수시설'이라 한다)의 소유권이 이전되어 체육시설업의 영업주체가 변경되는 때에도 제1항을 준 용하려는 것이 그 입법취지이다. 「체육시설의 설치·이용에 관한 법률」 제11조 제1항, 제27조 제1항, 제2항, 「체육시설의 설치· 이용에 관한 법률 시행규칙」 제8조 [별표 4] 등의 규정 내용과 「체육시설의 설치·이용에 관한 법률」 제27조의 입법취지 등에 비추어, 당초에는 어떠한 시설이 「체육시설의 설치·이용에 관한 법률」 제27조 제2항에서 정한 체육필수시설에 해당하였지만, 이 를 구성하던 일부 시설이 노후화되거나 철거되는 등으로 남은 시 설로는 본래 용도에 따른 기능을 상실하여 이를 이용해서 종전 체 육시설업을 영위할 수 없는 정도에 이르렀고 체육시설업의 영업 실질이 남아 있지 않게 된 경우에는 그 시설은 더는 「체육시설의 설치·이용에 관한 법률」 제27조 제2항에서 정한 체육필수시설에 해당한다고 볼 수 없다. 이러한 시설이 「민사집행법」에 따른 경매 등 「체육시설의 설치·이용에 관한 법률」 제27조 제2항 각 호에 서 정한 절차에 따라 매각된다고 하더라도 「체육시설의 설치·이 용에 관한 법률」 제27조 제2항은 적용되지 않으므로 그 시설을 매수한 사람은 기존 체육시설업자의 회원에 대한 권리·의무를 승 계한다고 볼 수 없다(대판 2019.9.10, 2018다237473).

③ [O] 회사합병이 있는 경우에는 피합병회사의 권리·의무는 사법상의 관계나 공법상의 관계를 불문하고 그의 성질상 이전을 허용하지 않는 것을 제외하고는 모두 합병으로 인하여 존속한 회사에 승계 되는 것으로 보아야 한다(대판 2019.12.12, 2018두63563).

④ [O] 「폐기물관리법」 제64조 제6호에서 정하고 있는 '거짓이나 그 밖 의 부정한 방법으로 제25조 제3항에 따른 폐기물처리업 허가를 받은 자'란 폐기물처리업 허가를 신규 취득하는 과정에서 부정한 방법을 동원한 자만을 가리키는 것이지, 이미 허가를 받은 기존의 폐기물처리업을 양수하여 그 권리·의무의 승계를 신고하는 자까 지 포함하는 것이라고 볼 수는 없다. 따라서 乙이 甲 주식회사로 부터 이미 허가받은 기존의 폐기물 종합재활용업을 양수하여 관할 시장에게 그 권리·의무의 승계를 신고하는 방법으로 거짓이나 그 밖의 부정한 방법으로 폐기물처리업 허가를 받은 경우, 乙은 폐기 물처리업 허가를 신규로 취득한 자가 아니라 이미 허가를 받은 기 존의 폐기물처리업을 양수하여 그 권리·의무의 승계를 신고한 자 에 불과하여 「폐기물관리법」 제64조 제6호 위반죄로 처벌할 수 없다(대판 2019.8.14, 2019도3653).

03   정답 ②

① [X] 무효와 취소의 구분기준에 관한 '중대명백설'은 행정행위의 하자 가 내용상 중대하고 또 외관상 명백한 경우에만 해당 행정행위가 무효로 되고, 중대성과 명백성 중 어느 하나라도 갖추지 못하면 취 소사유에 불과하다는 견해이다. 이에 반해 '명백성보충요건설'은 하자의 중대성만으로도 행정행위가 무효로 되나, 제3자나 공공의 신뢰보호의 필요가 있는 경우에는 하자의 중대성 외에 명백성도

무효의 요건이 된다는 견해이다. 따라서 명백성보충요건설에 의하면 중대명백설보다 무효의 인정범위가 넓어지게 된다.

❷ [O] 절차상 또는 형식상 하자로 인하여 무효인 행정처분이 있은 후 행정청이 관계 법령에서 정한 절차 또는 형식을 갖추어 다시 동일한 행정처분을 하였다면 당해 행정처분은 종전의 무효인 행정처분과 관계없이 새로운 행정처분이라고 보아야 한다(대판 2014.3.13, 2012두1006).

③ [X] 적법한 건축신고에 의하여 축조된 건축물에 대한 철거명령은 그 하자가 중대하고 명백하여 당연무효라 할 것이고, 그 후행행위인 건축물철거대집행 계고처분 역시 당연무효이다(대판 1999.4.27, 97누6780).

④ [X] 하자의 승계문제는 둘 이상의 행정행위가 연속적으로 행해지는 경우 선행행위에 하자가 있으면 후행행위 자체에 하자가 없어도 후행행위에 영향을 미치는가의 문제이지, 후행행위의 하자를 이유로 선행행위를 다투는 것은 인정될 수 없다(대판 1997.2.14, 96누15428).

04 정답 ②

① [X] 행정청이 「도시 및 주거환경 정비법」 등 관련 법령에 근거하여 행하는 조합설립 인가처분은 단순히 사인들의 조합설립행위에 대한 보충행위로서의 성질을 갖는 것에 그치는 것이 아니라, 조합에 대하여 「도시 및 주거환경 정비법」상 재건축사업을 시행할 수 있는 권한을 갖는 행정주체(공법인)로서의 지위를 부여하는 일종의 설권적 처분의 성격을 갖는다고 보아야 한다(대판 2010.2.25, 2007다73598 등).

❷ [O] 「도시 및 주거환경정비법」 주택재건축(재개발)조합이 수립하는 관리처분계획에 대한 행정청의 인가는 관리처분계획의 법률상 효력을 완성시키는 보충행위로서의 성질을 갖는다(대판 2012.8.30, 2010두24951; 대판 2016.12.15, 2015두51347).

③ [X] 재개발조합설립인가신청에 대한 행정청의 조합설립인가처분은 단순히 사인들의 조합설립행위에 대한 보충행위로서의 성질을 가지는 것이 아니라 법령상 일정한 요건을 갖추는 경우 행정주체(공법인)의 지위를 부여하는 일종의 설권적 처분의 성질을 가진다고 보아야 한다. 그러므로 구 「도시 및 주거환경정비법」상 재개발조합설립인가신청에 대하여 행정청의 조합설립인가처분이 있은 이후에는, 조합설립 동의에 하자가 있음을 이유로 재개발조합 설립의 효력을 부정하려면 항고소송으로 조합설립인가처분의 효력을 다투어야 한다(대판 2010.1.28, 2009두4845).

⑤ [X] 구 「자동차관리법」상 자동차관리사업자로 구성하는 사업자단체인 조합 또는 협회 설립인가제도의 입법취지, 조합 등에 대하여 인가권자가 가지는 지도·감독권한의 범위 등과 아울러 「자동차관리법」상 조합 등 설립인가에 관하여 구체적인 기준이 정하여져 있지 않은 점에 비추어 보면, 인가권자인 국토해양부장관 또는 시·도지사는 조합 등의 설립인가 신청에 대하여 「자동차관리법」 제67조 제3항에 정한 설립요건의 충족 여부는 물론, 나아가 조합 등의 사업내용이나 운영계획 등이 자동차관리사업의 건전한 발전과 질서확립이라는 사업자단체 설립의 공익적 목적에 부합하는지 등을 함께 검토하여 설립인가 여부를 결정할 재량을 가진다(대판 2015.5.29, 2013두635).

05 정답 ①

❶ [X] 인감증명행위는 인감증명청이 적법한 신청이 있는 경우에 인감대장에 이미 신고된 인감을 기준으로 출원자의 현재 사용하는 인감

을 증명하는 것으로서 구체적인 사실을 증명하는 것일 뿐, 나아가 출원자에게 어떠한 권리가 부여되거나 변동 또는 상실되는 효력을 발생하는 것이 아니고, 인감증명의 무효확인을 받아들인다 하더라도 이로써 이미 침해된 당사자의 권리가 회복되거나 또는 곧바로 이와 관련된 새로운 권리가 발생하는 것도 아니므로 무효확인을 구할 법률상 이익이 없어 부적법하다(대판 2001.7.10, 2000두2136).

② [O] 구 「교통안전공단법」에 분담금 납부의무자에 대하여 한 분담금 납부통지는 그 납부의무자의 구체적인 분담금 납부의무를 확정시키는 효력을 갖는 행정처분이다(대판 2000.9.8, 2000다12716).

③ [O] 구 「의료법」 부칙 제7조의 의료유사업자 자격증 갱신발급행위는 의료유사업자의 자격을 부여 내지 확인하는 것은 아니고, 그 자격의 존재를 증명하는 '공증행위'이므로 소정기간 내에 자격증 갱신발급을 받지 못하여도 자격 자체는 아무런 영향이 없으니 의료유사업자는 그 자격에 대한 불안을 제거하기 위하여 이를 다투는 국가를 상대로 그 확인을 구할 법률상 이익이 있다(대판 1979.5.22, 79누39 ; 대판 1977.5.24, 76누295).

④ [O] 토지대장에 기재된 일정한 사항을 변경하는 행위는, 그것이 지목의 변경이나 정정 등과 같이 토지소유권 행사의 전제요건으로서 토지소유자의 실체적 권리관계에 영향을 미치는 사항에 관한 것이 아닌 한 행정사무집행의 편의와 사실증명의 자료로 삼기 위한 것일 뿐이어서, 그 소유자 명의가 변경된다고 하여도 이로 인하여 당해 토지에 대한 실체상의 권리관계에 변동을 가져올 수 없고 토지소유권이 지적공부의 기재만에 의하여 증명되는 것도 아니다. 따라서 소관청이 토지대장상의 소유명의변경신청을 거부한 행위는 이를 항고소송의 대상이 되는 행정처분이라고 할 수 없다(대판 2012.1.12, 2010두12354).

06 정답 ②

① [X] 행정청의 사전통지와 의견청취의무는 침익적 처분에 적용된다. 행정지도는 처분이 아니어서 침익적 처분이 아니므로 사전통지의무와 의견청취의무가 적용되지 않는다.

❷ [O] 그 주주가 주식매각의 종용을 거부한다는 의사를 명백하게 표시하였음에도 불구하고, 집요하게 위협적인 언동을 함으로써 그 매각을 강요하였다면 이는 위법한 강박행위에 해당한다고 하지 않을 수 없다 하여, 정부의 재무부 이재국장 등이 ○○그룹 정리방안에 따라 신한투자금융주식회사의 주식을 주식회사 제일은행에게 매각하도록 종용한 행위가 행정지도에 해당되어 위법성이 조각된다고 할 수 없다(대판 1994.12.13, 93다49482).

③ [O] 교육인적자원부장관의 대학총장들에 대한 이 사건 학칙시정요구는 「고등교육법」 제6조 제2항, 「같은 법 시행령」 제4조 제3항에 따른 것으로서 그 법적 성격은 대학총장의 임의적인 협력을 통하여 사실상의 효과를 발생시키는 행정지도의 일종이지만, 그에 따르지 않을 경우 일정한 불이익조치를 예정하고 있어 사실상 상대방에게 그에 따를 의무를 부과하는 것과 다를 바 없으므로 단순한 행정지도로서의 한계를 넘어 규제적·구속적 성격을 상당히 강하게 갖는 것으로서 헌법소원의 대상이 되는 공권력의 행사라고 볼 수 있다(헌재 2003.6.26, 2002헌마337).

④ [O] 위법한 행정지도로 상대방에게 일정기간 어업권을 행사하지 못하는 손해를 입힌 행정기관이 "어업권 및 시설에 대한 보상 문제는 관련 부서와의 협의 및 상급기관의 질의, 전문기관의 자료에 의하여 처리해야 하므로 처리기간이 지연됨을 양지하여 달라"는 취지의 공문을 보낸 사유만으로 자신의 채무를 승인한 것으로 볼 수 없다(대판 2008.9.25, 2006다18228).

① [O] 「식품위생법 시행규칙」 제53조에서 [별표 15]로 「식품위생법」 제58조에 따른 행정처분의 기준을 정하였다고 하더라도, 형식은 부령으로 되어 있으나 성질은 행정기관 내부의 사무처리준칙을 정한 것에 불과한 것으로서, 보건복지부장관이 관계 행정기관 및 직원에 대하여 직무권한행사의 지침을 정하여 주기 위하여 발한 행정명령의 성질을 가지는 것이지 같은 법 제58조 제1항의 규정에 보장된 재량권을 기속하는 것이라고 할 수 없고 대외적으로 국민이나 법원을 기속하는 힘이 있는 것은 아니므로, 같은 법 제58조 제1항에 의한 처분의 적법 여부는 같은 법 시행규칙에 적합한 것인가의 여부에 따라 판단할 것이 아니라 같은 법 규정 및 그 취지에 적합한 것인가의 여부에 따라 판단하여야 할 것이며, 따라서 행정처분이 위 기준에 위반되었다는 사정만으로 그 처분이 위법한 것으로 되는 것은 아니다(대판 1994.10.14, 94누4370). 즉, 판례는 시행규칙(부령) 형식의 행정규칙을 원칙적으로 행정규칙으로 보고 있다.

② [O], ③ [O] 제재적 행정처분이 그 처분에서 정한 제재기간의 경과로 인하여 그 효과가 소멸되었으나, 부령인 시행규칙 또는 지방자치단체의 규칙(이하 이들을 '규칙'이라고 한다)의 형식으로 정한 처분기준에서 제재적 행정처분(이하 '선행처분'이라고 한다)을 받은 것을 가중사유나 전제요건으로 삼아 장래의 제재적 행정처분(이하 '후행처분'이라고 한다)을 하도록 정하고 있는 경우, 제재적 행정처분의 가중사유나 전제요건에 관한 규정이 법령이 아니라 규칙의 형식으로 되어 있다고 하더라도, 그러한 규칙이 법령에 근거를 두고 있는 이상 그 법적 성질이 대외적·일반적 구속력을 갖는 법규명령인지 여부와는 상관없이, 관할 행정청이나 담당공무원은 이를 준수할 의무가 있으므로 이들이 그 규칙에 정해진 바에 따라 행정작용을 할 것이 당연히 예견되고, 그 결과 행정작용의 상대방인 국민으로서는 그 규칙의 영향을 받을 수밖에 없다. 따라서 그러한 규칙이 정한 바에 따라 선행처분을 받은 상대방이 그 처분의 존재로 인하여 장래에 받을 불이익, 즉 후행처분의 위험은 구체적이고 현실적인 것이므로, 상대방에게는 선행처분의 취소소송을 통하여 그 불이익을 제거할 필요가 있다. 또한, 나중에 후행처분에 대한 취소소송에서 선행처분의 사실관계나 위법 등을 다툴 수 있는 여지가 남아 있다고 하더라도, 이러한 사정은 후행처분이 이루어지기 전에 이를 방지하기 위하여 직접 선행처분의 위법을 다투는 취소소송을 제기할 필요성을 부정할 이유가 되지 못한다. 그러한 쟁송방법을 막는 것은 여러 가지 불합리한 결과를 초래하여 권리구제의 실효성을 저해할 수 있기 때문이다. 오히려 앞서 본 바와 같이 행정청으로서는 선행처분이 적법함을 전제로 후행처분을 할 것이 당연히 예견되므로, 이러한 선행처분으로 인한 불이익을 선행처분 자체에 대한 소송에서 사전에 제거할 수 있도록 해 주는 것이 상대방의 법률상 지위에 대한 불안을 해소하는 데 가장 유효·적절한 수단이 된다고 할 것이고, 또한 그 소송을 통하여 선행처분의 사실관계 및 위법 여부가 조속히 확정됨으로써 이와 관련된 장래의 행정작용의 적법성을 보장함과 동시에 국민생활의 안정을 도모할 수 있다. 이상의 여러 사정과 아울러, 국민의 재판청구권을 보장한 헌법 제27조 제1항의 취지와 행정처분으로 인한 권익침해를 효과적으로 구제하려는 「행정소송법」의 목적 등에 비추어 행정처분의 존재로 인하여 국민의 권익이 실제로 침해되고 있는 경우는 물론이고 권익침해의 구체적·현실적 위험이 있는 경우에도 이를 구제하는 소송이 허용되어야 한다는 요청을 고려하면, 규칙이 정한 바에 따라 선행처분을 가중사유 또는 전제요건으로 하는 후행처분을 받을 우려가 현실적으로 존재하는 경우에는, 선행처분을 받은 상대방은 비록 그 처분에서 정한 제재기간이 경과하였다 하더라도 그 처분의 취소소송을 통하여 그러한 불이익을 제거할 권리보호의 필요성이 충분히 인정된다고 할 것이므로, 선행처분의 취소를 구할

법률상 이익이 있다고 보아야 한다(대판 전합체 2006.6.22, 2003두1684).

❹ [X] 당해 주택건설사업영업정지처분의 기준이 된 구 「주택건설촉진법 시행령」 제10조의3 제1항 [별표 1]은 그 「주택건설촉진법」 제7조 제2항의 위임규정에 터잡은 규정형식상 대통령령이므로 그 성질이 부령인 시행규칙이나 또는 지방자치단체의 규칙과 같이 통상적으로 행정조직 내부에 있어서의 행정명령에 지나지 않는 것이 아니라 대외적으로 국민이나 법원을 구속하는 힘이 있는 법규명령에 해당한다(대판 1997.12.26, 97누15418). 즉, 판례는 시행령(대통령령) 형식의 행정규칙을 법규명령으로 보고 있다.

① [X]

> 「행정절차법」 제28조【청문 주재자】① 행정청은 소속 직원 또는 대통령령으로 정하는 자격을 가진 사람 중에서 청문 주재자를 공정하게 선정하여야 한다.

② [X]

> 「행정절차법」 제29조【청문 주재자의 제척·기피·회피】① 청문 주재자가 다음 각 호의 어느 하나에 해당하는 경우에는 청문을 주재할 수 없다.
> 1. 자신이 당사자 등이거나 당사자 등과 「민법」 제777조 각 호의 어느 하나에 해당하는 친족관계에 있거나 있었던 경우
> 2. 자신이 해당 처분과 관련하여 증언이나 감정(鑑定)을 한 경우
> 3. 자신이 해당 처분의 당사자 등의 대리인으로 관여하거나 관여하였던 경우
> 4. 자신이 해당 처분업무를 직접 처리하거나 처리하였던 경우
> 5. 자신이 해당 처분업무를 처리하는 부서에 근무하는 경우. 이 경우 부서의 구체적인 범위는 대통령령으로 정한다. ⇦ 개정 전에 없던 제5호를 신설함

③ [X]

> 「행정절차법」 제35조【청문의 종결】③ 청문 주재자는 당사자 등의 전부 또는 일부가 정당한 사유로 청문기일에 출석하지 못하거나 제31조 제3항에 따른 의견서를 제출하지 못한 경우에는 10일 이상의 기간을 정하여 이들에게 의견진술 및 증거제출을 요구하여야 하며, 해당 기간이 지났을 때에 청문을 마칠 수 있다.

❹ [O]

> 「행정절차법」 제28조【청문 주재자】② 행정청은 청문이 시작되는 날부터 7일 전까지 청문 주재자에게 청문과 관련한 필요한 자료를 미리 통지하여야 한다.

❶ [X] 「건축법」 제108조에 의한 무허가 건축행위에 대한 형사처벌과 「건축법」 제80조 제1항에 의한 시정명령 위반에 대한 이행강제금의 부과는 그 처벌 내지 제재대상이 되는 기본적 사실관계로서의 행위를 달리하며, 또한 그 보호법익과 목적에서도 차이가 있으므로 헌법 제13조 제1항이 금지하는 이중처벌에 해당한다고 할 수 없다(헌재 2004.2.26, 2001헌바80).

② [○] 전통적으로 행정대집행은 대체적 작위의무에 대한 강제집행수단으로, 이행강제금은 부작위의무나 비대체적 작위의무에 대한 강제집행수단으로 이해되어 왔으나, 이는 이행강제금제도의 본질에서 오는 제약은 아니며, 이행강제금은 대체적 작위의무의 위반에 대하여도 부과될 수 있다. 현행 「건축법」상 위법건축물에 대한 이행강제수단으로 대집행과 이행강제금이 인정되고 있는데, 양 제도는 각각의 장단점이 있으므로 행정청은 개별사건에 있어서 위반내용, 위반자의 시정의지 등을 감안하여 대집행과 이행강제금을 선택적으로 활용할 수 있으며, 이처럼 그 합리적인 재량에 의해 선택하여 활용하는 이상 중첩적인 제재에 해당한다고 볼 수 없다. 따라서 이행강제금과 대집행이 선택적으로 규정된 「건축법」 조항이 헌법상 과잉금지의 원칙에 위배된다고 할 수 없다(헌재 2004.2.26, 2001헌바80).

③ [○] 종래 이행강제금제도를 둔 법률들은 이행강제금 부과처분에 불복이 있는 자는 당해 부과권자에게 이의를 제기할 수 있고, 이의를 제기한 경우에는 당해 부과권자는 지체 없이 관할법원에 그 사실을 통보하여야 하며, 그 통보를 받은 관할법원은 「비송사건절차법」에 의한 과태료의 재판을 하도록 하였다. 따라서 이행강제금 부과처분은 행정소송의 대상이 되는 처분성이 인정될 수 없었다(대판 2000.9.22, 2000두5722 참조). 그러나 현재는 「비송사건절차법」에 의한 불복절차규정이 대부분 삭제됨으로써 이행강제금 부과처분이 행정행위로서의 성질을 가지게 되어 행정소송에 의해 구제를 받을 수 있게 되었다. 다만, 예컨대 「농지법」 제62조 제7항에서와 같이 이행강제금 부과처분에 대한 불복방법으로 이의신청 및 「비송사건절차법」에 의한다는 특별절차를 규정하고 있는 경우에는 그에 따른다. 결론적으로 이행강제금 부과처분에 대한 불복방법은 개별 법률이 정하는 바에 의하게 된다.

④ [○] 허가권자는 「건축법」 제79조 제1항에 따라 시정명령을 받은 후 시정기간 내에 시정명령을 이행하지 아니한 건축주 등에 대하여는 그 시정명령의 이행에 필요한 상당한 이행기한을 정하여 그 기한까지 시정명령을 이행하지 아니하면 이행강제금을 부과한다(「건축법」 제80조 제1항 본문). 그리고 허가권자는 「건축법」 제79조 제1항에 따라 필요한 조치를 할 때 (1) 재해가 발생할 위험이 절박한 경우, (2) 건축물의 구조 안전상 심각한 문제가 있어 붕괴 등 손괴의 위험이 예상되는 경우, (3) 허가권자의 공사중지명령을 받고도 불응하여 공사를 강행하는 경우, (4) 도로통행에 현저하게 지장을 주는 불법건축물인 경우, (5) 그 밖에 공공의 안전 및 공익에 심히 저해되어 신속하게 실시할 필요가 있다고 인정되는 경우로서 대통령령으로 정하는 경우의 어느 하나에 해당하는 경우로서 「행정대집행법」 제3조 제1항(계고)과 제2항(대집행영장에 의한 통지)에 따른 절차에 의하면 그 목적을 달성하기 곤란한 때에는 해당 절차를 거치지 아니하고 대집행할 수 있다(「건축법」 제85조 제1항). 따라서 이에 해당하지 않는 한, 대집행을 하려함에 있어서는 상당한 이행기한을 정하여 그 기한까지 시정명령이 이행되지 아니할 때에는 대집행을 한다는 뜻을 미리 문서로써 계고하여야 한다(「행정대집행법」 제3조 제1항). 즉 현행법상 위법건축물에 대한 이행강제수단으로 인정되는 대집행과 이행강제금을 비교하면, 대집행은 (시정명령을 받은) 위반행위자가 위법상태를 치유하지 않아 그 이행의 확보가 곤란하고 또한 이를 방치함이 심히 공익을 해할 것으로 인정될 때에 행정청 또는 제3자가 이를 치유하는 것인 반면, 이행강제금은 (시정명령을 받은) 위반행위자 스스로가 이를 시정할 수 있는 기회를 부여하여 불필요한 행정력의 낭비를 억제하고 위반행위로 인한 경제적 이익을 환수하기 위한 제도로서 양 제도의 각각의 장단점이 있다(헌재 2004.2.26, 2001헌바80).

10 정답 ③

① [○]

> **「공공기관의 정보공개에 관한 법률」 제13조【정보공개 여부 결정의 통지】** ② 공공기관은 청구인이 사본 또는 복제물의 교부를 원하는 경우에는 이를 교부하여야 한다. 다만, 공개 대상 정보의 양이 너무 많아 정상적인 업무수행에 현저한 지장을 초래할 우려가 있는 경우에는 정보의 사본·복제물을 일정 기간별로 나누어 제공하거나 열람과 병행하여 제공할 수 있다.

② [○]

> **「공공기관의 정보공개에 관한 법률」 제14조【부분 공개】** 공개 청구한 정보가 제9조 제1항 각 호의 어느 하나에 해당하는 부분과 공개 가능한 부분이 혼합되어 있는 경우로서 공개 청구의 취지에 어긋나지 아니하는 범위에서 두 부분을 분리할 수 있는 경우에는 제9조 제1항 각 호의 어느 하나에 해당하는 부분을 제외하고 공개하여야 한다.

❸ [X]

> **「공공기관의 정보공개에 관한 법률」 제15조【정보의 전자적 공개】**
> ① 공공기관은 전자적 형태로 보유·관리하는 정보에 대하여 청구인이 전자적 형태로 공개하여 줄 것을 요청하는 경우에는 그 정보의 성질상 현저히 곤란한 경우를 제외하고는 청구인의 요청에 따라야 한다.
> ② 공공기관은 전자적 형태로 보유·관리하지 아니하는 정보에 대하여 청구인이 전자적 형태로 공개하여 줄 것을 요청한 경우에는 정상적인 업무수행에 현저한 지장을 초래하거나 그 정보의 성질이 훼손될 우려가 없으면 그 정보를 전자적 형태로 변환하여 공개할 수 있다.

④ [○]

> **「공공기관의 정보공개에 관한 법률」 제13조【정보공개 여부 결정의 통지】** ③ 공공기관은 제1항에 따라 정보를 공개하는 경우에 그 정보의 원본이 더럽혀지거나 파손될 우려가 있거나 그 밖에 상당한 이유가 있다고 인정할 때에는 그 정보의 사본·복제물을 공개할 수 있다.

11 정답 ③

① [X] 행정상 강제집행이 의무의 존재를 전제로 하여 그 불이행이 있는 경우에 일정한 절차를 거쳐 실력행사가 이루어지는 것인데 반하여, 행정상 즉시강제는 구체적인 의무의 불이행이 전제되지 않고 또는 구체적인 의무의 불이행이 있어도 일정한 절차를 거침이 없이 이루어지는 실력행사라는 점에서 양자는 서로 다르다. ➡ 지문은 행정대집행에 관한 내용이다.

② [X] 행정상 즉시강제는 실력 행사를 수반하더라도 그 급박성으로 인해 재량행위로 규정되는 경우가 대부분이다.

❸ [○] 「경찰관 직무집행법」 제3조의 불심검문을 즉시강제로 보는 견해도 있으나, 권력적 행정조사로 보는 견해가 일반적이다.

④ [X] 행정상 즉시강제는 권력적 사실행위이므로 그것이 위법한 경우 행정심판과 행정소송의 대상이 되는 처분성이 인정된다. 그러나 즉시강제가 완성되어버리면 취소나 변경을 구할 이익이 없기 때문에, 실제상 행정쟁송은 즉시강제가 장기간에 걸쳐 계속되는 경우(예 강제수용)에만 의미를 갖는다. 따라서 즉시강제가 이미 종료

되어 행정쟁송이 불가능한 경우에는 손해배상이 실효적인 구제수단이라고 할 수 있다.

12 정답 ③

① [X] 원고는 행정심판에서 주장하지 아니한 사유를 항고소송에서 주장할 수 있다.

② [X] 제3자가 제기하는 행정소송의 경우 제3자는 행정처분의 존재를 알지 못하고 행정심판에 대한 고지도 받지 못한 경우 행정심판전치주의가 적용되지 않는다고 「행정소송법」 제18조에 규정되어 있지 않다.

❸ [O] 제3자가 제기하는 행정소송의 경우 제3자는 행정처분의 존재를 알지 못하고 행정심판에 대한 고지도 받지 못하게 되므로 「행정소송법」 제20조 제2항 단서의 정당한 사유에 해당하는 대표적 사유이다.

④ [X] 부당이득반환소송에는 당해 처분의 취소를 선결문제로 하는 부당이득반환청구가 포함되고, 이러한 부당이득반환청구가 인용되기 위해서는 그 소송절차에서 판결에 의해 당해 처분이 취소되면 충분하고 그 처분의 취소가 확정되어야 하는 것은 아니라고 보아야 한다(대판 2009.4.9, 2008두23153).

13 정답 ④

① [X]

> 「행정조사기본법」 제25조 【자율신고제도】 ① 행정기관의 장은 법령 등에서 규정하고 있는 조사사항을 조사대상자로 하여금 스스로 신고하도록 하는 제도를 운영할 수 있다.
> ② 행정기관의 장은 조사대상자가 제1항에 따라 신고한 내용이 거짓의 신고라고 인정할 만한 근거가 있거나 신고내용을 신뢰할 수 없는 경우를 제외하고는 그 신고내용을 행정조사에 갈음할 수 있다.

② [X]

> 「행정조사기본법」 제26조 【자율관리체제의 구축】 ① 행정기관의 장은 조사대상자가 자율적으로 행정조사사항을 신고·관리하고, 스스로 법령준수사항을 통제하도록 하는 체제(이하 '자율관리체제'라 한다)의 기준을 마련하여 고시할 수 있다.
> ③ 국가와 지방자치단체는 행정사무의 효율적인 집행과 법령등의 준수를 위하여 조사대상자의 자율관리체제 구축을 지원하여야 한다.

③ [X]

> 「행정조사기본법」 제27조 【자율관리에 대한 혜택의 부여】 행정기관의 장은 제25조에 따라 자율신고를 하는 자와 제26조에 따라 자율관리체제를 구축하고 자율관리체제의 기준을 준수한 자에 대하여는 법령 등으로 규정한 바에 따라 행정조사의 감면 또는 행정·세제상의 지원을 하는 등 필요한 혜택을 부여할 수 있다.

❹ [O]

> 「행정조사기본법」 제28조 【정보통신수단을 통한 행정조사】 ① 행정기관의 장은 인터넷 등 정보통신망을 통하여 조사대상자로 하여금 자료의 제출 등을 하게 할 수 있다.
> ② 행정기관의 장은 정보통신망을 통하여 자료의 제출 등을 받은 경우에는 조사대상자의 신상이나 사업비밀 등이 유출되지 아니하도록 제도적·기술적 보안조치를 강구하여야 한다.

14 정답 ④

① [O]

> 「공익사업을 위한 토지 등의 취득 및 보상에 관한 법률」 제4조의2 【토지 등의 수용·사용에 관한 특례의 제한】 ① 이 법에 따라 토지 등을 수용하거나 사용할 수 있는 사업은 제4조 또는 [별표]에 규정된 법률에 따르지 아니하고는 정할 수 없다.
> ② [별표]는 이 법 외의 다른 법률로 개정할 수 없다.

② [O]

> 「공익사업을 위한 토지 등의 취득 및 보상에 관한 법률」 제19조 【토지 등의 수용 또는 사용】 ① 사업시행자는 공익사업의 수행을 위하여 필요하면 이 법에서 정하는 바에 따라 토지 등을 수용하거나 사용할 수 있다.
> ② 공익사업에 수용되거나 사용되고 있는 토지 등은 특별히 필요한 경우가 아니면 다른 공익사업을 위하여 수용하거나 사용할 수 없다.

③ [O]

> 「공익사업을 위한 토지 등의 취득 및 보상에 관한 법률」 제15조 【보상계획의 열람 등】 ① 사업시행자는 제14조에 따라 토지조서와 물건조서를 작성하였을 때에는 공익사업의 개요, 토지조서 및 물건조서의 내용과 보상의 시기·방법 및 절차 등이 포함된 보상계획을 전국을 보급지역으로 하는 일간신문에 공고하고, 토지소유자 및 관계인에게 각각 통지하여야 하며, 제2항 단서에 따라 열람을 의뢰하는 사업시행자를 제외하고는 특별자치도지사, 시장·군수 또는 구청장에게도 통지하여야 한다. 다만, 토지소유자와 관계인이 20인 이하인 경우에는 공고를 생략할 수 있다.

❹ [X]

> 「공익사업을 위한 토지 등의 취득 및 보상에 관한 법률」 제15조 【보상계획의 열람 등】 ② 사업시행자는 제1항에 따른 공고나 통지를 하였을 때에는 그 내용을 14일 이상 일반인이 열람할 수 있도록 하여야 한다. 다만, 사업지역이 둘 이상의 시·군 또는 구에 걸쳐 있거나 사업시행자가 행정청이 아닌 경우에는 해당 특별자치도지사, 시장·군수 또는 구청장에게도 그 사본을 송부하여 열람을 의뢰하여야 한다.

15 정답 ②

① [X] 직접처분은 즉시 할 수 없고, 간접강제는 즉시 할 수도 있다.

> 「행정심판법」 제50조 【위원회의 직접 처분】 ① 위원회는 피청구인이 제49조제3항에도 불구하고 처분을 하지 아니하는 경우에는 당사자가 신청하면 기간을 정하여 서면으로 시정을 명하고 그 기간에 이행하지 아니하면 직접 처분을 할 수 있다. 다만, 그 처분의 성질이나 그 밖의 불가피한 사유로 위원회가 직접 처분을 할 수 없는 경우에는 그러하지 아니하다.
> 제50조의2 【위원회의 간접강제】 ① 위원회는 피청구인이 제49조제2항(제49조제4항에서 준용하는 경우를 포함한다) 또는 제3항에 따른 처분을 하지 아니하면 청구인의 신청에 의하여 결정으로 상당한 기간을 정하고 피청구인이 그 기간 내에 이행하지 아니하는 경우에는 그 지연기간에 따라 일정한 배상을 하도록 명하거나 즉시 배상을 할 것을 명할 수 있다.

❷ [○]

> 「행정소송법」 제23조 【집행정지】 ② 취소소송이 제기된 경우에 처분 등이나 그 집행 또는 절차의 속행으로 인하여 생길 회복하기 어려운 손해를 예방하기 위하여 긴급한 필요가 있다고 인정할 때에는 본안이 계속되고 있는 법원은 당사자의 신청 또는 직권에 의하여 처분등의 효력이나 그 집행 또는 절차의 속행의 전부 또는 일부의 정지를 결정할 수 있다. 다만, 처분의 효력정지는 처분등의 집행 또는 절차의 속행을 정지함으로써 목적을 달성할 수 있는 경우에는 허용되지 아니한다.

③ [X] 임시처분은 행정심판법에서 허용되나 항고소송에서는 허용되지 않는다.

> 「행정심판법」 제31조 【임시처분】 ① 위원회는 처분 또는 부작위가 위법·부당하다고 상당히 의심되는 경우로서 처분 또는 부작위 때문에 당사자가 받을 우려가 있는 중대한 불이익이나 당사자에게 생길 급박한 위험을 막기 위하여 임시지위를 정하여야 할 필요가 있는 경우에는 직권으로 또는 당사자의 신청에 의하여 임시처분을 결정할 수 있다.
> ③ 제1항에 따른 임시처분은 제30조제2항에 따른 집행정지로 목적을 달성할 수 있는 경우에는 허용되지 아니한다.

④ [X]

> 「행정소송법」 제21조 【소의 변경】 ① 법원은 취소소송을 당해 처분 등에 관계되는 사무가 귀속하는 국가 또는 공공단체에 대한 당사자소송 또는 취소소송외의 항고소송으로 변경하는 것이 상당하다고 인정할 때에는 청구의 기초에 변경이 없는 한 사실심의 변론종결시까지 원고의 신청에 의하여 결정으로써 소의 변경을 허가할 수 있다.
> ② 제1항의 규정에 의한 허가를 하는 경우 피고를 달리하게 될 때에는 법원은 새로이 피고로 될 자의 의견을 들어야 한다.

16   정답 ②

① [X]

> 「행정소송법」 제25조 【행정심판기록의 제출명령】 ① 법원은 당사자의 신청이 있는 때에는 결정으로써 재결을 행한 행정청에 대하여 행정심판에 관한 기록의 제출을 명할 수 있다.

❷ [○]

> 「행정소송법」 제23조 【집행정지】 ② 취소소송이 제기된 경우에 처분 등이나 그 집행 또는 절차의 속행으로 인하여 생길 회복하기 어려운 손해를 예방하기 위하여 긴급한 필요가 있다고 인정할 때에는 본안이 계속되고 있는 법원은 당사자의 신청 또는 직권에 의하여 처분등의 효력이나 그 집행 또는 절차의 속행의 전부 또는 일부의 정지를 결정할 수 있다. 다만, 처분의 효력정지는 처분 등의 집행 또는 절차의 속행을 정지함으로써 목적을 달성할 수 있는 경우에는 허용되지 아니한다.

③ [X]

> 「행정소송법」 제22조 【처분변경으로 인한 소의 변경】 ① 법원은 행정청이 소송의 대상인 처분을 소가 제기된 후 변경한 때에는 원고의 신청에 의하여 결정으로써 청구의 취지 또는 원인의 변경을 허가할 수 있다.

④ [X]

> 「행정소송법」 제21조 【소의 변경】 ① 법원은 취소소송을 당해 처분 등에 관계되는 사무가 귀속하는 국가 또는 공공단체에 대한 당사자소송 또는 취소소송 외의 항고소송으로 변경하는 것이 상당하다고 인정할 때에는 청구의 기초에 변경이 없는 한 사실심의 변론종결시까지 원고의 신청에 의하여 결정으로써 소의 변경을 허가할 수 있다.

17   정답 ③

① [X] 신청은 반드시 적법한 것일 필요는 없다. 부적법한 신청이면 그에 상응하는 응답할 의무가 행정청에게 있기 때문이다.

② [X] 소극적 처분은 거부처분인데 거부처분이 위법인지 여부는 취소소송이나 무효확인소송의 본안판단 사안이다. 부작위위법확인소송에서 본안판단 사안은 법률상 응답할 의무가 있는지 여부이다.

❸ [○] 행정소송법 제37조: 제21조의 규정은 무효등확인소송이나 부작위위법확인소송을 취소소송 또는 당사자소송으로 변경하는 경우에 준용한다.

> 「행정소송법」 제21조 【소의 변경】 ① 법원은 취소소송을 당해 처분 등에 관계되는 사무가 귀속하는 국가 또는 공공단체에 대한 당사자소송 또는 취소소송 외의 항고소송으로 변경하는 것이 상당하다고 인정할 때에는 청구의 기초에 변경이 없는 한 사실심의 변론종결시까지 원고의 신청에 의하여 결정으로써 소의 변경을 허가할 수 있다.

④ [X] 「행정절차법」 제19조(행정청은 신청인의 편의를 위하여 처분의 처리기간을 종류별로 미리 정하여 공표하여야 한다)에 따른 처리기간은 상당한 기간의 경과여부의 판단에 중요한 참고기준이 될 것이나 상당한 기간 경과 여부 판단의 결정적 기준이 되는 것은 아니다.

18   정답 ④

ㄱ. [○] 납세의무자에 대한 국가의 부가가치세 환급세액 지급의무는 공법상 의무라고 보아야 하므로 납세의무자에 대한 국가의 부가가치세 환급세액 지급의무에 대응하는 국가에 대한 납세의무자의 부가가치세 환급세액 지급청구는 민사소송이 아니라 「행정소송법」 제3조 제2호에 규정된 당사자소송의 절차에 따라야 한다(대판 전합체 2013.3.21, 2011다95564).

ㄴ. [○] 지방자치단체가 보조금지급결정을 하면서 일정 기한 내에 보조금을 반환하도록 하는 교부조건을 부가한 경우, 보조사업자의 지방자치단체에 대한 보조금반환의무는 행정처분인 위 보조금지급결정에 부가된 부관상 의무이고, 이러한 부관상 의무는 보조사업자가 지방자치단체에 부담하는 공법상 의무이므로, 보조사업자에 대한 지방자치단체의 보조금반환청구는 공법상 권리관계의 일방 당사자를 상대로 하여 공법상 의무이행을 구하는 청구로서 「행정소송법」 제3조 제2호에 규정한 당사자소송의 대상이라고 할 것이다(대판 2011.6.9, 2011다2951).

ㄷ. [X] '민주화운동 관련자 명예회복 및 보상심의위원회'의 결정은 국민의 권리의무에 직접 영향을 미치는 행정처분에 해당하므로, 관련자 등으로서 보상금 등을 지급받고자 하는 신청에 대하여 심의위원회가 관련자 해당 요건의 전부 또는 일부를 인정하지 아니하여 보상금 등의 지급을 기각하는 결정을 한 경우에는 신청인은 심의위원회를 상대로 그 결정의 취소를 구하는 소송을 제기하여 보상금 등의 지급대상자가 될 수 있다(대판 전합 2008.4.17, 2005두16185).

ㄹ. [O] 구 「공무원연금법」 소정의 퇴직연금 등의 급여는 급여를 받을 권리를 가진 자가 당해 공무원이 소속하였던 기관장의 확인을 얻어 신청하는 바에 따라 공무원연금관리공단이 그 지급결정을 함으로써 그 구체적인 권리가 발생하는 것이므로, 공무원연금관리공단의 급여에 관한 결정은 국민의 권리에 직접 영향을 미치는 것이어서 행정처분에 해당할 것이지만, 공무원연금관리공단의 인정에 의하여 퇴직연금을 지급받아 오던 중 구 공무원연금법령의 개정 등으로 퇴직연금 중 일부 금액의 지급이 정지된 경우에는 당연히 개정된 법령에 따라 퇴직연금이 확정되는 것이지 같은 법 제26조 제1항에 정해진 공무원연금관리공단의 퇴직연금결정과 통지에 의하여 비로소 그 금액이 확정되는 것이 아니므로, 공무원연금관리공단이 퇴직연금 중 일부 금액에 대하여 지급거부의 의사표시를 하였다고 하더라도 그 의사표시는 퇴직연금 청구권을 형성·확정하는 행정처분이 아니라 공법상의 법률관계의 한쪽 당사자로서 그 지급의무의 존부 및 범위에 관하여 나름대로의 사실상·법률상 의견을 밝힌 것일 뿐이어서, 이를 행정처분이라고 볼 수는 없고, 이 경우 미지급퇴직연금에 대한 지급청구권은 공법상 권리로서 그의 지급을 구하는 소송은 공법상의 법률관계에 관한 소송인 공법상 당사자소송에 해당한다(대판 2004.7.8, 2004두244).

<hr>

19   정답 ①

❶ [X] 주택재개발정비사업조합이 수립한 사업시행계획은 관할 행정청의 인가·고시가 이루어지면 이해관계인들에게 구속력이 발생하는 독립된 행정처분에 해당하고, 관할 행정청의 사업시행계획 인가처분은 사업시행계획의 법률상 효력을 완성시키는 보충행위에 해당한다(대판 2021.2.10, 2020두48031)

② [O] 기본행위인 사업시행계획에는 하자가 없는데 보충행위인 인가처분에 고유한 하자가 있다면 그 인가처분의 무효확인이나 취소를 구하여야 할 것이지만, 인가처분에는 고유한 하자가 없는데 사업시행계획에 하자가 있다면 사업시행계획의 무효확인이나 취소를 구하여야 할 것이지 사업시행계획의 무효를 주장하면서 곧바로 그에 대한 인가처분의 무효확인이나 취소를 구하여서는 아니 된다(대판 2021.2.10, 2020두48031)

③ [O] 과세전적부심사를 거치지 않고 곧바로 과세처분을 할 수 있거나 과세전적부심사에 대한 결정이 있기 전이라도 과세처분을 할 수 있는 예외사유로 정하고 있다는 등의 특별한 사정이 없는 한, 세무조사결과통지 후 과세전적부심사 청구나 그에 대한 결정이 있기도 전에 과세처분을 하는 것은 원칙적으로 과세전적부심사 이후에 이루어져야 하는 과세처분을 그보다 앞서 함으로써 과세전적부심사 제도 자체를 형해화시킬 뿐 아니라 과세전적부심사 결정과 과세처분 사이의 관계 및 불복절차를 불분명하게 할 우려가 있으므로, 그와 같은 과세처분은 납세자의 절차적 권리를 침해하는 것으로서 절차상 하자가 중대하고도 명백하여 무효이다(대판 2020.10.29, 2017두51174).

④ [O] 과세관청은 소득금액변동통지를 하기 전에 납세자인 해당 법인에 과세전적부심사의 기회를 부여하여야 한다. 이와 같은 특별한 사정이 없음에도 세무조사결과통지가 있은 후 과세전적부심사 청구 또는 그에 대한 결정이 있기 전에 이루어진 소득금액변동통지는 납세자의 절차적 권리를 침해하는 것으로서 절차상 하자가 중대하고도 명백하여 무효라고 봄이 타당하다(대판 2020.10.29, 2017두51174).

<hr>

20   정답 ②

① [O] 「검찰청법」 제7조 제1항, 제12조 제2항, 검사징계법 제2조, 제3조 제1항, 제7조 제1항, 대검찰청 자체감사규정 제23조 제2항, 제3항, 사건평정기준 제2조 제1항 제2호, 제5조, 검찰공무원의 범죄 및 비위 처리지침 제4조 제2항 제2호, 제3항 [별표 1] 징계양정기준, 제4항, 제5항 등 관련 규정들의 내용과 체계 등을 종합하여 보면, 검찰총장의 경고처분은 검사징계법에 따른 징계처분이 아니라 「검찰청법」 제7조 제1항, 제12조 제2항에 근거하여 검사에 대한 직무감독권을 행사하는 작용에 해당하므로, 검사의 직무상 의무 위반의 정도가 중하지 않아 검사징계법에 따른 '징계사유'에는 해당하지 않더라도 징계처분보다 낮은 수준의 감독조치로서 '경고처분'을 할 수 있고, 법원은 그것이 직무감독권자에게 주어진 재량권을 일탈·남용한 것이라는 특별한 사정이 없는 한 이를 존중하는 것이 바람직하다(대판 2021.2.10, 2020두47564).

❷ [X] 여기에서 '그 행정처분과 동일한 사유로 위법한 처분이 반복될 위험성이 있는 경우'란 불분명한 법률문제에 대한 해명이 필요한 상황에 대한 대표적인 예시일 뿐이며, 반드시 '해당 사건의 동일한 소송 당사자 사이에서' 반복될 위험이 있는 경우만을 의미하는 것은 아니다(대판 2020.12.24, 2020두30450).

③ [O] 집행정지결정의 효력은 결정 주문에서 정한 기간까지 존속하다가 그 기간이 만료되면 장래에 향하여 소멸한다. 집행정지결정은 처분의 집행으로 회복하기 어려운 손해를 예방하기 위하여 긴급한 필요가 있고 달리 공공복리에 중대한 영향을 미치지 않을 것을 요건으로 하여 본안판결이 있을 때까지 해당 처분의 집행을 잠정적으로 정지함으로써 위와 같은 손해를 예방하는 데 취지가 있으므로, 항고소송을 제기한 원고가 본안소송에서 패소확정판결을 받더라도 집행정지결정의 효력이 소급하여 소멸하지 않는다(대판 2020.9.3, 2020두34070).

④ [O] 한강유역환경청장은 '갑 회사가 소각시설을 허가받은 내용과 달리 설치하거나 증설하여 폐기물을 과다소각함으로써 위 법령을 위반하였다'는 점을 '당초 처분사유'로 삼아 위 처분을 한 것이고, 갑 회사도 이러한 '당초 처분사유'를 알면서도 이를 인정하고 처분양정이 과중하다는 의견만을 제시하였을 뿐이며, 처분서에 위반행위 방법을 구체적으로 기재하지 않았더라도 그에 불복하여 방어권을 행사하는 데 별다른 지장이 없었으므로, 한강유역환경청장이 갑 회사의 소송상 주장에 대응하여 변론과정에서 한 주장은 소송에서 새로운 처분사유를 추가로 주장한 것이 아니라, 처분서에 다소 불명확하게 기재하였던 '당초 처분사유'를 좀 더 구체적으로 설명한 것인데도, 이와 달리 본 원심판단에 법리오해 등의 잘못이 있다고 한 사례(대판 2020.6.11, 2019두49359 [과징금부과처분취소])

정답

01	③	02	①	03	③	04	②
05	④	06	③	07	②	08	②
09	①	10	③	11	①	12	③
13	①	14	③	15	③	16	①
17	①	18	③	19	③	20	②

01 정답 ③

① [○] 법률우위는 법률이 있는 경우에 문제가 되고 법률유보는 법률이 없는 경우 문제가 된다. 법률에서 위임한 바 없으므로 법률이 없는 경우이므로 법률유보원칙의 문제이다.

② [○] 법률우위원칙은 모든 행정 작용에 적용되어 법률에 반하는 행정규칙은 위법이 된다. 따라서 법률우위원칙은 행정규칙에 적용된다. 행정규칙은 법률의 근거없이도 제정될 수 있으므로 법률유보원칙은 적용되지 않는다.

❸ [×] 오늘날 법률유보의 범위는 확대되고 있으며, 법률유보란 행정권 발동은 작용법적 근거가 있어야 한다는 것이다.

④ [○] 법률유보란 행정권 발동은 작용법적 근거가 있어야 한다는 것이므로 법률유보원칙이 적용되지 않는 행정지도 또는 비권력적 사실행위에 작용법적 근거는 필요없다. 다만, 조직법적 근거는 필요하다

02 정답 ①

❶ [○] 구 「축산물가공처리법」 제22조에 의하면 도축업 또는 축산물가공업을 하고자 하는 자는 시·도지사의 허가를 받아야 하고 식육포장처리업 또는 축산물보관업을 하고자 하는 자는 시장·군수·구청장의 허가를 받아야 하며, 시·도지사 또는 시장·군수·구청장은 일정한 경우 허가를 할 수 없도록 규정하는 반면, 같은 법 제21조 제1항 제6호, 제24조 제1항에 의하면, 축산물판매업을 하고자 하는 자는 농림부령이 정하는 기준에 적합한 시설을 갖추고 시장·군수·구청장에게 신고하여야 한다고만 규정하고 있는바, 이러한 법령에 비추어 볼 때 행정관청으로서는 위 법령에서 규정하는 시설기준을 갖추어 축산물판매업 신고를 하는 경우 당연히 그 신고를 수리하여야 하고, 적법한 요건을 갖춘 신고의 경우에는 행정관청의 수리처분 등 별단의 조처를 기다릴 필요 없이 그 접수시에 신고로서의 효력이 발생하는 것이므로 그 수리가 거부되었다고 하여 미신고 영업이 되는 것은 아니라고 할 것이다(대판 1985.4.23, 84도2953 ; 대판 1998.4.24, 97도3121 등 참조).

② [×] 주민등록의 대상이 되는 실질적 의미에서의 거주지인지 여부를 심사하기 위하여 「주민등록법」의 입법 목적과 주민등록의 법률상 효과 이외에 지방자치법 및 지방자치의 이념까지도 고려하여야 한다고 판시하였던 대판 2002.7.9, 2002두1748은 이 판결의 견해에 배치되는 범위 내에서 변경하기로 한다(대판 전합체 2009.6.18, 2008두10997).

③ [×] 인·허가의제 효과를 수반하는 건축신고는 일반적인 건축신고와는

달리, 특별한 사정이 없는 한 행정청이 그 실체적 요건에 관한 심사를 한 후 수리하여야 하는 이른바 '수리를 요하는 신고'로 보는 것이 옳다(대판 전합체 2011.1.20, 2010두14954).

④ [×] 기존에 다른 사람이 숙박업 신고를 한 적이 있더라도 새로 숙박업을 하려는 자가 그 시설 등의 소유권 등 정당한 사용권한을 취득하여 법령에서 정한 요건을 갖추어 신고하였다면, 행정청으로서는 특별한 사정이 없는 한 이를 수리하여야 하고, 단지 해당 시설 등에 관한 기존의 숙박업 신고가 외관상 남아 있다는 이유만으로 이를 거부할 수 없다(대판 2017.5.30, 2017두34087).

03 정답 ③

① [○] 하자 있는 행정처분이 당연무효로 되려면 그 하자가 법규의 중요한 부분을 위반한 중대한 것이어야 할 뿐 아니라 객관적으로 명백한 것이어야 하고, 행정청이 위헌이거나 위법하여 무효인 시행령을 적용하여 한 행정처분이 당연무효로 되려면 그 규정이 행정처분의 중요한 부분에 관한 것이어서 결과적으로 그에 따른 행정처분의 중요한 부분에 하자가 있는 것으로 귀착되고, 또한 그 규정의 위헌성 또는 위법성이 객관적으로 명백하여 그에 따른 행정처분의 하자가 객관적으로 명백한 것으로 귀착되어야 하는바, 일반적으로 시행령이 헌법이나 법률에 위반된다는 사정은 그 시행령의 규정을 위헌 또는 위법하여 무효라고 선언한 대법원의 판결이 선고되지 아니한 상태에서는 그 시행령 규정의 위헌 내지 위법 여부가 해석상 다툼의 여지가 없을 정도로 명백하였다고 인정되지 아니하는 이상 객관적으로 명백한 것이라 할 수 없으므로, 이러한 시행령에 근거한 행정처분의 하자는 취소사유에 해당할 뿐 무효사유가 되지 아니한다(대판 2007.6.14, 2004두619).

② [○] 구 「택지소유상한에 관한 법률」 제30조는 "부담금의 납부의무자가 독촉장을 받고 지정된 기한까지 부담금 및 가산금 등을 완납하지 아니한 때에는 건설교통부(현 국토교통부)장관은 국세체납처분의 예에 의하여 이를 징수할 수 있다."라고 규정함으로써 「국세징수법」 제3장의 체납처분규정에 의하여 체납 택지초과소유부담금을 강제징수할 수 있었으나, 1999. 4. 29. 같은 법 전부에 대한 위헌결정으로 위 제30조 규정 역시 그 날로부터 효력을 상실하게 되었고, 나아가 위헌법률에 기한 행정처분의 집행이나 집행력을 유지하기 위한 행위는 위헌결정의 기속력에 위반되어 허용되지 않는다고 보아야 할 것인데, 그 규정 이외에는 체납부담금을 강제로 징수할 수 있는 다른 법률적 근거가 없으므로, 그 위헌결정 이전에 이미 부담금 부과처분과 압류처분 및 이에 기한 압류등기가 이루어지고 위의 각 처분이 확정되었다고 하여도, 위헌결정 이후에는 별도의 행정처분인 매각처분, 분배처분 등 후속 체납처분절차를 진행할 수 없는 것은 물론이고, 특별한 사정이 없는 한 기존의 압류등기나 교부청구만으로는 다른 사람에 의하여 개시된 경매절차에서 배당을 받을 수도 없다(대판 2002.8.23, 2001두2959).

❸ [×] 위헌결정의 효력은 그 결정 이후에 당해 법률이 재판의 전제가 되었음을 이유로 법원에 제소된 일반사건에도 미치므로, 당해 법률에 근거하여 행정처분이 발하여진 후에 헌법재판소가 그 행정처분의 근거가 된 법률을 위헌으로 결정하였다면 결과적으로 행정처분은 법률의 근거가 없이 행하여진 것과 마찬가지가 되어 하자가 있는 것이 되나, 이미 취소소송의 제기기간을 경과하여 확정력이 발생한 행정처분의 경우에는 위헌결정의 소급효가 미치지 않는다고 보아야 할 것이고, 일반적으로 법률이 헌법에 위반된다는 사정은 헌법재판소의 위헌결정이 있기 전에는 객관적으로 명백한 것이라고 할 수는 없으므로 헌법재판소의 위헌결정 전에 행정처분의 근거되는 당해 법률이 헌법에 위반된다는 사유는 특별한 사정이 없는 한 그 행정처분의 취소소송의 전제가 될 수 있을 뿐 당연무효사유는 아니라고 봄이 상당하다(대판 2002.11.8, 2001두3181 ;

대판 1994.10.28, 92누9463).

④ [O] 헌법재판소는 1999. 4. 29.자로 구「택지소유상한에 관한 법률」(이하 '택상법'이라 한다)이 헌법에 위반된다는 결정을 하였는바, 위헌으로 결정된 법률 조항은 그 결정이 있는 날로부터 효력을 상실하는 것이므로 택상법은 1999. 4. 29.부터 효력을 상실하였다고 할 것이다. 그렇다면 택상법에 대한 위헌결정 이전에 부담금 등에 대한 수납 및 징수가 완료된 경우에는 법적 안정성의 측면에서 부득이 과거의 상태를 그대로 유지시켜 그 반환청구를 허용할 수 없다고 하더라도, 위헌결정 이후에는 국민의 권리구제의 측면에서 위헌법률의 적용상태를 그대로 방치하거나 위헌법률의 종국적인 실현을 위한 국가의 추가적인 행위를 용납하여서는 아니 된다고 할 것이고, 한편 부담금 물납의 대상이 부동산인 경우에는 이에 관한 소유권이전등기가 경료되어야 비로소 그 물납의 이행이 완결된다고 할 것이니, 결국 위 법률의 위헌결정 이후에는 부담금의 물납을 위한 소유권이전등기촉탁도 허용되지 않는다 할 것이다. 따라서 부담금의 물납허가처분 이행을 위한 등기촉탁이 택상법에 대한 위헌결정이 있는 날인 1999. 4. 29. 이루어진 것은 법률의 근거 없이 이루어진 것으로서 무효이다(대판 2005.4.15, 2004다58123).

04 정답 ②

ㄱ. [X] <지방자치단체(경기도)가 설립·운영하는 고등학교에 채용된 영상음악 과목을 가르치는 산학겸임교사가 고용계약을 갱신하면서 근무해 오던 중 지방자치단체가 고용계약의 갱신을 거절한 사안> …「지방자치법」제9조 제2항 제5호 (가)목의 규정에 의하면, 경기도에 의하여 설립된 고등학교의 활동은 지방자치단체인 경기도의 사무로서 그 공공적 업무수행의 일환으로 이루어진다고 해석되고, 형식적으로는 고등학교장과 원고가 근로계약을 체결하였다 하더라도 위 근로계약은 공법상의 근무관계의 설정을 목적으로 하여 경기도와 원고 사이에 대등한 지위에서 의사가 합치되어 성립하는 공법상 근로계약에 해당하므로, 그 갱신거절의 무효확인을 구하는 소(⇨ 당사자소송)의 피고적격은 경기도에 있다(대판 2015.4.9, 2013두11499).

> 「행정소송법」제39조【피고적격】당사자소송은 국가·공공단체 그 밖의 권리주체를 피고로 한다.

ㄴ. [O] 지방자치단체와 채용계약에 의하여 채용된 계약직공무원이 그 계약기간 만료 이전에 채용계약 해지 등의 불이익을 받은 후 그 계약기간이 만료된 때에는 그 채용계약 해지의 의사표시가 무효라고 하더라도, 「지방공무원법」이나 「지방계약직공무원규정」 등에서 계약기간이 만료되는 계약직공무원에 대한 재계약의무를 부여하는 근거규정이 없으므로 계약기간의 만료로 당연히 계약직공무원의 신분을 상실하고 계약직공무원의 신분을 회복할 수 없는 것이므로, 그 해지 의사표시의 무효확인청구는 과거의 법률관계의 확인청구에 지나지 않는다 할 것이고, 한편 과거의 법률관계라 할지라도 현재의 권리 또는 법률상 지위에 영향을 미치고 있고 현재의 권리 또는 법률상 지위에 대한 위험이나 불안을 제거하기 위하여 그 법률관계에 관한 확인판결을 받는 것이 유효적절한 수단이라고 인정될 때에는 그 법률관계의 확인소송은 '즉시확정의 이익'이 있다고 보아야 할 것이나, 계약직공무원에 대한 채용계약이 해지된 경우에는 공무원 등으로 임용되는 데에 있어서 법령상의 아무런 제약사유가 되지 않을 뿐만 아니라, 계약기간 만료 전에 채용계약이 해지된 전력이 있는 사람이 공무원 등으로 임용되는 데에 있어서 그러한 전력이 없는 사람보다 사실상 불이익한 장애사유로 작용한다고 하더라도 그것만으로는 법률상의 이익이 침해되었다고 볼 수는 없으므로 그 무효확인을 구할 이익이 없다. 또한, 이미 채

용기간이 만료되어 소송 결과에 의해 법률상 그 직위가 회복되지 않는 이상 채용계약 해지의 의사표시의 무효확인만으로는 당해 소송에서 추구하는 권리구제의 기능이 있다고 할 수 없고, 침해된 급료지급청구권이나 사실상의 명예를 회복하는 수단은 바로 급료의 지급을 구하거나 명예훼손을 전제로 한 손해배상을 구하는 등의 이행청구소송으로 직접적인 권리구제방법이 있는 이상 무효확인소송은 적절한 권리구제수단이라 할 수 없어 확인소송의 또 다른 소송요건을 구비하지 못하고 있다 할 것이며, 위와 같이 직접적인 권리구제의 방법이 있는 이상 무효확인소송을 허용하지 않는다고 해서 당사자의 권리구제를 봉쇄하는 것도 아니다(대판 2008.6.12, 2006두16328). ➡ 항고소송인 무효확인소송에는 보충성이 요구되지 아니하나, 당사자소송인 무효확인소송에는 보충성이 요구됨에 주의

ㄷ. [X] 계약직 공무원채용계약 해지의 의사표시는 일반공무원에 대한 징계처분과는 달라서 항고소송의 대상이 되는 처분 등의 성격을 가진 것으로 인정되지 아니하고, 일정한 사유가 있을 때에 국가 또는 지방자치단체가 채용계약관계의 한쪽 당사자로서 대등한 지위에서 행하는 의사표시로 취급되는 것으로 이해되므로, 이를 징계해고 등에서와 같이 그 징계사유에 한하여 효력 유무를 판단하여야 하거나, 행정처분과 같이 「행정절차법」에 의하여 근거와 이유를 제시하여야 하는 것은 아니다(대판 2002.11.26, 2002두5948).

05 정답 ④

① [X] 행정행위에 불가쟁력이 발생하더라도 행정행위의 하자는 치유되지 않으므로 불가쟁력이 발생한 행정행위로 인한 손해배상이 가능하게 된다.

② [X] 의무이행기간이 도과하면 대집행이 가능한 것이므로 쟁송기간이 도과되어 불가쟁력 발생을 대집행의 요건으로 하지 않는다.

③ [X] 선행 행정행위에 불가쟁력이 발생하여 선행 행정행위를 대상으로 취소소송을 제기할 수 없게 되었는데, 후행 행정행위에는 불가쟁력이 발생하지 않아 후행 행정행위를 대상으로 취소소송을 제기한 경우 하자 승계문제가 발생한다.

❹ [O] 불가쟁력이 발생해도 하자치유가 되는 것도 아니고 행정소송법 제20조의 제소기간은 손해배상에 적용되지 않으므로 법원은 위법성을 확인할 수 있으므로 손해배상은 인정할 수 있다.

06 정답 ③

① [X] 주된 인·허가에 관한 사항을 규정하고 있는 법률에서 주된 인·허가가 있으면 다른 법률에 의한 인·허가를 받은 것으로 의제한다는 규정을 둔 경우, 주된 인·허가가 있으면 다른 법률에 의한 인·허가가 있는 것으로 보는 데 그치고, 거기에서 더 나아가 다른 법률에 의하여 인·허가를 받았음을 전제로 하는 그 다른 법률의 모든 규정들까지 적용되는 것은 아니다(대판 2016.11.24, 2014두47686 ; 대판 2015.4.23, 2014두2409).

② [X] 구「주한미군 공여구역주변지역 등 지원 특별법」제29조의 인·허가 의제 조항은 목적사업의 원활한 수행을 위해 행정절차를 간소화하고자 하는 데 입법 취지가 있는데, 만일 사업시행승인 전에 반드시 사업 관련 모든 인·허가 의제 사항에 관하여 관계 행정기관의 장과 협의를 거쳐야 한다고 해석하면 일부의 인·허가 의제 효력만을 먼저 얻고자 하는 사업시행승인 신청인의 의사와 맞지 않을 뿐만 아니라 사업시행승인 신청을 하기까지 상당한 시간이 소요되어 그 취지에 반하는 점, 위 특별법 제29조 제1항에서 인·허가 의제 사항 중 일부만에 대하여도 관계 행정기관의 장과 협의를 거치면

인·허가 의제 효력이 발생할 수 있음을 명확히 하고 있는 점 등에 비추어 보면, 위 특별법 제11조에 의한 사업시행승인을 하는 경우 같은 법 제29조 제1항에 규정된 사업 관련 모든 인·허가 의제 사항에 관하여 관계 행정기관의 장과 일괄하여 사전 협의를 거칠 것을 요건으로 하는 것은 아니고, 사업시행승인 후 인·허가 의제 사항에 관하여 관계 행정기관의 장과 협의를 거치면 그때 해당 인허가가 의제된다고 보는 것이 타당하다(대판 2012.2.9, 2009두16305).

❸ [○] 구 「택지개발촉진법」 제11조 제1항 제9호에서는 사업시행자가 택지개발사업 실시계획승인을 받은 때 「도로법」에 의한 도로공사시행허가 및 도로점용허가를 받은 것으로 본다고 규정하고 있는 바, 이러한 인·허가 의제제도는 목적사업의 원활한 수행을 위해 행정절차를 간소화하고자 하는 데 그 취지가 있는 것이므로 위와 같은 실시계획승인에 의해 의제되는 도로공사시행허가 및 도로점용허가는 원칙적으로 당해 택지개발사업을 시행하는 데 필요한 범위 내에서만 그 효력이 유지된다고 보아야 한다. 따라서 원고가 택지개발사업과 관련하여 그 사업시행의 일환으로 도로예정지 또는 도로에 전력관을 매설하였다고 하더라도 사업시행 완료 후 이를 계속 유지·관리하기 위해 도로를 점용하는 것에 대한 도로점용허가까지 그 실시계획승인에 의해 의제된다고 볼 수는 없다(대판 2010.4.29, 2009두18547).

④ [X] 구 「중소기업창업 지원법」(2017.7.26. 법률 제14839호로 개정되기 전의 것, 이하 '중소기업창업법'이라 한다) 제35조 제1항, 제33조 제4항, 중소기업창업 지원법 시행령 제24조 제1항, 중소기업청장이 고시한 '창업사업계획의 승인에 관한 통합업무처리지침'(이하 '업무처리지침'이라 한다)의 내용, 체계 및 취지 등에 비추어 보면 다음과 같은 이유로 중소기업창업법에 따른 사업계획승인의 경우 의제된 인허가만 취소 내지 철회함으로써 사업계획에 대한 승인의 효력은 유지하면서 해당 의제된 인허가의 효력만을 소멸시킬 수 있다(대판 2018.7.12, 2017두48734).

정답 ②

① [○] 구 「폐기물관리법」 관계 법령의 규정에 의하면 폐기물처리업의 허가를 받기 위하여는 먼저 사업계획서를 제출하여 허가권자로부터 사업계획에 대한 적정통보를 받아야 하고, 그 적정통보를 받은 자만이 일정기간 내에 시설, 장비, 기술능력, 자본금을 갖추어 허가신청을 할 수 있으므로, 결국 부적정통보는 허가신청 자체를 제한하는 등 개인의 권리 내지 법률상의 이익을 개별적이고 구체적으로 규제하고 있어 행정처분에 해당한다(대판 1998.4.28, 97누21086).

❷ [X] 선행처분이 종국적 처분인 후행처분을 예정하고 있는 일종의 잠정적 처분인 경우, 후행처분이 있으면 선행처분은 후행처분에 흡수되어 소멸하므로 선행처분의 취소를 구하는 소는 이미 효력을 잃은 처분의 취소를 구하는 것으로 부적법하다(대판 2015.2.12, 2013두987).

③ [○] 구 「원자력법」상 원자로 및 관계 시설의 부지사전승인처분은 그 자체로서 건설부지를 확정하고 사전공사를 허용하는 법률효과를 지닌 독립한 행정처분이다(대판 1998.9.4, 97누19588).

④ [○] 자동차운송사업양도·양수계약에 기한 양도·양수인가 신청에 대하여 피고 시장이 내인가를 한 후 그 내인가에 기한 본인가 신청이 있었으나 사업양도·양수인가 신청서가 합의에 의한 정당한 신청서라고 할 수 없다는 이유로 내인가를 취소한 경우, 위 내인가의 법적 성질을 행정행위의 일종으로 볼 수 있든 아니든 그것이 행정청의 상대방에 대한 의사표시임이 분명하고, 피고가 위 내인가를 취소함으로써 다시 본인가에 대하여 따로이 인가 여부의 처분을

한다는 사정이 보이지 않는다면 위 내인가취소를 인가 신청을 거부하는 처분으로 보아야 할 것이다(대판 1991.6.28, 90누4402).

정답 ②

① [○]

「개인정보 보호법」 제3조 【개인정보 보호 원칙】 ⑤ 개인정보처리자는 개인정보 처리방침 등 개인정보의 처리에 관한 사항을 공개하여야 하며, 열람청구권 등 정보주체의 권리를 보장하여야 한다.

❷ [X]

「개인정보 보호법」 제3조 【개인정보 보호 원칙】 ⑦ 개인정보처리자는 개인정보를 익명 또는 가명으로 처리하여도 개인정보 수집목적을 달성할 수 있는 경우 익명처리가 가능한 경우에는 익명에 의하여, 익명처리로 목적을 달성할 수 없는 경우에는 가명에 의하여 처리될 수 있도록 하여야 한다.

③ [○]

「개인정보 보호법」 제3조 【개인정보 보호 원칙】 ⑧ 개인정보처리자는 이 법 및 관계 법령에서 규정하고 있는 책임과 의무를 준수하고 실천함으로써 정보주체의 신뢰를 얻기 위하여 노력하여야 한다.

④ [○]

「개인정보 보호법」 제3조 【개인정보 보호 원칙】 ② 개인정보처리자는 개인정보의 처리 목적에 필요한 범위에서 적합하게 개인정보를 처리하여야 하며, 그 목적 외의 용도로 활용하여서는 아니 된다.

정답 ①

❶ [X] '행정조사'란 행정기관이 정책을 결정하거나 직무를 수행하는 데 필요한 정보나 자료를 수집하기 위하여 현장조사·문서열람·시료채취 등을 하거나 조사대상자에게 보고요구·자료제출요구 및 출석·진술요구를 행하는 활동을 말한다(「행정조사기본법」 제2조 제1호).

② [○] '행정기관'이란 법령 및 조례·규칙(이하 '법령 등'이라 한다)에 따라 행정권한이 있는 기관과 그 권한을 위임 또는 위탁받은 법인·단체 또는 그 기관이나 개인을 말한다(「행정조사기본법」 제2조 제2호).

③ [○] '조사원'이란 행정조사업무를 수행하는 행정기관의 공무원·직원 또는 개인을 말하고, '조사대상자'란 행정조사의 대상이 되는 법인·단체 또는 그 기관이나 개인을 말한다(「행정조사기본법」 제2조 제3호·제4호).

④ [○] 행정조사에 관하여 다른 법률에 특별한 규정이 있는 경우를 제외하고는 이 법으로 정하는 바에 따른다(「행정조사기본법」 제3조 제1항).

10 　　　　　　　　　　　　　　　　　　　　정답 ③

① [O]

> 「공공기관의 정보공개에 관한 법률」 제18조 【이의신청】 ① 청구인이 정보공개와 관련한 공공기관의 비공개결정 또는 부분공개 정에 대하여 불복이 있거나 정보공개 청구 후 20일이 경과하도록 정보공개결정이 없는 때에는 공공기관으로부터 정보공개 여부의 결정 통지를 받은 날 또는 정보공개 청구 후 20일이 경과한 날부터 30일 이내에 해당 공공기관에 문서로 이의신청을 할 수 있다.

② [O]

> 「공공기관의 정보공개에 관한 법률」 제19조 【행정심판】 ① 청구인이 정보공개와 관련한 공공기관의 결정에 대하여 불복이 있거나 정보공개 청구 후 20일이 경과하도록 정보공개결정이 없는 때에는 「행정심판법」에서 정하는 바에 따라 행정심판을 청구할 수 있다. 이 경우 국가기관 및 지방자치단체 외의 공공기관의 결정에 대한 감독 행정기관은 관계 중앙행정기관의 장 또는 지방자치단체의 장으로 한다.

❸ [X]

> 「공공기관의 정보공개에 관한 법률」 제19조 【행정심판】 ② 청구인은 제18조에 따른 이의신청 절차를 거치지 아니하고 행정심판을 청구할 수 있다.

④ [O]

> 「공공기관의 정보공개에 관한 법률」 제20조 【행정소송】 ① 청구인이 정보공개와 관련한 공공기관의 결정에 대하여 불복이 있거나 정보공개 청구 후 20일이 경과하도록 정보공개결정이 없는 때에는 「행정소송법」에서 정하는 바에 따라 행정소송을 제기할 수 있다. ② 재판장은 필요하다고 인정하면 당사자를 참여시키지 아니하고 제출된 공개 청구 정보를 비공개로 열람·심사할 수 있다.

11 　　　　　　　　　　　　　　　　　　　　정답 ①

❶ [X], ② [O] 「건축법」상의 이행강제금은 시정명령의 불이행이라는 과거의 위반행위에 대한 제재가 아니라, 의무자에게 시정명령을 받은 의무의 이행을 명하고 그 이행기간 안에 의무를 이행하지 않으면 이행강제금이 부과된다는 사실을 고지함으로써 의무자에게 심리적 압박을 주어 의무의 이행을 간접적으로 강제하는 행정상의 간접강제수단에 해당한다. 이러한 이행강제금의 본질상 시정명령을 받은 의무자가 이행강제금이 부과되기 전에 그 의무를 이행한 경우에는 비록 시정명령에서 정한 기간을 지나서 이행한 경우라도 이행강제금을 부과할 수 없다. 나아가 시정명령을 받은 의무자가 그 시정명령의 취지에 부합하는 의무를 이행하기 위한 정당한 방법으로 행정청에 신청 또는 신고를 하였으나 행정청이 위법하게 이를 거부 또는 반려함으로써 결국 그 처분이 취소되기에 이르렀다면, 특별한 사정이 없는 한 그 시정명령의 불이행을 이유로 이행강제금을 부과할 수는 없다고 보는 것이 위와 같은 이행강제금제도의 취지에 부합한다(대판 2018.1.25, 2015두35116).

③ [O] 행정청이 「건축법」 위반에 대한 이행강제금 부과처분을 함에 있어서 위반행위의 근거법규를 잘못 적시한 경우, 관할법원이 직권으로 이를 바로잡아 이행강제금을 부과할 수 있다(대결 2005.8.19,

2005마30).

④ [O] 구 「건축법」상의 이행강제금은 구 「건축법」의 위반행위에 대하여 시정명령을 받은 후 시정기간 내에 당해 시정명령을 이행하지 아니한 건축주 등에 대하여 부과되는 간접강제의 일종으로서 그 이행강제금 납부의무는 상속인 기타의 사람에게 승계될 수 없는 일신전속적인 성질의 것이므로 이미 사망한 사람에게 이행강제금을 부과하는 내용의 처분이나 결정은 당연무효이고, 이행강제금을 부과받은 사람의 이의에 의하여 「비송사건절차법」에 의한 재판절차가 개시된 후에 그 이의한 사람이 사망한 때에는 사건 자체가 목적을 잃고 절차가 종료한다(대결 2006.12.8, 2006마470).

12 　　　　　　　　　　　　　　　　　　　　정답 ③

① [X] 송달은 우편, 교부 또는 정보통신망 이용 등의 방법으로 하되, 송달받을 자(대표자 또는 대리인을 포함한다)의 주소·거소·영업소·사무소 또는 전자우편주소(이하 '주소 등'이라 한다)로 한다. 다만, 송달받을 자가 동의하는 경우에는 그를 만나는 장소에서 송달할 수 있다(「행정절차법」 제14조 제1항).

② [X] 송달은 다른 법령 등에 특별한 규정이 있는 경우를 제외하고는 해당 문서가 송달받을 자에게 도달됨으로써 그 효력이 발생한다(「행정절차법」 제15조 제1항). 즉, 「행정절차법」상 행정처분의 송달은 발신주의가 아니라 도달주의를 취한다.

❸ [O] 송달받을 자의 주소 등을 통상적인 방법으로 확인할 수 없는 경우와 송달이 불가능한 경우에 해당하여 공고(공시송달)의 방법으로 송달하는 경우에는 다른 법령 등에 특별한 규정이 있는 경우를 제외하고는 공고일부터 14일이 지난 때에 그 효력이 발생한다. 다만, 긴급히 시행하여야 할 특별한 사유가 있어 효력발생시기를 달리 정하여 공고한 경우에는 그에 따른다(「행정절차법」 제15조 제3항).

④ [X] 정보통신망을 이용하여 전자문서로 송달하는 경우에는 '송달받을 자'가 지정한 컴퓨터 등에 입력된 때에 도달된 것으로 본다(「행정절차법」 제15조 제2항).

13 　　　　　　　　　　　　　　　　　　　　정답 ①

❶ [X] 행정벌(행정형벌·행정질서벌)은 원칙적으로 의무위반에 대해 의무자의 고의·과실이 있어야 과할 수 있다.

② [O] 징계사유 있는 공무원에게 고의·과실이 없어도 그 공무원에게 징계벌을 부과할 수 있다.

③ [O] 행정법규 위반에 대하여 가하는 제재조치는 행정목적의 달성을 위하여 행정법규 위반이라는 객관적 사실에 착안하여 가하는 제재이므로, 위반자가 그 의무를 알지 못하는 것이 무리가 아니었다고 할 수 있어 그것을 정당시할 수 있는 사정이 있을 때 또는 의무의 이행을 당사자에게 기대하는 것이 무리라고 하는 사정이 있을 때 등 의무 해태를 탓할 수 없는 정당한 사유가 있는 경우 등의 특별한 사정이 없는 한 위반자에게 고의나 과실이 없다고 하더라도 부과될 수 있다(대판 2012.6.28, 2010두24371).

④ [O] 가산세는 과세권의 행사 및 조세채권의 실현을 용이하게 하기 위하여 납세자가 정당한 이유 없이 법에 규정된 신고·납세 등 각종 의무를 위반한 경우에 개별 세법이 정하는 바에 따라 부과되는 행정상의 제재로서 납세자의 고의·과실은 요건이 아니다(대판 2003.1.10, 2001두7886 ; 대판 2013.5.23, 2013두1829).

① [X] 법률 제3782호 「하천법」 중 개정법률(이하 '개정 하천법'이라고 한다)은 부칙 제2조 제1항에서 개정 「하천법」의 시행일인 1984. 12. 31. 전에 유수지에 해당되어 하천구역으로 된 토지 및 구 「하천법」(1971.1.19. 법률 제2292호로 전부 개정된 것)의 시행으로 국유로 된 제외지 안의 토지에 대하여는 관리청이 손실을 보상하도록 규정하였고, 「하천편입토지 보상 등에 관한 특별조치법」 제2조는 '다음 각 호의 어느 하나에 해당하는 경우 중 「하천구역편입토지 보상에 관한 특별조치법」 제3조에 따른 소멸시효의 만료로 보상청구권이 소멸되어 보상을 받지 못한 때에는 특별시장·광역시장 또는 도지사가 그 손실을 보상하여야 한다'고 정하면서, 제2호에서 '법률 제2292호 「하천법」 개정법률의 시행일부터 법률 제3782호 「하천법」 중 개정법률의 시행일 전에 토지가 법률 제3782호 「하천법」 중 개정법률 제2조 제1항 제2호 (가)목에 해당되어 하천구역으로 된 경우'를 정하고 있다. 위 각 규정에 의한 손실보상청구권은 종전의 「하천법」 규정 자체에 의하여 하천구역으로 편입되어 국유로 되었으나 그에 대한 보상규정이 없거나 보상청구권이 시효로 소멸되어 보상을 받지 못한 토지에 대하여, 국가가 반성적 고려와 국민의 권리구제 차원에서 손실을 보상하기 위하여 규정한 것으로서, 법적 성질은 「하천법」이 원래부터 규정하고 있던 하천구역에의 편입에 의한 손실보상청구권과 다를 바가 없는 공법상의 권리이다(대판 2016.8.24, 2014두46966).

② [X], ❸ [O] 구 「하천법」(1984.12.31. 법률 제3782호로 개정되기 전의 것) 제3조에 의하면, 하천구역에 편입된 토지는 국가의 소유가 되고, 국가는 토지소유자에 대하여 손실보상의무가 있다. 헌법 제23조가 천명하고 있는 정당보상의 원칙과 손실보상청구권의 법적 성격 등에 비추어 보면, 국가가 원인무효의 소유권보존등기 또는 소유권이전등기의 등기명의인으로 기재되어 있는 자 등 진정한 소유자가 아닌 자를 하천 편입 당시의 소유자로 보아 등기명의인에게 손실보상금을 지급하였다면, 설령 그 과정에서 국가가 등기명의인을 하천 편입 당시 소유자라고 믿은 데에 과실이 없더라도, 국가가 「민법」 제470조에 따라 진정한 소유자에 대한 손실보상금 지급의무를 면한다고 볼 수 없다. 그러나 이와 달리 국가가 하천 편입 당시의 진정한 소유자가 토지에 대한 손실보상금청구권자임을 전제로 보상절차를 진행하였으나, 진정한 소유자 또는 진정한 소유자로부터 손실보상금청구권을 승계한 것과 같은 외관을 가진 자 등과 같이 하천 편입 당시의 진정한 소유자가 손실보상대상자임을 전제로 하여 손실보상금청구권이 자신에게 귀속되는 것과 같은 외관을 가진 자에게 손실보상금을 지급한 경우에는, 이로 인한 법률관계를 일반 민사상 채권을 사실상 행사하는 자에 대하여 변제한 경우와 달리 볼 이유가 없으므로, 국가의 손실보상금 지급에 과실이 없다면 국가는 「민법」 제470조에 따라 채무를 면한다(대판 2016.8.24, 2014두46966).

④ [X] 「공익사업을 위한 토지 등의 취득 및 보상에 관한 법률」은 사업시행자로 하여금 우선 협의취득절차를 거치도록 하고, 협의가 성립되지 않거나 협의를 할 수 없을 때에 수용재결취득절차를 밟도록 예정하고 있기는 하다. 그렇지만 일단 토지수용위원회가 수용재결을 하였더라도 사업시행자로서는 수용 또는 사용의 개시일까지 토지수용위원회가 재결한 보상금을 지급 또는 공탁하지 아니함으로써 재결의 효력을 상실시킬 수 있는 점, 토지소유자 등은 수용재결에 대하여 이의를 신청하거나 행정소송을 제기하여 보상금의 적정 여부를 다툴 수 있는데, 그 절차에서 사업시행자와 보상금액에 관하여 임의로 합의할 수 있는 점, 공익사업의 효율적인 수행을 통하여 공공복리를 증진시키고, 재산권을 적정하게 보호하려는 「공익사업을 위한 토지 등의 취득 및 보상에 관한 법률」의 입법 목적(제1조)에 비추어 보더라도 수용재결이 있은 후에 사법상 계약의 실질을 가지는 협의취득절차를 금지해야 할 별다른 필요성을 찾기 어려운 점 등을 종합해 보면, 토지수용위원회의 수용재결이 있은 후라고 하더라도 토지소유자 등과 사업시행자가 다시 협의하여 토지 등의 취득이나 사용 및 그에 대한 보상에 관하여 임의로 계약을 체결할 수 있다고 보아야 한다(대판 2017.4.13, 2016두64241).

① [O] 국민권익위원회는 제41조(고충민원의 조사)에 따라 조사를 함에 있어서 필요하다고 인정하는 경우에는 (1) 관계 행정기관 등에 대한 설명요구 또는 관련 자료·서류 등의 제출요구, (2) 관계 행정기관 등의 직원·신청인·이해관계인이나 참고인의 출석 및 의견진술 등의 요구, (3) 조사사항과 관계있다고 인정되는 장소·시설 등에 대한 실지조사, (4) 감정의 의뢰 등의 조치를 할 수 있다(「부패방지 및 국민권익위원회의 설치와 운영에 관한 법률」 제42조 제1항).

② [O] 권익위원회는 제46조(시정의 권고 및 의견의 표명) 또는 제47조(제도개선의 권고 및 의견의 표명)에 따라 관계 행정기관 등의 장에게 권고 또는 의견표명을 하기 전에 그 행정기관 등과 신청인 또는 이해관계인에게 미리 의견을 제출할 기회를 주어야 한다(「부패방지 및 국민권익위원회의 설치와 운영에 관한 법률」 제48조 제1항).

❸ [X] 권익위원회는 고충민원에 대한 조사결과 처분 등이 위법·부당하다고 인정할 만한 상당한 이유가 있는 경우에는 관계 행정기관 등의 장에게 적절한 시정을 권고할 수 있고(「부패방지 및 국민권익위원회의 설치와 운영에 관한 법률」 제46조 제1항), 고충민원을 조사·처리하는 과정에서 법령 그 밖의 제도나 정책 등의 개선이 필요하다고 인정되는 경우에는 관계 행정기관 등의 장에게 이에 대한 합리적인 개선을 권고하거나 의견을 표명할 수 있다(「부패방지 및 국민권익위원회의 설치와 운영에 관한 법률」 제47조). 이에 따라 권고 또는 의견을 받은 관계 행정기관 등의 장은 이를 존중하여야 하며(따라서 반드시 따라야 하는 것은 아님), 그 권고 또는 의견을 받은 날부터 30일 이내에 그 처리 결과를 권익위원회에 통보하여야 한다(「부패방지 및 국민권익위원회의 설치와 운영에 관한 법률」 제50조 제1항).

④ [O] 고충민원의 조사·처리과정에서 관계 행정기관 등의 직원이 고의 또는 중대한 과실로 위법·부당하게 업무를 처리한 사실을 발견한 경우 위원회는 감사원에, 시민고충처리위원회는 당해 지방자치단체에 감사를 의뢰할 수 있다(「부패방지 및 국민권익위원회의 설치와 운영에 관한 법률」 제51조).

❶ [O]

「행정소송법」 제13조 【피고적격】 ① 취소소송은 다른 법률에 특별한 규정이 없는 한 그 처분 등을 행한 행정청을 피고로 한다. 다만, 처분 등이 있은 뒤에 그 처분 등에 관계되는 권한이 다른 행정청에 승계된 때에는 이를 승계한 행정청을 피고로 한다.

② [X]

「행정소송법」 제28조 【사정판결】 ③ 원고는 피고인 행정청이 속하는 국가 또는 공공단체를 상대로 손해배상, 제해시설의 설치 그 밖에 적당한 구제방법의 청구를 당해 취소소송 등이 계속된 법원에 병합하여 제기할 수 있다.

③ [X]

> 「행정소송법」 제31조【제3자에 의한 재심청구】 ① 처분 등을 취소하는 판결에 의하여 권리 또는 이익의 침해를 받은 제3자는 자기에게 책임 없는 사유로 소송에 참가하지 못함으로써 판결의 결과에 영향을 미칠 공격 또는 방어방법을 제출하지 못한 때에는 이를 이유로 확정된 종국판결에 대하여 재심의 청구를 할 수 있다.

④ [X]

> 「행정소송법」 제39조【피고적격】 당사자소송은 국가·공공단체 그 밖의 권리주체를 피고로 한다.

17 정답 ①

❶ [O] 선순위 유족이 유족연금수급권을 상실함에 따라 동순위 또는 차순위 유족이 상실 시점에서 유족연금수급권을 법률상 이전받더라도 동순위 또는 차순위 유족은 구 「군인연금법 시행령」 제56조에서 정한 바에 따라 국방부장관에게 '유족연금수급권 이전 청구서'를 제출하여 심사·판단받는 절차를 거쳐야 비로소 유족연금을 수령할 수 있게 된다. 이에 관한 국방부장관의 결정은 선순위 유족의 수급권 상실로 청구인에게 유족연금수급권 이전이라는 법률효과가 발생하였는지를 '확인'하는 행정행위에 해당하고, 이는 월별 유족연금액 지급이라는 후속 집행행위의 기초가 되므로, '행정청이 행하는 구체적 사실에 관한 법 집행으로서의 공권력의 행사 또는 그 거부'(행정소송법 제2조 제1항 제1호)로서 항고소송의 대상인 처분에 해당한다고 보아야 한다. 그러므로 만약 국방부장관이 거부결정을 하는 경우 그 거부결정을 대상으로 항고소송을 제기하는 방식으로 불복하여야 하고, 청구인이 정당한 유족연금수급권자라는 국방부장관의 심사·확인 결정 없이 곧바로 국가를 상대로 한 당사자소송으로 그 권리의 확인이나 유족연금의 지급을 소구할 수는 없다(대판 2019.12.27, 2018두46780).

② [X] <국책사업인 '한국형 헬기 개발사업'(Korean Helicopter Program, 이하 'KHP사업'이라 한다)에 개발주관사업자 중 하나로 참여하여 국가 산하 중앙행정기관인 방위사업청과 '한국형헬기 민군겸용 핵심구성품 개발협약'을 체결한 甲 주식회사가 협약을 이행하는 과정에서 환율변동 및 물가상승 등 외부적 요인 때문에 협약금액을 초과하는 비용이 발생하였다고 주장하면서 국가를 상대로 초과비용의 지급을 구하는 민사소송을 제기한 사안> … 「과학기술기본법」 제11조, 구 「국가연구개발사업의 관리 등에 관한 규정」 제2조 제1호, 제7호, 제7조 제1항, 제10조, 제15조, 제20조, 「항공우주산업개발 촉진법」 제4조 제1항 제2호, 제2항, 제3항 등의 입법취지와 규정 내용, 위 협약에서 국가는 甲 회사에 '대가'를 지급한다고 규정하고 있으나 이는 구 「국가연구개발사업의 관리 등에 관한 규정」에 근거하여 국가가 甲 회사에 연구경비로 지급하는 출연금을 지칭하는 데 다름 아닌 점, 위 협약에 정한 협약금액은 정부의 연구개발비 출연금과 참여기업의 투자금 등으로 구성되는데 위 협약 특수조건에 의하여 참여기업이 물가상승 등을 이유로 국가에 협약금액의 증액을 내용으로 하는 협약변경을 구하는 것은 실질적으로는 KHP사업에 대한 정부출연금의 증액을 요구하는 것으로 이에 대하여는 국가의 승인을 얻도록 되어 있는 점, 위 협약은 정부와 민간이 공동으로 한국형헬기 민·군 겸용 핵심구성품을 개발하여 기술에 대한 권리는 방위사업이라는 점을 감안하여 국가에 귀속시키되 장차 기술사용권을 甲 회사에 이전하여 군용 헬기를 제작·납품하게 하거나 또는 민간 헬기의 독자적 생산기반을 확보하려는 데 있는 점, KHP사업의 참여기업인 甲 회사로서도 민·군 겸용 핵심구성품 개발사업에 참여하여 기술력을 확보함으로써 향후 군용 헬기 양산 또는 민간 헬기 생산에서 유리한 지위를 확보할 수 있게 된다는 점 등을 종합하면, 구 「국가연구개발사업의 관리 등에 관한 규정」에 근거하여 국가 산하 중앙행정기관의 장과 참여기업인 甲 회사가 체결한 위 협약의 법률관계는 공법관계에 해당하므로 이에 관한 분쟁은 행정소송으로 제기하여야 한다(대판 2017.11.9, 2015다215526).

③ [X] <甲 주식회사가 고용노동부가 시행한 '청년취업인턴제' 사업에 실시기업으로 참여하여 고용노동부로부터 사업에 관한 업무를 위탁받은 乙 주식회사와 청년인턴지원협약을 체결하고 인턴을 채용해 왔는데, 甲 회사는 30명의 인턴에 대하여 실제 약정 임금이 130만 원임에도 마치 150만 원을 지급한 것처럼 꾸며 乙 회사로부터 1인당 150만 원의 50%인 75만 원의 청년인턴지원금을 청구하여 지급받았고, 이에 乙 회사가 甲 회사를 상대로 지원금 반환을 구하는 소를 제기한 사안> … 乙 회사가 고용노동부의 「청년취업인턴제 시행지침」 또는 구 「보조금 관리에 관한 법률」 제33조의2 제1항 제1호에 따라 보조금수령자에 대하여 거짓 신청이나 그 밖의 부정한 방법으로 지급받은 보조금을 반환하도록 요구하는 의사표시는 우월한 지위에서 하는 공권력의 행사로서의 '반환명령'이 아니라, 대등한 당사자의 지위에서 계약에 근거하여 하는 의사표시라고 보아야 하며, 또한 乙 회사의 甲 회사에 대한 협약에 따른 지원금 반환청구는 협약에서 정한 의무의 위반을 이유로 채무불이행 책임을 구하는 것에 불과하고, 채무의 존부 및 범위에 관한 다툼이 협약에 포함된 공법적 요소에 어떤 영향을 받는다고 볼 수도 없으므로 민사소송의 대상이라고 보아야 한다(대판 2019.8.30, 2018다242451).

④ [X] 「도시 및 주거환경정비법」 제97조 제2항은, "시장·군수 등 또는 토지주택공사 등이 아닌 사업시행자가 정비사업의 시행으로 새로 설치한 정비기반시설은 그 시설을 관리할 국가 또는 지방자치단체에 무상으로 귀속되고, 정비사업의 시행으로 용도가 폐지되는 국가 또는 지방자치단체 소유의 정비기반시설은 사업시행자가 새로 설치한 정비기반시설의 설치비용에 상당하는 범위에서 그에게 무상으로 양도된다."라고 규정하고 있다. 위 전단 규정은, '정비사업의 시행으로 새로 설치한 정비기반시설'을 국가 또는 지방자치단체에 무상으로 귀속되게 함으로써 정비사업 과정에서 필수적으로 요구되는 정비기반시설을 원활하게 확보하고 그 시설을 효율적으로 유지·관리한다는 공법상 목적을 달성하는 데 입법취지가 있다. 위 후단 규정은, 위 전단 규정에 따라 정비기반시설이 국가 또는 지방자치단체에 무상으로 귀속됨으로 인하여 발생하는 사업시행자의 재산상 손실을 고려하여, 그 사업시행자가 새로 설치한 정비기반시설의 설치비용에 상당하는 범위 안에서 '정비사업의 시행으로 용도가 폐지되는 국가 또는 지방자치단체 소유의 정비기반시설'을 그 사업시행자에게 무상으로 양도되도록 하여 위와 같은 재산상의 손실을 합리적인 범위 안에서 보전해 주는 데 입법취지가 있다. 위와 같은 「도시 및 주거환경정비법」 제97조 제2항의 입법취지와 「도시 및 주거환경정비법」(제1조)의 입법목적을 고려하면, 위 후단 규정에 따른 정비기반시설의 소유권 귀속에 관한 국가 또는 지방자치단체와 정비사업시행자 사이의 법률관계는 공법상의 법률관계로 보아야 한다. 따라서 위 후단 규정에 따른 정비기반시설의 소유권 귀속에 관한 소송은 공법상의 법률관계에 관한 소송으로서 「행정소송법」 제3조 제2호에서 규정하는 당사자소송에 해당한다(대판 2018.7.26, 2015다221569).

18 정답 ③

① [X] 기판력은 주문에만 인정된다. 국가배상청구소송에서 주문은 처분의 위법 여부는 없고 배상여부에 대한 판단만 있다. 국가배상에서 위법성 여부 판단은 주문에 이르는 사유이나 기판력은 주문에만

있으므로 국가배상청구소송에서 처분의 위법성 판단은 기판력이 인정되지 않는다. 따라서 항고소송의 수소법원은 국가배상청구소송에서 처분의 위법성 판단과 모순되는 판단을 할 수 있다.

② [X] 항고소송에서 처분의 위법성 판단은 국가배상청구소송에 기판력이 인정된다면 처분이 취소된 경우 처분의 위법성은 전제되나, 공무원의 과실 여부는 별개의 문제이므로 배상의 인정된다고 단정할 수 없다.

❸ [O] 항고소송의 위법성 판단보다 국가배상청구소송에서의 위법성 판단을 넓게 보는 견해에 따르면 항고소송에서 처분을 위법한다고 판단하는 경우 국가배상청구소송에서도 위법하다고 판단하게 되므로 항고소송의 인용판결은 국가배상청구소송에서 기판력이 미친다. 그러나 항고소송에서 처분을 적법하다고 판단하는 경우 국가배상청구소송에서도 위법하다고 판단할 수 있으므로 항고소송의 인용판결은 국가배상청구소송에서 기판력이 미치지 아니한다.

④ [X] 사정판결의 경우 법원은 그 판결의 주문에 그 처분 등이 위법함을 명시되어 있으므로 사정판결에서 처분의 위법성 판단은 국가배상청구소송에 기판력이 인정된다.

> 「행정소송법」 제28조【사정판결】① 원고의 청구가 이유 있다고 인정하는 경우에도 처분 등을 취소하는 것이 현저히 공공복리에 적합하지 아니하다고 인정하는 때에는 법원은 원고의 청구를 기각할 수 있다. 이 경우 법원은 그 판결의 주문에서 그 처분 등이 위법함을 명시하여야 한다.

19 정답 ③

① [O] 어떤 개발사업의 시행과 관련하여 여러 개별 법령에서 각각 고유한 목적과 취지를 가지고 요건과 효과를 달리하는 인허가 제도를 각각 규정하고 있다면, 그 개발사업을 시행하기 위해서는 개별 법령에 따른 여러 인허가 절차를 각각 거치는 것이 원칙이다. 다만 어떤 인허가의 근거 법령에서 절차간소화를 위하여 관련 인허가를 의제 처리할 수 있는 근거 규정을 둔 경우에는, 사업시행자가 인허가를 신청하면서 하나의 절차 내에서 관련 인허가를 의제 처리해 줄 것을 신청할 수 있다. 관련 인허가 의제 제도는 사업시행자의 이익을 위하여 만들어진 것이므로, 사업시행자가 반드시 관련 인허가 의제 처리를 신청할 의무가 있는 것은 아니다(대판 2020.7.23, 2019두31839 [건축허가취소처분취소]).

② [O] 인허가 의제 제도는 목적사업의 원활한 수행을 위해 창구를 단일화하여 행정절차를 간소화하는 데 입법 취지가 있고 목적사업이 관계 법령상 인허가의 실체적 요건을 충족하였는지에 관한 심사를 배제하려는 취지는 아니다. 따라서 시장 등이 사업계획을 승인하기 전에 관계 행정청과 미리 협의한 사항에 한하여 사업계획승인처분을 할 때에 관련 인허가가 의제되는 효과가 발생할 뿐이다(대판 2021.3.11, 2020두42569).

❸ [X] 관련 인허가 사항에 관한 사전 협의가 이루어지지 않은 채 중소기업창업법 제33조 제3항에서 정한 20일의 처리기간이 지난 날의 다음 날에 사업계획승인처분이 이루어진 것으로 의제된다고 하더라도, 창업자는 중소기업창업법에 따른 사업계획승인처분을 받은 지위를 가지게 될 뿐이고 관련 인허가까지 받은 지위를 가지는 것은 아니다. 따라서 창업자는 공장을 설립하기 위해 필요한 관련 인허가를 관계 행정청에 별도로 신청하는 절차를 거쳐야 한다(대판 2021.3.11, 2020두42569).

④ [O] 대판 2021.3.11, 2020두42569

20 정답 ②

① [O] 판결서의 이유에는 주문이 정당하다는 것을 인정할 수 있을 정도로 당사자의 주장, 그 밖의 공격·방어방법에 관한 판단을 표시하면 되고 당사자의 모든 주장이나 공격·방어방법에 관하여 판단할 필요가 없다(「행정소송법」 제8조 제2항, 「민사소송법」 제208조). 따라서 법원의 판결에 당사자가 주장한 사항에 대한 구체적·직접적인 판단이 표시되어 있지 아니하더라도 판결 이유의 전반적인 취지에 비추어 주장을 인용하거나 배척하였음을 알 수 있는 정도라면 판단누락이라고 할 수 없고, 설령 실제로 판단을 하지 아니하였더라도 주장이 배척될 경우임이 분명한 때에는 판결 결과에 영향이 없어 판단누락의 위법이 있다고 할 수 없다(대판 2020.6.11, 2017두36953).

❷ [X] 원래 확인의 소는 현재의 권리 또는 법률상 지위에 관한 위험이나 불안을 제거하기 위하여 허용되는 것이고, 다만 과거의 법률관계라 할지라도 현재의 권리 또는 법률상 지위에 영향을 미치고 있고 현재의 권리 또는 법률상 지위에 대한 위험이나 불안을 제거하기 위하여 그 법률관계에 관한 확인판결을 받는 것이 유효적절한 수단이라고 인정될 때에는 확인의 이익이 있다(대판 2021.4.29, 2016두39856 [국회의원지위확인]).

③ [O] 헌법재판소의 결정으로 정당이 해산되면 중앙선거관리위원회는 정당법에 따라 그 결정을 집행하여야 하고(「헌법재판소법」 제60조), 그 밖에도 기존에 존속·활동하였던 정당이 해산됨에 따른 여러 법적 효과가 발생한다. 구체적 사건에서의 헌법과 법률의 해석·적용은 사법권의 본질적 내용으로서 그 권한은 대법원을 최고법원으로 하는 법원에 있으므로, 법원은 위와 같은 위헌정당 해산결정에 따른 법적 효과와 관련한 헌법과 법률의 해석·적용에 관한 사항을 판단하여야 한다(대판 2021.4.29, 2016두39856 [국회의원지위확인]).

④ [O] 위헌정당 해산결정의 효과로 그 정당의 추천 등으로 당선되거나 임명된 공무원 등의 지위를 상실시킬지 여부는 헌법이나 법률로 명확히 규정하는 것이 보다 바람직하나, 그와 같은 명문의 규정이 없더라도 위헌정당 해산결정에 따른 효과로 위헌정당 소속 국회의원은 국회의원직을 상실한다고 보아야 한다(대판 2021.4.29, 2016두39856 [국회의원지위확인]).

01

① [X] 서훈취소는 서훈수여의 경우와는 달리 이미 발생된 서훈대상자 등의 권리 등에 영향을 미치는 행위로서 관련 당사자에게 미치는 불이익의 내용과 정도 등을 고려하면 사법심사의 필요성이 크다. 따라서 기본권의 보장 및 법치주의의 이념에 비추어 보면, 비록 서훈취소가 대통령이 국가원수로서 행하는 행위라고 하더라도 법원이 사법심사를 자제하여야 할 고도의 정치성을 띤 행위라고 볼 수는 없다(대판 2015.4.23, 2012두26920).

❷ [O] 남북정상회담의 개최는 고도의 정치적 성격을 지니고 있는 행위라 할 것이므로 특별한 사정이 없는 한 그 당부를 심판하는 것은 사법권의 내재적·본질적 한계를 넘어서는 것이 되어 적절하지 못하지만, 남북정상회담의 개최 과정에서 기획재정부장관에게 신고하지 아니하거나 통일부장관의 협력사업 승인을 얻지 아니한 채 북한측에 사업권의 대가 명목으로 송금한 행위 자체는 헌법상 법치국가의 원리와 법 앞에 평등원칙 등에 비추어 볼 때 사법심사의 대상이 된다(대판 2004.3.26, 2003도7878).

③ [X] 대통령의 비상계엄의 선포나 확대행위는 고도의 정치적·군사적 성격을 지니고 있는 행위라 할 것이므로, 그것이 누구에게도 일견하여 헌법이나 법률에 위반되는 것으로서 명백하게 인정될 수 있는 등 특별한 사정이 있는 경우라면 몰라도, 그러하지 아니한 이상 그 계엄선포의 요건 구비 여부나 선포의 당·부당을 판단할 권한이 사법부에는 없다고 할 것이나, 비상계엄의 선포나 확대가 국헌문란의 목적을 달성하기 위하여 행하여진 경우에는 법원은 그 자체가 범죄행위에 해당하는지의 여부에 관하여 심사할 수 있다(대판 전합체 1997.4.17, 96도3376).

④ [X] 사면은 형의 선고의 효력 또는 공소권을 상실시키거나, 형의 집행을 면제시키는 국가원수의 고유한 권한을 의미하며, 사법부의 판단을 변경하는 제도로서 권력분립의 원리에 대한 예외가 된다. 사면권은 전통적으로 국가원수에게 부여된 고유한 은사권이며, 국가원수가 이를 시혜적으로 행사한다(헌재 2000.6.1, 97헌바74). ➡ 대통령의 사면권은 고도의 정치적 결단에 의하여 발동되는 행위이고 그 결단을 존중하여야 할 필요성이 있는 행위라는 의미에서 이른바 통치행위에 속한다고 할 수 있고, 이러한 대통령의 사면권은 사법심사의 대상이 되지 않는다(서울행정법원 2000.2.2, 99구24405).

02

① [O] 「국가배상법」은 국가와 지방자치단체만 배상책임의 주체로 규정하고 있으므로 한국토지주택공사는 국가나 지방자치단체와는 별개의 행정주체이므로 「민법」의 손해배상책임 조항이 적용된다.

② [O] 「국가배상법」은 「민법」 제756조 제1항 단서와 같은 면책조항을 두고 있지 않고 나아가 면책을 인정한다면 공무원의 불법행위로 손해를 받은 국민이 국가나 지방자치단체로부터 배상을 받을 수 없으므로 「민법」 제756조 제1항이 준용되지 않는다.

③ [O] 공무원은 고의·중과실로 인한 위법행위로 손해가 발생한 경우에 한해 배상책임을 진다.

❹ [X] 「국가배상법」 제5조는 영조물의 설치·관리상 하자로 인한 손해 발생시 배상책임의 주체로 국가와 지방자치단체만 규정하고 있으므로 한국도로공사는 「민법」 제758조의 적용을 받는다. 따라서 한국도로공사가 손해의 방지에 필요한 주의를 해태하지 아니하였음을 입증하면 면책된다.

03

① [X] 공법상 계약은 공정력이 인정되지 않는다.

❷ [O] 조달청장이 「조달사업에 관한 법률」 제5조의2 제1항 또는 제2항에 따라 수요기관으로부터 계약 체결을 요청받아 그에 따라 체결하는 계약은, 국가가 당사자가 되고 수요기관은 수익자에 불과한 '제3자를 위한 계약'에 해당한다(대판 2017.12.28, 2017두39433).

③ [X] 구 「지방재정법」 제63조가 준용하는 「국가를 당사자로 하는 계약에 관한 법률」 제11조는 지방자치단체가 당사자로서 계약을 체결하고자 할 때에는 계약서를 작성하여야 하고 그 경우 담당공무원과 계약당사자가 계약서에 기명날인 또는 서명함으로써 계약이 확정된다고 규정함으로써, 지방자치단체가 당사자가 되는 계약의 체결은 계약서의 작성을 성립요건으로 하는 요식행위로 정하고 있으므로, 이 경우 낙찰자의 결정으로 바로 계약이 성립된다고 볼 수는 없어 낙찰자는 지방자치단체에 대하여 계약을 체결하여 줄 것을 청구할 수 있는 권리를 갖는 데 그치고, 이러한 점에서 위 법률에 따른 낙찰자 결정의 법적 성질은 입찰과 낙찰행위가 있은 후에 더 나아가 본계약을 따로 체결한다는 취지로서 계약의 편무예약에 해당한다(대판 2006.6.29, 2005다41603).

④ [X] 자력집행은 행정행위 중 하명을 전제로 한다. 따라서 국가는 계약의 상대방이 공법상 계약 의무를 이행하지 않은 경우, 자력집행을 통해 의무 이행을 실현할 수 없다.

04

ㄱ. [X] 과세관청이 체납처분으로서 하는 공매에 있어서 공매재산에 대한 감정평가나 매각예정가격의 결정이 잘못되었다 하더라도, 그로 인하여 공매재산이 부당하게 저렴한 가격으로 공매됨으로써 공매처분이 위법하다고 볼 수 있는 경우에 공매재산의 소유자 등이 이를 이유로 적법한 절차에 따라 공매처분의 취소를 구하거나, 공매처분이 확정된 경우에는 위법한 재산권의 침해로서 불법행위의 요건을 충족하는 경우에 국가 등을 상대로 불법행위로 인한 손해배상을 청구할 수 있음은 별론으로 하고, 매수인이 공매절차에서 취득한 공매재산의 시가와 감정평가액과의 차액 상당을 법률상의 원인 없이 부당이득한 것이라고는 볼 수 없고, 이러한 이치는 공매재산에 부합된 물건이 있는데도 이를 간과한 채 부합된 물건의 가액을 제외하고 감정평가를 함으로써 공매재산의 매각예정가격이 낮게 결정된 경우에 있어서도 마찬가지이다(대판 1997.4.8, 96다52915).

ㄴ. [X] 무효인 조례 규정에 터 잡은 행정지도에 따라 스스로 납세의무자로 믿고 자진신고 납부하였다 하더라도, 신고행위가 없어 부과처분에 의해 조세채무가 확정된 경우에 조세를 납부한 자와의 균형을 고려하건대, 그 신고행위의 하자가 중대하고 명백한 것이라고 단정할 수 없다. 부과처분에 따라 납부한 취득세에 대한 부당이득청구는 허용되지 아니한다(대판 1995.11.28, 95다18185).

ㄷ. [O] 과세처분의 공정력으로 결과제거청구권이 인정되지 않는다.

ㄹ. [O] 수용재결은 행정행위(대리)이므로 무효가 아닌 한 공정력이 인정되므로 부당이득이 인정되지 않는다.

ㅁ. [O] 공정력으로 인해 파면처분은 유효하므로 공무원지위를 확인해줄 수 없다. 따라서 취소쟁송으로 파면처분의 취소를 구해야 한다.

ㅂ. [X] 행정소송법 제10조는 처분의 취소를 구하는 취소소송에 당해 처분과 관련되는 부당이득반환소송을 관련 청구로 병합할 수 있다고 규정하고 있는바, 이 조항을 둔 취지에 비추어 보면, 취소소송에 병합할 수 있는 당해 처분과 관련되는 부당이득반환소송에는 당해 처분의 취소를 선결문제로 하는 부당이득반환청구가 포함되고, 이러한 부당이득반환청구가 인용되기 위해서는 그 소송절차에서 판결에 의해 당해 처분이 취소되면 충분하고 그 처분의 취소가 확정되어야 하는 것은 아니라고 보아야 한다(대판 2009.4.9, 2008두23153).

05   정답 ③

① [O] 행정행위의 '취소사유'는 원칙적으로 행정행위의 성립 당시에 존재하였던 하자(➡ 원시적 사유)를 말하고, '철회사유'는 행정행위가 성립된 이후에 새로이 발생한 것으로서 행정행위의 효력을 존속시킬 수 없는 사유(➡ 후발적 사유)를 말한다(대판 2018.6.28, 2015두58195 ; 대판 2014.10.27, 2012두11959). 따라서 위 제9호에 따른 허가취소는 취소라는 표현을 쓰고 있으나 후발적 사유인 점에서 강학상 철회에 해당한다.

② [O] 행정행위의 철회는 적법요건을 구비하여 완전히 효력을 발하고 있는 행정행위를 사후적으로 그 행위의 효력의 전부 또는 일부를 장래에 향해 소멸시키는 행정행위이다(대판 2005.4.29, 2004두11954). 즉, 행정행위의 철회도 그 자체로 원행정행위와는 별개의 독립한 행정행위이므로 「행정절차법」상 처분절차가 적용되고, 또 평등원칙·비례원칙·신뢰보호원칙 등의 일반원칙을 준수해야 한다.

❸ [X] 철회는 특별한 규정이 없는 한 처분청만이 행사할 수 있는 것이 원칙이다(대판 2004.11.26, 2003두10251). 따라서 감독청은 법적 근거가 없는 한 철회권을 가지지 못한다.

④ [O] 행정청은 침익적(부담적) 행정처분을 자유롭게 철회할 수 있음이 원칙이나, 수익적 행정처분이나 제3자효 행정처분은 그 철회로 법적 안정성과 신뢰보호를 해칠 수 있기 때문에 자유롭게 철회할 수 없다(대판 2004.11.26, 2003두10251).

06   정답 ②

① [X] 행정행위까지 무효가 되는 지 여부는 부담이 행정행위의 중요요소인지를 기준으로 한다.

❷ [O] 행정처분에 부담인 부관을 붙인 경우 부관의 무효화에 의하여 본체인 행정처분 자체의 효력에도 영향이 있게 될 수는 있지만, 그 처분을 받은 사람이 부담의 이행으로 사법상 매매 등의 법률행위를 한 경우에는 그 부관은 특별한 사정이 없는 한 법률행위를 하게 된 동기 내지 연유로 작용하였을 뿐이므로 이는 법률행위의 취소사유가 될 수 있음은 별론으로 하고 그 법률행위 자체를 당연히

무효화하는 것은 아니다. 또한, 행정처분에 붙은 부담인 부관이 제소기간의 도과로 확정되어 이미 불가쟁력이 생겼다면 그 하자가 중대하고 명백하여 당연 무효로 보아야 할 경우 외에는 누구나 그 효력을 부인할 수 없을 것이지만, 부담의 이행으로서 하게 된 사법상 매매 등의 법률행위는 부담을 붙인 행정처분과는 어디까지나 별개의 법률행위이므로 그 부담의 불가쟁력의 문제와는 별도로 법률행위가 사회질서 위반이나 강행규정에 위반되는지 여부 등을 따져보아 그 법률행위의 유효 여부를 판단하여야 한다(대판 2009.6.25, 2006다18174).

③ [X] 행정처분에 붙은 부담인 부관이 제소기간의 도과로 확정되어 이미 불가쟁력이 생겼다면 그 하자가 중대하고 명백하여 당연 무효로 보아야 할 경우 외에는 누구나 그 효력을 부인할 수 없을 것이지만, 부담의 이행으로서 하게 된 사법상 매매 등의 법률행위는 부담을 붙인 행정처분과는 어디까지나 별개의 법률행위이므로 그 부담의 불가쟁력의 문제와는 별도로 법률행위가 사회질서 위반이나 강행규정에 위반되는지 여부 등을 따져보아 그 법률행위의 유효 여부를 판단하여야 한다(대판 2009.6.25, 2006다18174).

④ [X] 대법원 판례에 의하면 행정처분에 붙은 부담과 부담 이행으로 인한 사법(私法)상 행위는 별개의 법률행위이므로 부담인 기부채납 부관이 당연무효 또는 취소되지 않았다고 하더라도, 기부채납계약인 증여계약이 사회질서 위반이나 강행규정에 위반되는지 여부 등을 따져보아 그 법률행위의 유효 여부를 판단하여 취소 또는 무효로 할 수 있다. 따라서 부당이득이 인정될 수 있다.

07   정답 ④

① [O] 예외적 승인(예외적 허가)이란 사회적으로 해악이 큰 관계로 법령이 억제적 금지로 규정해 두고, 예외적으로 그 금지를 해제하여 승인해 주는 것을 말한다. 예컨대, 치료목적의 아편·마약류사용허가, 마약류 취급허가(이견 있음), 개발제한구역 내 용도변경(건축)·개발행위의 허가, 학교환경위생정화구역 내 유흥음식점 허가, 자연공원 내 단란주점 영업허가 또는 산림훼손토지형질변경허가, 카지노·경마장 등의 사행행위 영업허가 등이 이에 해당한다.

② [O] 예외적 승인은 금지의 해제라는 점에서 허가와 차이가 없다. 그러나 허가는 예방적(또는 사전적) 금지를 해제하여 주는 행위인 점에서, 억제적(또는 제재적·사후적) 금지를 해제하여 주는 행위인 예외적 승인과 구별된다.

③ [O] 예외적 승인의 법적 성질에 대해서는 허가의 일종으로 보는 견해(다수설), 특허의 일종으로 보는 견해, 면제로 보는 견해 등이 대립하고 있으나 어느 견해에 의한다 해도 법률행위적 행정행위임에는 차이가 없다. 그리고 일반적으로 허가는 기속행위의 성질을 가지는데 반하여, 예외적 승인은 재량행위의 성질을 가진다.

❹ [X] 서로 반대로 기술되어 있다.

08   정답 ③

① [X]

「개인정보 보호법」 제7조【개인정보 보호위원회】① 개인정보 보호에 관한 사무를 독립적으로 수행하기 위하여 국무총리 소속으로 개인정보 보호위원회를 둔다. ⬅ 개정 전 제7조【개인정보 보호위원회】① 개인정보 보호에 관한 사항을 심의·의결하기 위하여 대통령 소속으로 개인정보 보호위원회(이하 '보호위원회'라 한다)를 둔다. 보호위원회는 그 권한에 속하는 업무를 독립하여 수행한다.

② [X]

> 「개인정보 보호법」 제7조【개인정보 보호위원회】② 보호위원회는 「정부조직법」 제2조에 따른 중앙행정기관으로 본다. 다만, 다음 각 호의 사항에 대하여는 「정부조직법」 제18조를 적용하지 아니한다.
> 1. 제7조의8 제3호(정보주체의 권리침해에 대한 조사 및 이에 따른 처분에 관한 사항) 및 제4호(개인정보의 처리와 관련한 고충처리·권리구제 및 개인정보에 관한 분쟁의 조정)의 사무
> 2. 제7조의9 제1항의 심의·의결 사항 중 제1호(제8조의2에 따른 개인정보 침해요인 평가에 관한 사항)에 해당하는 사항
>
> 「정부조직법」 제18조【국무총리의 행정감독권】① 국무총리는 대통령의 명을 받아 각 중앙행정기관의 장을 지휘·감독한다.
> ② 국무총리는 중앙행정기관의 장의 명령이나 처분이 위법 또는 부당하다고 인정될 경우에는 대통령의 승인을 받아 이를 중지 또는 취소할 수 있다.

③ [O]

> 「개인정보 보호법」 제7조의2【보호위원회의 구성 등】④ 위원장, 부위원장, 제7조의13에 따른 사무처의 장은 「정부조직법」 제10조에도 불구하고 정부위원이 된다.
>
> 「정부조직법」 제10조【정부위원】국무조정실의 실장 및 차장, 부·처·청의 처장·차관·청장·차장·실장·국장 및 차관보와 제29조 제2항·제34조 제3항 및 제37조 제2항에 따라 과학기술정보통신부·행정안전부 및 산업통상자원부에 두는 본부장은 정부위원이 된다.

④ [X]

> 「개인정보 보호법」 제7조의3【위원장】③ 위원장은 국회에 출석하여 보호위원회의 소관 사무에 관하여 의견을 진술할 수 있으며, 국회에서 요구하면 출석하여 보고하거나 답변하여야 한다.
> ④ 위원장은 국무회의에 출석하여 발언할 수 있으며, 그 소관 사무에 관하여 국무총리에게 의안 제출을 건의할 수 있다.

09　　　　　　　　　　　　　　　　　　　　정답 ②

① [X] 행정기관은 법령 등에서 행정조사를 규정하고 있는 경우에 한하여 행정조사를 실시할 수 있다. 다만, 조사대상자의 자발적인 협조를 얻어 실시하는 행정조사의 경우에는 그러하지 아니하다(「행정조사기본법」 제5조).

❷ [O]

> 「행정조사기본법」 제3조【적용범위】② 다음 각 호의 어느 하나에 해당하는 사항에 대하여는 이 법을 적용하지 아니한다.
> 1. 행정조사를 한다는 사실이나 조사내용이 공개될 경우 국가의 존립을 위태롭게 하거나 국가의 중대한 이익을 현저히 해칠 우려가 있는 국가안전보장·통일 및 외교에 관한 사항
> 2. 국방 및 안전에 관한 사항 중 다음 각 목의 어느 하나에 해당하는 사항
>   가. 군사시설·군사기밀보호 또는 방위사업에 관한 사항
>   나. 「병역법」·「예비군법」·「민방위기본법」·「비상대비에 관한 법률」에 따른 징집·소집·동원 및 훈련에 관한 사항
> 3. 「공공기관의 정보공개에 관한 법률」 제4조 제3항의 정보에 관한 사항
> 4. 「근로기준법」 제101조에 따른 근로감독관의 직무에 관한 사항
> 5. 조세·형사·행형 및 보안처분에 관한 사항

> 6. 금융감독기관의 감독·검사·조사 및 감리에 관한 사항
> 7. 「독점규제 및 공정거래에 관한 법률」, 「표시·광고의 공정화에 관한 법률」, 「하도급거래 공정화에 관한 법률」, 「가맹사업거래의 공정화에 관한 법률」, 「방문판매 등에 관한 법률」, 「전자상거래 등에서의 소비자보호에 관한 법률」, 「약관의 규제에 관한 법률」 및 「할부거래에 관한 법률」에 따른 공정거래위원회의 법률위반행위 조사에 관한 사항

③ [X] 「행정조사기본법」이 적용되지 않는 사항이라도 제4조(행정조사의 기본원칙), 제5조(행정조사의 근거) 및 제28조(정보통신수단을 통한 행정조사)는 적용한다(「행정조사기본법」 제3조 제3항).

④ [X] 다른 법률에 따르지 아니하고는 행정조사의 대상자 또는 행정조사의 내용을 공표하거나 직무상 알게 된 비밀을 누설하여서는 아니 된다(「행정조사기본법」 제4조 제5항).

10　　　　　　　　　　　　　　　　　　　　정답 ③

① [X] 대집행에 소요되는 비용은 국가·지방자치단체나 행정청이 부담하는 것이 아니라 원칙적으로 의무자가 부담한다(「행정대집행법」 제2조).

② [X]

> 「행정대집행법」 제5조【비용납부명령서】대집행에 요한 비용의 징수에 있어서는 실제에 요한 비용액과 그 납기일을 정하여 의무자에게 '문서'로써 그 납부를 명하여야 한다.

❸ [O], ④ [X]

> 「행정대집행법」 제6조【비용징수】① 대집행에 요한 비용은 「국세징수법」의 예에 의하여 징수할 수 있다.
> ② 대집행에 요한 비용에 대하여서는 행정청은 사무비의 소속에 따라 국세에 다음가는 순위의 선취득권을 가진다.
> ③ 대집행에 요한 비용을 징수하였을 때에는 그 징수금은 사무비의 소속에 따라 국고 또는 지방자치단체의 수입으로 한다.

11　　　　　　　　　　　　　　　　　　　　정답 ④

① [X]

> 「질서위반행위규제법」 제20조【이의제기】① 행정청의 과태료 부과에 불복하는 당사자는 제17조 제1항에 따른 과태료 부과 통지를 받은 날부터 60일 이내에 해당 행정청에 서면으로 이의제기를 할 수 있다.

② [X]

> 「질서위반행위규제법」 제20조【이의제기】② 제1항에 따른 이의제기가 있는 경우에는 행정청의 과태료 부과처분은 그 효력을 상실한다.
> ③ 당사자는 행정청으로부터 제21조 제3항에 따른 통지를 받기 전까지는 행정청에 대하여 서면으로 이의제기를 철회할 수 있다.

③ [X]

> 「질서위반행위규제법」 제21조【법원에의 통보】① 제20조 제1항에 따른 이의제기를 받은 행정청은 이의제기를 받은 날부터 14일 이내

에 이에 대한 의견 및 증빙서류를 첨부하여 관할 법원에 통보하여야
한다. 다만, 다음 각 호의 어느 하나에 해당하는 경우에는 그러하지
아니하다.
1. 당사자가 이의제기를 철회한 경우
2. 당사자의 이의제기에 이유가 있어 과태료를 부과할 필요가 없는
   것으로 인정되는 경우

❹ [○]

> 「질서위반행위규제법」 제24조 【가산금 징수 및 체납처분 등】 ① 행
> 정청은 당사자가 납부기한까지 과태료를 납부하지 아니한 때에는
> 납부기한을 경과한 날부터 체납된 과태료에 대하여 100분의 3에 상
> 당하는 가산금을 징수한다.
> ② 체납된 과태료를 납부하지 아니한 때에는 납부기한이 경과한 날
> 부터 매 1개월이 경과할 때마다 체납된 과태료의 1천분의 12에 상당
> 하는 가산금(이하 '중가산금'이라 한다)을 제1항에 따른 가산금에 가
> 산하여 징수한다. 이 경우 중가산금을 가산하여 징수하는 기간은
> 60개월을 초과하지 못한다.

12

① [○] 「행정조사기본법」 제5조는 행정기관이 정책을 결정하거나 직무를
수행하는 데에 필요한 정보나 자료를 수집하기 위하여 행정조사를
실시할 수 있는 근거에 관하여 정한 것으로서, 이러한 규정의 취지
와 아울러 문언에 비추어 보면, 단서에서 정한 '조사대상자의 자발
적인 협조를 얻어 실시하는 행정조사'는 개별 법령 등에서 행정조
사를 규정하고 있는 경우에도 실시할 수 있다(대판 2016.10.27,
2016두41811).

❷ [X] 다른 법령 등에서 필수적으로 청문을 하거나 공청회를 개최하도록
규정하고 있지 아니한 경우에도 당사자 등에게 의견제출의 기회를
주어야 하며, 다만 '해당 처분의 성질상 의견청취가 현저히 곤란하
거나 명백히 불필요하다고 인정될 만한 상당한 이유가 있는 경우'
등에 한하여 처분의 사전통지나 의견청취를 하지 아니할 수 있다.
따라서 행정청이 침해적 행정처분을 하면서 당사자에게 사전통지
를 하거나 의견제출의 기회를 주지 아니하였다면, 사전통지나 의
견제출의 예외적인 경우에 해당하지 아니하는 한, 처분은 위법하
여 취소를 면할 수 없다. 그리고 여기에서 '의견청취가 현저히 곤
란하거나 명백히 불필요하다고 인정될 만한 상당한 이유가 있는
경우'에 해당하는지는 해당 행정처분의 성질에 비추어 판단하여야
하며, 처분상대방이 이미 행정청에 위반사실을 시인하였다거나 처
분의 사전통지 이전에 의견을 진술할 기회가 있었다는 사정을 고
려하여 판단할 것은 아니다(대판 2016.10.27, 2016두41811).

③ [○] 소외인이 현장조사 당시 위반경위에 관하여 원고에게 의견진술기
회를 부여하였다 하더라도, 이 사건 처분이 현장조사 바로 다음 날
이루어진 사정에 비추어 보면, 의견제출에 필요한 상당한 기간을
고려하여 의견제출기한이 부여되었다고 보기도 어렵다(대판 2016.
10.27, 2016두41811).

④ [○] 「행정절차법」 제24조는, 행정청이 처분을 하는 때에는 다른 법령
등에 특별한 규정이 있는 경우를 제외하고는 문서로 하여야 하고
전자문서로 하는 경우에는 당사자 등의 동의가 있어야 하며, 다만
신속을 요하거나 사안이 경미한 경우에는 구술 기타 방법으로 할
수 있다고 규정하고 있는데, 이는 행정의 공정성·투명성 및 신뢰
성을 확보하고 국민의 권익을 보호하기 위한 것이므로 위 규정을
위반하여 행하여진 행정청의 처분은 하자가 중대하고 명백하여 원
칙적으로 무효이다(대판 2011.11.10, 2011도11109).

13

① [X] 행정상 즉시강제란 행정강제의 일종으로서 목전의 급박한 행정상
장해를 제거할 필요가 있는 경우에, 미리 의무를 명할 시간적 여유
가 없을 때 또는 그 성질상 의무를 명하여 가지고는 목적달성이
곤란할 때에, 직접 국민의 신체 또는 재산에 실력을 가하여 행정상
필요한 상태를 실현하는 작용이며, 법령 또는 행정처분에 의한 선
행의 구체적 의무의 존재와 그 불이행을 전제로 하는 행정상 강제
집행과 구별된다(헌재 2002.10.31, 2000헌가12).

② [X] 행정상 즉시강제는 권력적 사실행위이므로 그것이 위법한 경우 행
정심판과 행정소송의 대상이 되는 처분성이 인정된다. 그러나 즉
시강제가 완성되어버리면 취소나 변경을 구할 이익이 없기 때문
에, 실제상 행정쟁송은 즉시강제가 장기간에 걸쳐 계속되는 경우
(예 강제수용)에만 의미를 갖는다. 따라서 즉시강제가 이미 종료
되어 행정쟁송이 불가능한 경우에는 손해배상이 실효적인 구제수
단이라고 할 수 있다.

❸ [○] 「경찰관 직무집행법」 제6조는 "경찰관은 범죄행위가 목전에 행하
여지려고 하고 있다고 인정될 때에는 이를 예방하기 위하여 관계
인에게 필요한 경고를 하고, 그 행위로 인하여 사람의 생명·신체
에 위해를 끼치거나 재산에 중대한 손해를 끼칠 우려가 있어 긴급
한 경우에는 그 행위를 제지할 수 있다."라고 정하고 있다. 위 조
항 중 경찰관의 제지에 관한 부분은 범죄 예방을 위한 경찰행정상
즉시강제, 즉 눈앞의 급박한 경찰상 장해를 제거할 필요가 있고 의
무를 명할 시간적 여유가 없거나 의무를 명하는 방법으로는 그 목
적을 달성하기 어려운 상황에서 의무불이행을 전제로 하지 않고
경찰이 직접 실력을 행사하여 경찰상 필요한 상태를 실현하는 권
력적 사실행위에 관한 근거조항이다(대판 2018.12.13, 2016도
19417).

④ [X] 행정상 즉시강제는 엄격한 실정법상의 근거를 필요로 할 뿐만 아
니라, 그 발동에 있어서는 법규의 범위 안에서도 다시 행정상의 장
해가 목전에 급박하고, 다른 수단으로는 행정목적을 달성할 수 없
는 경우이어야 한다(헌재 2002.10.31, 2000헌가12). 따라서 법
률의 규정이 있으면 신체의 자유를 제한하는 즉시강제도 허용될
수 있다.

14

① [X]

> 「행정소송법」 제6조 【명령·규칙의 위헌판결 등 공고】 ① 행정소송
> 에 대한 대법원판결에 의하여 명령·규칙이 헌법 또는 법률에 위반
> 된다는 것이 확정된 경우에는 대법원은 지체 없이 그 사유를 행정안
> 전부장관에게 통보하여야 한다.

② [X]

> 「행정심판법」 제59조 【불합리한 법령 등의 개선】 ① 중앙행정심판
> 위원회는 심판청구를 심리·재결할 때에 처분 또는 부작위의 근거가
> 되는 명령 등(대통령령·총리령·부령·훈령·예규·고시·조례·규칙
> 등을 말한다. 이하 같다)이 법령에 근거가 없거나 상위 법령에 위배
> 되거나 국민에게 과도한 부담을 주는 등 크게 불합리하면 관계 행정
> 기관에 그 명령 등의 개정·폐지 등 적절한 시정조치를 요청할 수 있
> 다. 이 경우 중앙행정심판위원회는 시정조치를 요청한 사실을 법제
> 처장에게 통보하여야 한다.

❸ [O]

> 「행정소송법」제3조【행정소송의 종류】행정소송은 다음의 네 가지
> 로 구분한다.
> 1. 항고소송: 행정청의 처분 등이나 부작위에 대하여 제기하는 소송
> 2. 당사자소송: 행정청의 처분 등을 원인으로 하는 법률관계에 관
>   한 소송 그 밖에 공법상의 법률관계에 관한 소송으로서 그 법률
>   관계의 한쪽 당사자를 피고로 하는 소송
> 3. 민중소송: 국가 또는 공공단체의 기관이 법률에 위반되는 행위
>   를 한 때에 직접 자기의 법률상 이익과 관계없이 그 시정을 구하
>   기 위하여 제기하는 소송
> 4. 기관소송: 국가 또는 공공단체의 기관상호 간에 있어서의 권한
>   의 존부 또는 그 행사에 관한 다툼이 있을 때에 이에 대하여 제
>   기하는 소송. 다만, 「헌법재판소법」제2조의 규정에 의하여 헌
>   법재판소의 관장사항으로 되는 소송은 제외한다.
>
> 「행정심판법」제5조【행정심판의 종류】행정심판의 종류는 다음 각
> 호와 같다.
> 1. 취소심판: 행정청의 위법 또는 부당한 처분을 취소하거나 변경
>   하는 행정심판
> 2. 무효등확인심판: 행정청의 처분의 효력 유무 또는 존재 여부를
>   확인하는 행정심판
> 3. 의무이행심판: 당사자의 신청에 대한 행정청의 위법 또는 부당
>   한 거부처분이나 부작위에 대하여 일정한 처분을 하도록 하는
>   행정심판

④ [X]

> 「행정소송법」제14조【피고경정】① 원고가 피고를 잘못 지정한 때
> 에는 법원은 원고의 신청에 의하여 결정으로써 피고의 경정을 허가
> 할 수 있다.
>
> 「행정심판법」제17조【피청구인의 적격 및 경정】② 청구인이 피청
> 구인을 잘못 지정한 경우에는 위원회는 직권으로 또는 당사자의 신
> 청에 의하여 결정으로써 피청구인을 경정(更正)할 수 있다.

15

정답 ②

① [X] 甲 등이 인터넷 포털사이트 등의 개인정보 유출사고로 자신들의
주민등록번호 등 개인정보가 불법 유출되자 이를 이유로 관할 구
청장에게 주민등록번호를 변경해 줄 것을 신청하였으나 구청장이
'주민등록번호가 불법 유출된 경우 「주민등록법」상 변경이 허용되
지 않는다'는 이유로 주민등록번호 변경을 거부하는 취지의 통지
를 하였다. 피해자의 의사와 무관하게 주민등록번호가 불법 유출
된 경우 개인의 사생활뿐만 아니라 생명ㆍ신체에 대한 위해나 재
산에 대한 피해를 입을 우려가 있고, 실제 유출된 주민등록번호가
다른 개인정보와 연계되어 각종 광고 마케팅에 이용되거나 사기,
보이스피싱 등의 범죄에 악용되는 등 사회적으로 많은 피해가 발
생하고 있는 것이 현실인 점, 반면 주민등록번호가 유출된 경우 그
로 인하여 이미 발생하였거나 발생할 수 있는 피해 등을 최소화할
수 있는 충분한 권리구제방법을 찾기 어려운데도 구 「주민등록법」
에서는 주민등록번호 변경에 관한 아무런 규정을 두고 있지 않은
점(※ 2016. 5. 29.에 「주민등록법」을 개정하면서 주민등록번호
의 변경에 관한 제7조의4를 신설하였음), 주민등록법령상 주민등
록번호 변경에 관한 규정이 없다거나 주민등록번호 변경에 따른
사회적 혼란 등을 이유로 위와 같은 불이익을 피해자가 부득이한
것으로 받아들여야 한다고 보는 것은 피해자의 개인정보자기결정
권 등 국민의 기본권 보장의 측면에서 타당하지 않은 점, 주민등록

번호를 관리하는 국가로서는 주민등록번호가 유출된 경우 그로 인
한 피해가 최소화되도록 제도를 정비하고 보완해야 할 의무가 있
으며, 일률적으로 주민등록번호를 변경할 수 없도록 할 것이 아니
라 만약 주민등록번호 변경이 필요한 경우가 있다면 그 변경에 관
한 규정을 두어서 이를 허용해야 하는 점 등을 종합하면, 피해자의
의사와 무관하게 주민등록번호가 유출된 경우에는 조리상 주민등
록번호의 변경을 요구할 신청권을 인정함이 타당하고, 구청장의
주민등록번호 변경신청 거부행위는 항고소송의 대상이 되는 행정
처분에 해당한다(대판 2017.6.15, 2013두2945).

❷ [O] 평택~시흥 간 고속도로 건설공사 사업시행자인 한국도로공사가
고속도로 건설공사에 편입되는 토지들의 지적공부에 등록된 면적
과 실제 측량면적이 일치하지 않는 것을 발견하고 구 「지적법」에
따라 토지소유자들을 대위하여 토지면적등록 정정신청을 하였으
나 화성시장이 이를 반려한 경우, 그 반려처분은 공공사업의 원활
한 수행을 위하여 부여된 사업시행자의 관계 법령상 권리 또는 이
익에 영향을 미치는 공권력의 행사 또는 그 거부에 해당하는 것으
로서 항고소송 대상이 되는 행정처분에 해당한다(대판 2011.8.25,
2011두3371).

③ [X] 망인(亡人)에 대한 대통령의 서훈취소결정에 따른 국가보훈처장
의 망인의 유족에 대한 서훈취소통보는 상대방 또는 기타 관계자
들의 법률상 지위에 직접적인 법률적 변동을 일으키지 아니하는
행위로 항고소송의 대상이 될 수 없는 사실상의 통지에 해당한다
(대판 2015.4.23, 2012두26920).

④ [X] 무허가건물관리대장은, 행정관청이 지방자치단체의 조례 등에 근
거하여 무허가건물 정비에 관한 행정상 사무처리의 편의와 사실증
명의 자료로 삼기 위하여 작성, 비치하는 대장으로서 무허가건물
을 무허가건물관리대장에 등재하거나 등재된 내용을 변경 또는 삭
제하는 행위로 인하여 당해 무허가 건물에 대한 실체상의 권리관
계에 변동을 가져오는 것이 아니고, 당해 무허가건물을 무허가건
물관리대장에서 삭제하는 행위는 다른 특별한 사정이 없는 한 항
고소송의 대상이 되는 행정처분이 아니다(대판 2009.3.12, 2008
두11525).

16
정답 ③

① [X]

> 「행정소송법」제12조【원고적격】취소소송은 처분 등의 취소를 구할
> 법률상 이익이 있는 자가 제기할 수 있다. 처분 등의 효과가 기간의
> 경과, 처분 등의 집행 그 밖의 사유로 인하여 소멸된 뒤에도 그 처분
> 등의 취소로 인하여 회복되는 법률상 이익이 있는 자의 경우에는 또
> 한 같다.

② [X]

> 「행정소송법」제13조【피고적격】① 취소소송은 다른 법률에 특별
> 한 규정이 없는 한 그 처분 등을 행한 행정청을 피고로 한다. 다만,
> 처분 등이 있은 뒤에 그 처분 등에 관계되는 권한이 다른 행정청에
> 승계된 때에는 이를 승계한 행정청을 피고로 한다.
> ② 제1항의 규정에 의한 행정청이 없게 된 때에는 그 처분 등에 관
> 한 사무가 귀속되는 국가 또는 공공단체를 피고로 한다.

❸ [O]

> 「행정소송법」제18조【행정심판과의 관계】① 취소소송은 법령의
> 규정에 의하여 당해 처분에 대한 행정심판을 제기할 수 있는 경우에
> 도 이를 거치지 아니하고 제기할 수 있다. 다만, 다른 법률에 당해

처분에 대한 행정심판의 재결을 거치지 아니하면 취소소송을 제기할 수 없다는 규정이 있는 때에는 그러하지 아니하다.
② 제1항 단서의 경우에도 다음 각 호의 1에 해당하는 사유가 있는 때에는 행정심판의 재결을 거치지 아니하고 취소소송을 제기할 수 있다.
  1. 행정심판청구가 있은 날로부터 60일이 지나도 재결이 없는 때
  2. 처분의 집행 또는 절차의 속행으로 생길 중대한 손해를 예방하여야 할 긴급한 필요가 있는 때
  3. 법령의 규정에 의한 행정심판기관이 의결 또는 재결을 하지 못할 사유가 있는 때
  4. 그 밖의 정당한 사유가 있는 때
③ 제1항 단서의 경우에 다음 각 호의 1에 해당하는 사유가 있는 때에는 행정심판을 제기함이 없이 취소소송을 제기할 수 있다.
  1. 동종사건에 관하여 이미 행정심판의 기각재결이 있은 때
  2. 서로 내용상 관련되는 처분 또는 같은 목적을 위하여 단계적으로 진행되는 처분 중 어느 하나가 이미 행정심판의 재결을 거친 때
  3. 행정청이 사실심의 변론종결 후 소송의 대상인 처분을 변경하여 당해 변경된 처분에 관하여 소를 제기하는 때
  4. 처분을 행한 행정청이 행정심판을 거칠 필요가 없다고 잘못 알린 때

④ [X]

> **「행정소송법」 제20조【제소기간】** ① 취소소송은 처분 등이 있음을 안 날부터 90일 이내에 제기하여야 한다. 다만, 제18조 제1항 단서에 규정한 경우와 그 밖에 행정심판청구를 할 수 있는 경우 또는 행정청이 행정심판청구를 할 수 있다고 잘못 알린 경우에 행정심판청구가 있은 때의 기간은 재결서의 정본을 송달받은 날부터 기산한다.
> ② 취소소송은 처분 등이 있은 날부터 1년(제1항 단서의 경우는 재결이 있은 날부터 1년)을 경과하면 이를 제기하지 못한다. 다만, 정당한 사유가 있는 때에는 그러하지 아니하다.

17   정답 ④

① [O] 행정청이 식품위생법령에 기하여 영업자에 대하여 행정제재처분(3월의 영업정지처분)을 한 후 그 처분을 영업자에게 유리하게 변경하는 처분(과징금 부과처분)을 한 경우(이하 처음의 처분을 '당초처분', 나중의 처분을 '변경처분'이라 한다), 변경처분에 의하여 당초처분은 소멸하는 것이 아니고 당초부터 유리하게 변경된 내용의 처분으로 존재하는 것이므로, 변경처분에 의하여 유리하게 변경된 내용의 행정제재가 위법하다 하여 그 취소를 구하는 경우 그 <u>취소소송의 대상은 변경된 내용의 당초처분이지 변경처분은 아니고, 제소기간의 준수 여부도 변경처분이 아닌 변경된 내용의 당초처분을 기준으로 판단하여야 한다</u>(대판 2007.4.27, 2004두9302).

② [O] 이 사건 후속 변경처분에 의하여 유리하게 변경된 내용의 행정제재인 과징금부과가 위법하다 하여 그 취소를 구하는 이 사건 소송에 있어서 위 청구취지는 이 사건 후속 변경처분에 의하여 당초부터 유리하게 변경되어 존속하는 2002. 12. 26.(당초 처분일)자 과징금부과처분의 취소를 구하고 있는 것으로 보아야 할 것이고, 일부기각(일부인용)의 이행재결에 따른 후속 변경처분에 의하여 변경된 내용의 당초처분의 취소를 구하는 이 사건 소 또한 <u>행정심판 재결서 정본을 송달받은 날로부터 90일 이내 제기되어야 한다</u>(대판 2007.4.27, 2004두9302).

③ [O] 甲 광역시 교육감이 「공공감사에 관한 법률」 등에 따라 乙 학교법인이 운영하는 丙 고등학교에 대한 특정감사를 실시한 후 丙 학교의 학교장과 직원에 대하여 징계(해임)를 요구하는 처분을 하였는데, 乙 법인이 위 처분에 대한 이의신청을 하였다가 기각되자 위

처분의 취소를 구하는 소를 제기한 사안에서, 「공공감사에 관한 법률」상의 재심의신청 및 구 甲 광역시교육청 행정감사규정상의 이의신청은 자체 감사를 실시한 중앙행정기관 등의 장으로 하여금 감사결과나 그에 따른 요구사항의 적법·타당 여부를 스스로 다시 심사하도록 한 절차로서 행정심판을 거친 경우의 제소기간의 특례가 적용될 수 없다고 보고, 이의신청에 대한 결과통지일이 아니라 乙 법인이 위 처분이 있음을 알았다고 인정되는 날부터 제소기간을 기산하여 위 소가 제소기간의 도과로 부적법하다고 본 원심판단을 정당하다고 한 사례(대판 2014.4.24, 2013두10809)

❹ [X] 「행정소송법」에서 정한 행정심판을 거친 경우의 제소기간의 특례가 적용된다고 할 수도 없으므로, 민원 이의신청에 대한 결과를 통지받은 날부터 취소소송의 제소기간이 기산된다고 할 수 없다. 이의신청을 받아들이지 않는 취지의 기각결정 내지는 그 취지의 통지는, 종전의 거부처분을 유지함을 전제로 한 것에 불과하고 또한 거부처분에 대한 행정심판이나 행정소송의 제기에도 영향을 주지 못하므로, 결국 민원 이의신청인의 권리·의무에 새로운 변동을 가져오는 공권력의 행사나 이에 준하는 행정작용이라고 할 수 없어, 독자적인 항고소송의 대상이 된다고 볼 수 없다(대판 2012.11.15, 2010두8676).

18   정답 ④

① [X] 행정처분에 대한 효력정지신청을 구함에 있어서도 이를 구할 법률상 이익이 있어야 하는바, 이 경우 법률상 이익이라 함은 그 행정처분으로 인하여 발생하거나 확대되는 손해가 당해 처분의 근거 법률에 의하여 보호되는 직접적이고 구체적인 이익과 관련된 것을 말하는 것이고 단지 간접적이거나 사실적·경제적 이해관계를 가지는 데 불과한 경우는 여기에 포함되지 않는다(대결 2000.10.10, 2000무17).

② [X]

> **「행정소송법」 제16조【제3자의 소송참가】** ① 법원은 소송의 결과에 따라 권리 또는 이익의 침해를 받을 제3자가 있는 경우에는 당사자 또는 제3자의 신청 또는 직권에 의하여 결정으로써 그 제3자를 소송에 참가시킬 수 있다.

③ [X] 「행정소송법」 제16조는 소송의 결과에 따라 <u>권리 또는 이익의 침해를 받을 제3자</u>이어야 하나, 제17조는 그런 요건이 규정되어 있지 않다.

> **「행정소송법」 제17조【행정청의 소송참가】** ① 법원은 다른 행정청을 소송에 참가시킬 필요가 있다고 인정할 때에는 당사자 또는 당해 행정청의 신청 또는 직권에 의하여 결정으로써 그 행정청을 소송에 참가시킬 수 있다.

❹ [O]

> **「행정소송법」 제31조【제3자에 의한 재심청구】** ① 처분 등을 취소하는 판결에 의하여 권리 또는 이익의 침해를 받은 제3자는 자기에게 책임 없는 사유로 소송에 참가하지 못함으로써 판결의 결과에 영향을 미칠 공격 또는 방어방법을 제출하지 못한 때에는 이를 이유로 확정된 종국판결에 대하여 재심의 청구를 할 수 있다.

19
정답 ④

① [X] 「행정절차법」 제21조, 제22조, 「행정절차법 시행령」 제13조의 내용을 행정절차법의 입법 목적과 의견청취 제도의 취지에 비추어 종합적·체계적으로 해석하면, 「행정절차법 시행령」 제13조 제2호에서 정한 '법원의 재판 또는 준사법적 절차를 거치는 행정기관의 결정 등에 따라 처분의 전제가 되는 사실이 객관적으로 증명되어 처분에 따른 의견청취가 불필요하다고 인정되는 경우'는 법원의 재판 등에 따라 처분의 전제가 되는 사실이 객관적으로 증명되면 행정청이 반드시 일정한 처분을 해야 하는 경우 등 의견청취가 행정청의 처분 여부나 그 수위 결정에 영향을 미치지 못하는 경우를 의미한다고 보아야 한다. 처분의 전제가 되는 '일부' 사실만 증명된 경우이거나 의견청취에 따라 행정청의 처분 여부나 처분 수위가 달라질 수 있는 경우라면 위 예외사유에 해당하지 않는다(대판 2020.7.23, 2017두66602)

② [X] 「행정절차법」 제17조가 '구비서류의 미비 등 흠의 보완'과 '신청 내용의 보완'을 분명하게 구분하고 있는 점에 비추어 보면, 「행정절차법」 제17조 제5항은 신청인이 신청할 때 관계 법령에서 필수적으로 첨부하여 제출하도록 규정한 서류를 첨부하지 않은 경우와 같이 쉽게 보완이 가능한 사항을 누락하는 등의 흠이 있을 때 행정청이 곧바로 거부처분을 하는 것보다는 신청인에게 보완할 기회를 주도록 함으로써 행정의 공정성·투명성 및 신뢰성을 확보하고 국민의 권익을 보호하려는 「행정절차법」의 입법 목적을 달성하고자 함이지, 행정청으로 하여금 신청에 대하여 거부처분을 하기 전에 반드시 신청인에게 신청의 내용이나 처분의 실체적 발급요건에 관한 사항까지 보완할 기회를 부여하여야 할 의무를 정한 것은 아니라고 보아야 한다(대판 2020.7.23, 2020두36007).

③ [X] 행정청이 「행정절차법」 제20조 제1항에 따라 정하여 공표한 처분기준은, 그것이 해당 처분의 근거 법령에서 구체적 위임을 받아 제정·공포되었다는 특별한 사정이 없는 한, 원칙적으로 대외적 구속력 없는 행정규칙에 해당한다. 처분이 적법한지는 행정규칙에 적합한지 여부가 아니라 상위법령의 규정과 입법 목적 등에 적합한지 여부에 따라 판단해야 한다. 처분이 행정규칙을 위반하였다고 하여 그러한 사정만으로 곧바로 위법하게 되는 것은 아니고, 처분이 행정규칙을 따른 것이라고 하여 적법성이 보장되는 것도 아니다. 행정청이 미리 공표한 기준, 즉 행정규칙을 따랐는지 여부가 처분의 적법성을 판단하는 결정적인 지표가 되지 못하는 것과 마찬가지로, 행정청이 미리 공표하지 않은 기준을 적용하였는지 여부도 처분의 적법성을 판단하는 결정적인 지표가 될 수 없다(대판 2020.12.24, 2018두45633).

❹ [O] 행정청이 「행정절차법」 제20조 제1항에 따라 정하여 공표한 처분기준은, 그것이 해당 처분의 근거 법령에서 구체적 위임을 받아 제정·공포되었다는 특별한 사정이 없는 한, 원칙적으로 대외적 구속력이 없는 행정규칙에 해당한다(대판 2020.12.24, 2018두45633).

20
정답 ②

① [X]

> 「행정기본법」 제6조 【행정에 관한 기간의 계산】 ② 법령등 또는 처분에서 국민의 권익을 제한하거나 의무를 부과하는 경우 권익이 제한되거나 의무가 지속되는 기간의 계산은 다음 각 호의 기준에 따른다. 다만, 다음 각 호의 기준에 따르는 것이 국민에게 불리한 경우에는 그러하지 아니하다.
> 1. 기간을 일, 주, 월 또는 연으로 정한 경우에는 기간의 첫날을 산입한다.

❷ [O] 30일 운전면허정지기간은 「행정기본법」 제6조 제2항의 국민의 권익을 제한이므로 기간의 말일이 토요일 또는 공휴일인 경우에도 기간은 그 날로 만료한다.

> 「행정기본법」 제6조 【행정에 관한 기간의 계산】 ② 법령등 또는 처분에서 국민의 권익을 제한하거나 의무를 부과하는 경우 권익이 제한되거나 의무가 지속되는 기간의 계산은 다음 각 호의 기준에 따른다. 다만, 다음 각 호의 기준에 따르는 것이 국민에게 불리한 경우에는 그러하지 아니하다.
> 2. 기간의 말일이 토요일 또는 공휴일인 경우에도 기간은 그 날로 만료한다.

③ [X] 도로점용허가는 「행정기본법」 제6조 제2항의 국민의 권익을 제한하거나 의무를 부과하는 경우가 아니므로 「행정기본법」 제6조 제2항이 적용되지 않는다. 「행정기본법」 제6조 제2항 제1항에 따라 민법이 적용되어 기간의 말일이 토요일 또는 공휴일인 경우에도 기간은 그 다음 날로 만료한다.

④ [X] 과징금 납부기한의 말일이 토요일 또는 공휴일인 경우에도 기간은 그 날로 만료한다면 「행정기본법」 제6조 제2항 단서의 국민에게 불리한 경우이므로 「민법」이 적용되어 기간의 말일이 토요일 또는 공휴일인 경우에도 기간은 그 다음 날로 만료한다.

> 「행정기본법」 제6조 【행정에 관한 기간의 계산】 ② 법령등 또는 처분에서 국민의 권익을 제한하거나 의무를 부과하는 경우 권익이 제한되거나 의무가 지속되는 기간의 계산은 다음 각 호의 기준에 따른다. 다만, 다음 각 호의 기준에 따르는 것이 국민에게 불리한 경우에는 그러하지 아니하다.
> 1. 기간을 일, 주, 월 또는 연으로 정한 경우에는 기간의 첫날을 산입한다.
> 2. 기간의 말일이 토요일 또는 공휴일인 경우에도 기간은 그 날로 만료한다.

정답

01	③	02	②	03	②	04	①
05	④	06	①	07	②	08	③
09	①	10	④	11	②	12	④
13	①	14	③	15	②	16	②
17	③	18	④	19	②	20	②

01
정답 ③

① [X] 위법한 행정처분이 수차례에 걸쳐 반복적으로 행하여졌다 하더라도 그러한 처분이 위법한 것인 때에는 행정청에 대하여 자기구속력을 갖게 된다고 할 수 없다(대판 2009.6.25, 2008두13132). 그러나 위법한 행정행위에 대한 신뢰는 성립될 수 있다.

② [X] 개인의 신뢰이익에 대한 보호가치는 (1) 법령에 따른 개인의 행위가 국가에 의하여 일정 방향으로 유인된 신뢰의 행사인지, (2) 아니면 단지 법률이 부여한 기회를 활용한 것으로서 원칙적으로 사적 위험부담의 범위에 속하는 것인지 여부에 따라 달라진다. 만일 법률에 따른 개인의 행위가 단지 법률이 반사적으로 부여하는 기회의 활용을 넘어서 국가에 의하여 일정 방향으로 유인된 것이라면 특별히 보호가치가 있는 신뢰이익이 인정될 수 있고, 원칙적으로 개인의 신뢰보호가 국가의 법률개정이익에 우선된다고 볼 여지가 있다(헌재 2007.4.26, 2003헌마947).

❸ [O] 「국세기본법」 제18조 제3항에서 정한 일반적으로 납세자에게 받아들여진 국세행정의 관행이 있으려면 반드시 과세관청이 납세자에 대하여 불과세를 시사하는 명시적인 언동이 있어야만 하는 것은 아니고 묵시적인 언동, 다시 말하면 비과세의 사실상태가 장기간에 걸쳐 계속되는 경우에 그것이 그 사항에 대하여 과세의 대상으로 삼지 아니하는 뜻의 과세관청의 묵시적인 의향표시로 볼 수 있는 경우 등에도 이를 인정할 수 있다(대판 1985.11.12, 85누549).

④ [X] 교통사고가 일어난 지 1년 10개월이 지난 뒤 그 교통사고를 일으킨 택시에 대하여 운송사업면허를 취소하였더라도 택시운송사업자로서는 「자동차운수사업법」의 내용을 잘 알고 있어 교통사고를 낸 택시에 대하여 운송사업면허가 취소될 가능성을 예상할 수도 있었을 터이니, 자신이 별다른 행정조치가 없을 것으로 믿고 있었다 하여 바로 신뢰의 이익을 주장할 수는 없다(대판 1989.6.27, 88누6283).

02
정답 ②

① [X] 학생에 대한 징계권의 발동이나 징계의 양정이 징계권자의 교육적 재량에 맡겨져 있다 할지라도 법원이 심리한 결과 그 징계처분에 위법사유가 있다고 판단되는 경우에는 이를 취소할 수 있는 것이고, 징계처분이 교육적 재량행위라는 이유만으로 사법심사의 대상에서 당연히 제외되는 것은 아니다(대판 1991.11.22, 91누2144).

❷ [O] 수형자나 피보호감호자를 교도소나 보호감호소에 수용함에 있어

서 신체의 자유를 제한하는 외에 교화목적의 달성과 교정질서의 유지를 위하여 피구금자의 신체활동과 관련된 그 밖의 자유에 대하여 제한을 가하는 것도 수용조치에 부수되는 제한으로서 허용된다고 할 것이나, 그 제한은 위 목적 달성을 위하여 꼭 필요한 경우에 합리적인 범위 내에서만 허용되는 것이고, 그 제한이 필요하고 합리적인가의 여부는 제한의 필요성의 정도와 제한되는 권리 내지 자유의 내용, 이에 가해진 구체적 제한의 형태와의 비교교량에 의하여 결정된다고 할 것이며, 법률의 구체적 위임에 의하지 아니한 「행형법 시행령」이나 「계호근무준칙」 등의 규정은 위와 같은 위법성 판단을 함에 있어서 참고자료가 될 수는 있겠으나 그 자체로써 수형자 또는 피보호감호자의 권리 내지 자유를 제한하는 근거가 되거나 그 제한조치의 위법 여부를 판단하는 법적 기준이 될 수는 없다(대판 2003.7.25, 2001다60392).

③ [X] 서울특별시지하철공사의 임원과 직원의 근무관계의 성질은 「지방공기업법」의 모든 규정을 살펴보아도 공법상의 특별권력관계라고는 볼 수 없고 사법관계에 속할 뿐만 아니라, 위 지하철공사의 사장이 그 이사회의 결의를 거쳐 제정된 인사규정에 의거하여 소속 직원에 대한 징계처분을 한 경우 위 사장은 「행정소송법」 제13조 제1항 본문과 제2조 제2항 소정의 행정청에 해당되지 않으므로 공권력 발동주체로서 위 징계처분을 행한 것으로 볼 수 없고, 따라서 이에 대한 불복절차는 민사소송에 의할 것이지 행정소송에 의할 수는 없다(대판 1989.9.12, 89누2103).

④ [X] 농지개량조합과 그 직원과의 관계는 사법상의 근로계약관계가 아닌 공법상의 특별권력관계이고, 그 조합의 직원에 대한 징계처분의 취소를 구하는 소송은 행정소송사항에 속한다(대판 1995.6.9, 94누10870).

03
정답 ②

① [X]

> **「행정기본법」 제18조 【위법 또는 부당한 처분의 취소】** ① 행정청은 위법 또는 부당한 처분의 전부나 일부를 소급하여 취소할 수 있다. 다만, 당사자의 신뢰를 보호할 가치가 있는 등 정당한 사유가 있는 경우에는 장래를 향하여 취소할 수 있다.

❷ [O]

> **「행정기본법」 제18조 【위법 또는 부당한 처분의 취소】** ② 행정청은 제1항에 따라 당사자에게 권리나 이익을 부여하는 처분을 취소하려는 경우에는 취소로 인하여 당사자가 입게 될 불이익을 취소로 달성되는 공익과 비교·형량(衡量)하여야 한다. 다만, 다음 각 호의 어느 하나에 해당하는 경우에는 그러하지 아니하다.
> 1. 거짓이나 그 밖의 부정한 방법으로 처분을 받은 경우
> 2. 당사자가 처분의 위법성을 알고 있었거나 중대한 과실로 알지 못한 경우

③ [X]

> **「행정기본법」 제18조 【위법 또는 부당한 처분의 취소】** ② 행정청은 제1항에 따라 당사자에게 권리나 이익을 부여하는 처분을 취소하려는 경우에는 취소로 인하여 당사자가 입게 될 불이익을 취소로 달성되는 공익과 비교·형량(衡量)하여야 한다. 다만, 다음 각 호의 어느 하나에 해당하는 경우에는 그러하지 아니하다.
> 1. 거짓이나 그 밖의 부정한 방법으로 처분을 받은 경우
> 2. 당사자가 처분의 위법성을 알고 있었거나 중대한 과실로 알지 못한 경우

④ [X]

> 「행정기본법」 제19조 【적법한 처분의 철회】 ① 행정청은 적법한 처분이 다음 각 호의 어느 하나에 해당하는 경우에는 그 처분의 전부 또는 일부를 장래를 향하여 철회할 수 있다.
> 1. 법률에서 정한 철회 사유에 해당하게 된 경우
> 2. 법령등의 변경이나 사정변경으로 처분을 더 이상 존속시킬 필요가 없게 된 경우
> 3. 중대한 공익을 위하여 필요한 경우

04 정답 ①

❶ [X] 세액산출근거가 기재되지 아니한 납세고지서에 의한 부과처분은 강행법규에 위반하여 취소대상이 된다 할 것이므로, 이와 같은 하자는 납세의무자가 전심절차에서 이를 주장하지 아니하였거나, 그 후 부과된 세금을 자진 납부하였다거나, 또는 조세채권의 소멸시효기간이 만료되었다 하여 치유되는 것이라고는 할 수 없다(대판 1985.4.9, 84누431).

② [O] 세액산출근거가 누락된 납세고지서에 의한 과세처분의 하자의 치유를 허용하려면 늦어도 과세처분에 대한 불복 여부의 결정 및 불복신청에 편의를 줄 수 있는 상당한 기간 내에 하여야 한다고 할 것이므로, 위 과세처분에 대한 전심절차가 모두 끝나고 상고심의 계류 중에 세액산출근거의 통지가 있었다고 하여 이로써 위 과세처분의 하자가 치유되었다고는 볼 수 없다(대판 1984.4.10, 83누393). 즉, 행정절차상 하자의 치유시기에 대해 판례는 다수설인 쟁송제기이전시설을 취하고 있다.

③ [O] 부과처분(과세처분)에 앞서 보낸 과세예고통지서에 납세고지서의 필요적 기재사항이 제대로 기재되어 있었다면 납세의무자로서는 과세처분에 대한 불복 여부의 결정 및 불복신청에 전혀 지장을 받지 않았음이 명백하므로 비록 납세고지서에 그 기재사항의 일부가 누락되었더라도 이로써 납세고지서의 흠결이 보완되거나 하자가 치유될 수 있다(대판 1993.7.13, 92누13981 ; 대판 2001.3.27, 99두8039 ; 대판 전합체 2012.10.18, 2010두12347 등).

④ [O] A회사가 조세를 체납하자 행정청이 독촉장을 송달하지 않았고 이후 공매절차에서 공매통지서가 A에게 송달되었다면 독촉장 송달의 흠결은 치유된다. 독촉장의 송달 흠결이라는 위법이 있다고 하더라도 그 이후 이루어진 공매절차에서 공매통지서가 원고에게 적법하게 송달되어 그에 대하여 원고가 이의신청까지 한 바 있다면, 이 사건 공매처분에 의한 매수대금이 모두 납부된 이후에는 독촉장의 송달 흠결이라는 하자를 이유로 이 사건 공매처분을 취소할 수 없다(대판 2006.5.12, 2004두14717).

05 정답 ④

① [O] 행정상 강제집행처분 간에는 하자 승계가 인정된다.

② [O] 하명과 행정상 강제집행처분에는 하자 승계가 안 된다.

③ [O] 두 개 이상의 행정처분을 연속적으로 하는 경우 선행처분과 후행처분이 서로 독립하여 별개의 법률효과를 목적으로 하는 때에는 선행처분에 불가쟁력이 생겨 그 효력을 다툴 수 없게 된 경우에는 선행처분의 하자가 중대하고 명백하여 당연무효인 경우를 제외하고는 선행처분의 하자를 이유로 후행처분의 효력을 다툴 수 없는 것이 원칙이다. 그러나 선행처분과 후행처분이 서로 독립하여 별개의 효과를 목적으로 하는 경우에도 선행처분의 불가쟁력이나 구속력이 그로 인하여 불이익을 입게 되는 자에게 수인한도를 넘는

가혹함을 가져오며, 그 결과가 당사자에게 예측가능한 것이 아닌 경우에는 국민의 재판받을 권리를 보장하고 있는 헌법의 이념에 비추어 선행처분의 후행처분에 대한 구속력은 인정될 수 없다(대판 2013.3.14, 2012두6964).

❹ [X] 선행처분의 하자를 이유로 후행처분의 효력을 다툴 수 없게 하는 것은 을에게 수인한도를 넘는 불이익을 주고 그 결과가 을에게 예측가능한 것이라고 할 수 없어 선행처분의 후행처분에 대한 구속력을 인정할 수 없으므로 선행처분의 위법을 이유로 후행처분의 효력을 다툴 수 있다(대판 2013.3.14, 2012두6964).

06 정답 ①

❶ [O] 사업시행자 지정에 관한 구 「국토의 계획 및 이용에 관한 법률」 제86조 제5항, 제6항, 구 「국토의 계획 및 이용에 관한 법률 시행규칙」 제14조의 체계와 내용 등에 비추어 보면, 구 「국토의 계획 및 이용에 관한 법률」상 도시계획시설사업에서 사업시행자 지정은 특정인에게 도시계획시설사업을 시행할 수 있는 권한을 부여하는 처분이고, 사업시행자 지정 내용의 고시는 사업시행자 지정처분을 전제로 하여 그 내용을 불특정 다수인에게 알리는 행위이다. 위 사업시행자 지정과 그 고시는 명확하게 구분되는 것으로, 사업시행자 지정 처분이 '고시'의 방법으로 행하여질 수 있음은 별론으로 하고 그 처분이 반드시 '고시'의 방법으로만 성립하거나 효력이 생긴다고 볼 수 없다(대판 2017.7.11, 2016두35120).

② [X] 상대방이 있는 행정처분의 경우 특별한 규정이 없는 한 의사표시의 일반적 법리에 따라 그 행정처분이 상대방에게 고지되어야 효력을 발생하므로, 피고(경상남도지사)가 2010. 7. 12. 입찰참가자격 제한처분을 하면서 그 제한기간을 처분 다음 날인 2010. 7. 13.부터 2010. 12. 12.까지로 정하였다 하더라도 원고에게 고지되어야 그 효력이 발생하며, 원고에게 고지되기 이전의 제한기간에 대하여는 그 효력이 미치지 아니한다고 할 것이다. 따라서 입찰참가자격 제한기간이 위 처분일자 다음날부터 시작되는 것으로 정하여져 있다는 사실만으로, 그 처분이 송달되지 아니하였음에도 그 효력이 발생된다고 할 수 없고, 이로 인하여 원고에게 불이익이 있다고 볼 수 없으므로, 그러한 이유로 위 처분을 위법하다고 할 수는 없다(대판 2012.11.15, 2011두31635).

③ [X] 중기조종사면허의 효력을 정지하는 처분이 그 상대방에게 고지되지 아니하였고, 상대방이 그 정지처분이 있다는 사실을 알지 못하고 굴삭기를 조종하였다면 이는 구 「중기관리법」의 조종면허에 관한 규정에 위반하는 조종을 하였다고 할 수 없을 것이고, 구 「중기관리법」에 「도로교통법 시행령」 제86조 제3항 제4호와 같은 운전면허의 취소·정지에 대한 통지에 관한 규정이 없다고 하여 중기조종사면허의 취소나 정지는 상대방에 대한 통지를 요하지 아니한다고 할 수 없고, 오히려 반대의 규정이 없다면 행정행위의 일반원칙에 따라 이를 상대방에게 고지하여야 효력이 발생한다고 볼 것이다(대판 1993.6.29, 93다10224).

④ [X] 행정청의 권한에는 사무의 성질 및 내용에 따르는 제약이 있고, 지역적·대인적으로 한계가 있으므로 이러한 권한의 범위를 넘어서는 권한유월의 행위는 무권한 행위로서 원칙적으로 무효라고 할 것이나, 행정청의 공무원에 대한 의원면직처분은 공무원의 사직의사를 수리하는 소극적 행정행위에 불과하고, 당해 공무원의 사직의사를 확인하는 확인적 행정행위의 성격이 강하며 재량의 여지가 거의 없기 때문에 의원면직처분에서의 행정청의 권한유월행위를 다른 일반적인 행정행위에서의 그것과 반드시 같이 보아야 할 것은 아니다(대판 2007.7.26, 2005두15748).

① [X] 「중소기업창업 지원법」 제35조 제1항의 인허가의제 조항은 창업자가 신속하게 공장을 설립하여 사업을 개시할 수 있도록 창구를 단일화하여 의제되는 인허가를 일괄 처리하는 데 입법취지가 있다. 위 규정에 의하면 사업계획승인권자가 관계 행정기관의 장과 미리 협의한 사항에 한하여 승인 시에 그 인허가가 의제될 뿐이고, 해당 사업과 관련된 모든 인허가의제 사항에 관하여 일괄하여 사전 협의를 거쳐야 하는 것은 아니다. 중소기업청장이 고시한 「창업사업계획의 승인에 관한 통합업무처리지침」 제15조 제1항은 협의가 이루어지지 않은 인허가사항을 제외하고 일부만을 승인할 수 있다고 규정함으로써 이러한 취지를 명확히 하고 있다(대판 2018. 7.12, 2017두48734).

❷ [O] 사업계획승인으로 의제된 인허가는 통상적인 인허가와 동일한 효력을 가지므로, 그 효력을 제거하기 위한 법적 수단으로 의제된 인허가의 취소나 철회가 허용될 필요가 있다. 특히 「창업사업계획의 승인에 관한 통합업무처리지침」 제18조에서는 사업계획승인으로 의제된 인허가 사항의 변경절차를 두고 있는데, 사업계획승인 후 의제된 인허가 사항을 변경할 수 있다면 의제된 인허가 사항과 관련하여 취소 또는 철회 사유가 발생한 경우 해당 의제된 인허가의 효력만을 소멸시키는 취소 또는 철회도 할 수 있다고 보아야 한다(대판 2018.7.12, 2017두48734).

③ [X] <군수가 甲주식회사에 「중소기업창업 지원법」 제35조에 따라 산지전용허가 등이 의제되는 사업계획을 승인하면서 산지전용허가와 관련하여 재해방지 등 명령을 이행하지 아니한 경우 산지전용허가를 취소할 수 있다는 조건을 첨부하였는데, 甲회사가 재해방지조치를 이행하지 않았다는 이유로 산지전용허가 취소를 통보하고, 이어 토지의 형질변경 허가 등이 취소되어 공장설립 등이 불가능하게 되었다는 이유로 甲회사에 사업계획승인을 취소한 사안> … 산지전용허가 취소는 군수가 의제된 산지전용허가의 효력을 소멸시킴으로써 甲회사의 구체적인 권리·의무에 직접적인 변동을 초래하는 행위로 보이는 점 등을 종합하면 의제된 산지전용허가 취소가 항고소송의 대상이 되는 처분에 해당하고, 산지전용허가 취소에 따라 사업계획승인은 산지전용허가를 제외한 나머지 인허가 사항만 의제하는 것이 되므로 사업계획승인 취소는 산지전용허가를 제외한 나머지 인허가 사항만 의제된 사업계획승인을 취소하는 것이어서 산지전용허가 취소와 사업계획승인 취소가 대상과 범위를 달리하는 이상, 甲 회사로서는 사업계획승인 취소와 별도로 산지전용허가 취소를 다툴 필요가 있다(대판 2018.7.12, 2017두48734).

④ [X] 어떠한 법률 조항에 대하여 헌법재판소가 헌법불합치결정을 하여 입법자에게 그 법률 조항을 합헌적으로 개정 또는 폐지하는 임무를 입법자의 형성재량에 맡긴 이상, 그 개선입법의 소급적용 여부와 소급적용의 범위는 원칙적으로 입법자의 재량에 달린 것이다. 그러나 구법 조항에 대한 헌법불합치결정의 취지나 위헌심판에서의 구체적 규범통제의 실효성 보장이라는 측면을 고려할 때, 적어도 헌법불합치결정을 하게 된 당해 사건 및 헌법불합치결정 당시에 구법 조항의 위헌 여부가 쟁점이 되어 법원에 계속 중인 사건에 대하여는 헌법불합치결정의 소급효가 미친다고 하여야 할 것이다(대판 2018.7.11, 2016두47697).

① [O]

> **「공공기관의 정보공개에 관한 법률」 제2조 【정의】** 이 법에서 사용하는 용어의 뜻은 다음과 같다.
> 1. '정보'란 공공기관이 직무상 작성 또는 취득하여 관리하고 있는 문서(전자문서를 포함한다)·도면·사진·필름·테이프·슬라이드 및 그 밖에 이에 준하는 매체 등에 기록된 사항을 말한다.
> 2. '공개'란 공공기관이 이 법에 따라 정보를 열람하게 하거나 그 사본·복제물을 제공하는 것 또는 「전자정부법」 제2조 제10호에 따른 정보통신망을 통하여 정보를 제공하는 것 등을 말한다.

② [O]

> **「공공기관의 정보공개에 관한 법률」 제2조 【정의】** 이 법에서 사용하는 용어의 뜻은 다음과 같다.
> 3. '공공기관'이란 다음 각 목의 기관을 말한다.
>   라. 그 밖에 대통령령으로 정하는 기관
>
> **「공공기관의 정보공개에 관한 법률 시행령」 제2조 【공공기관의 범위】** 「공공기관의 정보공개에 관한 법률」 제2조 제3호 라목에서 '대통령령으로 정하는 기관'이란 다음 각 호의 기관 또는 단체를 말한다.
> 1. 「유아교육법」, 「초·중등교육법」, 「고등교육법」에 따른 각급 학교 또는 그 밖의 다른 법률에 따라 설치된 학교

❸ [X]

> **「공공기관의 정보공개에 관한 법률」 제7조 【행정정보의 공표 등】**
> ① 공공기관은 다음 각 호의 어느 하나에 해당하는 정보에 대해서는 공개의 구체적 범위와 공개의 주기·시기 및 방법 등을 미리 정하여 공표하고, 이에 따라 정기적으로 공개하여야 한다(➡ 국민의 정보공개 청구가 없더라도 정기적으로 공개할 의무가 있다). 다만, 제9조 제1항 각 호의 어느 하나에 해당하는 정보에 대해서는 그러하지 아니하다.
> 1. 국민생활에 매우 큰 영향을 미치는 정책에 관한 정보
> 2. 국가의 시책으로 시행하는 공사(工事) 등 대규모 예산이 투입되는 사업에 관한 정보
> 3. 예산집행의 내용과 사업평가 결과 등 행정감시를 위하여 필요한 정보
> 4. 그 밖에 공공기관의 장이 정하는 정보

④ [O]

> **「공공기관의 정보공개에 관한 법률」 제8조의2 【공개대상 정보의 원문공개】** 공공기관 중 중앙행정기관 및 대통령령으로 정하는 기관은 전자적 형태로 보유·관리하는 정보 중 공개대상으로 분류된 정보를 국민의 정보공개 청구가 없더라도 정보통신망을 활용한 정보공개시스템 등을 통하여 공개하여야 한다.

❶ [X]

> **「질서위반행위규제법」 제5조 【다른 법률과의 관계】** 과태료의 부과·징수, 재판 및 집행 등의 절차에 관한 다른 법률의 규정 중 이 법의 규정에 저촉되는 것은 이 법으로 정하는 바에 따른다.

② [O], ③ [O]

「질서위반행위규제법」 제2조【정의】 이 법에서 사용하는 용어의 뜻은 다음과 같다.
1. '질서위반행위'란 법률(지방자치단체의 조례를 포함한다)상의 의무를 위반하여 과태료를 부과하는 행위를 말한다. 다만, 다음 각목의 어느 하나에 해당하는 행위를 제외한다.
   가. 대통령령으로 정하는 사법(私法)상·소송법상 의무를 위반하여 과태료를 부과하는 행위
   나. 대통령령으로 정하는 법률에 따른 징계사유에 해당하여 과태료를 부과하는 행위

④ [O]

「질서위반행위규제법」 제2조【정의】 이 법에서 사용하는 용어의 뜻은 다음과 같다.
2. '행정청'이란 행정에 관한 의사를 결정하여 표시하는 국가 또는 지방자치단체의 기관, 그 밖의 법령 또는 자치법규에 따라 행정권한을 가지고 있거나 위임 또는 위탁받은 공공단체나 그 기관 또는 사인(私人)을 말한다.

10 　　　　　　　　　　　　　　　　　　　　정답 ④

① [X]

「행정절차법」 제3조【적용 범위】 ② 이 법은 다음 각 호의 어느 하나에 해당하는 사항에 대하여는 적용하지 아니한다.
9. 「병역법」에 따른 징집·소집, 외국인의 출입국·난민인정·귀화, 공무원 인사 관계 법령에 따른 징계와 그 밖의 처분, 이해 조정을 목적으로 하는 법령에 따른 알선·조정·중재(仲裁)·재정(裁定) 또는 그 밖의 처분 등 해당 행정작용의 성질상 행정절차를 거치기 곤란하거나 거칠 필요가 없다고 인정되는 사항과 행정절차에 준하는 절차를 거친 사항으로서 대통령령으로 정하는 사항

관련 판례

「행정절차법」 제3조 제2항 제9호, 「행정절차법 시행령」 제2조 제2호 등 관련 규정들의 내용을 행정의 공정성, 투명성, 신뢰성을 확보하고 처분상대방의 권익보호를 목적으로 하는 「행정절차법」의 입법 목적에 비추어 보면, 「행정절차법」의 적용이 제외되는 '외국인의 출입국에 관한 사항'이란 해당 행정작용의 성질상 행정절차를 거치기 곤란하거나 거칠 필요가 없다고 인정되는 사항이나 행정절차에 준하는 절차를 거친 사항으로서 「행정절차법 시행령」으로 정하는 사항만을 가리킨다. '외국인의 출입국에 관한 사항'이라고 하여 행정절차를 거칠 필요가 당연히 부정되는 것은 아니다. 외국인의 사증발급 신청에 대한 거부처분은 당사자에게 의무를 부과하거나 적극적으로 권익을 제한하는 처분이 아니므로, 「행정절차법」 제21조 제1항에서 정한 '처분의 사전통지'와 제22조 제3항에서 정한 '의견제출 기회 부여'의 대상은 아니다. 그러나 사증발급 신청에 대한 거부처분이 성질상 「행정절차법」 제24조에서 정한 '처분서 작성·교부'를 할 필요가 없거나 곤란하다고 일률적으로 단정하기 어렵다. 또한 출입국관리법령에 사증발급 거부처분서 작성에 관한 규정을 따로 두고 있지 않으므로, 외국인의 사증발급 신청에 대한 거부처분을 하면서 「행정절차법」 제24조에 정한 절차를 따르지 않고 '행정절차에 준하는 절차'로 대체할 수도 없다(대판 2019.7.11, 2017두38874).

② [X]

「행정절차법」 제21조【처분의 사전 통지】 ① 행정청은 당사자에게 의무를 부과하거나 권익을 제한하는 처분을 하는 경우에는 미리 다음 각 호의 사항을 당사자등에게 통지하여야 한다.

③ [X]

「행정절차법」 제21조【처분의 사전 통지】 ④ 다음 각 호의 어느 하나에 해당하는 경우에는 제1항에 따른 통지를 하지 아니할 수 있다.
1. 공공의 안전 또는 복리를 위하여 긴급히 처분을 할 필요가 있는 경우
2. 법령 등에서 요구된 자격이 없거나 없어지게 되면 반드시 일정한 처분을 하여야 하는 경우에 그 자격이 없거나 없어지게 된 사실이 법원의 재판 등에 의하여 객관적으로 증명된 경우
3. 해당 처분의 성질상 의견청취가 현저히 곤란하거나 명백히 불필요하다고 인정될 만한 상당한 이유가 있는 경우

제23조【처분의 이유 제시】 ① 행정청은 처분을 할 때에는 다음 각 호의 어느 하나에 해당하는 경우를 제외하고는 당사자에게 그 근거와 이유를 제시하여야 한다.
1. 신청 내용을 모두 그대로 인정하는 처분인 경우
2. 단순·반복적인 처분 또는 경미한 처분으로서 당사자가 그 이유를 명백히 알 수 있는 경우
3. 긴급히 처분을 할 필요가 있는 경우

❹ [O]

「행정절차법」 제24조【처분의 방식】 ① 행정청이 처분을 할 때에는 다른 법령등에 특별한 규정이 있는 경우를 제외하고는 문서로 하여야 하며, 전자문서로 하는 경우에는 당사자등의 동의가 있어야 한다. 다만, 신속히 처리할 필요가 있거나 사안이 경미한 경우에는 말 또는 그 밖의 방법으로 할 수 있다. 이 경우 당사자가 요청하면 지체 없이 처분에 관한 문서를 주어야 한다.

11 　　　　　　　　　　　　　　　　　　　　정답 ②

① [X] 행정절차에 관한 일반법인 「행정절차법」은 제21조 제1항에서 행정청이 당사자에게 의무를 과하거나 권익을 제한하는 처분을 하는 경우에는 처분의 내용과 법적 근거 및 이에 대하여 의견을 제출할 수 있다는 뜻과 그 밖에 필요한 사항을 당사자 등에게 통지하도록 규정하고 있고, 제22조 제3항에서 행정청이 위와 같은 처분을 할 때 청문을 실시하거나 공청회를 개최하는 경우 외에는 당사자 등에게 의견제출의 기회를 주도록 규정하고 있다. 위 규정들은 「헌법」상 적법절차원칙에 따라 불이익처분을 하기 전에 당사자 등에게 적절한 통지를 하여 의견이나 자료를 제출할 기회를 주기 위한 것이다. 그럼에도 행정청이 침해적 행정처분을 하면서 당사자에게 위와 같은 사전통지를 하거나 의견제출의 기회를 주지 아니하였다면 이를 하지 아니하여도 되는 예외적인 경우에 해당하지 아니하는 한 그 처분은 위법하여 취소를 면할 수 없다(대판 2019.5.30, 2014두40258).

❷ [O] 「개발제한구역의 지정 및 관리에 관한 특별조치법」 제30조 제1항에 의하여 행정청으로부터 시정명령을 받은 자가 이를 위반한 경우, 그로 인하여 같은 법 제32조 제2호에 정한 처벌을 하기 위하여는 시정명령이 적법한 것이라야 하고, 시정명령이 당연무효가 아니더라도 위법한 것으로 인정되는 한 같은 법 제32조 제2호 위반죄가 성립될 수 없다. 따라서 피고인 甲주식회사의 대표이사 피

고인 乙이 개발제한구역 내에 무단으로 고철을 쌓아 놓은 행위 등에 대하여 관할관청으로부터 원상복구를 명하는 시정명령을 받고도 이행하지 아니하였다고 하여 「개발제한구역의 지정 및 관리에 관한 특별조치법」 위반으로 기소된 경우, 관할관청이 침해적 행정처분인 시정명령을 하면서 피고인 乙에게 「행정절차법」 제21조, 제22조에 따른 적법한 사전통지를 하거나 의견제출 기회를 부여하지 않았고 이를 정당화할 사유도 없으므로 시정명령은 절차적 하자가 있어 위법하고, 시정명령이 당연무효가 아니더라도 위법한 것으로 인정되는 이상 피고인 乙이 시정명령을 이행하지 아니하였더라도 피고인 乙에 대하여 「개발제한구역의 지정 및 관리에 관한 특별조치법」 제32조 제2호 위반죄가 성립하지 아니한다(대판 2017.9.21, 2017도7321).

③ [X] 가평소방서장은 관내 특정 소방대상물에 대한 특별조사 결과 해당 각 건물이 무단 용도변경된 사실을 확인하고, 피고(가평군수)에게 이를 통보하였고, 피고 소속 공무원은 전화로 원고에게 그 각 건물에 대한 현장조사가 필요하다는 사실을 알리고 약속한 현장조사 일시에 원고가 참석한 가운데 현장조사를 실시하였다. 현장조사 과정에서 위 공무원은 무단증축면적과 무단용도변경 사실을 확인하고 이를 확인서 양식에 기재한 후, 원고에게 위 각 행위는 「건축법」 제14조 또는 제19조를 위반한 것이어서 시정명령이 나갈 것이고 이를 이행하지 않으면 이행강제금이 부과될 것이라고 설명하고, 위반 경위를 질문하여 답변을 들은 다음 원고로부터 확인서명을 받았는데, 위 양식에는 "상기 본인은 관계 법령에 의한 제반 허가를 득하지 아니하고 아래와 같이 불법건축(증축, 용도변경)행위를 하였음을 확인합니다."라고 기재되어 있었다. 피고는 별도의 사전통지나 의견진술 기회 부여절차를 거치지 아니한 채, 현장조사 다음날에 시정명령을 하였다. 이 경우 피고 소속 공무원이 위 현장조사에 앞서 원고에게 전화로 통지한 것은 행정조사의 통지이지 시정명령에 대한 사전통지로 볼 수 없다. 그리고 위 공무원이 현장조사 당시 위반 경위에 관하여 원고에게 의견진술 기회를 부여하였다 하더라도, 시정명령이 현장조사 바로 다음날 이루어진 사정에 비추어 보면, 의견제출에 필요한 상당한 기간을 고려하여 의견제출기한이 부여되었다고 보기도 어렵다. 그리고 현장조사에서 원고가 위반 사실을 시인하였다거나 위반 경위를 진술하였다는 사정만으로는 「행정절차법」 제21조 제4항 제3호가 정한 '의견청취가 현저히 곤란하거나 명백히 불필요하다고 인정될 만한 상당한 이유가 있는 경우'로서 처분의 사전통지를 하지 아니하여도 되는 경우에 해당한다고 볼 수도 없다. 따라서 행정청인 피고가 침해적 행정처분인 시정명령을 하면서 원고에게 「행정절차법」에 따른 적법한 사전통지를 하거나 의견제출의 기회를 부여하였다고 볼 수 없다(대판 2016.10.27, 2016두41811). ➡ 시정명령과 그 불이행시 이행강제금 부과는 침익적 처분이므로 사전통지를 하여야 하고 또 의견제출의 기회를 부여하여야 한다.

④ [X] 외국인의 사증발급 신청에 대한 거부처분은 당사자에게 의무를 부과하거나 적극적으로 권익을 제한하는 처분이 아니므로, 「행정절차법」 제21조 제1항에서 정한 '처분의 사전통지'와 제22조 제3항에서 정한 '의견제출 기회 부여'의 대상은 아니다(대판 2019.7.11, 2017두38874).

12 　　　　　　　　　　　　　　　　　　　　　정답 ④

① [O] 「민원 처리에 관한 법률」 제19조 제1항
② [O] 「민원 처리에 관한 법률」 제19조 제2항
③ [O] 「민원 처리에 관한 법률」 제19조 제3항

---

❹ [X]

> 「민원 처리에 관한 법률」 제6조 【민원 처리의 원칙】 ① 행정기관의 장은 관계 법령 등에서 정한 처리기간이 남아 있다거나 그 민원과 관련 없는 공과금 등을 미납하였다는 이유로 민원 처리를 지연시켜서는 아니 된다. 다만, 다른 법령에 특별한 규정이 있는 경우에는 그에 따른다.
> ② 행정기관의 장은 법령의 규정 또는 위임이 있는 경우를 제외하고는 민원 처리의 절차 등을 강화하여서는 아니 된다.

13 　　　　　　　　　　　　　　　　　　　　　정답 ①

❶ [O], ② [X] 「관세법」 제284조 제1항, 제311조, 제312조, 제318조의 규정에 의하면, 관세청장 또는 세관장은 관세범에 대하여 통고처분을 할 수 있고, 범죄의 정상이 징역형에 처하여질 것으로 인정되는 때에는 즉시 고발하여야 하며, 관세범인이 통고를 이행할 수 있는 자금능력이 없다고 인정되거나 주소 및 거소의 불명 기타의 사유로 인하여 통고를 하기 곤란하다고 인정되는 때에도 즉시 고발하여야 하는바, 이들 규정을 종합하여 보면, 통고처분을 할 것인지의 여부는 관세청장 또는 세관장의 재량에 맡겨져 있고, 따라서 관세청장 또는 세관장이 관세범에 대하여 통고처분을 하지 아니한 채 고발하였다는 것만으로는 그 고발 및 이에 기한 공소의 제기가 부적법하게 되는 것은 아니다(대판 2007.5.11, 2006도1993).

③ [X] 통고처분이란 조세범, 관세범, 출입국사범, 교통사범, 경범죄사범 등에 대하여 형사소송상의 정식재판에 갈음하여 행정청이 벌금 또는 과료에 상당하는 금액(범칙금)의 납부를 통고하는 것을 말한다.

④ [X] 통고처분은 상대방의 임의의 승복을 그 발효요건으로 하기 때문에 그 자체만으로는 통고이행을 강제하거나 상대방에게 아무런 권리의무를 형성하지 않으므로 행정심판이나 행정소송의 대상으로서의 처분성을 부여할 수 없다(헌재 1998.5.28, 96헌바4). 즉, 통고처분은 행정소송의 대상이 되는 행정처분이 아니므로 그 처분의 취소를 구하는 소송은 부적법하다(대판 1995.6.29, 95누4674).

14 　　　　　　　　　　　　　　　　　　　　　정답 ③

① [O]

> 「행정심판법」 제44조 【사정재결】 ③ 제1항과 제2항은 무효등확인심판에는 적용하지 아니한다.

② [O]

> 「행정심판법」 제44조 【사정재결】 ① 위원회는 심판청구가 이유가 있다고 인정하는 경우에도 이를 인용(認容)하는 것이 공공복리에 크게 위배된다고 인정하면 그 심판청구를 기각하는 재결을 할 수 있다. 이 경우 위원회는 재결의 주문(主文)에서 그 처분 또는 부작위가 위법하거나 부당하다는 것을 구체적으로 밝혀야 한다.

> 「행정소송법」 제28조 【사정판결】 ① 원고의 청구가 이유 있다고 인정하는 경우에도 처분 등을 취소하는 것이 현저히 공공복리에 적합하지 아니하다고 인정하는 때에는 법원은 원고의 청구를 기각할 수 있다. 이 경우 법원은 그 판결의 주문에서 그 처분 등이 위법함을 명시하여야 한다.

❸ [X]

> 「행정심판법」 제44조【사정재결】② 위원회는 제1항에 따른 재결을 할 때에는 청구인에 대하여 상당한 구제방법을 취하거나 상당한 구제방법을 취할 것을 피청구인에게 명할 수 있다.

> 「행정소송법」 제28조【사정판결】② 법원이 제1항의 규정에 의한 판결을 함에 있어서는 미리 원고가 그로 인하여 입게 될 손해의 정도와 배상방법 그 밖의 사정을 조사하여야 한다.

④ [O] 무효확인심판과 무효확인소송에서는 사정재결과 사정판결이 인정되지 않는다.

> 「행정심판법」 제44조【사정재결】③ 제1항과 제2항은 무효등확인심판에는 적용하지 아니한다.

> 「행정소송법」 제28조【사정판결】③ 원고는 피고인 행정청이 속하는 국가 또는 공공단체를 상대로 손해배상, 제해시설의 설치 그 밖에 적당한 구제방법의 청구를 당해 취소소송 등이 계속된 법원에 병합하여 제기할 수 있다.

15 　　　　　　　　　　　　　정답 ②

① [O] 「국가배상법」 제5조 제1항에 정한 '영조물의 설치나 관리의 하자'란 공공의 목적에 공여된 영조물이 그 용도에 따라 갖추어야 할 안전성을 갖추지 못한 상태에 있음을 말하고, 여기서 안전성을 갖추지 못한 상태, 즉 타인에게 위해를 끼칠 위험성이 있는 상태란 그 영조물을 구성하는 물적 시설 자체에 있는 물리적·외형적 흠결이나 불비로 인하여 그 이용자에게 위해를 끼칠 위험성이 있는 경우(➡ 물적 하자)뿐만 아니라 그 영조물이 공공의 목적에 이용됨에 있어 그 이용상태 및 정도가 일정한 한도를 초과하여 제3자에게 사회통념상 수인할 것이 기대되는 한도를 넘는 피해를 입히는 경우(➡ 이용상 하자 또는 기능적 하자)까지 포함한다고 보아야 할 것이다(대판 2015.10.15, 2013다23914).

❷ [X] 「국가배상법」 제5조에서 말하는 '공공의 영조물'이란 국·공유나 사유임을 불문하고 행정주체에 의하여 특정 공공의 목적에 공여된 유체물 또는 물적 설비를 의미하므로, 사실상 군민의 통행에 제공되고 있던 도로 옆의 암벽으로부터 떨어진 낙석에 맞아 소외인이 사망하는 사고가 발생하였다고 하여도 그 사고 지점 도로가 피고 군에 의하여 노선인정 기타 공용개시가 없었으면 이를 영조물이라 할 수 없다(대판 1981.7.7, 80다2478).

③ [O] 서울특별시가 점유·관리하는 도로에 대하여 '서울특별시 도로 등 주요 시설물 관리에 관한 조례'에 따라 보도 관리 등의 위임을 받은 관할 자치구청장 甲으로부터 도로에 접한 보도의 가로수 생육환경 개선공사를 도급받은 A 주식회사가 공사를 진행하면서 사용하고 남은 자갈더미를 그대로 도로에 적치해 두었고, 乙이 오토바이를 운전하다가 도로에 적치되어 있던 공사용 자갈더미를 발견하지 못하고 그대로 진행하는 바람에 중심을 잃고 넘어지면서 상해를 입은 경우, 서울특별시는 「국가배상법」 제5조 제1항에서 정한 설치·관리상의 하자로 인한 손해배상책임을 부담한다(대판 2017.9.21, 2017다223538).

④ [O] 시가 국도의 관리상 비용부담자로서 책임을 지는 것은 「국가배상법」이 정한 자신의 고유한 배상책임이다(대판 1993.1.26, 92다2684).

16 　　　　　　　　　　　　　정답 ②

① [O] 「행정소송법」 제19조는 무효확인소송에 적용된다.

> 「행정소송법」 제38조【준용규정】① 제9조, 제10조, 제13조 내지 제17조, 제19조, 제22조 내지 제26조, 제29조 내지 제31조 및 제33조의 규정은 무효등확인소송의 경우에 준용한다.

> 제19조【취소소송의 대상】취소소송은 처분 등을 대상으로 한다. 다만, 재결취소소송의 경우에는 재결 자체에 고유한 위법이 있음을 이유로 하는 경우에 한한다.

❷ [X] 「행정소송법」 제20조는 무효확인소송에 적용되지 않는다.

> 「행정소송법」 제20조【제소기간】① 취소소송은 처분 등이 있음을 안 날부터 90일 이내에 제기하여야 한다. 다만, 제18조 제1항 단서에 규정한 경우와 그 밖에 행정심판청구를 할 수 있는 경우 또는 행정청이 행정심판청구를 할 수 있다고 잘못 알린 경우에 행정심판청구가 있은 때의 기간은 재결서의 정본을 송달받은 날부터 기산한다.

③ [O] 「행정소송법」 제23조는 무효확인소송에 적용된다.

> 「행정소송법」 제23조【집행정지】① 취소소송의 제기는 처분 등의 효력이나 그 집행 또는 절차의 속행에 영향을 주지 아니한다.

④ [O] 「행정소송법」 제26조는 무효확인소송에 적용된다.

> 「행정소송법」 제26조【직권심리】법원은 필요하다고 인정할 때에는 직권으로 증거조사를 할 수 있고, 당사자가 주장하지 아니한 사실에 대하여도 판단할 수 있다.

17 　　　　　　　　　　　　　정답 ③

① [X] 원고는 행정심판에서 주장하지 아니한 사유를 항고소송에서 주장할 수 있다.

② [X] 제3자가 제기하는 행정소송의 경우 제3자는 행정처분의 존재를 알지 못하고 행정심판에 대한 고지도 받지 못한 경우 행정심판전치주의가 적용되지 않는다고 「행정소송법」 제18조에 규정되어 있지 않다.

❸ [O] 제3자가 제기하는 행정소송의 경우 제3자는 행정처분의 존재를 알지 못하고 행정심판에 대한 고지도 받지 못하게 되므로 「행정소송법」 제20조 제2항 단서의 정당한 사유에 해당하는 대표적 사유이다.

④ [X] 부당이득반환소송에는 당해 처분의 취소를 선결문제로 하는 부당이득반환청구가 포함되고, 이러한 부당이득반환청구가 인용되기 위해서는 그 소송절차에서 판결에 의해 당해 처분이 취소되면 충분하고 그 처분의 취소가 확정되어야 하는 것은 아니라고 보아야 한다(대판 2009.4.9, 2008두23153).

18

① [X]

> 「행정소송법」제30조【취소판결 등의 기속력】② 판결에 의하여 취소되는 처분이 당사자의 신청을 거부하는 것을 내용으로 하는 경우에는 그 처분을 행한 행정청은 판결의 취지에 따라 다시 이전의 신청에 대한 처분을 하여야 한다.

② [X] 「행정소송법」제23조 제6항은 집행정지결정의 기속력은 인정하고 있으나 행정소송법 제30조 제2항의 규정을 준용한다고 규정하지 않아 집행정지결정은 재처분의무조항은 적용되지 않는다. 거부처분이 집행정지의 대상이 되지 않으므로 당연하기도 하다.

> 「행정소송법」제23조【집행정지】⑥ 제30조 제1항의 규정은 제2항의 규정에 의한 집행정지의 결정에 이를 준용한다.

③ [X]

> 「행정소송법」제30조【취소판결 등의 기속력】② 판결에 의하여 취소되는 처분이 당사자의 신청을 거부하는 것을 내용으로 하는 경우에는 그 처분을 행한 행정청은 판결의 취지에 따라 다시 이전의 신청에 대한 처분을 하여야 한다.
> ③ 제2항의 규정은 신청에 따른 처분이 절차의 위법을 이유로 취소되는 경우에 준용한다.

❹ [O] 「행정소송법」제38조 제2항에 따르면 「행정소송법」제30조가 부작위법확인소송에도 적용된다.

> 「행정소송법」제30조【취소판결 등의 기속력】② 판결에 의하여 취소되는 처분이 당사자의 신청을 거부하는 것을 내용으로 하는 경우에는 그 처분을 행한 행정청은 판결의 취지에 따라 다시 이전의 신청에 대한 처분을 하여야 한다.

19

① [X] 계약당사자 사이에서 계약의 적정한 이행을 위하여 일정한 계약상 의무를 위반하는 경우 계약해지, 위약벌이나 손해배상액 약정, 장래 일정 기간의 거래제한 등의 제재조치를 약정하는 것은 상위법령과 법의 일반원칙에 위배되지 않는 범위에서 허용되며, 그러한 계약에 따른 제재조치는 법령에 근거한 공권력의 행사로서의 제재처분과는 법적 성질을 달리한다(대판 2020.5.28, 2017두66541).

❷ [O] 공공기관의 어떤 제재조치가 계약에 따른 제재조치에 해당하려면 일정한 사유가 있을 때 그러한 제재조치를 할 수 있다는 점을 공공기관과 그 거래상대방이 미리 구체적으로 약정하였어야 한다. 공공기관이 여러 거래업체들과의 계약에 적용하기 위하여 거래업체가 일정한 계약상 의무를 위반하는 경우 장래 일정 기간의 거래제한 등의 제재조치를 할 수 있다는 내용을 계약특수조건 등의 일정한 형식으로 미리 마련하였다고 하더라도, 약관의 규제에 관한 법률 제3조에서 정한 바와 같이 계약상대방에게 그 중요 내용을 미리 설명하여 계약내용으로 편입하는 절차를 거치지 않았다면 계약의 내용으로 주장할 수 없다(대판 2020.5.28, 2017두66541).

③ [X]

> 「행정기본법」제27조【공법상 계약의 체결】① 행정청은 법령등을 위반하지 아니하는 범위에서 행정목적을 달성하기 위하여 필요한 경우에는 공법상 법률관계에 관한 계약(이하 '공법상 계약'이라 한다)을 체결할 수 있다. 이 경우 계약의 목적 및 내용을 명확하게 적은 계약서를 작성하여야 한다.

④ [X]

> 「행정기본법」제27조【공법상 계약의 체결】① 행정청은 법령등을 위반하지 아니하는 범위에서 행정목적을 달성하기 위하여 필요한 경우에는 공법상 법률관계에 관한 계약(이하 '공법상 계약'이라 한다)을 체결할 수 있다. 이 경우 계약의 목적 및 내용을 명확하게 적은 계약서를 작성하여야 한다.

20

① [O] 「행정기본법」제40조 제1항은 누구든지 법령 해석을 요청할 수 있다고 규정하고 있는바, 특별한 제한이 없어 사인, 공무원, 지방자치단체도 요청할 수 있다.

❷ [X]

> 「행정기본법」제40조【법령해석】① 누구든지 법령등의 내용에 의문이 있으면 법령을 소관하는 중앙행정기관의 장(이하 '법령소관기관'이라 한다)과 자치법규를 소관하는 지방자치단체의 장에게 법령해석을 요청할 수 있다.

③ [O] 「행정기본법」제40조 제1항은 누구든지 법령 해석을 요청할 수 있으므로 사익을 보호하고 있으므로 법령해석요청권은 개인적 공권이다.

④ [O] 「행정기본법」제40조 제1항은 중앙행정기관의 장(이하 '법령소관기관'이라 한다)과 자치법규를 소관하는 지방자치단체의 장에게 법령해석을 요청할 수 있다고 규정하고 있다. 법령소관기관은 법령해석을 받으면 반드시 요청에 응해야 하고 답변을 거부하거나 부작위하면 위법이다.

정답

01	②	02	①	03	②	04	②
05	①	06	①	07	②	08	④
09	④	10	④	11	②	12	②
13	④	14	②	15	②	16	①
17	①	18	②	19	②	20	①

01　　정답 ②

① [X] 공무원에게 부과된 직무상 의무의 내용이 단순히 공공 일반의 이익을 위한 것이거나 행정기관 내부의 질서를 규율하기 위한 것이 아니고 전적으로 또는 부수적으로 사회구성원 개인의 안전과 이익을 보호하기 위하여 설정된 것이라면, 공무원이 그와 같은 직무상 의무를 위반함으로 인하여 피해자가 입은 손해에 대하여는 상당인과관계가 인정되는 범위 내에서 국가가 배상책임을 진다. 상당인과관계의 유무를 판단할 때에는 일반적인 결과 발생의 개연성은 물론 직무상 의무를 부과하는 법령 기타 행동규범의 목적이나 가해행위의 태양 및 피해의 정도 등을 종합적으로 고려하여야 한다(대판 2017.11.9, 2017다228083).

❷ [O] 공무원연금법령상 급여를 받으려고 하는 자는 우선 관계 법령에 따라 공무원연금공단에 급여지급을 신청하여 공무원연금공단이 이를 거부하거나 일부 금액만 인정하는 급여지급결정을 하는 경우 그 결정을 대상으로 항고소송을 제기하는 등으로 구체적 권리를 인정받아야 하고, 구체적인 권리가 발생하지 않은 상태에서 곧바로 공무원연금공단을 상대로 한 당사자소송으로 권리의 확인이나 급여의 지급을 소구하는 것은 허용되지 아니한다(대판 2017.2.9, 2014두43264).

③ [X] 제소기간이 이미 도과하여 불가쟁력이 생긴 행정처분에 대하여는 개별 법규에서 변경을 요구할 신청권을 규정하고 있거나 관계 법령의 해석상 그러한 신청권이 인정될 수 있는 등 특별한 사정이 없는 한 국민에게 행정처분의 변경을 구할 신청권이 있다고 할 수 없다(대판 2017.2.9, 2014두43264).

④ [X] 일반적으로 면허나 인허가 등의 수익적 행정처분의 근거가 되는 법률이 해당 업자들 사이의 과당경쟁으로 인한 경영의 불합리를 방지하는 것도 목적으로 하고 있는 경우, 다른 업자에 대한 면허나 인허가 등의 수익적 행정처분에 대하여 미리 같은 종류의 면허나 인허가 등의 수익적 행정처분을 받아 영업을 하고 있는 기존의 업자는 경업자에 대하여 이루어진 면허나 인허가 등 행정처분의 상대방이 아니라 하더라도 당해 행정처분의 취소를 구할 당사자적격이 있다(대판 2018.4.26, 2015두53824 등).

02　　정답 ①

❶ [O] 자기구속의 법리는 따로 규정하지 않고 있고 평등원칙에서 도출할 수 있다.

> 「행정기본법」 제12조【신뢰보호의 원칙】② 행정청은 권한 행사의 기회가 있음에도 불구하고 장기간 권한을 행사하지 아니하여 국민이 그 권한이 행사되지 아니할 것으로 믿을 만한 정당한 사유가 있는 경우에는 그 권한을 행사해서는 아니 된다. 다만, 공익 또는 제3자의 이익을 현저히 해칠 우려가 있는 경우는 예외로 한다.

② [X]

> 「행정기본법」 제8조【법치행정의 원칙】 행정작용은 법률에 위반되어서는 아니 되며, 국민의 권리를 제한하거나 의무를 부과하는 경우와 그 밖에 국민생활에 중요한 영향을 미치는 경우에는 법률에 근거하여야 한다.

③ [X]

> 「행정기본법」 제10조【비례의 원칙】 행정작용은 다음 각 호의 원칙에 따라야 한다.
> 1. 행정목적을 달성하는 데 유효하고 적절할 것
> 2. 행정목적을 달성하는 데 필요한 최소한도에 그칠 것
> 3. 행정작용으로 인한 국민의 이익 침해가 그 행정작용이 의도하는 공익보다 크지 아니할 것

④ [X]

> 「행정기본법」 제12조【신뢰보호의 원칙】② 행정청은 권한 행사의 기회가 있음에도 불구하고 장기간 권한을 행사하지 아니하여 국민이 그 권한이 행사되지 아니할 것으로 믿을 만한 정당한 사유가 있는 경우에는 그 권한을 행사해서는 아니 된다. 다만, 공익 또는 제3자의 이익을 현저히 해칠 우려가 있는 경우는 예외로 한다.

03　　정답 ②

① [X]

> 「행정기본법」 제14조【법 적용의 기준】① 새로운 법령등은 법령등에 특별한 규정이 있는 경우를 제외하고는 그 법령등의 효력 발생 전에 완성되거나 종결된 사실관계 또는 법률관계에 대해서는 적용되지 아니한다.

❷ [O] 법령등의 효력 발생 전에 완성되거나 종결된 사실관계 또는 법률관계에 대해서 소급적용을 금지하고 있으므로 진정 소급적용만 금지하고 있다.

③ [X]

> 「행정기본법」 제14조【법 적용의 기준】① 새로운 법령등은 법령등에 특별한 규정이 있는 경우를 제외하고는 그 법령등의 효력 발생 전에 완성되거나 종결된 사실관계 또는 법률관계에 대해서는 적용되지 아니한다.

④ [X]

> 「행정기본법」 제14조【법 적용의 기준】① 새로운 법령등은 법령등에 특별한 규정이 있는 경우를 제외하고는 그 법령등의 효력 발생 전에 완성되거나 종결된 사실관계 또는 법률관계에 대해서는 적용되지 아니한다.

① [O] 「영유아보육법」 제30조 제5항 제3호에 따른 평가인증의 취소는 평가인증 당시에 존재하였던 하자가 아니라 그 이후에 새로이 발생한 사유로 평가인증의 효력을 소멸시키는 경우에 해당하므로, 법적 성격은 평가인증의 '철회'에 해당한다. 그런데 행정청이 평가인증을 철회하면서 그 효력을 철회의 효력발생일 이전으로 소급하게 하면, 철회 이전의 기간에 평가인증을 전제로 지급한 보조금 등의 지원이 그 근거를 상실하게 되어 이를 반환하여야 하는 법적 불이익이 발생한다. 이는 장래를 향하여 효력을 소멸시키는 철회가 예정한 법적 불이익의 범위를 벗어나는 것이다. 이처럼 행정청이 평가인증이 이루어진 이후에 새로이 발생한 사유를 들어 「영유아보육법」 제30조 제5항에 따라 평가인증을 철회하는 처분을 하면서도, 평가인증의 효력을 과거로 소급하여 상실시키기 위해서는, 특별한 사정이 없는 한 「영유아보육법」 제30조 제5항과는 별도의 법적 근거가 필요하다(대판 2018.6.28, 2015두58195).

❷ [X] 수익적 행정처분에 대한 취소권 등의 행사는 기득권의 침해를 정당화할 만한 중대한 공익상의 필요 또는 제3자의 이익보호의 필요가 있는 때에 한하여 허용될 수 있다는 법리는, 처분청이 수익적 행정처분을 직권으로 취소·철회하는 경우에 적용되는 법리일 뿐 쟁송취소의 경우에는 적용되지 않는다(대판 2019.10.17, 2018두104).

③ [O] 건축주가 토지소유자로부터 토지사용승낙서를 받아 그 토지 위에 건축물을 건축하는 대물적 성질의 건축허가를 받았다가 착공에 앞서 건축주의 귀책사유로 해당 토지를 사용할 권리를 상실한 경우, 건축허가의 존재로 말미암아 토지에 대한 소유권 행사에 지장을 받을 수 있는 토지소유자로서는 건축허가의 철회를 신청할 수 있다고 보아야 한다. 따라서 토지소유자의 위와 같은 신청을 거부한 행위는 항고소송의 대상이 된다(대판 2017.3.15, 2014두41190).

④ [O] 구 「건축법」 제11조 제7항은 건축허가를 받은 자가 허가를 받은 날부터 1년 이내에 공사에 착수하지 아니한 경우에 허가권자는 허가를 취소하여야 한다고 규정하면서도, 정당한 사유가 있다고 인정되면 1년의 범위에서 공사의 착수기간을 연장할 수 있다고 규정하고 있을 뿐이며, 건축허가를 받은 자가 착수기간이 지난 후 공사에 착수하는 것 자체를 금지하고 있지 아니하다. 이러한 법 규정에는 건축허가의 행정목적이 신속하게 달성될 것을 추구하면서도 건축허가를 받은 자의 이익을 함께 보호하려는 취지가 포함되어 있으므로, 건축허가를 받은 자가 건축허가가 취소되기 전에 공사에 착수하였다면 허가권자는 그 착수기간이 지났다고 하더라도 건축허가를 취소하여야 할 특별한 공익상 필요가 인정되지 않는 한 건축허가를 취소할 수 없다. 이는 건축허가를 받은 자가 건축허가가 취소되기 전에 공사에 착수하려 하였으나 허가권자의 위법한 공사중단명령으로 공사에 착수하지 못한 경우에도 마찬가지이다(대판 2017.7.11, 2012두22973).

❶ [O] 구 「폐기물관리법」 제26조, 「같은 법 시행규칙」 제17조 등에 의하면 폐기물처리사업계획의 적정통보를 받은 자는 장래 일정한 기간 내에 관계 법령이 규정하는 시설 등을 갖추어 폐기물처리업허가신청을 할 수 있는 법률상 지위에 있다고 할 것인바, 피고로부터 폐기물처리사업계획의 적정통보를 받은 원가 폐기물처리업허가를 받기 위하여는 이 사건 부동산에 대한 용도지역을 '농림지역 또는 준농림지역'에서 '준도시지역(시설용지지구)'으로 변경하는 국토이용계획변경이 선행되어야 하고, 원고의 위 계획변경신청을 피고가 거부한다면 이는 실질적으로 원고에 대한 폐기물처리업허가신청을 불허하는 결과가 되므로, 원고는 위 국토이용계획변경의 입안 및 결정권자인 피고에 대하여 그 계획변경을 신청할 법규상 또는 조리상 권리를 가진다고 할 것이다(대판 2003.9.23, 2001두10936).

② [X] 행정주체가 구체적인 행정계획을 입안·결정할 때에 가지는 광범위한 형성의 자유의 한계에 관한 법리는 행정주체가 구 「국토의 계획 및 이용에 관한 법률」 제26조에 의한 주민의 도시관리계획 입안 제안을 받아들여 도시관리계획결정을 할 것인지를 결정할 때에도 마찬가지이고, 나아가 도시계획시설구역 내 토지 등을 소유하고 있는 주민이 장기간 집행되지 아니한 도시계획시설의 결정권자에게 도시계획시설의 변경을 신청하고, 결정권자가 이러한 신청을 받아들여 도시계획시설을 변경할 것인지를 결정하는 경우에도 동일하게 적용된다고 보아야 한다(대판 2012.1.12, 2010두5806).

③ [X] 이 사건 토지는 이 사건 도시관리계획변경결정 전후를 통하여 개발제한구역으로 지정된 상태에 있으므로 이 사건 도시관리계획변경결정으로 인하여 그 소유자인 원고가 위 토지를 사용·수익·처분하는 데 새로운 공법상의 제한을 받거나 종전과 비교하여 더 불이익한 지위에 있게 되는 것은 아니다. 또한, 원고의 청구취지와 같이 이 사건 도시관리계획변경결정 중 중리취락 부분이 취소된다 하더라도 그 결과 이 사건 도시관리계획변경결정으로 개발제한구역에서 해제된 제3자 소유의 토지들이 종전과 같이 개발제한구역으로 남게 되는 결과가 될 뿐, 원고 소유의 이 사건 토지가 개발제한구역에서 해제되는 것도 아니다. 따라서 원고에게 제3자 소유의 토지에 관한 이 사건 도시관리계획변경결정의 취소를 구할 직접적이고 구체적인 이익이 있다고 할 수 없다(대판 2008.7.10, 2007두10242).

④ [X] 도시계획시설결정은 광범위한 지역과 상당한 기간에 걸쳐 다수의 이해관계인에게 다양한 법률적·경제적 영향을 미치는 것이 되어 일단 도시계획시설사업의 시행에 착수한 뒤에는, 시행의 지연에 따른 손해나 손실의 배상 또는 보상을 함은 별론으로 하고, 그 결정 자체의 취소나 해제를 요구할 권리를 일부의 이해관계인에게 줄 수는 없는 것이다(헌재 2002.5.30, 2000헌바58).

ㄱ. [X] 과세처분에 관한 불복절차과정에서 과세관청이 그 불복사유가 옳다고 인정하고 이에 따라 필요한 처분을 하였을 경우에는, 불복제도와 이에 따른 시정방법을 인정하고 있는 「국세기본법」의 취지에 비추어 동일 사항에 관하여 특별한 사유 없이 이를 번복하고 다시 종전의 처분을 되풀이할 수는 없는 것이므로, 과세처분에 관한 이의신청절차에서 과세관청이 이의신청사유가 옳다고 인정하여 과세처분을 직권으로 취소한 이상 그 후 특별한 사유 없이 이를 번복하고 종전 처분을 되풀이하는 것은 허용되지 않는다(대판 2010.9.30, 2009두1020 ; 대판 2014.7.24, 2011두14227). ➡ 불가쟁력이 아니라 불가변력이 인정되기 때문이다.

ㄴ. [X] 과세처분에 대한 쟁송이 진행 중에 과세관청이 그 과세처분의 납부고지 절차상의 하자를 발견한 경우에는 위 과세처분을 취소하고 절차상의 하자를 보완하여 다시 동일한 내용의 과세처분을 할 수 있고, 이와 같은 새로운 처분이 행정행위의 불가쟁력이나 불가변력에 저촉되는 것도 아니라고 할 것이므로, 최초의 과세처분을 취소한 후 그 절차상의 하자를 보완하여 이루어진 동일한 내용의 새로운 과세처분이 중복부과처분에 해당하는 등의 위법한 것이라고 할 수는 없다(대판 2005.11.25, 2004두3656).

ㄷ. [X] 공정력은 취소될 때까지 잠정적으로 행정행위의 유효성을 통용시켜 주는 효력일 뿐이고 행정행위의 적법성을 추정해 주는 것이 아니라는 유효성추정설이 통설·판례이고, 따라서 입증책임의 분배

는 공정력과 무관하고 「민사소송법」상의 분배원칙인 법률요건에 따라 분류하여야 한다(법률요건분류설). 그 결과, 행정처분이 위법 함을 내세워 그 취소를 구하는 항고소송에 있어서 그 처분의 적법 성에 대한 주장·입증책임은 처분청인 피고에게 있다(대판 1983. 9.13, 83누288; 대판 2007.1.12, 2006두12937).

ㄹ. [○] 조세의 과오납이 부당이득이 되기 위하여는 납세 또는 조세의 징수가 실체법적으로나 절차법적으로 전혀 법률상의 근거가 없거나 과세처분의 하자가 중대하고 명백하여 당연무효이어야 하고, 과세처분의 하자가 단지 취소할 수 있는 정도에 불과할 때에는 과세관청이 이를 스스로 취소하거나 항고소송절차에 의하여 취소되지 않는 한 그로 인한 조세의 납부가 부당이득이 된다고 할 수 없다(대판 1994.11.11, 94다28000).

07 정답 ②

① [○] 하자의 승계가 인정되기 위하여는 (1) 선행행위에 무효가 아닌 취소사유가 있을 것, (2) 선행행위에 불가쟁력이 발생하였을 것, (3) 선행행위에는 하자가 존재하나 후행행위에는 하자가 없을 것, (4) 선행행위와 후행행위는 모두 항고소송이 되는 처분일 것이라는 전제가 필요하다.

❷ [X] 선행행위가 무효가 아닌 하자만 있다면 후행행위와 결합하여 하나의 법적 효과를 가져온다면 하자는 승계나 별개의 법적 효과를 가져 온다면 원칙적으로 하자 승계는 인정되지 않는다. 그러나 선행행위가 당연무효라면 하자는 승계된다.

③ [○] 진상규명위원회가 甲의 친일반민족행위자 결정 사실을 통지하지 않아 을은 후행처분이 있기 전까지 선행처분의 사실을 알지 못하였고, 후행처분인 지방보훈지청장의 독립유공자법 적용배제결정이 자신의 법률상 지위에 직접적인 영향을 미치는 행정처분이라고 생각했을 뿐, 통지를 받지도 않은 진상규명위원회의 친일반민족행위자 결정처분이 자신의 법률상 지위에 영향을 주는 독립된 행정처분이라고 생각하기는 쉽지 않았을 것으로 보여, 乙이 선행처분에 대하여 「일제강점하 반민족행위 진상규명에 관한 특별법」에 의한 이의신청절차를 밟거나 후행처분에 대한 것과 별개로 행정심판이나 행정소송을 제기하지 않았다고 하여 선행처분의 하자를 이유로 후행처분의 효력을 다툴 수 없게 하는 것은 乙에게 수인한도를 넘는 불이익을 주고 그 결과가 乙에게 예측가능한 것이라고 할 수 없어 선행처분의 후행처분에 대한 구속력을 인정할 수 없으므로 선행처분의 위법을 이유로 후행처분의 효력을 다툴 수 있다(대판 2013.3.14, 2012두6964).

④ [○] 구속력이론에 따르면 선행행위가 후행행위를 구속한다는 의미에서 선행행위와 모순되는 결정을 할 수 없다는 의미이다. 선행행위는 불가쟁력 발생으로 더 이상 취소할 수 없게 되었는데 후행행위를 선행행위 하자를 이유로 다투는 것은 모순되므로 하자는 승계되지 않는다.

08 정답 ④

① [X]

> 「행정대집행법」제3조【대집행의 절차】① 전조의 규정에 의한 처분 (이하 '대집행'이라 한다)을 하려함에 있어서는 상당한 이행기한을 정하여 그 기한까지 이행되지 아니할 때에는 대집행을 한다는 뜻을 미리 '문서'로써 계고하여야 한다. 이 경우 행정청은 상당한 이행기한을 정함에 있어 의무의 성질·내용 등을 고려하여 사회통념상 해당 의무를 이행하는 데 필요한 기간이 확보되도록 하여야 한다.

② [X]

> 「행정대집행법」제3조【대집행의 절차】② 의무자가 전항의 계고를 받고 지정기한까지 그 의무를 이행하지 아니할 때에는 당해 행정청은 '대집행영장'으로써 대집행을 할 시기, 대집행을 시키기 위하여 파견하는 집행책임자의 성명과 대집행에 요하는 비용의 개산에 의한 견적액을 의무자에게 통지하여야 한다.

③ [X]

> 「행정대집행법」제3조【대집행의 절차】③ 비상시 또는 위험이 절박한 경우에 있어서 당해 행위의 급속한 실시를 요하여 전2항에 규정한 수속을 취할 여유가 없을 때에는 그 수속을 거치지 아니하고 대집행을 할 수 있다.

❹ [○]

> 「행정대집행법 시행령」제5조【서류의 송달】① 행정대집행과 관련된 서류의 송달은 「행정절차법」에서 정하는 바에 따르되, 교부에 의한 송달을 원칙으로 한다. 다만, 교부에 의한 송달을 할 수 없을 때에는 등기우편 또는 정보통신망을 이용하여 송달할 수 있다.

09 정답 ④

① [X]

> 「질서위반행위규제법」제3조【법 적용의 시간적 범위】① 질서위반행위의 성립과 과태료 처분은 행위 시의 법률에 따른다.
> ② 질서위반행위 후 법률이 변경되어 그 행위가 질서위반행위에 해당하지 아니하게 되거나 과태료가 변경되기 전의 법률보다 가볍게 된 때에는 법률에 특별한 규정이 없는 한 변경된 법률을 적용한다.

② [X]

> 「질서위반행위규제법」제3조【법 적용의 시간적 범위】③ 행정청의 과태료 처분이나 법원의 과태료 재판이 확정된 후 법률이 변경되어 그 행위가 질서위반행위에 해당하지 아니하게 된 때에는 변경된 법률에 특별한 규정이 없는 한 과태료의 징수 또는 집행을 면제한다.

③ [X]

> 「질서위반행위규제법」제4조【법 적용의 장소적 범위】① 이 법은 대한민국 영역 안에서 질서위반행위를 한 자에게 적용한다.
> ② 이 법은 대한민국 영역 밖에서 질서위반행위를 한 대한민국의 국민에게 적용한다.

❹ [○]

> 「질서위반행위규제법」제4조【법 적용의 장소적 범위】③ 이 법은 대한민국 영역 밖에 있는 대한민국의 선박 또는 항공기 안에서 질서위반행위를 한 외국인에게 적용한다.

① [X] 행정절차에 관한 일반법인 「행정절차법」은 제24조 제1항에서 "행정청이 처분을 할 때에는 다른 법령 등에 특별한 규정이 있는 경우를 제외하고는 문서로 하여야 하며, 전자문서로 하는 경우에는 당사자 등의 동의가 있어야 한다. 다만 신속히 처리할 필요가 있거나 사안이 경미한 경우에는 말 또는 그 밖의 방법으로 할 수 있다."라고 정하고 있다. 이 규정은 처분내용의 명확성을 확보하고 처분의 존부에 관한 다툼을 방지하여 처분상대방의 권익을 보호하기 위한 것이므로, 이를 위반한 처분은 하자가 중대·명백하여 무효이다(대판 2019.7.11, 2017두38874).

② [X] 행정청이 문서에 의하여 처분을 한 경우 처분서의 문언이 불분명하다는 등의 특별한 사정이 없는 한, 문언에 따라 어떤 처분을 하였는지를 확정하여야 한다. 처분서의 문언만으로도 행정청이 어떤 처분을 하였는지가 분명한데도 처분 경위나 처분 이후의 상대방의 태도 등 다른 사정을 고려하여 처분서의 문언과는 달리 다른 처분까지 포함되어 있는 것으로 확대해석해서는 안 된다(대판 2017. 8.29, 2016두44186).

③ [X] <병무청장이 법무부장관에게 '가수 甲이 공연을 위하여 국외여행 허가를 받고 출국한 후 미국 시민권을 취득함으로써 사실상 병역의무를 면탈하였다'는 이유로 입국 금지를 요청함에 따라 법무부장관이 甲의 입국금지결정을 하였는데, 甲이 재외공관의 장에게 재외동포(F-4) 체류자격의 사증발급을 신청하자 재외공관장이 처분이유를 기재한 사증발급 거부처분서를 작성해 주지 않은 채 甲의 아버지에게 전화로 사증발급이 불허되었다고 통보한 사안> … 甲의 재외동포(F-4) 체류자격 사증발급 신청에 대하여 재외공관장이 6일 만에 한 사증발급 거부처분이 문서에 의한 처분 방식의 예외로 「행정절차법」 제24조 제1항 단서에서 정한 '신속히 처리할 필요가 있거나 사안이 경미한 경우'에 해당한다고 볼 수도 없으므로 사증발급 거부처분에는 「행정절차법」 제24조 제1항을 위반한 하자가 있다(대판 2019.7.11, 2017두38874).

❹ [O] 외국인의 사증발급 신청에 대한 거부처분이 성질상 「행정절차법」 제24조에서 정한 '처분서 작성·교부'를 할 필요가 없거나 곤란하다고 일률적으로 단정하기 어렵다. 또한 출입국관리법령에 사증발급 거부처분서 작성에 관한 규정을 따로 두고 있지 않으므로, 외국인의 사증발급 신청에 대한 거부처분을 하면서 「행정절차법」 제24조에 정한 절차를 따르지 않고 '행정절차에 준하는 절차'로 대체할 수도 없다(대판 2019.7.11, 2017두38874).

① [X] 공공기관은 공개 청구된 공개 대상 정보의 전부 또는 일부가 제3자와 관련이 있다고 인정할 때에는 그 사실을 제3자에게 지체 없이 통지하여야 하며, 필요한 경우에는 그의 의견을 들을 수 있다(「공공기관의 정보공개에 관한 법률」 제11조 제3항). 이에 따라 공개 청구된 사실을 통지받은 제3자는 그 통지를 받은 날부터 3일 이내에 해당 공공기관에 대하여 자신과 관련된 정보를 공개하지 아니할 것을 요청할 수 있다(「공공기관의 정보공개에 관한 법률」 제21조 제1항).

❷ [O] 「공공기관의 정보공개에 관한 법률」은 국민의 알권리를 보장하고 국정에 대한 국민의 참여와 국정 운영의 투명성을 확보함을 목적으로 하고(제1조), 공공기관이 보유·관리하는 정보는 국민의 알 권리 보장 등을 위하여 적극적으로 공개하여야 한다는 정보공개의 원칙을 선언하고 있으며(제3조), 모든 국민은 정보의 공개를 청구할 권리를 가진다고 하면서(제5조 제1항) 비공개대상정보에 해당하지 않는 한 공공기관이 보유·관리하는 정보는 공개 대상이 된

다고 규정하고 있을 뿐(제9조 제1항) 정보공개 청구권자가 공개를 청구하는 정보와 어떤 관련성을 가질 것을 요구하거나 정보공개청구의 목적에 특별한 제한을 두고 있지 아니하므로 정보공개 청구권자의 권리구제 가능성 등은 정보의 공개 여부 결정에 아무런 영향을 미치지 못한다(대판 2017.9.7, 2017두44558).

③ [X] 지방자치단체의 업무추진비 세부항목별 집행내역 및 그에 관한 증빙서류에 포함된 개인에 관한 정보는 특별한 사정이 없는 한 그 개인의 사생활 보호라는 관점에서 보더라도 위와 같은 정보가 공개되는 것은 바람직하지 않으며 위 정보의 비공개에 의하여 보호되는 이익보다 공개에 의하여 보호되는 이익이 우월하다고 단정할 수도 없으므로, 이는 「공공기관의 정보공개에 관한 법률」 제9조 제1항 제6호 마목에서 정한 공개 대상이 되는 '공개하는 것이 공익을 위하여 필요하다고 인정되는 정보'에 해당하지 않는다(대판 2003.3.11, 2001두6425).

④ [X] 외국 또는 외국기관으로부터 비공개를 전제로 정보를 입수하였다는 이유만으로 이를 공개할 경우 업무의 공정한 수행에 현저한 지장을 받을 것이라고 단정할 수는 없다. 다만 위와 같은 사정은 정보제공자와의 관계, 정보제공자의 의사, 정보의 취득 경위, 정보의 내용 등과 함께 업무의 공정한 수행에 현저한 지장이 있는지를 판단할 때 고려하여야 할 형량요소이다(대판 2018.9.28, 2017두69892).

① [O] 원고의 청구를 기각하는 판결이 확정된 경우 이와 동일한 사안에 관하여는 제51조에 따른 다른 단체는 단체소송을 제기할 수 없다. 다만, (1) 판결이 확정된 후 그 사안과 관련하여 국가·지방자치단체 또는 국가·지방자치단체가 설립한 기관에 의하여 새로운 증거가 나타난 경우와 (2) 기각판결이 원고의 고의로 인한 것임이 밝혀진 경우에는 그러하지 아니하다(「개인정보 보호법」 제56조).

❷ [X] 단체소송에 관하여 이 법에 특별한 규정이 없는 경우에는 「민사소송법」을 적용하고, 단체소송의 허가결정이 있는 경우에는 「민사집행법」 제4편에 따른 보전처분을 할 수 있다(「개인정보 보호법」 제57조 제1항·제2항).

③ [O] 단체소송의 소는 피고의 주된 사무소 또는 영업소가 있는 곳, 주된 사무소나 영업소가 없는 경우에는 주된 업무담당자의 주소가 있는 곳의 지방법원 본원 합의부의 관할에 전속한다(「개인정보 보호법」 제52조 제1항).

④ [O] 일정한 요건을 갖춘 단체는 개인정보처리자가 집단분쟁조정을 거부하거나 집단분쟁조정의 결과를 수락하지 아니한 경우에는 법원에 권리침해행위의 금지·중지를 구하는 소송(이하 '단체소송'이라 한다)을 제기할 수 있고(「개인정보 보호법」 제51조), 단체소송을 제기하는 단체는 소장과 함께 일정한 사항을 기재한 소송허가신청서를 법원에 제출하여야 하고(「개인정보 보호법」 제54조), 법원은 법정요건을 모두 갖춘 경우에 한하여 결정으로 단체소송을 허가한다(「개인정보 보호법」 제55조).

① [O] 헌법상 영조물의 설치·관리의 하자로 인한 국가배상에 대한 규정은 없다.

② [O] 선임·감독상 주의의무를 다했다고 하더라도 국가는 배상책임을 면할 수 없다.

③ [O] 「국가배상법」은 공무원의 대외적 배상책임의 범위를 규정하고 있지

않으나 판례는 고의·중과실의 경우에 한해 공무원은 배상책임을 진다고 한다. 「국가배상법」 제2조는 국가가 배상했을 때 고의·중과실에 한해 공무원의 구상책임을 규정하고 있다.

> 「국가배상법」 제2조 ② 제1항 본문의 경우에 공무원에게 고의 또는 중대한 과실이 있으면 국가나 지방자치단체는 그 공무원에게 구상(求償)할 수 있다.

❹ [X] 생명·신체의 침해로 인한 국가배상을 받을 권리는 양도하거나 압류하지 못한다(「국가배상법」 제4조).

14   정답 ②

① [X] 「공익사업을 위한 토지 등의 취득 및 보상에 관한 법률」 제74조 제1항에 규정되어 있는 잔여지 수용청구권은 손실보상의 일환으로 토지소유자에게 부여되는 권리로서 그 요건을 구비한 때에는 잔여지를 수용하는 토지수용위원회의 재결이 없더라도 그 청구에 의하여 수용의 효과가 발생하는 형성권적 성질을 가지므로, 잔여지 수용청구를 받아들이지 않은 토지수용위원회의 재결에 대하여 토지소유자가 불복하여 제기하는 소송은 위 법 제85조 제2항에 규정되어 있는 '보상금의 증감에 관한 소송'에 해당하여 사업시행자를 피고로 하여야 한다(대판 2010.8.19, 2008두822 ; 대판 2015.4.9, 2014두46669). ➡ 형식적 당사자소송

❷ [O] 산림 내에서의 토석채취허가는 「산지관리법」 소정의 토석채취제한지역에 속하는 경우에 허용되지 아니함은 물론이나 그에 해당하는 지역이 아니라 하여 반드시 허가하여야 하는 것으로 해석할 수는 없고 허가권자는 신청지 내의 임황과 지황 등의 사항 등에 비추어 국토 및 자연의 보전 등의 중대한 공익상 필요가 있을 때에는 재량으로 그 허가를 거부할 수 있는 것이다. 따라서 그 자체로 중대한 공익상의 필요가 있는 공익사업이 시행되어 토석채취허가를 연장받지 못하게 되었다고 하더라도 토석채취허가가 연장되지 않게 됨으로 인한 손실과 공익사업 사이에 상당인과관계가 있다고 할 수 없을 뿐 아니라, 특별한 사정이 없는 한 그러한 손실이 적법한 공권력의 행사로 가하여진 재산상의 특별한 희생으로서 손실보상의 대상이 된다고 볼 수도 없다(대판 2009.6.23, 2009두2672).

③ [X] 잔여지 수용청구의 의사표시는 관할 토지수용위원회에 하여야 하는 것으로서, 관할 토지수용위원회가 사업시행자에게 잔여지 수용청구의 의사표시를 수령할 권한을 부여하였다고 인정할 만한 사정이 없는 한, 사업시행자에게 한 잔여지 매수청구의 의사표시를 관할 토지수용위원회에 한 잔여지 수용청구의 의사표시로 볼 수 없다(대판 2010.8.19, 2008두822).

④ [X] 구 「공유수면매립법」 제17조가 "매립의 면허를 받은 자는 제16조 제1항의 규정에 의한 보상이나 시설을 한 후가 아니면 그 보상을 받을 권리를 가진 자에게 손실을 미칠 공사에 착수할 수 없다. 다만, 그 권리를 가진 자의 동의를 받았을 때에는 예외로 한다."라고 규정하고 있으나, 손실보상은 공공필요에 의한 행정작용에 의하여 사인에게 발생한 특별한 희생에 대한 전보라는 점에서 그 사인에게 특별한 희생이 발생하여야 하는 것은 당연히 요구되는 것이고, 공유수면매립면허의 고시가 있다고 하여 반드시 그 사업이 시행되고 그로 인하여 손실이 발생한다고 할 수 없으므로, 매립면허 고시 이후 매립공사가 실행되어 관행어업권자에게 실질적이고 현실적인 피해가 발생한 경우에만 「공유수면매립법」에서 정하는 손실보상청구권이 발생하였다고 할 것이다(대판 2010.12.9, 2007두6571).

① [X] 직접처분은 행정심판에 있으나 행정소송에는 없다.

> 「행정심판법」 제50조【위원회의 직접 처분】① 위원회는 피청구인이 제49조 제3항에도 불구하고 처분을 하지 아니하는 경우에는 당사자가 신청하면 기간을 정하여 서면으로 시정을 명하고 그 기간에 이행하지 아니하면 직접 처분을 할 수 있다. 다만, 그 처분의 성질이나 그 밖의 불가피한 사유로 위원회가 직접 처분을 할 수 없는 경우에는 그러하지 아니하다.

❷ [O] 「행정심판법」 제50조의2에 따르면 「행정심판법」 제49조 제2항의 재처분의무 불이행에 대해 간접강제가 가능하도록 규정하고 있어 무효확인심판에도 간접강제가 인정된다.

> 「행정심판법」 제50조의2【위원회의 간접강제】① 위원회는 피청구인이 제49조 제2항(제49조 제4항에서 준용하는 경우를 포함한다) 또는 제3항에 따른 처분을 하지 아니하면 청구인의 신청에 의하여 결정으로 상당한 기간을 정하고 피청구인이 그 기간 내에 이행하지 아니하는 경우에는 그 지연기간에 따라 일정한 배상을 하도록 명하거나 즉시 배상을 할 것을 명할 수 있다.
>
> 제49조【재결의 기속력 등】① 심판청구를 인용하는 재결은 피청구인과 그 밖의 관계 행정청을 기속(羈束)한다.
> ② 재결에 의하여 취소되거나 무효 또는 부존재로 확인되는 처분이 당사자의 신청을 거부하는 것을 내용으로 하는 경우에는 그 처분을 한 행정청은 재결의 취지에 따라 다시 이전의 신청에 대한 처분을 하여야 한다.

③ [X] 무효확인소송에도 「행정소송법」 제30조 제2항의 재처분의무는 인정된다. 다만, 「행정소송법」 제38조 제1항에 따라서 제34조의 간접강제가 적용되지 않는다.

> 「행정소송법」 제30조【취소판결 등의 기속력】① 처분 등을 취소하는 확정판결은 그 사건에 관하여 당사자인 행정청과 그 밖의 관계행정청을 기속한다.
> ② 판결에 의하여 취소되는 처분이 당사자의 신청을 거부하는 것을 내용으로 하는 경우에는 그 처분을 행한 행정청은 판결의 취지에 따라 다시 이전의 신청에 대한 처분을 하여야 한다.
>
> 제34조【거부처분취소판결의 간접강제】① 행정청이 제30조 제2항의 규정에 의한 처분을 하지 아니하는 때에는 제1심 수소법원은 당사자의 신청에 의하여 결정으로써 상당한 기간을 정하고 행정청이 그 기간 내에 이행하지 아니하는 때에는 그 지연기간에 따라 일정한 배상을 할 것을 명하거나 즉시 손해배상을 할 것을 명할 수 있다.
>
> 제38조【준용규정】① 제9조, 제10조, 제13조 내지 제17조, 제19조, 제22조 내지 제26조, 제29조 내지 제31조 및 제33조의 규정은 무효등확인소송의 경우에 준용한다.

④ [X] 부작위위법확인소송에서는 「행정소송법」 제34조의 간접강제와 의무이행심판에서는 「행정심판법」 제50조의2의 간접강제가 허용된다.

> 「행정심판법」 제50조의2【위원회의 간접강제】① 위원회는 피청구인이 제49조 제2항(제49조 제4항에서 준용하는 경우를 포함한다) 또는 제3항에 따른 처분을 하지 아니하면 청구인의 신청에 의하여 결정으로 상당한 기간을 정하고 피청구인이 그 기간 내에 이행하지 아니하는 경우에는 그 지연기간에 따라 일정한 배상을 하도록 명하거나 즉시 배상을 할 것을 명할 수 있다.

「행정심판법」 제49조【재결의 기속력 등】③ 당사자의 신청을 거부하거나 부작위로 방치한 처분의 이행을 명하는 재결이 있으면 행정청은 지체 없이 이전의 신청에 대하여 재결의 취지에 따라 처분을 하여야 한다.

16 정답 ①

❶ [O]

「행정심판법」 제30조【집행정지】② 위원회는 처분, 처분의 집행 또는 절차의 속행 때문에 중대한 손해가 생기는 것을 예방할 필요성이 긴급하다고 인정할 때에는 직권으로 또는 당사자의 신청에 의하여 처분의 효력, 처분의 집행 또는 절차의 속행의 전부 또는 일부의 정지(이하 '집행정지'라 한다)를 결정할 수 있다. 다만, 처분의 효력정지는 처분의 집행 또는 절차의 속행을 정지함으로써 그 목적을 달성할 수 있을 때에는 허용되지 아니한다.

② [X]

「행정심판법」 제31조【임시처분】① 위원회는 처분 또는 부작위가 위법·부당하다고 상당히 의심되는 경우로서 처분 또는 부작위 때문에 당사자가 받을 우려가 있는 중대한 불이익이나 당사자에게 생길 급박한 위험을 막기 위하여 임시지위를 정하여야 할 필요가 있는 경우에는 직권으로 또는 당사자의 신청에 의하여 임시처분을 결정할 수 있다.

③ [X]

「행정심판법」 제50조【위원회의 직접 처분】① 위원회는 피청구인이 제49조 제3항에도 불구하고 처분을 하지 아니하는 경우에는 당사자가 신청하면 기간을 정하여 서면으로 시정을 명하고 그 기간에 이행하지 아니하면 직접 처분을 할 수 있다. 다만, 그 처분의 성질이나 그 밖의 불가피한 사유로 위원회가 직접 처분을 할 수 없는 경우에는 그러하지 아니하다.

④ [X]

「행정심판법」 제50조의2【위원회의 간접강제】① 위원회는 피청구인이 제49조 제2항(제49조 제4항에서 준용하는 경우를 포함한다) 또는 제3항에 따른 처분을 하지 아니하면 청구인의 신청에 의하여 결정으로 상당한 기간을 정하고 피청구인이 그 기간 내에 이행하지 아니하는 경우에는 그 지연기간에 따라 일정한 배상을 하도록 명하거나 즉시 배상을 할 것을 명할 수 있다.

17 정답 ①

❶ [O]

「행정소송법」 제16조【제3자의 소송참가】① 법원은 소송의 결과에 따라 권리 또는 이익의 침해를 받을 제3자가 있는 경우에는 당사자 또는 제3자의 신청 또는 직권에 의하여 결정으로써 그 제3자를 소송에 참가시킬 수 있다.
② 법원이 제1항의 규정에 의한 결정을 하고자 할 때에는 미리 당사자 및 제3자의 의견을 들어야 한다.

② [X]

「행정소송법」 제9조【재판관할】① 취소소송의 제1심 관할법원은 피고의 소재지를 관할하는 행정법원으로 한다.
③ 토지의 수용 기타 부동산 또는 특정의 장소에 관계되는 처분 등에 대한 취소소송은 그 부동산 또는 장소의 소재지를 관할하는 행정법원에 이를 제기할 수 있다.

③ [X]

「행정소송법」 제28조【사정판결】① 원고의 청구가 이유있다고 인정하는 경우에도 처분 등을 취소하는 것이 현저히 공공복리에 적합하지 아니하다고 인정하는 때에는 법원은 원고의 청구를 기각할 수 있다. 이 경우 법원은 그 판결의 주문에서 그 처분 등이 위법함을 명시하여야 한다.

④ [X]

「행정소송법」 제18조【행정심판과의 관계】① 취소소송은 법령의 규정에 의하여 당해 처분에 대한 행정심판을 제기할 수 있는 경우에도 이를 거치지 아니하고 제기할 수 있다. 다만, 다른 법률에 당해 처분에 대한 행정심판의 재결을 거치지 아니하면 취소소송을 제기할 수 없다는 규정이 있는 때에는 그러하지 아니하다.

18 정답 ②

① [X] 처분사유의 추가·변경은 처분은 그대로 유지되고 사유만 추가·변경되는 것이다.

❷ [O] 처분시에 있었던 사유로 취소판결 후에 동일한 처분을 한다면 취소판결의 기속력에 저촉된다.

③ [X] 위법 여부는 처분시를 기준으로 하므로 처분 이후에 발생한 사유를 추가·변경할 수 없다.

④ [X] 추가 또는 변경된 사유가 처분 당시에 그 사유를 명기하지 않았을 뿐 이미 존재하고 있었고 당사자도 그 사실을 알고 있었다 하여 당초의 처분사유와 동일성이 있는 것이라고 할 수는 없다(대판 2009.11.26, 2009두15586).

19 정답 ②

① [O] 환지처분은 사업시행자가 환지계획구역의 전부에 대하여 공사를 완료한 후 환지계획에 따라 환지교부 등을 하는 처분으로서 일단 공고되어 효력을 발생하게 된 후에는 일부 토지에 관한 환지지정에 위법이 있더라도 그 사유만으로는 다른 부분에 대한 환지확정 처분까지 당연히 무효가 되는 것이 아니므로 환지전체의 절차를 처음부터 다시 밟지 않는 한 그 일부만을 따로 떼어 환지처분을 변경할 길이 없으며, 다만 그 환지처분에 위법이 있다면 이를 이유로 하여 민사상의 절차에 따라 권리관계의 존부를 확정하거나 손해배상을 구하는 길이 있을 뿐이므로 그 환지확정처분의 일부에 대하여 취소 또는 무효확인을 구할 법률상의 이익이 없다(대판 전합 2012.3.22, 2011두6400).

❷ [X] 이미 시장건물의 부지로 제공되어 있는 대지 위에 근린생활시설을 위한 임시적인 가설건축물을 축조할 수는 없는 것이므로, 위 대지 위에 근린생활시설을 축조하려고 구「건축법」 제47조 제2항에 따라 한 가설건축물축조신고를 반려한 처분은 적법하다(대판 1991. 12.24, 91누1974).

③ [○] 공무원면직처분무효확인의 소의 원고들이 상고심 심리종결일 현재 이미 공무원법상의 정년을 초과하였거나 사망하여 면직된 경우에는 원고들은 면직처분이 무효확인된다 하더라도 공무원으로서의 신분을 다시 회복할 수 없고, 면직으로 인한 퇴직기간을 재직기간으로 인정받지 못함으로써 받게 된 퇴직급여 등에 있어서의 과거의 불이익은 면직처분으로 인한 급료, 명예침해 등의 민사상 손해배상청구소송에서 그 전제로서 면직처분의 무효를 주장하여 구제받을 수 있는 것이므로 독립한 소로써 면직처분의 무효확인을 받는 것이 원고들의 권리 또는 법률상의 지위에 현존하는 불안, 위험을 제거하는데 필요하고도 적절한 것이라고 할 수 없어, 원고들의 위 무효확인의 소는 확인의 이익이 없다(대판 1991.6.28, 90누9346 ; 대판 1993.1.15, 91누5747).

④ [○] 무효임을 주장하는 과세처분에 따라 그 부과세액을 납부하여 이미 그 처분의 집행이 종료된 것과 같이 되어 버렸다면 그 과세처분이 존재하고 있는 것과 같은 외관이 남아 있음으로써 장차 이해관계인에게 다가올 법률상의 불안이나 위험은 전혀 없다 할 것이고, 다만 남아 있는 것은 이미 이루어져 있는 위법상태의 제거, 즉 납부효과가 발생한 세금의 반환을 구하는 문제뿐이라고 할 것이다(대판 1991.9.10, 91누3840).

20 　　　　　　　　　　　　　　　　　　　　　　정답 ①

❶ [X] 「행정절차법」 제19조 제1항은 "행정청은 신청인의 편의를 위하여 처분의 처리기간을 종류별로 미리 정하여 공표하여야 한다."라고 정하고 있다. 「민원 처리에 관한 법률」 제17조 제1항은 "행정기관의 장은 법정민원을 신속히 처리하기 위하여 행정기관에 법정민원의 신청이 접수된 때부터 처리가 완료될 때까지 소요되는 처리기간을 법정민원의 종류별로 미리 정하여 공표하여야 한다."라고 정하고 있고, 「민원 처리에 관한 법률 시행령」(이하 '민원처리법 시행령'이라 한다) 제23조 제1항은 "행정기관의 장은 민원이 접수된 날부터 30일이 지났으나 처리가 완료되지 아니한 경우 또는 민원인의 명시적인 요청이 있는 경우에는 그 처리진행상황과 처리완료 예정일 등을 적은 문서를 민원인에게 교부하거나 정보통신망 또는 우편 등의 방법으로 통지하여야 한다."라고 정하고 있다. 처분이나 민원의 처리기간을 정하는 것은 신청에 따른 사무를 가능한 한 조속히 처리하도록 하기 위한 것이다. 처리기간에 관한 규정은 훈시규정에 불과할 뿐 강행규정이라고 볼 수 없다. 행정청이 처리기간이 지나 처분을 하였더라도 이를 처분을 취소할 절차상 하자로 볼 수 없다. 민원처리법 시행령 제23조에 따른 민원처리진행상황 통지도 민원인의 편의를 위한 부가적인 제도일 뿐, 그 통지를 하지 않았더라도 이를 처분을 취소할 절차상 하자로 볼 수 없다(대판 2019.12.13, 2018두41907).

② [○] 행정청이 관계 법령의 규정이나 자체적인 판단에 따라 처분상대방에게 특정한 권리나 이익 또는 지위 등을 부여한 후 일정한 기간마다 심사하여 갱신 여부를 판단하는 이른바 '갱신제'를 채택하여 운용하는 경우에는, 처분상대방은 합리적인 기준에 의한 공정한 심사를 받아 그 기준에 부합되면 특별한 사정이 없는 한 갱신되리라는 기대를 가지고 갱신 여부에 관하여 합리적인 기준에 의한 공정한 심사를 요구할 권리를 가진다(대판 2020.12.24, 2018두45633).

③ [○] 사전에 공표한 심사기준 중 경미한 사항을 변경하거나 다소 불명확하고 추상적이었던 부분을 명확하게 하거나 구체화하는 정도를 뛰어넘어, 심사대상기간이 이미 경과하였거나 상당 부분 경과한 시점에서 처분상대방의 갱신 여부를 좌우할 정도로 중대하게 변경하는 것은 갱신제의 본질과 사전에 공표된 심사기준에 따라 공정한 심사가 이루어져야 한다는 요청에 정면으로 위배되는 것이므로, 갱신제 자체를 폐지하거나 갱신상대방의 수를 종전보다 대폭 감축할 수밖에 없도록 만드는 중대한 공익상 필요가 인정되거나

관계 법령이 제·개정되었다는 등의 특별한 사정이 없는 한, 허용되지 않는다(대판 2020.12.24, 2018두45633).

④ [○] 민원처리법 시행령 제23조에 따른 민원처리진행상황 통지도 민원인의 편의를 위한 부가적인 제도일 뿐, 그 통지를 하지 않았더라도 이를 처분을 취소할 절차상 하자로 볼 수 없다(대판 2019.12.13, 2018두41907)

정답

01	④	02	①	03	③	04	②
05	④	06	④	07	①	08	④
09	②	10	①	11	①	12	④
13	③	14	③	15	④	16	③
17	④	18	①	19	①	20	②

01
정답 ④

① [X] 당초 정구장시설을 설치한다는 도시계획결정을 하였다가 정구장 대신 청소년수련시설을 설치한다는 도시계획 변경결정 및 지적 승인을 한 경우, 당초의 도시계획결정만으로는 도시계획사업의 시행자 지정을 받게 된다는 공적인 견해를 표명하였다고 할 수 없으므로 그 후의 도시계획 변경결정 및 지적승인이 도시계획사업의 시행자로 지정받을 것을 예상하고 정구장 설계비용 등을 지출한 자의 신뢰이익을 침해한 것으로 볼 수 없다(대판 2000.11.10, 2000두727).

② [X] 행정청의 행위에 대하여 신뢰보호의 원칙이 적용되기 위해서는, (1) 행정청이 개인에 대하여 신뢰의 대상이 되는 공적인 견해표명을 하여야 하고, (2) 행정청의 견해표명이 정당하다고 신뢰한 데에 대하여 그 개인에게 귀책사유가 없어야 하며, (3) 그 개인이 그 견해표명을 신뢰하고 이에 상응하는 어떠한 행위를 하였어야 하고, (4) 행정청이 그 견해표명에 반하는 처분을 함으로써 견해표명을 신뢰한 개인의 이익이 침해되는 결과가 초래되어야 하며, (5) 그 견해표명에 따른 행정처분을 할 경우 이로 인하여 공익 또는 제3자의 정당한 이익을 현저히 해할 우려가 있는 경우가 아니어야 한다(대판 2017.11.23, 2014두1628).

③ [X] 신뢰보호의 원칙이 적용되기 위하여는 사인의 신뢰가 형성될 수 있는 대상인 행정청의 선행조치가 있어야 하는데, 여기서의 '선행조치'에는 법률행위는 물론이고 행정지도와 같은 사실행위도 포함된다. 그리고 법령도 선행조치에 포함된다(대판 전합체 2007.10.29, 2005두4649).

❹ [O] 구 「행정서사법」(현 행정사법)상의 자격이 없는데도 허가관청이 착오로 자격자인 줄 잘못 알고 행정서사업허가를 내준 후 20년이 다 되어 그 허가를 취소한 것이기는 하나 허가관청이 취소사유를 알고서도 그렇게 장기간 취소권을 행사하지 않은 것이 아니고 3년여 전에 비로소 취소사유를 알았을 뿐만 아니라 상대방에게 취소권을 행사하지 않을 것이란 신뢰를 심어준 것으로 여겨지지도 않으므로 위 허가취소처분은 실권의 법리에 저촉된 것이라고 볼 수 없다(대판 1988.4.27, 87누915).

02
정답 ①

❶ [O] 사실상 영업이 양도·양수되었지만 아직 승계신고 및 그 수리처분이 있기 이전에는 여전히 종전의 영업자인 양도인이 영업허가자이고 양수인은 영업허가자가 되지 못한다 할 것이어서, 행정제재처분의 사유가 있는지 여부 및 그 사유가 있다고 하여 행하는 행정제재처분은 영업허가자인 양도인을 기준으로 판단하여 그 양도인에 대하여 행하여야 할 것이고, 한편 위와 같은 경우 양도인이 그의 의사에 따라 양수인에게 영업을 양도하면서 양수인으로 하여금 영업을 하도록 허락하였다면 그 양수인의 영업 중 발생한 위반행위에 대한 행정적인 책임은 양도인에게 귀속된다고 보아야 할 것이다(대판 1995.2.24, 94누9146).

② [X] 사실상 영업이 양도·양수되었지만 아직 승계신고 및 그 수리처분이 있기 이전에는 여전히 종전의 영업자인 양도인이 영업허가자이고 양수인은 영업허가자가 되지 못한다 할 것이어서, 행정제재처분의 사유가 있는지 여부 및 그 사유가 있다고 하여 행하는 행정제재처분은 영업허가자인 양도인을 기준으로 판단하여 그 양도인에 대하여 행하여야 할 것이다(대판 1995.2.24, 94누9146).

③ [X] 수허가자의 지위를 양수받아 명의변경신고를 할 수 있는 양수인의 지위는 단순한 반사적 이익이나 사실상의 이익이 아니라 관련 법령에 의하여 보호되는 직접적이고 구체적인 이익으로서 법률상 이익이라고 할 것이고, 영업허가가 유효하게 존속하고 있다는 것이 양수인의 명의변경신고의 전제가 된다는 의미에서 관할 행정청이 양도인에 대하여 영업허가를 취소하는 처분을 하였다면 이는 양수인의 지위에 대한 직접적 침해가 된다고 할 것이므로 양수인은 허가를 취소하는 처분의 취소를 구할 법률상 이익을 가진다(대판 2003.7.11, 2001두6289).

④ [X] 행정청이 「식품위생법」 규정에 의하여 영업자지위승계신고를 수리하는 처분은 종전의 영업자의 권익을 제한하는 처분이라 할 것이고, 따라서 종전의 영업자는 그 처분에 대하여 직접 그 상대가 되는 자에 해당한다고 봄이 상당하므로, 행정청으로서는 위 신고를 수리하는 처분을 함에 있어서 「행정절차법」 규정 소정의 당사자에 해당하는 종전의 영업자에 대하여 사전통지를 하고 의견제출의 기회를 주고 처분을 하여야 한다(대판 2003.2.14, 2001두7015).

03
정답 ③

① [O] 구 「출입국관리법」 제76조의3 제1항 제3호의 문언·내용 등에 비추어 보면, 비록 그 규정에서 정한 사유가 있더라도, 법무부장관은 난민인정 결정을 취소할 공익상의 필요와 취소로 당사자가 입을 불이익 등 여러 사정을 참작하여 취소 여부를 결정할 수 있는 재량이 있다. 그러나 그 취소처분이 사회통념상 현저하게 타당성을 잃거나 비례·평등의 원칙을 위반하였다면 재량권을 일탈·남용한 것으로서 위법하다. 다만, 구 「출입국관리법」 제76조의3 제1항 제3호는 거짓 진술이나 사실은폐 등으로 난민인정 결정을 하는 데 하자가 있음을 이유로 이를 취소하는 것이므로, 당사자는 애초 난민인정 결정에 관한 신뢰를 주장할 수 없음은 물론 행정청이 이를 고려하지 않았다고 하더라도 재량권을 일탈·남용하였다고 할 수 없다(대판 2017.3.15, 2013두16333).

② [O] 구 「출입국관리법」 제76조의3 제1항 제3호는 거짓 진술이나 사실은폐 등으로 난민인정 결정을 하는 데 하자가 있음을 이유로 이를 취소하는 것이므로, 당사자는 애초 난민인정 결정에 관한 신뢰를 주장할 수 없음은 물론 행정청이 이를 고려하지 않았다고 하더라도 재량권을 일탈·남용하였다고 할 수 없다(대판 2017.3.15, 2013두16333).

❸ [X] 구 「출입국관리법」 제2조 제3호, 제76조의2 제1항, 제3항, 제4항, 구 「출입국관리법 시행령」 제88조의2, 「난민의 지위에 관한 협약」 제1조, 「난민의 지위에 관한 의정서」 제1조의 문언, 체계와 입법 취지를 종합하면, 난민 인정에 관한 신청을 받은 행정청은 원칙적으로 법령이 정한 난민 요건에 해당하는지를 심사하여 난민 인정 여부를 결정할 수 있을 뿐이고, 이와 무관한 다른 사유만을

들어 난민 인정을 거부할 수는 없다(대판 2017.12.5, 2016두42913).

④ [O] 구 「출입국관리법」 제76조의3 제1항 제3호의 문언·내용 등에 비추어 보면, 비록 그 규정에서 정한 사유가 있더라도, 법무부장관은 난민인정 결정을 취소할 공익상의 필요와 취소로 당사자가 입을 불이익 등 여러 사정을 참작하여 취소 여부를 결정할 수 있는 재량이 있다(대판 2017.3.15, 2013두16333).

04 　　　　　　　　　　　　　　　　정답 ②

① [X] 행정소송은 구체적 사건에 대한 법률상 분쟁을 법에 의하여 해결함으로써 법적 안정을 기하자는 것이므로 부작위위법확인소송의 대상이 될 수 있는 것은 구체적 권리의무에 관한 분쟁이어야 하고 추상적인 법령에 관하여 제정의 여부 등은 그 자체로서 국민의 구체적인 권리의무에 직접적 변동을 초래하는 것이 아니어서 부작위위법확인소송의 대상의 대상이 될 수 없다(대판 1992.5.8, 91누11261).

❷ [O] 상위법령을 시행하기 위하여 하위법령을 제정하거나 필요한 조치를 함에 있어서는 상당한 기간을 필요로 하며 합리적인 기간 내의 지체를 위헌적인 부작위로 볼 수 없으나, 이 사건(전문의 자격시험 불실시 위헌확인)의 경우 현행 규정이 제정된 때(1976.4.15)로부터 이미 20년 이상이 경과되었음에도 아직 치과전문의제도의 실시를 위한 구체적 조치를 취하고 있지 아니하고 있으므로 합리적 기간 내의 지체라고 볼 수 없고, 법률의 시행에 반대하는 여론의 압력이나 이익단체의 반대와 같은 사유는 지체를 정당화하는 사유가 될 수 없다(헌재 1998.7.16, 96헌마246).

③ [X] 행정입법자가 어떤 사항에 관하여 입법은 하였으나 문언상 명백히 하지 않고 반대해석으로만 그 규정의 입법취지를 알 수 있도록 함으로써 불완전, 불충분 또는 불공정하게 규율한 경우에 불과한 '부진정입법부작위'를 대상으로 헌법소원을 제기하려면 그 입법부작위를 헌법소원의 대상으로 삼을 수는 없고, 결함이 있는 당해 입법규정 그 자체를 대상으로 하여 그것이 평등의 원칙에 위배된다는 등 헌법 위반을 내세워 적극적인 헌법소원을 제기하여야 하며, 이 경우에는 법령에 의하여 직접 기본권이 침해되는 경우라고 볼 수 있으므로 「헌법재판소법」 제69조 제1항 소정의 청구기간을 준수하여야 한다(헌재 2009.7.14, 2009헌마349).

④ [X] 삼권분립의 원칙, 법치행정의 원칙을 당연한 전제로 하고 있는 우리 헌법 하에서 행정권의 행정입법 등 법집행의무는 헌법적 의무라고 보아야 할 것이다. 그런데 이는 행정입법의 제정이 법률의 집행에 필수불가결한 경우로서 행정입법을 제정하지 아니하는 것이 곧 행정권에 의한 입법권 침해의 결과를 초래하는 경우를 말하는 것이므로, 만일 하위 행정입법의 제정 없이 상위 법령의 규정만으로도 집행이 이루어질 수 있는 경우라면 하위 행정입법을 하여야 할 헌법적 작위의무는 인정되지 아니한다(헌재 2013.5.30, 2011헌마198).

05 　　　　　　　　　　　　　　　　정답 ④

① [X] 법률의 위임을 받은 것이기는 하나 행정적 편의를 도모하기 위한 절차적 규정은 단순히 행정규칙의 성질을 가지는 데 불과하여 일반국민을 기속하는 것이 아니다(대판 2003.9.5, 2001두403).

② [X] 법령의 규정이 특정 행정기관에게 법령 내용의 구체적 사항을 정할 수 있는 권한을 부여하면서 권한행사의 절차나 방법을 특정하지 아니한 경우에는 수임 행정기관은 행정규칙이나 규정 형식으로 법령 내용이 될 사항을 구체적으로 정할 수 있다. 이 경우 행정규

칙 등은 당해 법령의 위임한계를 벗어나지 않는 한 대외적 구속력이 있는 법규명령으로서 효력을 가지게 되지만, 이는 행정규칙이 갖는 일반적 효력이 아니라 행정기관에 법령의 구체적 내용을 보충할 권한을 부여한 법령 규정의 효력에 근거하여 예외적으로 인정되는 것이다. 따라서 그 행정규칙이나 규정이 상위법령의 위임범위를 벗어난 경우에는 법규명령으로서 대외적 구속력을 인정할 여지는 없다. 이는 행정규칙이나 규정 '내용'이 위임범위를 벗어난 경우뿐 아니라 상위법령의 위임규정에서 특정하여 정한 권한행사의 '절차'나 '방식'에 위배되는 경우도 마찬가지이므로, 상위법령에서 세부사항 등을 시행규칙으로 정하도록 위임하였음에도 이를 고시 등 행정규칙으로 정하였다면 그 역시 대외적 구속력을 가지는 법규명령으로서 효력이 인정될 수 없다(대판 2012.7.5, 2010다72076).

③ [X] 법률의 시행령이나 시행규칙은 법률에 의한 위임이 없으면 개인의 권리·의무에 관한 내용을 변경·보충하거나 법률이 규정하지 아니한 새로운 내용을 정할 수는 없지만, 법률의 시행령이나 시행규칙의 내용이 모법의 입법 취지와 관련 조항 전체를 유기적·체계적으로 살펴보아 모법의 해석상 가능한 것을 명시한 것에 지나지 아니하거나 모법 조항의 취지에 근거하여 이를 구체화하기 위한 것인 때에는 모법의 규율 범위를 벗어난 것으로 볼 수 없으므로, 모법에 이에 관하여 직접 위임하는 규정을 두지 아니하였다고 하더라도 이를 무효라고 볼 수는 없다. 이러한 법리는 지방자치단체의 교육감이 제정하는 교육규칙과 모법인 상위 법령의 관계에서도 마찬가지이다(대판 2014.8.20, 2012두19526).

❹ [O] 「공공기관의 운영에 관한 법률」 제39조 제2항, 제3항 및 그 위임에 따라 기획재정부령으로 제정된 「공기업·준정부기관 계약사무규칙」 제15조 제1항 내용을 대비해 보면, 입찰참가자격제한의 요건을 「공공기관의 운영에 관한 법률」에서는 '공정한 경쟁이나 계약의 적정한 이행을 해칠 것이 명백할 것'을 규정하고 있는 반면, 이 사건 규칙 조항에서는 '경쟁의 공정한 집행이나 계약의 적정한 이행을 해칠 우려가 있거나 입찰에 참가시키는 것이 부적합하다고 인정되는 자'라고 규정함으로써, 이 사건 규칙 조항이 법률에 규정된 것보다 한층 완화된 처분요건을 규정하여 그 처분대상을 확대하고 있다. 그러나 「공공기관의 운영에 관한 법률」 제39조 제3항에서 부령에 위임한 것은 '입찰참가자격의 제한기준 등에 관하여 필요한 사항'일 뿐이고, 이는 그 규정의 문언상 입찰참가자격을 제한하면서 그 기간의 정도와 가중·감경 등에 관한 사항을 의미하는 것이지 처분의 요건까지를 위임한 것이라고 볼 수는 없다. 따라서 이 사건 규칙 조항에서 위와 같이 처분의 요건을 완화하여 정한 것은 상위법령의 위임 없이 규정한 것이므로 이는 행정기관 내부의 사무처리준칙을 정한 것에 지나지 않는다(대판 2013.9.12, 2011두10584).

06 　　　　　　　　　　　　　　　　정답 ④

① [O] 행정청이 특히 침해적 행정처분을 할 때 그 처분의 근거법령 등에서 청문을 실시하도록 규정하고 있다면, 「행정절차법」 등 관련 법령상 청문을 실시하지 않아도 되는 예외적인 경우에 해당하지 않는 한 반드시 청문을 실시하여야 하며, 그러한 절차를 결여한 처분은 위법한 처분으로서 취소사유에 해당한다(대판 2007.11.16, 2005두15700 ; 대판 2004.7.8, 2002두8350).

② [O] 환경영향평가를 거쳐야 할 대상사업에 대하여 환경영향평가를 거치지 아니하였음에도 불구하고 승인 등 처분이 이루어진다면, 사전에 환경영향평가를 함에 있어 평가 대상 지역 주민들의 의견을 수렴하고 그 결과를 토대로 하여 환경부장관과의 협의 내용을 사업계획에 미리 반영시키는 것 자체가 원천적으로 봉쇄되는바, 이렇게 되면 환경파괴를 미연에 방지하고 쾌적한 환경을 유지·조성

하기 위하여 환경영향평가제도를 둔 입법취지를 달성할 수 없게 되는 결과를 초래할 뿐만 아니라 환경영향평가 대상 지역 안의 주민들의 직접적이고 개별적인 이익을 근본적으로 침해하게 되므로, 이러한 행정처분의 하자는 법규의 중요한 부분을 위반한 중대한 것이고 객관적으로도 명백한 것이라고 하지 않을 수 없어, 이와 같은 행정처분은 당연무효이다(대판 2006.6.30, 2005두14363).

③ [O] 「도시 및 주거환경정비법」 관련 규정의 내용·형식 및 취지 등에 비추어 보면, 당초 관리처분계획의 경미한 사항을 변경하는 경우와 달리 관리처분계획의 주요 부분을 실질적으로 변경하는 내용으로 새로운 관리처분계획을 수립하여 시장·군수의 인가를 받은 경우에는, 당초 관리처분계획은 달리 특별한 사정이 없는 한 효력을 상실한다(대판 전합체 2012.3.22, 2011두6400). 즉, 행정행위의 실효에 해당한다.

❹ [X] 구 「폐기물처리시설 설치촉진 및 주변지역 지원 등에 관한 법률」에 정한 입지선정위원회가 그 구성방법 및 절차에 관한 「같은 법 시행령」의 규정에 위배하여 군수와 주민대표가 선정·추천한 전문가를 포함시키지 않은 채 임의로 구성되어 의결을 한 경우, 그에 터 잡아 이루어진 폐기물처리시설 입지결정처분의 하자는 중대한 것이고 객관적으로도 명백하므로 무효사유에 해당한다(대판 2007. 4.12, 2006두20150).

ㄱ. [O] 구 「도시계획법」 제12조 소정의 고시된 도시계획결정은 특정 개인의 권리 내지 법률상의 이익을 개별적이고 구체적으로 규제하는 효과를 가져오게 하는 행정청의 처분이라 할 것이고, 이는 행정소송의 대상이 된다(대판 1982.3.9, 80누105).

ㄴ. [O] 행정주체가 구체적인 행정계획을 입안·결정할 때에 가지는 비교적 광범위한 형성의 자유는 무제한적인 것이 아니라 행정계획에 관련되는 자들의 이익을 공익과 사익 사이에서는 물론이고 공익 상호 간과 사익 상호 간에도 정당하게 비교교량하여야 한다는 제한이 있는 것이므로, 행정주체가 행정계획을 입안·결정하면서 이익형량을 전혀 행하지 않거나 이익형량의 고려 대상에 마땅히 포함시켜야 할 사항을 빠뜨린 경우 또는 이익형량을 하였으나 정당성과 객관성이 결여된 경우에는 행정계획결정은 형량에 하자가 있어 위법하게 된다. 이러한 법리는 행정주체가 구 「국토의 계획 및 이용에 관한 법률」 제26조에 의한 주민의 도시관리계획 입안 제안을 받아들여 도시관리계획결정을 할 것인지를 결정할 때에도 마찬가지이고, 나아가 도시계획시설구역 내 토지 등을 소유하고 있는 주민이 장기간 집행되지 아니한 도시계획시설의 결정권자에게 도시계획시설의 변경을 신청하고, 결정권자가 이러한 신청을 받아들여 도시계획시설을 변경할 것인지를 결정하는 경우에도 동일하게 적용된다고 보아야 한다(대판 2012.1.12, 2010두5806).

ㄷ. [X] 취소소송이나 무효확인소송의 피고는 처분을 한 행정청이다. 권한이 없는 행정청의 처분에서도 처분을 할 행정청이 피고가 된다.

> 「행정소송법」 제13조 【피고적격】 ① 취소소송은 다른 법률에 특별한 규정이 없는 한 그 처분 등을 행한 행정청을 피고로 한다. 다만, 처분 등이 있은 뒤에 그 처분 등에 관계되는 권한이 다른 행정청에 승계된 때에는 이를 승계한 행정청을 피고로 한다.

ㄹ. [O] 환지계획 인가 후에 당초의 환지계획에 대한 공람과정에서 토지소유자 등 이해관계인이 제시한 의견에 따라 수정하고자 하는 내용에 대하여 다시 공람절차 등을 밟지 아니한 채 수정된 내용에 따라 한 환지예정지 지정처분은 환지계획에 따르지 아니한 것이거나 환지계획을 적법하게 변경하지 아니한 채 이루어진 것이어서 당연무효라고 할 것이다(대판 1999.8.20, 97누6889).

ㅁ. [X] 건축불허가처분을 하면서 그 처분사유로 건축불허가 사유뿐만 아니라 형질변경불허가 사유나 농지전용불허가 사유를 들고 있다고 하여 그 건축불허가처분 외에 별개로 형질변경불허가처분이나 농지전용불허가처분이 존재하는 것이 아니므로, 그 건축불허가처분을 받은 사람은 그 건축불허가처분에 관한 쟁송에서 「건축법」상의 건축불허가 사유뿐만 아니라 같은 구 「도시계획법」상의 형질변경불허가 사유나 「농지법」상의 농지전용불허가 사유에 관하여도 다툴 수 있는 것이지, 그 건축불허가처분에 관한 쟁송과는 별개로 형질변경불허가처분이나 농지전용불허가처분에 관한 쟁송을 제기하여 이를 다투어야 하는 것은 아니며, 그러한 쟁송을 제기하지 아니하였어도 형질변경불허가 사유나 농지전용불허가 사유에 관하여 불가쟁력이 생기지 아니한다(대판 2001.1.16, 99두1098).

① [O], ② [O], ③ [O], ❹ [X] 법률(법률의 위임에 의한 명령, 지방자치단체의 조례를 포함한다)에 의하여 직접 명령되었거나(법규하명) 또는 법률에 의거한 행정청의 명령에 의한 행위(행정행위로서의 하명처분)로서 타인이 대신하여 행할 수 있는 행위를 의무자가 이행하지 아니하는 경우 다른 수단으로써 그 이행을 확보하기 곤란하고 또한 그 불이행을 방치함이 심히 공익을 해할 것으로 인정될 때에는 당해 행정청은 스스로 의무자가 하여야 할 행위를 하거나 또는 제3자로 하여금 이를 하게 하여 그 비용을 의무자로부터 징수할 수 있다(「행정대집행법」 제2조).

ㄱ. [O] 압류는 의무자의 재산에 대하여 사실상 및 법률상의 처분을 금지하고 아울러 이를 확보하는 강제적인 보전행위로서, 그 성질은 권력적 사실행위로서 처분적 성격을 가진다(대판 2003.5.16, 2002두3669 참조).

ㄴ. [O] 과세관청이 체납처분으로서 행하는 공매는 우월한 공권력의 행사로서 행정소송의 대상이 되는 공법상의 행정처분이며 공매에 의하여 재산을 매수한 자는 그 공매처분이 취소된 경우에 그 취소처분의 위법을 주장하여 행정소송을 제기할 법률상 이익이 있다(대판 1984.9.25, 84누201).

ㄷ. [X] 「국세징수법」상 체납자 등에 대한 공매통지는 국가의 강제력에 의하여 진행되는 공매에서 체납자 등의 권리 내지 재산상의 이익을 보호하기 위하여 법률로 규정한 절차적 요건이라고 보아야 하며, 공매처분을 하면서 체납자 등에게 공매통지를 하지 않았거나 공매통지를 하였더라도 그것이 적법하지 아니한 경우에는 절차상의 흠이 있어 그 공매처분은 위법하다. 다만, 공매통지의 목적이나 취지 등에 비추어 보면, 체납자 등은 자신에 대한 공매통지의 하자만을 공매처분의 위법사유로 주장할 수 있을 뿐 다른 권리자에 대한 공매통지의 하자를 들어 공매처분의 위법사유로 주장하는 것은 허용되지 않는다(대판 전합 2008.11.20, 2007두18154).

ㄹ. [X] 조세부과처분과 체납처분(압류 ⇨ 매각 ⇨ 청산)은 별개의 행정처분으로서 독립성을 가지므로 부과처분에 하자가 있더라도 그 부과처분이 취소되지 아니하는 한 그 부과처분에 의한 체납처분은 위법이라고 할 수는 없지만, 체납처분은 부과처분의 집행을 위한 절차에 불과하므로 그 부과처분에 중대하고도 명백한 하자가 있어 무효인 경우에는 그 부과처분의 집행을 위한 체납처분도 무효라 할 것이다(대판 1987.9.22, 87누383). ➡ 하자의 승계 여부: 조세부과처분과 강제징수절차(독촉, 체납처분) 사이(×), 독촉과 체납처분(압류, 매각, 청산) 사이(○), 체납처분절차인 압류와 매각과 청산 사이(○)

ㅁ. [X] 체납처분에 기한 압류처분은 행정처분으로서 이에 기하여 이루어진 집행방법인 압류등기와는 구별되므로 압류등기의 말소를 구하는 것을 압류처분 자체의 무효를 구하는 것으로 볼 수 없고, 또한 압류등기가 말소된다고 하여도 압류처분이 외형적으로 효력이 있는 것처럼 존재하는 이상 그 불안과 위험을 제거할 필요가 있다고 할 것이므로, 압류처분에 기한 압류등기가 경료되어 있는 경우에도 압류처분의 무효확인을 구할 이익이 있다(대판 2003.5.16, 2002두3669).

❶ [X]

> 「행정절차법」 제22조【의견청취】② 행정청이 처분을 할 때 다음 각 호의 어느 하나에 해당하는 경우에는 공청회를 개최한다.
> 1. 다른 법령 등에서 공청회를 개최하도록 규정하고 있는 경우
> 2. 해당 처분의 영향이 광범위하여 널리 의견을 수렴할 필요가 있다고 행정청이 인정하는 경우
> 3. 국민생활에 큰 영향을 미치는 처분으로서 대통령령으로 정하는 처분에 대하여 대통령령으로 정하는 수 이상의 당사자등이 공청회 개최를 요구하는 경우 ⇐ 개정 전에 없던 제3호를 신설함

② [O]

> 「행정절차법」 제38조【공청회 개최의 알림】 행정청은 공청회를 개최하려는 경우에는 공청회 개최 14일 전까지 다음 각 호의 사항을 당사자 등에게 통지하고 관보, 공보, 인터넷 홈페이지 또는 일간신문 등에 공고하는 등의 방법으로 널리 알려야 한다. 다만, 공청회 개최를 알린 후 예정대로 개최하지 못하여 새로 일시 및 장소 등을 정한 경우에는 공청회 개최 7일 전까지 알려야 한다.

③ [O]

> 「행정절차법」 제38조의3【공청회의 주재자 및 발표자의 선정】① 행정청은 해당 공청회의 사안과 관련된 분야에 전문적 지식이 있거나 그 분야에 종사한 경험이 있는 사람으로서 대통령령으로 정하는 자격을 가진 사람 중에서 공청회의 주재자를 선정한다. ⇐ 개정 전 제38조의3【공청회의 주재자 및 발표자의 선정】① 공청회의 주재자는 해당 공청회의 사안과 관련된 분야에 전문적 지식이 있거나 그 분야에 종사한 경험이 있는 사람 중에서 행정청이 지명하거나 위촉하는 사람으로 한다.

④ [O]

> 「행정절차법」 제39조의3【공청회의 재개최】 행정청은 공청회를 마친 후 처분을 할 때까지 새로운 사정이 발견되어 공청회를 다시 개최할 필요가 있다고 인정할 때에는 공청회를 다시 개최할 수 있다. ⇐ 개정 전에 없던 조문 신설

❶ [X] 공공기관이 공개청구의 대상이 된 정보를 공개는 하되, 청구인이 신청한 공개방법 이외의 방법으로 공개하기로 하는 결정을 하였다면, 이는 정보공개청구 중 정보공개방법에 관한 부분에 대하여 일부 거부처분을 한 것이고, 청구인은 그에 대하여 항고소송으로 다툴 수 있다(대판 2016.11.10, 2016두44674).

② [O] 공개 청구의 대상이 되는 정보가 이미 다른 사람에게 공개되어 널리 알려져 있다거나 인터넷 등을 통하여 공개되어 인터넷 검색 등을 통하여 쉽게 알 수 있다는 사정만으로는 소의 이익이 없다거나 비공개결정이 정당화될 수 없다(대판 2010.12.23, 2008두13101 ; 대판 2011.12.23, 2008두13101).

③ [O] 방송프로그램의 기획·편성·제작 등에 관한 정보로서 방송사가 공개하지 아니한 것은, 사업활동에 의하여 발생하는 위해로부터 사람의 생명·신체 또는 건강을 보호하기 위하여 공개할 필요가 있는 정보나 위법·부당한 사업활동으로부터 국민의 재산 또는 생활을 보호하기 위하여 공개할 필요가 있는 정보를 제외하고는, 「공공기관의 정보공개에 관한 법률」 제9조 제1항 제7호에 정한 '법인 등의 경영·영업상·비밀에 관한 사항'에 해당할 뿐만 아니라 그 공개를 거부할 만한 정당한 이익도 있다고 보아야 한다(대판 2010. 12.23, 2008두13101).

④ [O] 국민의 정보공개청구는 「공공기관의 정보공개에 관한 법률」 제9조에 정한 비공개 대상 정보에 해당하지 아니하는 한 원칙적으로 폭넓게 허용되어야 하지만, 실제로는 해당 정보를 취득 또는 활용할 의사가 전혀 없이 정보공개제도를 이용하여 사회통념상 용인될 수 없는 부당한 이득을 얻으려 하거나, 오로지 공공기관의 담당공무원을 괴롭힐 목적으로 정보공개청구를 하는 경우처럼 권리의 남용에 해당하는 것이 명백한 경우에는 정보공개청구권의 행사를 허용하지 아니하는 것이 옳다(대판 2014.12.24, 2014두9349).

① [X] 「국가배상법」 제7조가 정하는 '상호 보증'은 외국의 법령, 판례 및 관례 등에 의하여 발생요건을 비교하여 인정되면 충분하고 반드시 당사국과의 조약이 체결되어 있을 필요는 없으며, 당해 외국에서 구체적으로 우리나라 국민에게 국가배상청구를 인정한 사례가 없더라도 실제로 인정될 것이라고 기대할 수 있는 상태이면 충분하다(대판 2015.6.11, 2013다208388).

② [X] 공무원의 불법행위로 손해를 입은 피해자의 국가배상청구권의 소멸시효기간이 지났으나 국가가 소멸시효 완성을 주장하는 것이 신의성실의 원칙에 반하는 권리남용으로 허용될 수 없어 배상책임을 이행한 경우에는, 소멸시효 완성 주장이 권리남용에 해당하게 된 원인행위와 관련하여 공무원이 원인이 되는 행위를 적극적으로 주도하였다는 등의 특별한 사정이 없는 한, 국가가 공무원에게 구상권을 행사하는 것은 신의칙상 허용되지 않는다(대판 2016.6.10, 2015다217843).

③ [X] 「공직선거법」 제49조 제10항이 후보자가 되고자 하는 자와 그 소속 정당에게 전과기록을 조회할 권리를 부여하고 수사기관에 회보 의무를 부과한 것은 단순히 유권자의 알권리 보호 등 공공 일반의 이익만을 위한 것이 아니라, 그와 함께 후보자가 되고자 하는 자가 자신의 피선거권 유무를 정확하게 확인할 수 있게 하고, 정당이 후보자가 되고자 하는 자의 범죄경력을 파악함으로써 부적격자를 공천함으로 인하여 생길 수 있는 정당의 신뢰도 하락을 방지할 수 있게 하는 등 개별적인 이익도 보호하기 위한 것이다(대판 2011. 9.8, 2011다34521).

❹ [O] 형벌에 관한 법령이 헌법재판소의 위헌결정으로 소급하여 효력을 상실하였거나 법원에서 위헌·무효로 선언된 경우, 그 법령이 위헌으로 선언되기 전에 그 법령에 기초하여 수사가 개시되어 공소가 제기되고 유죄판결이 선고되었더라도, 그러한 사정만으로 수사기관의 직무행위나 법관의 재판상 직무행위가 「국가배상법」 제2조 제1항에서 말하는 공무원의 고의 또는 과실에 의한 불법행위에 해당하여 국가의 손해배상책임이 발생한다고 볼 수는 없다(대판 2014. 10.27, 2013다217962).

13

① [X]

> 「공익사업을 위한 토지의 취득 및 보상에 관한 법률」 제61조 【사업시행자 보상】 공익사업에 필요한 토지등의 취득 또는 사용으로 인하여 토지소유자나 관계인이 입은 손실은 사업시행자가 보상하여야 한다.

② [X]

> 「공익사업을 위한 토지의 취득 및 보상에 관한 법률」 제62조 【사전보상】 사업시행자는 해당 공익사업을 위한 공사에 착수하기 이전에 토지소유자와 관계인에게 보상액 전액(全額)을 지급하여야 한다. 다만, 제38조에 따른 천재지변 시의 토지 사용과 제39조에 따른 시급한 토지 사용의 경우 또는 토지소유자 및 관계인의 승낙이 있는 경우에는 그러하지 아니하다.

❸ [O]

> 「공익사업을 위한 토지의 취득 및 보상에 관한 법률」 제63조 【현금보상 등】 ① 손실보상은 다른 법률에 특별한 규정이 있는 경우를 제외하고는 현금으로 지급하여야 한다.

④ [X]

> 「공익사업을 위한 토지의 취득 및 보상에 관한 법률」 제64조 【개인별 보상】 손실보상은 토지소유자나 관계인에게 개인별로 하여야 한다. 다만, 개인별로 보상액을 산정할 수 없을 때에는 그러하지 아니하다.

14

① [O] 「행정심판법」은 행정시판의 일반법이다. 특별법 규정이 있으면 특별법이 적용된다.

② [O] 「행정심판법」 제58조의 고지제도는 「공익사업을 위한 토지 등의 취득 및 보상에 관한 법률」의 수용재결에도 적용되고 고지하지 아니했다면 「행정심판법」 제27조 제6항이 적용된다.

❸ [X] 불특정다수인에 처분에 대한 고시 또는 공고가 그 효력을 발생했다면 「행정심판법」 제27조 제1항이 적용되어 고시 또는 공고가 효력이 발생한 날이 처분이 있음을 안 날에 해당하여 90일 이내 심판을 청구해야 한다.

④ [O] 불특정다수인에 처분에 대한 고시 또는 공고가 그 효력을 발생했다면 「행정심판법」 제27조 제1항이 적용되므로 제27조 제3항의 본문과 단서 모두 적용되지 않는다.

15

① [X] 행정심판에서는 변경재결과 처분변경명령재결이 허용되나 행정소송에서는 허용되지 않는다. 취소소송에서는 처분의 취소만 허용된다.

> 「행정심판법」 제43조 【재결의 구분】 ③ 위원회는 취소심판의 청구가 이유가 있다고 인정하면 처분을 취소 또는 다른 처분으로 변경하거나 처분을 다른 처분으로 변경할 것을 피청구인에게 명한다.

② [X] 처분재결과 처분명령재결은 의무이행심판에서만 인정된다. 부작위위법확인소송에서는 위법확인만 허용된다.

> 「행정심판법」 제43조 【재결의 구분】 ⑤ 위원회는 의무이행심판의 청구가 이유가 있다고 인정하면 지체 없이 신청에 따른 처분을 하거나 처분을 할 것을 피청구인에게 명한다.

③ [X] 모순되는 주장이나 판단을 금지하는 것은 판결의 효력인 기판력이다. 재결에는 기판력이 인정되지 않는다.

❹ [O] 헌법 제27조 제3항 제1문에 의거한 국민의 신속한 재판을 받을 권리를 보장하기 위한 법 규정으로는 「민사소송법」 제184조를 들 수 있다. 이 법 규정은 심리를 신속히 진행함으로써 판결의 선고를 소가 제기된 날로부터 5월 내에, 항소심 및 상고심에 있어서는 기록의 송부를 받은 날부터 5월 내에 하도록 규정하고 있다. 이 법 규정은 「행정소송법」 제8조 제2항에 의거하여 위 처분취소사건들의 경우에도 준용된다. 그러나 이 법 규정 소정의 판결선고기간을 직무상의 훈시규정으로 해석함이 법학계의 지배적 견해이고, 법원도 이에 따르고 있으므로, 위 기간 이후에 이루어진 판결의 선고가 위법으로 되는 것은 아니다. 따라서 피청구인은 「민사소송법」 제184조에서 정하는 기간 내에 판결을 선고하도록 노력해야 하겠지만, 이 기간 내에 반드시 판결을 선고해야 할 법률상의 의무가 발생한다고는 볼 수 없다. 그리고 이 법 규정 외에는 청구인이 기본권의 주체로서 신속한 판결선고를 청구할 수 있는 다른 법률상의 근거도 존재하지 아니한다. 그렇다면 이 사건에서 피청구인들이 청구인들에 대한 위 보안처분들의 효력이 만료되는 시점까지 판결을 선고해야 할 법률상의 작위의무가 있다고는 볼 수 없다(헌재 1999.9.16, 98헌마75).

> 「행정심판법」 제45조 【재결 기간】 ① 재결은 제23조에 따라 피청구인 또는 위원회가 심판청구서를 받은 날부터 60일 이내에 하여야 한다. 다만, 부득이한 사정이 있는 경우에는 위원장이 직권으로 30일을 연장할 수 있다.

16

① [O] 「행정소송법」 제12조 후문은 '처분 등의 효과가 기간의 경과, 처분 등의 집행 그 밖의 사유로 인하여 소멸된 뒤에도 그 처분 등의 취소로 인하여 회복되는 법률상 이익이 있는 자의 경우에는' 취소소송을 제기할 수 있다고 규정하여, 이미 효과가 소멸된 행정처분에 대해서도 권리보호의 필요성이 인정되는 경우에는 취소소송의 제기를 허용하고 있다. 구체적인 사안에서 권리보호의 필요성 유무를 판단할 때에는 국민의 재판청구권을 보장한 「헌법」 제27조 제1항의 취지와 행정처분으로 인한 권익침해를 효과적으로 구제하려는 「행정소송법」의 목적 등에 비추어 행정처분의 존재로 인하여 국민의 권익이 실제로 침해되고 있는 경우는 물론이고 권익침해의 구체적·현실적 위험이 있는 경우에도 이를 구제하는 소송이 허용되어야 한다는 요청을 고려하여야 한다. 따라서 처분이 유효하게 존속하는 경우에는 특별한 사정이 없는 한 그 처분의 존재로 인하여 실제로 침해되고 있거나 침해될 수 있는 현실적인 위험을 제거하기 위해 취소소송을 제기할 권리보호의 필요성이 인정된다고 보아야 한다(대판 2018.7.12, 2015두3485).

② [O] 행정처분의 취소를 구하는 소는 그 처분에 의하여 발생한 위법상태를 배제하여 원상으로 회복시키고 그 처분으로 침해되거나 방해받은 권리와 이익을 보호·구제하고자 하는 소송이므로, 비록 처분을 취소하더라도 원상회복이 불가능한 경우에는 처분의 취소를 구할 이익이 없는 것이 원칙이다. 그러나 원상회복이 불가능하게 보이는 경우라 하더라도, 동일한 소송당사자 사이에서 그 행정처분

과 동일한 사유로 위법한 처분이 반복될 위험성이 있어 행정처분의 위법성 확인 내지 불분명한 법률문제에 대한 해명이 필요하다고 판단되는 경우 등에는 행정의 적법성 확보와 그에 대한 사법통제, 국민의 권리구제 확대 등의 측면에서 여전히 그 처분의 취소를 구할 이익이 있다(대판 2019.5.10, 2015두46987).

❸ [X] 행정처분의 무효확인 또는 취소를 구하는 소가 제소 당시에는 소의 이익이 있어 적법하였더라도, 소송 계속 중 처분청이 다툼의 대상이 되는 행정처분을 직권으로 취소하면 그 처분은 효력을 상실하여 더 이상 존재하지 않는 것이므로, 존재하지 않는 그 처분을 대상으로 한 항고소송은 원칙적으로 소의 이익이 소멸하여 부적법하다. 다만 처분청의 직권취소에도 불구하고 완전한 원상회복이 이루어지지 않아 무효확인 또는 취소로써 회복할 수 있는 다른 권리나 이익이 남아 있거나 또는 동일한 소송 당사자 사이에서 그 행정처분과 동일한 사유로 위법한 처분이 반복될 위험성이 있어 행정처분의 위법성 확인 내지 불분명한 법률문제에 대한 해명이 필요한 경우 행정의 적법성 확보와 그에 대한 사법통제, 국민의 권리구제의 확대 등의 측면에서 예외적으로 그 처분의 취소를 구할 소의 이익을 인정할 수 있을 뿐이다(대판 2019.6.27, 2018두49130).

④ [O] <甲주식회사로부터 '제주일보' 명칭 사용을 허락받아 「신문 등의 진흥에 관한 법률」(이하 '신문법'이라 한다)에 따라 등록관청인 도지사에게 신문의 명칭 등을 등록하고 제주일보를 발행하고 있던 乙주식회사가, 丙주식회사가 甲회사의 사업을 양수하였음을 원인으로 하여 사업자 지위승계신고 및 그에 따른 발행인·편집인 등의 등록사항 변경을 신청한 데 대하여 도지사가 이를 수리하고 변경등록을 하자, 사업자 지위승계신고 수리와 신문사업변경등록에 대한 무효확인 또는 취소를 구하는 소를 제기한 사안> … 신문사업자의 지위는 신문법상 등록에 따라 보호되는 직접적·구체적인 이익으로 사법상 '특정 명칭의 사용권'과 구별되고, 甲회사와 乙회사 사이에 신문의 명칭 사용 허락과 관련하여 민사상 분쟁이 있더라도 법원의 판단이 있기 전까지 乙회사의 신문법상 지위는 존재하기 때문에, 위 처분은 乙회사가 '제주일보' 명칭으로 신문을 발행할 수 있는 신문법상 지위를 불안정하게 만드는 것이므로, 乙회사에는 무효확인 또는 취소를 구할 법률상 이익이 인정된다. 이와 달리 사법상 권리를 상실하면 신문법상 지위도 당연히 소멸한다는 전제에서 乙회사의 원고적격을 부정한 원심판단에 법리를 오해한 잘못이 있다(대판 2019.8.30, 2018두47189).

17   정답 ④

① [O] 행정처분에 대한 취소소송에서 원고적격은 해당 처분의 상대방인지 여부가 아니라 그 취소를 구할 법률상 이익이 있는지 여부에 따라 결정된다. 여기에서 말하는 법률상 이익이란 해당 처분의 근거 법률로 보호되는 직접적이고 구체적인 이익을 가리키고, 간접적이거나 사실적·경제적 이해관계를 가지는 데 불과한 경우는 포함되지 않는다(대판 2019.8.30, 2018두47189).

② [O] 항고소송은 처분 등의 취소 또는 무효확인을 구할 법률상 이익이 있는 자가 제기할 수 있고(행정소송법 제12조, 제35조), 불이익처분의 상대방은 직접 개인적 이익의 침해를 받은 자로서 원고적격이 인정된다(대판 2018.3.27, 2015두47492).

③ [O] 행정처분의 직접 상대방이 아닌 자로서 처분에 의하여 자신의 환경상 이익을 침해받거나 침해받을 우려가 있다는 이유로 취소소송을 제기하는 제3자는, 자신의 환경상 이익이 처분의 근거 법규 또는 관련 법규에 의하여 개별적·직접적·구체적으로 보호되는 이익, 즉 법률상 보호되는 이익임을 증명하여야 원고적격이 인정된다(대판 2018.7.12, 2015두3485).

❹ [X] 국가기관 등 행정기관(이하 '행정기관 등'이라 한다) 사이에 권한

의 존부와 범위에 관하여 다툼이 있는 경우에 이는 통상 내부적 분쟁이라는 성격을 띠고 있어 상급관청의 결정에 따라 해결되거나 법령이 정하는 바에 따라 '기관소송'이나 '권한쟁의심판'으로 다루어진다. 그런데 법령이 특정한 행정기관 등으로 하여금 다른 행정기관을 상대로 제재적 조치를 취할 수 있도록 하면서, 그에 따르지 않으면 그 행정기관에 대하여 과태료를 부과하거나 형사처벌을 할 수 있도록 정하는 경우가 있다. 이러한 경우에는 단순히 국가기관이나 행정기관의 내부적 문제라거나 권한 분장에 관한 분쟁으로만 볼 수 없다. 행정기관의 제재적 조치의 내용에 따라 '구체적 사실에 대한 법집행으로서 공권력의 행사'에 해당할 수 있고, 그러한 조치의 상대방인 행정기관이 입게 될 불이익도 명확하다. 그런데도 그러한 제재적 조치를 기관소송이나 권한쟁의심판을 통하여 다툴 수 없다면, 제재적 조치는 그 성격상 단순히 행정기관 등 내부의 권한 행사에 머무는 것이 아니라 상대방에 대한 공권력 행사로서 항고소송을 통한 주관적 구제대상이 될 수 있다고 보아야 한다. 기관소송 법정주의를 취하면서 제한적으로만 이를 인정하고 있는 현행 법령의 체계에 비추어 보면, 이 경우 항고소송을 통한 구제의 길을 열어주는 것이 법치국가 원리에도 부합한다. 따라서 이러한 권리구제나 권리보호의 필요성이 인정된다면 예외적으로 그 제재적 조치의 상대방인 행정기관 등에게 항고소송 원고로서의 당사자능력과 원고적격을 인정할 수 있다(대판 2018.8.1, 2014두35379).

18   정답 ①

❶ [X] 행정처분의 효력정지를 구하는 신청사건에 있어서는 행정처분 자체의 적법 여부는 궁극적으로 본안판결에서 심리를 거쳐 판단할 성질의 것이므로 원칙적으로는 판단할 것이 아니고, 그 행정처분의 효력을 정지할 것인가에 대한 「행정소송법」 제23조 제2항 소정의 요건의 존부만이 판단의 대상이 되나, 본안소송에서의 처분의 취소가능성이 없음에도 불구하고 처분의 효력정지를 인정한다는 것은 제도의 취지에 반하므로, 효력정지사건 자체에 의하여도 신청인의 본안청구가 이유 없음이 명백할 때에는 행정처분의 효력정지를 명할 수 없다(대결 1994.10.11, 94두23).

② [O] 행정처분의 효력정지나 집행정지를 구하는 신청사건에 있어서는 행정처분 자체의 적법 여부를 판단할 것이 아니고 그 행정처분의 효력이나 집행 등을 정지시킬 필요가 있는지의 여부, 즉 「행정소송법」 제23조 제2항 소정 요건의 존부만이 판단대상이 되는 것이므로, 이러한 요건을 결하였다는 이유로 효력정지신청을 기각한 결정에 대하여 행정처분 자체의 적법 여부를 가지고 불복사유로 삼을 수는 없다(대결 1994.9.24, 94두42).

③ [O] 행정처분의 효력정지나 집행정지를 구하는 신청사건에 있어서는 행정처분 자체의 적법 여부는 궁극적으로 본안재판에서 심리를 거쳐 판단할 성질의 것이므로 원칙적으로 판단할 것이 아니고, 그 행정처분의 효력이나 집행을 정지할 것인가에 관한 「행정소송법」 제23조 제2항 소정의 요건의 존부만이 판단의 대상이 된다고 할 것이지만, 나아가 집행정지는 행정처분의 집행부정지원칙의 예외로서 인정되는 것이고 또 본안에서 원고가 승소할 수 있는 가능성을 전제로 한 권리보호수단이라는 점에 비추어 보면 집행정지사건 자체에 의하여도 신청인의 본안청구가 적법한 것이어야 한다는 것을 집행정지의 요건에 포함시켜야 한다(대결 1999.11.26, 99부3).

④ [O] 행정처분의 집행정지는 행정처분 집행부정지의 원칙에 대한 예외로서 인정되는 일시적인 응급처분이라 할 것이므로 집행정지결정을 하려면 이에 대한 본안소송이 법원에 제기되어 계속 중임을 요건으로 하는 것이므로 집행정지결정을 한 후에라도 본안소송이 취하되어 소송이 계속하지 아니한 것으로 되면 집행정지결정은 당연히 그 효력이 소멸되는 것이고 별도의 취소조치를 필요로 하는 것이 아니다(대결 2007.6.28, 2005무75).

19 정답 ①

❶ [X] 행정청이 여러 개의 위반행위에 대하여 하나의 제재처분을 하였으나, 위반행위별로 제재처분의 내용을 구분하는 것이 가능하고 여러 개의 위반행위 중 일부의 위반행위에 대한 제재처분 부분만이 위법하다면, 법원은 그 제재처분 중 위법성이 인정되는 부분만 취소하여야 하고 그 제재처분 전부를 취소하여서는 아니 된다(대판 2020.5.14, 2019두63515 [영업정지처분취소]).

② [O] 한국전력공사가 그 주식 100%를 보유하고 있으며, 공공기관운영법 제5조 제3항 제1호에 따라 '시장형 공기업'으로 지정·고시된 '공공기관'이다. 한국수력원자력 주식회사는 공공기관운영법에 따른 '공기업'으로 지정됨으로써 공공기관운영법 제39조 제2항에 따라 입찰참가자격제한처분을 할 수 있는 권한을 부여받았으므로 '법령에 따라 행정처분권한을 위임받은 공공기관'으로서 행정청에 해당한다(대판 2020.5.28, 2017두66541).

③ [O] 한국수력원자력 주식회사가 자신의 '공급자관리지침'에 근거하여 등록된 공급업체에 대하여 하는 '등록취소 및 그에 따른 일정 기간의 거래제한조치'는 행정청이 행하는 구체적 사실에 관한 법집행으로서의 공권력의 행사인 '처분'에 해당한다(대판 2020.5.28, 2017두66541).

④ [O] 검사에 대한 경고조치 관련 규정을 위 법리에 비추어 살펴보면, 검찰총장이 사무검사 및 사건평정을 기초로 대검찰청 자체감사규정 제23조 제3항, 검찰공무원의 범죄 및 비위 처리지침 제4조 제2항 제2호 등에 근거하여 검사에 대하여 하는 '경고조치'는 일정한 서식에 따라 검사에게 개별 통지를 하고 이의신청을 할 수 있으며, 검사가 검찰총장의 경고를 받으면 1년 이상 감찰관리 대상자로 선정되어 특별관리를 받을 수 있고, 경고를 받은 사실이 인사자료로 활용되어 복무평정, 직무성과금 지급, 승진·전보인사에서도 불이익을 받게 될 가능성이 높아지며, 향후 다른 징계사유로 징계처분을 받게 될 경우에 징계양정에서 불이익을 받게 될 가능성이 높아지므로, 검사의 권리 의무에 영향을 미치는 행위로서 항고소송의 대상이 되는 처분이라고 보아야 한다(대판 2021.2.10, 2020두47564).

20 정답 ②

① [X]

> 「행정기본법」제17조【부관】① 행정청은 처분에 재량이 있는 경우에는 부관(조건, 기한, 부담, 철회권의 유보 등을 말한다. 이하 이 조에서 같다)을 붙일 수 있다.
> ② 행정청은 처분에 재량이 없는 경우에는 법률에 근거가 있는 경우에 부관을 붙일 수 있다.

❷ [O]

> 「행정기본법」제17조【부관】② 행정청은 처분에 재량이 없는 경우에는 법률에 근거가 있는 경우에 부관을 붙일 수 있다.

③ [X]

> 「행정기본법」제17조【부관】③ 행정청은 부관을 붙일 수 있는 처분이 다음 각 호의 어느 하나에 해당하는 경우에는 그 처분을 한 후에도 부관을 새로 붙이거나 종전의 부관을 변경할 수 있다.
> 1. 법률에 근거가 있는 경우
> 2. 당사자의 동의가 있는 경우
> 3. 사정이 변경되어 부관을 새로 붙이거나 종전의 부관을 변경하지 아니하면 해당 처분의 목적을 달성할 수 없다고 인정되는 경우

④ [X] 부관의 한계로서 신뢰보호를 규정하고 있지 않다.

> 「행정기본법」제17조【부관】④ 부관은 다음 각 호의 요건에 적합하여야 한다.
> 1. 해당 처분의 목적에 위배되지 아니할 것
> 2. 해당 처분과 실질적인 관련이 있을 것
> 3. 해당 처분의 목적을 달성하기 위하여 필요한 최소한의 범위일 것

정답

01	③	02	②	03	①	04	③
05	②	06	①	07	③	08	③
09	③	10	③	11	④	12	④
13	①	14	④	15	③	16	①
17	③	18	③	19	④	20	③

01

정답 ③

① [O], ② [O] 「공공기관의 운영에 관한 법률」 제39조 제2항은 입찰참가자격 제한 대상을 '공정한 경쟁이나 계약의 적정한 이행을 해칠 것이 명백하다고 판단되는 사람·법인 또는 단체 등'으로 규정하여 입찰참가자격 제한 처분 대상을 해당 부정당행위에 관여한 자로 한정하고 있다. 반면, 구 공기업·준정부기관 계약사무규칙 제15조 제4항은 '입찰참가자격을 제한받은 자가 법인이나 단체인 경우에는 그 대표자'에 대하여도 입찰참가자격 제한을 할 수 있도록 규정하여, 부정당행위에 관여하였는지 여부와 무관하게 법인 등의 대표자 지위에 있다는 이유만으로 입찰참가자격 제한 처분의 대상이 될 수 있도록 함으로써, 법률에 규정된 것보다 처분대상을 확대하고 있다. 그러나 공공기관운영법 제39조 제3항에서 부령에 위임한 것은 '입찰참가자격의 제한기준 등에 관하여 필요한 사항'일 뿐이고, 이는 규정의 문언상 입찰참가자격을 제한하면서 그 기간의 정도와 가중·감경 등에 관한 사항을 의미하는 것이지 처분대상까지 위임한 것이라고 볼 수는 없다. 따라서 위 규칙 조항에서 위와 같이 처분대상을 확대하여 정한 것은 상위법령의 위임 없이 규정한 것이므로 이는 위임입법의 한계를 벗어난 것으로서 대외적 효력을 인정할 수 없다(대판 2017.6.15, 2016두52378).

❸ [X] 이 사건 규칙 조항의 대외적 효력을 인정할 수 없으므로 위 규칙 조항이 원고 회사의 대표자에 대한 입찰참가자격 제한 처분의 근거가 될 수 없고, 나아가 피고가 공공기관운영법 제39조 제2항을 직접적인 근거로 삼아 원고 회사의 대표자에 대하여 처분을 한 것으로 볼 수도 없으므로, 원고 회사의 대표자에 대한 처분은 그 처분의 근거가 없어 위법하다(대판 2017.6.15, 2016두52378).

④ [O] 뇌물공여 행위는 공정한 경쟁이나 계약의 적정한 이행을 해치는 전형적인 행위인 점, 법령이 정한 처분기준의 범위 내에서 제재기간이 정해진 점, 뇌물공여의 동기, 내용, 금액 등에 비추어 특별한 감경사유가 없는 점 등을 고려하면, 이 사건 입찰참가자격 제한 처분에 재량권 일탈·남용이 인정되지 않는다(대판 2017.6.15, 2016두52378).

* A법인에 대한 입찰참가자격을 제한하는 처분은 적법하였고 그 대표자인 갑(甲)에 대해 입찰참가자격을 제한하는 처분은 법령의 근거가 없다는 이유로 취소되었다.

02

정답 ②

① [O] 공행정작용을 사법형식으로 하는 것을 행정사법작용이라고 한다. 공행정작용이므로 공법에 권한은 부여되어 있어야 한다. 공행정작용을 사법적 형식으로 수행하는 경우 그를 규율하는 사법(私法)을 행정사법이라고 한다. 이러한 행정사법은 일정한 공법규정 내지 공법원리에 의하여 제한 또는 수정을 받게 된다.

❷ [X] 국고관계에 있어서 「국가를 당사자로 하는 계약에 관한 법률」, 「국가재정법」, 「공유재산법」 등에 의해 계약의 방법과 내용 등에 일정한 공법적 제한이 가해질 수 있다. 이러한 특수한 규율의 성격에 관해서 이를 특별사법으로 보아 그것이 당해 행위의 사법행위로서의 성질을 변질시키는 것은 아니라고 보는 것이 통설과 판례이다.

③ [O] 행정사법작용도 헌법상 기본권이나 헌법원칙에 의해 제한을 받는다. 이는 행정권의 사법으로의 도피현상을 억제하기 위함이다.

④ [O] 전기공급계약은 계약이 없거나 행위능력이 결여되어도 유효할 수 있다는 점에서 의사표시에 관한 사법원리가 제한 또는 수정되고 있다.

03

정답 ①

ㄱ. [X] 확인행위는 특정한 사실 또는 법률관계의 존부 또는 정부에 대하여 의문이 있거나 다툼이 있는 경우에 행정청이 공적인 권위로서 판단하는 행위로서, 당선자 결정·교과서 검정·발명 특허·행정심판 재결 등이 이에 속한다. 이에 대해 공증행위는 특정한 사실 또는 법률관계의 존재를 행정청이 공적으로 증명하는 행위로서, 등기(등록·등재)·각종 증명서의 발급 등이 이에 속한다. 따라서 토지대장에의 등재는 공증의 예이나, 위 지문의 정의는 확인이지 공증이 아니다.

ㄴ. [X] 확인은 의문·다툼(분쟁)에 대한 '판단'을 표시하는 행위이나, 공증은 의문·다툼이 없는 사항에 대한 '인식'을 표시하는 행위이다.

ㄷ. [X] 구 「체육시설의 설치·이용에 관한 법률」 제19조의 규정에 의하여 체육시설의 회원을 모집하고자 하는 자는 시·도지사 등으로부터 회원모집계획서에 대한 검토 결과 통보를 받은 후에 회원을 모집할 수 있다고 보아야 하고, 따라서 체육시설의 회원을 모집하고자 하는 자의 시·도지사 등에 대한 회원모집계획서 제출은 수리를 요하는 신고에서의 신고에 해당하며, 시·도지사 등의 검토 결과 통보는 수리행위로서 행정처분에 해당한다(대판 2009.2.26, 2006두16243).

ㄹ. [O] 공증의 효과는 반증이 있을 때까지는 진실한 것으로 추정된다. 그러나 반증이 있으면 누구든지 행정청이나 법원의 공증취소를 기다리지 않고 공증의 효력을 번복할 수 있다. 따라서 공증에는 공정력이 인정되지 않는다.

ㅁ. [X] 「친일반민족행위자 재산의 국가귀속에 관한 특별법」 제3조 제1항 본문, 제9조 규정들의 취지와 내용에 비추어 보면, 같은 법 제2조 제2호에 정한 친일재산은 친일반민족행위자재산조사위원회가 국가귀속결정을 하여야 비로소 국가의 소유로 되는 것이 아니라 특별법의 시행에 따라 그 취득·증여 등 원인행위 시에 소급하여 당연히 국가의 소유로 되고, 위 위원회의 국가귀속결정은 당해 재산이 친일재산에 해당한다는 사실을 '확인'하는 이른바 준법률행위적 행정행위의 성격을 가진다(대판 2008.11.13, 2008두13491).

정답 ③

① [X] 이해관계가 있는 제3자의 요구가 없으면 그에 대한 고지의무는 없다.

> 「행정심판법」제58조【행정심판의 고지】① 행정청이 처분을 할 때에는 처분의 상대방에게 다음 각 호의 사항을 알려야 한다.
> 1. 해당 처분에 대하여 행정심판을 청구할 수 있는지
> 2. 행정심판을 청구하는 경우의 심판청구절차 및 심판청구기간
>
> 제58조【행정심판의 고지】② 행정청은 이해관계인이 요구하면 다음 각 호의 사항을 지체 없이 알려 주어야 한다. 이 경우 서면으로 알려 줄 것을 요구받으면 서면으로 알려 주어야 한다.
> 1. 해당 처분이 행정심판의 대상이 되는 처분인지
> 2. 행정심판의 대상이 되는 경우 소관 위원회 및 심판청구기간

② [X] 「행정절차법」상 '청문'이란 행정청이 어떠한 처분을 하기 전에 '당사자 등'의 의견을 직접 듣고 증거를 조사하는 절차를 말하고(제2조 제5호), '공청회'란 행정청이 공개적인 토론을 통하여 어떠한 행정작용에 대하여 '당사자 등', 전문지식과 경험을 가진 사람, 그 밖의 일반인으로부터 의견을 널리 수렴하는 절차를 말한다(제2조 제6호). 그리고 '당사자 등'이란 (가) 행정청의 처분에 대하여 직접 그 상대가 되는 당사자와 (나) 행정청이 직권으로 또는 신청에 따라 행정절차에 참여하게 한 이해관계인을 말한다(제2조 제4호). 따라서 제3자효 행정행위에서 제3자는 이해관계인으로서 행정청이 행정절차에 참여하게 하여야 의견청취절차에 참가할 수 있다.

❸ [O] 제3자효 행정행위에서 '제3자'도 행정쟁송의 제기기간의 적용을 받는다. 그런데 제3자효 행정행위에 있어서 상대방이 아닌 제3자는 행정처분이 있음을 바로 알 수 없으므로 처분이 있음을 안 날부터 90일이라는 제기기간(「행정심판법」제27조 제1항, 「행정소송법」제20조 제1항)은 적용되지 않는 것이 원칙이다. 그러나 제3자가 어떻게든 행정처분이 있음을 알았다면 그때부터 90일 이내에 행정쟁송을 제기하여야 한다.

④ [X] 행정심판위원회는 필요하다고 인정하면 그 행정심판 결과에 이해관계가 있는 제3자나 행정청에 그 사건 심판에 참가할 것을 요구할 수 있고, 이 요구를 받은 제3자나 행정청은 지체 없이 그 사건 심판에 참가할 것인지 여부를 위원회에 통지하여야 한다(「행정심판법」제21조 제1항·제2항). 따라서 참가하지 않을 수도 있다.

05

정답 ②

ㄱ. [X], ㄴ. [O] 폐기물관리법령에 의한 폐기물처리업 사업계획에 대한 적정통보와 국토이용관리법령에 의한 국토이용계획변경은 각기 그 제도적 취지와 결정단계에서 고려해야 할 사항들이 다르므로, 피고(전북 진안군수)가 위와 같이 폐기물처리업 사업계획에 대하여 적정통보를 한 것만으로 그 사업부지 토지에 대한 국토이용계획변경신청을 승인하여 주겠다는 취지의 공적인 견해표명을 한 것으로 볼 수 없고, 그럼에도 불구하고 원고가 그 승인을 받을 것으로 신뢰하였다면 원고에게 귀책사유가 있다 할 것이므로, 위 거부처분이 신뢰보호의 원칙에 위배된다고 할 수 없다(대판 2005.4.28, 2004두8828).

ㄷ. [O] 이 사건 토지 일대는 섬진강수계 발원지 인근에 위치한 농촌지역으로서 자연환경을 보전해야 할 필요성이 적지 아니할 뿐만 아니라, 이 사건 토지에 폐기물최종처리시설이 들어설 경우 수질오염 등으로 인근 주민의 생활환경에 악영향을 끼칠 가능성이 없지 아니하므로, 피고로서는 농림지역 또는 준농림지역으로 지정되어 있는 이 사건 토지에 대한 국토이용계획을 변경하지 않고 그대로 유지할 필요성이 있다 할 것이고, 비록 이 사건 처분으로 원고가 폐

기물최종처리사업을 준비하는 과정에서 들인 비용의 회수가 어렵다는 사정을 감안하더라도, 이 사건 처분으로 원고가 입게 될 불이익보다는 이 사건 처분에 의하여 달성하려고 하는 공익상 필요의 정도가 더 크다고 할 것이므로, 이 사건 처분이 공익과 사익을 비교형량함에 있어 비례의 원칙에 반하여 재량권을 일탈·남용한 것으로 볼 수 없다. 즉 폐기물처리업을 위한 국토이용계획변경신청을 폐기물처리시설이 들어설 경우 수질오염 등으로 인근 주민들의 생활환경에 피해를 줄 우려가 있다는 등의 공익상의 이유를 들어 거부한 경우, 그 거부처분은 재량권의 일탈·남용이 아니라고 하였다(대판 2005.4.28, 2004두8828).

ㄹ. [X] 피고가 폐기물처리업 사업계획에 대하여 적정통보를 하면서 붙인 이행조건의 적법 및 그 성취 여부는 국토이용계획변경신청 승인의 전제조건이 된다고 할 수 없으므로, 원심이 피고로서는 그 이행조건이 성취되지 않는 한 원고의 국토이용계획변경신청을 승인할 수 없다고 설시한 것은 적절하지 아니하다 할 것이나, 이 사건 처분이 신뢰보호의 원칙에 위배된다고 할 수 없다고 본 결론에 있어서는 정당하고, 거기에 상고이유에서 주장하는 바와 같은 폐기물처리업 사업계획에 대한 적정통보에 붙인 이행조건의 성격 등과 관련한 심리미진, 판단유탈, 법리오해의 위법이 있다고 할 수 없다(대판 2005.4.28, 2004두8828).

정답 ①

❶ [O] 행정청의 확약 불이행으로 인해 또는 위법한 확약으로 인해 손해를 입은 자는 「국가배상법」상 요건을 충족하는 경우 손해배상을 청구할 수 있다. 그리고 공익을 위하여 확약을 철회한 경우에는 신뢰보호의 관점에서 손실보상청구가 가능하다.

② [X] 확약은 행정처분이 아니므로 공정력이나 불가쟁력과 같은 효력은 인정되지 아니한다(대판 1995.1.20, 94누6529). 그리고 행정청이 상대방에게 장차 어떤 처분을 하겠다고 확약을 하였다고 하더라도, 그 자체에서 상대방으로 하여금 언제까지 처분의 발령을 신청하도록 유효기간을 두었는데도 그 기간 내에 상대방의 신청이 없었다거나 확약이 있은 후에 사실적·법률적 상태가 변경되었다면, 그와 같은 확약은 행정청의 별다른 의사표시를 기다리지 않고 실효된다(대판 1996.8.20, 95누10877).

③ [X] 재량행위뿐 아니라 기속행위인 경우에도 확약은 가능하다. 기속행위의 경우에도 확약이 있으면 상대방은 확약에 따라 준비 등을 할 수 있기 때문이다.

④ [X] 어업권면허에 선행하는 우선순위결정은 행정청이 우선권자로 결정된 자의 신청이 있으면 어업권면허처분을 하겠다는 것을 약속하는 행위로서 강학상 확약에 불과하고 행정처분은 아니므로, 우선순위결정에 공정력이나 불가쟁력과 같은 효력은 인정되지 아니하며, 따라서 우선순위결정이 잘못되었다는 이유로 종전의 어업권면허처분이 취소되면 행정청은 종전의 우선순위결정을 무시하고 다시 우선순위를 결정한 다음 새로운 우선순위결정에 기하여 새로운 어업권면허를 할 수 있다(대판 1995.1.20, 94누6529).

정답 ③

① [O] 방송통신위원회가 지상파 방송사인 甲 주식회사에 뉴스보도에서 횡령혐의자의 보석석방 소식을 전하면서 피고인의 실루엣으로 乙 의원의 사진을 사용하여 시청자를 혼동케 하고 乙 의원의 명예를 훼손함으로써 지상파 방송으로서의 품위를 유지하지 못하였다는 이유로 「방송법」제100조 제1항, 제4항에 따라 제재조치명령과 함께 고지방송명령을 한 경우에, 위 고지방송명령은 권고적 효력만

을 가지는 비권력적 사실행위에 해당할 뿐 항고소송의 대상이 되는 행정처분에 해당하지 않는다(대판 2015.3.12, 2014두43974).

② [O] 「도로교통법」 제10조 제1항·제2항, 제24조 제1항의 규정 취지에 비추어 볼 때, 지방경찰청장이 횡단보도를 설치하여 보행자의 통행방법 등을 규제하는 것은 행정청이 특정사항에 대하여 의무의 부담을 명하는 행위이고, 이는 국민의 권리·의무에 직접 관계가 있는 행위로서 행정처분이라고 보아야 할 것이다(대판 2000.10.27, 98두896). ➡ 대물적 일반처분

❸ [X] 공립학교 당국이 미납 공납금을 완납하지 아니할 경우에 졸업증의 교부와 증명서를 발급하지 않겠다고 통고한 것은 일종의 비권력적 사실행위로서 「헌법재판소법」 제68조 제1항에서 헌법소원심판의 청구대상으로서의 '공권력'에는 해당된다고 볼 수 없다(헌재 2001. 10.25, 2001헌마113).

④ [O] 교육감이 학교법인에 대한 감사 실시 후 처리지시를 하고 그와 함께 그 시정조치에 대한 결과를 증빙서를 첨부한 문서로 보고하도록 한 경우, 위 보고명령 및 증빙서 첨부명령을 이행하지 않는 경우 학교법인의 이사장이 형사상 처벌을 받거나 법 규정을 위반하였다는 사유로 임원 취임의 승인이 취소될 수도 있다. 따라서 학교법인으로서는 위 보고명령 및 증빙서 첨부명령을 이행하기 위하여 위 처리지시에 따른 제반 조치를 먼저 이행하는 것이 사실상 강제되어 있다고 할 것이므로, 위 처리지시는 단순히 권고적 효력만을 가지는 비권력적 사실행위인 행정지도에 불과하다고 보기 어렵고, 학교법인에게 의무의 부담을 명하거나 기타 법률상 효과를 발생하게 하는 것으로서 항고소송의 대상이 되는 행정처분에 해당한다고 해석함이 상당하다(대판 2008.9.11, 2006두18362).

08 정답 ③

① [X]

> 「행정절차법」 제2조【정의】 4. '당사자 등'이란 다음 각 목의 자를 말한다.
> 가. 행정청의 처분에 대하여 직접 그 상대가 되는 당사자
> 나. 행정청이 직권으로 또는 신청에 따라 행정절차에 참여하게 한 이해관계인

② [X]

> 「행정절차법」 제32조【청문의 병합·분리】 행정청은 직권으로 또는 당사자의 신청에 따라 여러 개의 사안을 병합하거나 분리하여 청문을 할 수 있다.

❸ [O]

> 「행정절차법」 제30조【청문의 공개】 청문은 당사자가 공개를 신청하거나 청문 주재자가 필요하다고 인정하는 경우 공개할 수 있다. 다만, 공익 또는 제3자의 정당한 이익을 현저히 해칠 우려가 있는 경우에는 공개하여서는 아니 된다.

④ [X]

> 「행정절차법」 제37조【문서의 열람 및 비밀유지】① 당사자 등은 청문의 통지가 있는 날부터 청문이 끝날 때까지 행정청에 해당 사안의 조사결과에 관한 문서와 그 밖에 해당 처분과 관련되는 문서의 열람 또는 복사를 요청할 수 있다. 이 경우 행정청은 다른 법령에 따라 공개가 제한되는 경우를 제외하고는 그 요청을 거부할 수 없다.

> 「행정절차법」 제37조【문서의 열람 및 비밀유지】① 당사자등은 의견제출의 경우에는 처분의 사전 통지가 있는 날부터 의견제출기한까지, 청문의 경우에는 청문의 통지가 있는 날부터 청문이 끝날 때까지 행정청에 해당 사안의 조사결과에 관한 문서와 그 밖에 해당 처분과 관련되는 문서의 열람 또는 복사를 요청할 수 있다. 이 경우 행정청은 다른 법령에 따라 공개가 제한되는 경우를 제외하고는 그 요청을 거부할 수 없다. (시행 2022.7.12)

09 정답 ③

① [X]

> 「질서위반행위규제법」 제7조【고의 또는 과실】 고의 또는 과실이 없는 질서위반행위는 과태료를 부과하지 아니한다.

② [X]

> 「질서위반행위규제법」 제8조【위법성의 착오】 자신의 행위가 위법하지 아니한 것으로 오인하고 행한 질서위반행위는 그 오인에 정당한 이유가 있는 때에 한하여 과태료를 부과하지 아니한다.

❸ [O]

> 「질서위반행위규제법」 제9조【책임연령】 14세가 되지 아니한 자의 질서위반행위는 과태료를 부과하지 아니한다. 다만, 다른 법률에 특별한 규정이 있는 경우에는 그러하지 아니하다.

④ [X]

> 「질서위반행위규제법」 제10조【심신장애】 ③ 스스로 심신장애 상태를 일으켜 질서위반행위를 한 자에 대하여는 제1항 및 제2항을 적용하지 아니한다.

10 정답 ③

① [X] 외국 또는 외국기관으로부터 비공개를 전제로 정보를 입수하였다는 이유만으로 이를 공개할 경우 업무의 공정한 수행에 현저한 지장을 받을 것이라고 단정할 수는 없다. 다만 위와 같은 사정은 정보제공자와의 관계, 정보제공자의 의사, 정보의 취득 경위, 정보의 내용 등과 함께 업무의 공정한 수행에 현저한 지장이 있는지를 판단할 때 고려하여야 할 형량요소이다(대판 2018.9.28, 2017두69892).

② [X] <甲이 외교부장관에게 한·일 군사정보보호협정 및 한·일 상호군수지원협정과 관련하여 각종 회의자료 및 회의록 등의 정보에 대한 공개를 청구하였으나, 외교부장관이 공개 청구 정보 중 일부를 제외한 나머지 정보들에 대하여 비공개결정을 한 사안> … 위 정보가 공개된다면, 위 협정들의 체결과 관련한 우리나라의 대응전략이나 일본 측의 입장에 관한 내용이 그대로 노출되어 우리나라가 향후 유사한 협정을 체결할 때에 협정 상대 국가들의 교섭 정보로 활용될 수 있는 여지가 충분할 뿐만 아니라 상대국과의 외교적 신뢰관계에 심각한 타격을 줄 수 있는 점 등에 비추어 보면, 위 정보는 「공공기관의 정보공개에 관한 법률」 제9조 제1항 제2호에서 정한 비공개 대상 정보에 해당한다. 그리고 위 정보는 상호 유기적으로 결합되어 있어 공개가 가능한 부분과 공개가 불가능한 부분

을 용이하게 분리하는 것이 불가능하고, 위 정보에 관한 목록에는 '문서의 제목, 생산 날짜, 문서 내용을 추론할 수 있는 목차 등'이 포함되어 있어 목록의 공개만으로도 한·일 양국 간의 논의 주제와 논의 내용, 그에 대한 우리나라의 입장 및 전략을 추론할 수 있는 가능성이 충분하여 부분공개도 가능하지 않다(대판 2019.1.17, 2015두46512).

❸ [O] <甲이 외교부장관에게 한·일 군사정보보호협정 및 한·일 상호군수지원협정과 관련하여 각종 회의자료 및 회의록 등의 정보에 대한 공개를 청구하였으나, 외교부장관이 공개 청구 정보 중 일부를 제외한 나머지 정보들에 대하여 비공개결정을 한 사안> … 비공개결정을 할 당시 한·일 군사정보보호협정은 가서명만 이루어진 단계였고, 한·일 상호군수지원협정은 합의문이 도출되지 않은 단계였다. 따라서 이 사건 쟁점 정보가 공개된다면 이해관계자들의 각종 요구 등으로 협정문이 당초 예정과 다르게 수정되거나 협정 자체가 무산되는 결과를 초래할 가능성이 있고, 그 과정에서 실무자들의 발언 내용이 외부에 공표된다면, 협상에 임하는 실무자들은 견해를 달리하는 사람들이나 단체 등으로부터 거센 공격을 받을 가능성이 크므로 그에 따른 심리적 압박으로 인하여 특정한 입장에 영합하는 쪽으로 발언을 하거나 아예 침묵으로 일관하는 등의 상황이 발생함으로써 국익에 반하는 결과를 초래할 가능성이 충분한 점 등에 비추어 보면, 위 정보는 「공공기관의 정보공개에 관한 법률」 제9조 제1항 제5호에서 정한 비공개 대상 정보에도 해당한다(대판 2019.1.17, 2015두46512).

④ [X] 「공공기관의 정보공개에 관한 법률」은 공공기관이 보유·관리하는 정보에 대한 국민의 공개청구 및 공공기관의 공개의무에 관한 필요한 사항을 정함으로써 국민의 알 권리를 보장하고 국정에 대한 국민의 참여와 국정운영의 투명성을 확보함을 목적으로, 공공기관이 보유·관리하는 모든 정보를 원칙적 공개대상으로 하면서도, 재판의 독립성과 공정성 등 국가의 사법작용이 훼손되는 것을 막기 위하여 제9조 제1항 제4호에서 '진행 중인 재판에 관련된 정보'를 비공개대상정보로 규정하고 있다. 이와 같은 정보공개법의 입법목적, 정보공개의 원칙, 위 비공개대상정보의 규정 형식과 취지 등을 고려하면, 법원 이외의 공공기관이 위 규정이 정한 '진행 중인 재판에 관련된 정보'에 해당한다는 사유로 정보공개를 거부하기 위하여는 반드시 그 정보가 진행 중인 재판의 소송기록 그 자체에 포함된 내용의 정보일 필요는 없으나, 재판에 관련된 일체의 정보가 그에 해당하는 것은 아니고 진행 중인 재판의 심리 또는 재판결과에 구체적으로 영향을 미칠 위험이 있는 정보에 한정된다고 보는 것이 타당하다(대판 2018.9.28, 2017두69892).

11

① [O] 「공유재산 및 물품 관리법」 제83조 제1항은 "지방자치단체의 장은 정당한 사유 없이 공유재산을 점유하거나 공유재산에 시설물을 설치한 경우에는 원상복구 또는 시설물의 철거 등을 명하거나 이에 필요한 조치를 할 수 있다."라고 규정하고, 제2항은 "제1항에 따른 명령을 받은 자가 그 명령을 이행하지 아니할 때에는 「행정대집행법」에 따라 원상복구 또는 시설물의 철거 등을 하고 그 비용을 징수할 수 있다."라고 규정하고 있다. 위 규정에 따라 지방자치단체장은 행정대집행의 방법으로 공유재산에 설치한 시설물을 철거할 수 있고, 이러한 행정대집행의 절차가 인정되는 경우에는 민사소송의 방법으로 시설물의 철거를 구하는 것은 허용되지 아니한다(대판 2017.4.13, 2013다207941).

② [O] 관계 법령상 행정대집행의 절차가 인정되어 행정청이 행정대집행의 방법으로 건물의 철거 등 대체적 작위의무의 이행을 실현할 수 있는 경우에는 따로 민사소송의 방법으로 그 의무의 이행을 구할 수 없다. 한편 건물의 점유자가 철거의무자일 때에는 건물철거의

무에 퇴거의무도 포함되어 있는 것이어서 별도로 퇴거를 명하는 집행권원이 필요하지 않다(대판 2017.4.28, 2016다213916).

③ [O] 행정청이 행정대집행의 방법으로 건물철거의무의 이행을 실현할 수 있는 경우에는 건물철거 대집행 과정에서 부수적으로 건물의 점유자들에 대한 퇴거조치를 할 수 있고, 점유자들이 적법한 행정대집행을 위력을 행사하여 방해하는 경우 「형법」상 공무집행방해죄가 성립하므로, 필요한 경우에는 「경찰관 직무집행법」에 근거한 위험발생 방지조치 또는 「형법」상 공무집행방해죄의 범행방지 내지 현행범체포의 차원에서 경찰의 도움을 받을 수도 있다(대판 2017.4.28, 2016다213916).

❹ [X] 대한주택공사가 구 「대한주택공사법」 및 구 「대한주택공사법 시행령」에 의하여 대집행권한을 위탁받아 공무인 대집행을 실시하기 위하여 지출한 비용은 「행정대집행법」 절차에 따라 「국세징수법」의 예에 의하여 징수할 수 있다. 이와 같이 「행정대집행법」이 대집행비용의 징수에 관하여 민사소송절차에 의한 소송이 아닌 간이하고 경제적인 특별구제절차를 마련해 놓고 있음에도 민사소송절차에 의하여 그 비용의 상환을 청구하는 것은 소의 이익이 없어 부적법하다(대판 2011.9.8, 2010다48240).

12

① [O] 분리이론은 헌법 제23조 제1항의 존속보장(또는 내용규정)과 헌법 제23조 제3항의 가치보장(공용침해규정)은 전적으로 다른 제도라고 한다. 헌법은 재산권의 존속보장을 목적으로 하고, 예외적으로 가치보장을 하려는 의도이기 때문이다.

② [O] 경계이론에 따르면 존속보장과 가치보장을 엄격히 구별하지 않는다. 양자는 양적인 차이일 뿐이다. 재산권의 내재적 제한을 넘은 재산권 제한, 즉 특별한 희생이 초래되는 재산권 제한은 가치보장으로 전환된다고 한다.

③ [O] 다음 도표 참조

<경계이론과 분리이론>

구분	경계이론(문턱)	분리이론(단절이론)
내용규정과 공용침해규정 간의 관계	본질적 차이는 없다.	본질적 차이가 있다.
주안점	가치보장, 보상	존속보장, 재산권 침해배제
과잉금지원칙 등에 위반되어 위헌인 내용규정	헌법 제23조 제3항의 공용침해이다.	헌법 제23조 제3항의 공용침해는 아니다.
보상이 필요한 재산권 제한	헌법 제23조 제3항에 따른 공용침해	• 헌법 제23조 제1항에 따른 비례원칙에 반하는 재산권내용 한계규정 • 헌법 제23조 제3항에 따른 공용수용
개발제한구역 지정 후 종래용도로 사용할 수 없는 경우(나대지소유자가 대지소유자인 경우)	헌법 제23조 제3항의 공용침해이다.	공용침해가 아니다.
법 원	독일 최고법원	• 독일 헌법재판소 • 우리 헌법재판소

❹ [X] 독일최고재판소의 수용유사침해이론과 우리 대법원의 유추적용설은 경계이론에 근거를 두고 있다.

166 해커스공무원 학원·인강 gosi.Hackers.com

❶ [O] 결과제거청구권이 인정되려면 행정주체의 공행정작용으로 인한 위법상태가 발생하였어야 하는데, 여기서의 공행정작용이란 권력적·비권력적 행위, 작위·부작위, 법적·사실적 행위 등을 묻지 아니한다. 그러나 사경제작용(국고작용)으로 인한 침해는 제외된다.

② [X] 공행정작용으로 인하여 법률상 이익(권리)을 침해한 것이 아니라 사실상 이익·반사적 이익을 침해한 것에 불과한 경우에는 결과제거청구권을 행사할 수 없다.

③ [X] 결과제거청구권은 발생된 모든 위법한 상태를 제거하는 것을 내용으로 하는 것이 아니라 직접적으로 야기된 결과만을 제거하는 것을 그 내용으로 한다.

④ [X] 취소할 수 있는 행정행위의 경우 공정력 때문에 취소가 되기 전까지는 결과제거청구권이 인정되지 않는다. 따라서 침해상태가 무효가 아닌 행정행위에 의한 경우 결과제거의 청구는 위법한 행정행위 폐지 이후 또는 양자를 병합하여 제기하여야 한다.

① [X] 재결에 의하여 취소되거나 무효 또는 부존재로 확인되는 처분이 당사자의 신청을 거부하는 것을 내용으로 하는 경우에는 그 처분을 한 행정청은 재결의 취지에 따라 다시 이전의 신청에 대한 처분을 하여야 한다(「행정심판법」 제49조 제2항).

② [X]

> 「행정심판법」 제18조의2 【국선대리인】 ① '청구인'이 경제적 능력으로 인해 대리인을 선임할 수 없는 경우에는 위원회에 국선대리인을 선임하여 줄 것을 신청할 수 있다.
> ② 위원회는 제1항의 신청에 따른 국선대리인 선정 여부에 대한 결정을 하고, 지체 없이 청구인에게 그 결과를 통지하여야 한다. 이 경우 위원회는 심판청구가 명백히 부적법하거나 이유 없는 경우 또는 권리의 남용이라고 인정되는 경우에는 국선대리인을 선정하지 아니할 수 있다.

③ [X]

> 「행정심판법」 제57조 【서류의 송달】 이 법에 따른 서류의 송달에 관하여는 「민사소송법」 중 송달에 관한 규정을 준용한다.

❹ [O] (1) 시·도 소속 행정청, (2) 시·도의 관할 구역에 있는 시·군·자치구의 장, 소속 행정청 또는 시·군·자치구의 의회(의장, 위원회의 위원장, 사무국장, 사무과장 등 의회 소속 모든 행정청을 포함한다), (3) 시·도의 관할구역에 있는 둘 이상의 지방자치단체(시·군·자치구를 말한다)·공공법인 등이 공동으로 설립한 행정청의 처분 또는 부작위에 대한 심판청구에 대하여는 시·도지사 소속으로 두는 행정심판위원회에서 심리·재결한다(「행정심판법」 제6조 제3항).

① [O]

> 「행정심판법」 제45조 【재결 기간】 ① 재결은 제23조에 따라 피청구인 또는 위원회가 심판청구서를 받은 날부터 60일 이내에 하여야 한다. 다만, 부득이한 사정이 있는 경우에는 위원장이 직권으로 30

일을 연장할 수 있다.
> ② 위원장은 제1항 단서에 따라 재결 기간을 연장할 경우에는 재결 기간이 끝나기 7일 전까지 당사자에게 알려야 한다.

> 「행정소송법」 제18조 【행정심판과의 관계】 ② 제1항 단서의 경우에도 다음 각 호의 1에 해당하는 사유가 있는 때에는 행정심판의 재결을 거치지 아니하고 취소소송을 제기할 수 있다.
> 1. 행정심판청구가 있은 날로부터 60일이 지나도 재결이 없는 때
> 2. 처분의 집행 또는 절차의 속행으로 생길 중대한 손해를 예방하여야 할 긴급한 필요가 있는 때
> 3. 법령의 규정에 의한 행정심판기관이 의결 또는 재결을 하지 못할 사유가 있는 때
> 4. 그 밖의 정당한 사유가 있는 때

② [O]

> 「행정심판법」 제51조 【행정심판 재청구의 금지】 심판청구에 대한 재결이 있으면 그 재결 및 같은 처분 또는 부작위에 대하여 다시 행정심판을 청구할 수 없다.

> 「행정소송법」 제19조 【취소소송의 대상】 취소소송은 처분 등을 대상으로 한다. 다만, 재결취소소송의 경우에는 재결 자체에 고유한 위법이 있음을 이유로 하는 경우에 한한다.

❸ [X] "정당한 사유가 있는 때에는 그러하지 아니하다."는 「행정소송법」 제20조 제2항에 적용되는 것이지 제1항에 적용되는 것은 아니다.

> 「행정소송법」 제20조 【제소기간】 ① 취소소송은 처분 등이 있음을 안 날부터 90일 이내에 제기하여야 한다. 다만, 제18조 제1항 단서에 규정한 경우와 그 밖에 행정심판청구를 할 수 있는 경우 또는 행정청이 행정심판청구를 할 수 있다고 잘못 알린 경우에 행정심판청구가 있은 때의 기간은 재결서의 정본을 송달받은 날부터 기산한다.
> ② 취소소송은 처분 등이 있은 날부터 1년(제1항 단서의 경우는 재결이 있은 날부터 1년)을 경과하면 이를 제기하지 못한다. 다만, 정당한 사유가 있는 때에는 그러하지 아니하다.

④ [O]

> 「행정소송법」 제25조 【행정심판기록의 제출명령】 ① 법원은 당사자의 신청이 있는 때에는 결정으로써 재결을 행한 행정청에 대하여 행정심판에 관한 기록의 제출을 명할 수 있다.

❶ [O] 대통령령인 「교과용도서에 관한 규정」 제33조는 제1항에서 "검정도서와 인정도서의 가격은 저작자와 약정한 출판사가 정한다."라고 규정하고, 제2항에서 "제1항에도 불구하고 교육부장관은 다음 각 호의 사유로 검정도서와 인정도서의 가격이 부당하게 결정될 우려가 있거나 그 가격이 결정된 이후 도서개발에 투입된 비용(이하 '고정비'라고 한다)을 출판사가 전부 회수하였음에도 이를 가격에 반영하지 아니하는 경우에는 교과용 도서 심의회를 거쳐 그 가격의 조정을 명할 수 있다."라고 규정하면서, 각 호의 사유로 "1. 제조원가 중 도서의 개발 및 제조 과정에서 실제 발생하지 아니한 제조원가가 차지하는 비율이 1,000분의 15 이상인 경우, 2. 가격 결정 항목 또는 비목 구분에 잘못이 있는 경우, 3. 예상 발행부수보다 실제 발행부수가 1,000 부 이상 많은 경우'를 들고 있다. 그런데 교육부장관이 검정도서에 대한 가격조정명령의 사유로 위 제3호의 사유 외에 제1호의 사유를 추가한다고 주장한 경우, 당초

제3호의 사유는 교과용 도서의 실제 발행부수가 예상 발행부수보다 1,000부 이상 많다는 것인 데 반하여, 추가된 제1호의 사유는 제조원가 중 실제 발생하지 아니한 제조원가가 차지하는 비율이 1,000분의 15 이상이라는 것이어서 기본적 사실관계가 달라 처분사유 추가가 허용될 수 없다(대판 2019.1.31, 2016두64975).

② [X] 이 사건 연장신청이 「특허법」이 허용하는 범위를 넘어서는 부당한 특허권 존속기간 연장 전략의 일환이므로 이를 불승인한 이 사건 처분이 적법하다는 취지로 주장하는 것은 이 사건 처분 당시 처분의 근거로 삼은 사유와 기본적 사실관계가 달라 처분사유로 추가할 수 없을 뿐만 아니라, 이 사건 특허발명 실시를 위한 허가절차의 진행 경위에 비추어 원고에게 허가절차를 지연시키려는 의도가 있었다고 보기도 어렵다(대판 2018.10.4, 2014두37702).

③ [X] <외국인 甲이 법무부장관에게 귀화신청을 하였으나 법무부장관이 심사를 거쳐 '품행 미단정'을 불허사유로 '국적법'상의 요건을 갖추지 못하였다며 신청을 받아들이지 않는 처분을 하였는데, 법무부장관이 甲을 '품행 미단정'이라고 판단한 이유에 대하여 제1심 변론절차에서 「자동차관리법」 위반죄로 기소유예를 받은 전력 등을 고려하였다고 주장하였다가 원심 변론절차에서 불법체류한 전력이 있다는 추가적인 사정까지 고려하였다고 주장한 사안> … 법무부장관이 처분 당시 甲의 전력 등을 고려하여 甲이 구 「국적법」 제5조 제3호의 '품행단정' 요건을 갖추지 못하였다고 판단하여 처분을 하였고, 그 처분서에 처분사유로 '품행 미단정'이라고 기재하였으므로, '품행 미단정'이라는 판단 결과를 위 처분의 처분사유로 보아야 하는데, 법무부장관이 원심에서 추가로 제시한 불법체류 전력 등의 제반 사정은 불허가처분의 처분사유 자체가 아니라 그 근거가 되는 기초 사실 내지 평가요소에 지나지 않으므로, 법무부장관이 이러한 사정을 추가로 주장할 수 있다(대판 2018.12.13, 2016두31616).

④ [X] <甲이 '사실상의 도로'로서 인근 주민들의 통행로로 이용되고 있는 토지를 매수한 다음 2층 규모의 주택을 신축하겠다는 내용의 건축신고서를 제출하였으나, 구청장이 '위 토지가 「건축법」상 도로에 해당하여 건축을 허용할 수 없다'는 사유로 건축신고수리 거부처분을 하자 甲이 처분에 대한 취소를 구하는 소송을 제기하였는데, 1심법원이 위 토지가 「건축법」상 도로에 해당하지 않는다는 이유로 甲의 청구를 인용하는 판결을 선고하자 구청장이 항소하여 '위 토지가 인근 주민들의 통행에 제공된 사실상의 도로인데, 주택을 건축하여 주민들의 통행을 막는 것은 사회공동체와 인근 주민들의 이익에 반하므로 甲의 주택 건축을 허용할 수 없다'는 주장을 추가한 사안> … 당초 처분사유와 구청장이 추가로 주장한 처분사유는 위 토지상의 사실상 도로의 법적 성질에 관한 평가를 다소 달리하는 것일 뿐, 모두 토지의 이용현황이 '도로'이므로 거기에 주택을 신축하는 것은 허용될 수 없다는 것이므로 기본적 사실관계의 동일성이 인정되고, 위 토지에 건물이 신축됨으로써 인근 주민들의 통행을 막지 않도록 하여야 할 중대한 공익상 필요가 인정되고 이러한 공익적 요청이 甲의 재산권 행사보다 훨씬 중요하므로, 구청장이 추가한 처분사유는 정당하여 결과적으로 위 처분이 적법한 것으로 볼 여지가 있다(대판 2019.10.31, 2017두74320).

17 정답 ③

① [O] 집행정지결정은 기판력이 없어 집행정지결정과 모순되는 주장이나 판단을 할 수 있다. 기속력에 따른 재처분의무는 없으므로 신청에 대한 처분을 행정청이 해야 하는 것은 아니다.

② [O] 기속력과 기판력의 차이이다.

❸ [X] 기속력에 따른 재처분의무이다.

「행정소송법」 제30조 【취소판결 등의 기속력】 ① 처분 등을 취소하는 확정판결은 그 사건에 관하여 당사자인 행정청과 그 밖의 관계행정청을 기속한다.
② 판결에 의하여 취소되는 처분이 당사자의 신청을 거부하는 것을 내용으로 하는 경우에는 그 처분을 행한 행정청은 판결의 취지에 따라 다시 이전의 신청에 대한 처분을 하여야 한다.

---

④ [O] 무효확인소송에서 재처분의무는 인정되나 간접강제는 인정되지 않는다.

18 정답 ③

① [O] 간주거부는 부작위가 아니라 거부처분으로서 행정처분이므로 취소소송을 제기하여야 하고 부작위위법확인소송을 제기할 수는 없다.

② [O] 「행정소송법」 제30조(취소판결 등의 기속력)의 규정은 부작위위법확인소송의 경우에 준용한다(행정소송법 제38조 제2항). 따라서 부작위위법확인소송의 인용판결에 의해 행정청은 재처분의무를 지게 되나, 행정청은 처분의 내용이 어떻건 처분을 하면 되는 것이므로 거부처분도 할 수 있다.

❸ [X] 부작위위법확인의 소는 당해 판결의 구속력에 의하여 행정청에게 처분 등을 하게 하고 다시 당해 처분 등에 대하여 불복이 있는 때에는 그 처분 등을 다투게 함으로써 최종적으로는 국민의 권리이익을 보호하려는 제도이므로, 소제기의 전후를 통하여 판결시까지 행정청이 그 신청에 대하여 적극 또는 소극의 처분을 함으로써 부작위상태가 해소된 때에는 소의 이익을 상실하게 되어 당해 소는 각하를 면할 수가 없는 것이다(대판 1990.9.25, 89누4758). ➡ 부작위위법확인소송 중 처분이 발해진 경우에는 각하판결을 내린다.

④ [O] 「행정소송법」 제9조(재판관할), 제10조(관련 청구소송의 이송 및 병합), 제13조(피고적격), 제14조(피고경정), 제15조(공동소송), 제16조(제3자의 소송참가), 제17조(행정청의 소송참가), 제18조(행정심판과의 관계), 제19조(취소소송의 대상), 제20조(제소기간), 제25조(행정심판기록의 제출명령), 제26조(직권심리), 제27조(재량처분의 취소), 제29조(취소판결의 제3자에 대한 효력), 제30조(취소판결 등의 기속력), 제31조(제3자에 의한 재심청구), 제33조(소송비용에 관한 재판의 효력), 제34조(거부처분취소판결의 간접강제)의 규정은 부작위위법확인소송의 경우에 준용한다(행정소송법 제38조 제2항). 따라서 취소소송에 관한 규정 중 제22조(처분변경으로 인한 소의 변경), 제23조(집행정지), 제28조(사정판결) 등은 부작위위법확인소송에 준용되지 않는다.

19 정답 ④

① [X] 공정거래위원회는 독점규제 및 공정거래에 관한 법률(이하 '공정거래법'이라 한다)상 과징금 상한의 범위 내에서 과징금 부과 여부 및 과징금 액수를 정할 재량을 가지고 있다. 그러나 공정거래법 제22조는 공정거래위원회가 부당한 공동행위를 행한 사업자에 대하여 '대통령령이 정하는 매출액'에 100분의 10을 곱한 금액(매출액이 없는 경우 등에는 20억 원)을 초과하지 아니하는 한도 내에서 과징금을 부과할 수 있도록 정하고 있고, 그 위임에 따라 구 독점규제 및 공정거래에 관한 법률 시행령(2014.2.11. 대통령령 제25173호로 개정되기 전의 것) 제9조 제1항은 본문에서 "공정거래법 제22조에서 '대통령령이 정하는 매출액'이란 위반사업자가 위반기간 동안 일정한 거래분야에서 판매한 관련 상품이나 용역의 매출액 또는 이에 준하는 금액을 말한다."라고 정하면서, 그 단서에서 "다만 입찰담합 및 이와 유사한 행위인 경우에는 계약금액을

말한다."라고 정하고 있다. 따라서 입찰담합에 관한 과징금의 기본 산정기준이 되는 '계약금액'은 위와 같은 법령의 해석을 통하여 산정되는 것이지 공정거래위원회가 재량에 따라 결정할 수 있는 것이 아니다(대판 2020.10.29, 2019두37233).

② [X] 공정거래위원회가 이미 부당한 공동행위에 대한 정보를 입수하고 이를 증명하는 데 필요한 증거를 충분히 확보한 이후에는 '조사협조자'가 성립할 수 없고, 이는 1순위는 물론 2순위의 경우에도 마찬가지이다. 공정거래법령이 1순위와 2순위 조사협조자를 구분하여 규정하고 있으나, 이는 조사협조자들 중 '최초로 증거를 제공한 자'뿐만 아니라 '두 번째로 증거를 제공한 자'까지 감면을 허용하고자 하는 취지일 뿐, 이로써 1순위와 관계없는 별개의 독립적인 2순위라는 지위가 만들어져 1순위 조사협조자가 없는데도 2순위 조사협조자가 성립할 수 있게 되는 것은 아니다(대판 2020.10.29, 2017두54746 [감면거부처분취소]).

③ [X] 위반행위가 여러 가지인 경우에 행정처분의 방식과 한계를 정한 관련 규정들의 내용과 취지에다가, 여객자동차운수사업자가 범한 여러 가지 위반행위에 대하여 관할 행정청이 구 「여객자동차 운수사업법」(2020.3.24. 법률 제17091호로 개정되기 전의 것) 제85조 제1항 제12호에 근거하여 사업정지처분을 하기로 선택한 이상 각 위반행위의 종류와 위반 정도를 불문하고 사업정지처분의 기간은 6개월을 초과할 수 없는 점을 종합하면, 관할 행정청이 사업정지처분을 갈음하는 과징금 부과처분을 하기로 선택하는 경우에도 사업정지처분의 경우와 마찬가지로 여러 가지 위반행위에 대하여 1회에 부과할 수 있는 과징금 총액의 최고한도액은 5,000만 원이라고 보는 것이 타당하다. 관할 행정청이 여객자동차운송사업자의 여러 가지 위반행위를 인지하였다면 전부에 대하여 일괄하여 5,000만 원의 최고한도 내에서 하나의 과징금 부과처분을 하는 것이 원칙이고, 인지한 여러 가지 위반행위 중 일부에 대해서만 우선 과징금 부과처분을 하고 나머지에 대해서는 차후에 별도의 과징금 부과처분을 하는 것은 다른 특별한 사정이 없는 한 허용되지 않는다. 만약 행정청이 여러 가지 위반행위를 인지하여 그 전부에 대하여 일괄하여 하나의 과징금 부과처분을 하는 것이 가능하였음에도 임의로 몇 가지로 구분하여 각각 별도의 과징금 부과처분을 할 수 있다고 보게 되면, 행정청이 여러 가지 위반행위에 대하여 부과할 수 있는 과징금의 최고한도액을 정한 구 「여객자동차 운수사업법 시행령」 제46조 제2항의 적용을 회피하는 수단으로 악용될 수 있기 때문이다(대판 2021.2.4, 2020두48390).

❹ [O] 관할 행정청이 여객자동차운송사업자가 범한 여러 가지 위반행위 중 일부만 인지하여 과징금 부과처분을 하였는데 그 후 과징금 부과처분 시점 이전에 이루어진 다른 위반행위를 인지하여 이에 대하여 별도의 과징금 부과처분을 하게 되는 경우에도 종전 과징금 부과처분의 대상이 된 위반행위와 추가 과징금 부과처분의 대상이 된 위반행위에 대하여 일괄하여 하나의 과징금 부과처분을 하는 경우와의 형평을 고려하여 추가 과징금 부과처분의 처분양정이 이루어져야 한다. 다시 말해, 행정청이 전체 위반행위에 대하여 하나의 과징금 부과처분을 할 경우에 산정되었을 정당한 과징금액에서 이미 부과된 과징금액을 뺀 나머지 금액을 한도로 하여서만 추가 과징금 부과처분을 할 수 있다. 행정청이 여러 가지 위반행위를 언제 인지하였느냐는 우연한 사정에 따라 처분상대방에게 부과되는 과징금의 총액이 달라지는 것은 그 자체로 불합리하기 때문이다(대판 2021.2.4, 2020두48390).

① [X]

> 「행정기본법」 제15조 【처분의 효력】 처분은 권한이 있는 기관이 취소 또는 철회하거나 기간의 경과 등으로 소멸되기 전까지는 유효한 것으로 통용된다. 다만, 무효인 처분은 처음부터 그 효력이 발생하지 아니한다.

② [X]

> 「행정기본법」 제15조 【처분의 효력】 처분은 권한이 있는 기관이 취소 또는 철회하거나 기간의 경과 등으로 소멸되기 전까지는 유효한 것으로 통용된다. 다만, 무효인 처분은 처음부터 그 효력이 발생하지 아니한다.

❸ [O] 공정력을 명문으로 규정한 법은 없었으나 「행정기본법」 제15조는 공정력에 대한 명시적 규정을 두고 있다.

④ [X] 「행정기본법」은 불가변력과 불가쟁력을 규정하고 있지 않다.

정답

01	②	02	②	03	①	04	④
05	③	06	②	07	③	08	④
09	①	10	②	11	④	12	③
13	④	14	②	15	②	16	②
17	①	18	②	19	④	20	①

01
정답 ②

① [O], ❷ [X] 사관생도는 군 장교를 배출하기 위하여 국가가 모든 재정을 부담하는 특수교육기관인 육군3사관학교의 구성원으로서, 학교에 입학한 날에 육군 사관생도의 병적에 편입하고 준사관에 준하는 대우를 받는 특수한 신분관계에 있다(「육군3사관학교 설치법 시행령」 제3조). 따라서 그 존립 목적을 달성하기 위하여 필요한 한도 내에서 일반 국민보다 상대적으로 기본권이 더 제한될 수 있으나, 그러한 경우에도 법률유보원칙, 과잉금지원칙 등 기본권 제한의 헌법상 원칙들을 지켜야 한다.

③ [O] 「육군3사관학교 설치법」 및 시행령, 그 위임에 따른 육군3사관학교 학칙 및 사관생도 행정예규 등에서 육군3사관학교의 설치 목적과 교육 목표를 달성하기 위하여 사관생도가 준수하여야 할 사항을 정하고 이를 위반한 행위에 대하여는 징계를 규정할 수 있고 이러한 규율은 가능한 한 존중되어야 한다.

④ [O] 첫째 사관학교의 설치 목적과 교육 목표를 달성하기 위하여 사관학교는 사관생도에게 교내 음주 행위, 교육·훈련 및 공무 수행 중의 음주 행위, 사적 활동이더라도 신분을 나타내는 생도 복장을 착용한 상태에서 음주하는 행위, 생도 복장을 착용하지 않은 상태에서 사적 활동을 하는 때에도 이로 인하여 사회적 물의를 일으킴으로써 품위를 손상한 경우 등에는 이러한 행위들을 금지하거나 제한할 필요가 있으나 여기에 그치지 않고 나아가 사관생도의 모든 사적 생활에서까지 예외 없이 금주의무를 이행할 것을 요구하는 것은 사관생도의 일반적 행동자유권은 물론 사생활의 비밀과 자유를 지나치게 제한하는 것이고, 둘째 구 예규 및 예규 제12조에서 사관생도의 모든 사적 생활에서까지 예외 없이 금주의무를 이행할 것을 요구하면서 제61조에서 사관생도의 음주가 교육 및 훈련 중에 이루어졌는지 여부나 음주량, 음주 장소, 음주 행위에 이르게 된 경위 등을 묻지 않고 일률적으로 2회 위반 시 원칙으로 퇴학 조치하도록 정한 것은 사관학교가 금주제도를 시행하는 취지에 비추어 보더라도 사관생도의 기본권을 지나치게 침해하는 것이므로, 위 금주조항은 사관생도의 일반적 행동자유권, 사생활의 비밀과 자유 등 기본권을 과도하게 제한하는 것으로서 위법하다(대판 2018. 8.30, 2016두60591).

02
정답 ②

ㄱ. [O] 「액화석유가스의 안전 및 사업관리법」 제7조 제2항에 의한 사업양수에 의한 지위승계신고를 수리하는 허가관청의 행위는 단순히 양도·양수자 사이에 발생한 사법상의 사업양도의 법률효과에 의

하여 양수자가 사업을 승계하였다는 사실의 신고를 접수하는 행위에 그치는 것이 아니라 실질에 있어서 양도자의 사업허가를 취소함과 아울러 양수자에게 적법히 사업을 할 수 있는 법규상 권리를 설정하여 주는 행위로서 사업허가자의 변경이라는 법률효과를 발생시키는 행위이므로 허가관청이 법 제7조 제2항에 의한 사업양수에 의한 지위승계신고를 수리하는 행위는 행정처분에 해당한다(대판 1993.6.8, 91누11544).

ㄴ. [X] 공동주택 입주민의 옥외운동시설인 테니스장을 배드민턴장으로 변경하고 그 변동사실을 신고하여 관할 시장이 그 신고를 수리한 경우, 그 용도변경은 구 「주택건설촉진법」상 신고를 요하는 입주자 공유인 복리시설의 용도변경에 해당하지 아니하므로 그 변동사실은 신고할 사항이 아니고 관할 시장이 그 신고를 수리하였다 하더라도 그 수리는 공동주택 입주민의 구체적인 권리의무에 아무런 변동을 초래하지 않으므로 항고소송의 대상이 되는 행정처분이 아니다(대판 2000.12.22, 99두455).

ㄷ. [O] 체육시설의 회원을 모집하고자 하는 자는 시·도지사 등으로부터 회원모집계획서에 대한 검토결과 통보를 받은 후에 회원을 모집할 수 있다고 봄이 상당하고, 따라서 체육시설의 회원을 모집하고자 하는 자의 시·도지사 등에 대한 회원모집계획서 제출은 수리를 요하는 신고에서의 신고에 해당하며, 시·도지사 등의 검토결과 통보는 수리행위로서 행정처분에 해당한다고 할 것이다(대판 2009. 2.26, 2006두16243).

ㄹ. [O] 구 「체육시설의 설치·이용에 관한 법률」 제20조, 제27조의 각 규정 등에 의하면 체육시설업자로부터 영업을 양수하거나 문화체육관광부령으로 정하는 체육시설업의 시설기준에 따른 필수시설을 인수한 자가 관계 행정청에 이를 신고하여 행정청이 수리하는 경우에는 종전 체육시설업자는 적법한 신고를 마친 체육시설업자의 지위를 부인당할 불안정한 상태에 놓이게 되므로, 그로 하여금 이러한 수리행위의 적법성을 다투어 법적 불안을 해소할 수 있도록 하는 것이 법치행정의 원리에 맞는다. 따라서 위 각 신고수리는 항고소송의 대상이 된다(대판 2012.12.13, 2011두29144).

03
정답 ①

❶ [O] 법령등을 공포한 날부터 시행하는 경우에는 공포한 날을 시행일로 한다(「행정기본법」 제7조 제1호).

② [X] 법령등을 공포한 날부터 일정 기간이 경과한 날부터 시행하는 경우 법령등을 공포한 날을 첫날에 산입하지 아니한다(「행정기본법」 제7조 제2호).

③ [X] 법령등을 공포한 날부터 일정 기간이 경과한 날부터 시행하는 경우 그 기간의 말일이 토요일 또는 공휴일인 때에는 그 말일로 기간이 만료한다(「행정기본법」 제7조 제3호).

④ [X]

> **「행정기본법」 제7조 【법령등 시행일의 기간 계산】** 법령등(훈령·예규·고시·지침 등을 포함한다. 이하 이 조에서 같다)의 시행일을 정하거나 계산할 때에는 다음 각 호의 기준에 따른다.

04
정답 ④

① [O] 구 「도시 및 주거환경정비법」상 여러 규정들의 체계, 내용 및 취지에 비추어 보면, 조합설립추진위원회의 구성을 승인하는 처분은 조합의 설립을 위한 주체에 해당하는 비법인사단인 추진위원회를 구성하는 행위를 보충하여 그 효력을 부여하는 처분인 데 반하여, 조

합설립인가처분은 법령상 요건을 갖출 경우 구 「도시 및 주거환경정비법」상 주택재개발사업을 시행할 수 있는 권한을 가지는 행정주체(공법인)로서의 지위를 부여하는 일종의 설권적 처분이므로, 양자는 그 목적과 성격을 달리한다(대판 2013.12.26, 2011두8291).

② [O] 구 「도시 및 주거환경정비법」에 기초하여 도시환경정비사업조합(주택재개발정비사업조합)이 수립한 사업시행계획은 그것이 인가·고시를 통해 확정되면 이해관계인에 대한 구속적 행정계획으로서 독립된 행정처분에 해당하므로, 사업시행계획을 인가하는 행정청의 행위는 도시환경정비사업조합(주택재개발정비사업조합)의 사업시행계획에 대한 법률상의 효력을 완성시키는 보충행위에 해당한다 (대판 2010.12.9, 2010두1248 ; 대판 2010.12.9, 2009두4913).

③ [O] 「도시 및 주거환경정비법」상 재개발조합설립인가신청에 대하여 행정청의 조합설립인가처분이 있은 이후에는, 조합설립동의에 하자가 있음을 이유로 재개발조합 설립의 효력을 부정하려면 항고소송으로 조합설립인가처분의 효력을 다투어야 하고(대판 2010.1.28, 2009두4845), 특별한 사정이 없는 한 이와는 별도로 민사소송으로 행정청으로부터 조합설립인가처분을 하는 데 필요한 요건 중의 하나에 불과한 조합설립결의에 대하여 무효확인을 구할 확인의 이익은 없다고 보아야 한다(대결 2009.9.24, 2009마168).

❹ [X] 「도시 및 주거환경정비법」에 따라 조합이 수립한 관리처분계획에 대하여 관할 행정청의 인가·고시까지 있게 되면 관리처분계획은 행정처분으로서 효력이 발생하게 되므로, 총회결의의 하자를 이유로 하여 행정처분의 효력을 다투는 항고소송의 방법으로 관리처분계획의 취소 또는 무효확인을 구하여야 하고, 그와 별도로 행정처분에 이르는 절차적 요건 중 하나에 불과한 총회결의 부분만을 따로 떼어내어 효력 유무를 다투는 확인의 소를 제기하는 것은 특별한 사정이 없는 한 허용되지 않는다(대판 전합 2009.9.17, 2007다2428 ; 대판 2012.3.29, 2010두7765 등).

05 정답 ③

① [O] 내용증명우편이나 등기우편과는 달리, 보통우편의 방법으로 발송되었다는 사실만으로는 그 우편물이 상당한 기간 내에 도달하였다고 추정할 수 없고, 송달의 효력을 주장하는 측에서 증거에 의하여 이를 입증하여야 한다(대판 2009.12.10, 2007두20140).

② [O] 우편물이 등기취급의 방법으로 발송된 경우, 특별한 사정이 없는 한 그 무렵 수취인에게 배달되었다고 보아도 좋을 것이나, 수취인이나 그 가족이 주민등록지에 실제로 거주하고 있지 아니하면서 전입신고만을 해 둔 경우에는 그 사실만으로써 주민등록 거주자에게 송달수령의 권한을 위임하였다고 보기는 어려울 뿐 아니라 수취인이 주민등록지에 실제로 거주하지 아니하는 경우에도 우편물이 수취인에게 도달하였다고 추정할 수는 없고, 따라서 이러한 경우에는 우편물의 도달사실을 과세관청이 입증해야 할 것이다(대판 1998.2.13, 97누8977).

❸ [X] 납세고지서의 교부송달 및 우편송달에 있어서는 반드시 납세의무자 또는 그와 일정한 관계에 있는 사람의 현실적인 수령행위를 전제로 하고 있다고 보아야 하며, 납세자가 과세처분의 내용을 이미 알고 있는 경우에도 납세고지서의 송달이 불필요하다고 할 수는 없다(대판 2002.11.13, 2001두1543).

④ [O] 면허관청이 운전면허정지처분을 하면서 [별지 52호] 서식의 통지서에 의하여 면허정지사실을 통지하지 아니하거나 처분집행예정일 7일 전까지 이를 발송하지 아니한 경우에는 특별한 사정이 없는 한 위 관계 법령이 요구하는 절차·형식을 갖추지 아니한 조치로서 그 효력이 없고, 이와 같은 법리는 면허관청이 임의로 출석한 상대방의 편의를 위하여 구두로 면허정지사실을 알렸다고 하더라도 마찬가지이다(대판 1996.6.14, 95누17823).

06 정답 ②

① [X] 수용재결이 무효나 취소되지 않는 한 수용재결로 인한 부당이득은 인정되지 않는다. 그러나 손해배상은 허용된다.

❷ [O] 행정처분이 아무리 위법하다고 하여도 그 하자가 중대하고 명백하여 당연무효라고 보아야 할 사유가 있는 경우를 제외하고는 공정력에 의해 아무도 그 하자를 이유로 무단히 그 효과를 부정하지 못하기 때문이다.

③ [X] 공정력과 구성요건적 효력을 구별하는 견해에 따르면 공정력의 근거로 법적 안정성을 든다. 구성요건적 효력의 근거로 권력분립에 따른 다른 국가기관의 권한 존중을 든다.

④ [X] 대통령령과 같은 행정입법은 공정력이 인정되지 않아 하자가 인정되면 무효가 된다.

07 정답 ③

① [O] 서울특별시립무용단 단원의 채용계약은 공법상의 계약이다(대판 1995.12.22, 95누4636 참조). 그런데 공법상 계약은 행정행위가 아니므로 공정력, 확정력, 자력집행력 등이 인정되지 않는다.

<행정행위와 공법상 계약>

구분	행정행위	공법상 계약
공정력	○	×
분쟁해결절차	항고소송	당사자소송 또는 민사상 손해배상청구소송
위법한 경우	• 무효 ○ • 취소 ○	• 무효 ○ • 취소 ×, 법 규정이 있는 경우 취소 ○
법률유보	○	×
법률우위	○	○
행정청의 강제집행	○	×
행정주체의 우월성	○	×

② [O] 「지방자치법」 제9조 제2항 제5호 (라)목 및 (마)목 등의 규정에 의하면, 서울특별시립무용단원의 공연 등 활동은 지방문화 및 예술을 진흥시키고자 하는 서울특별시의 공공적 업무수행의 일환으로 이루어진다고 해석될 뿐 아니라, 단원으로 위촉되기 위하여는 일정한 능력요건과 자격요건을 요하고, 계속적인 재위촉이 사실상 보장되며, 「공무원연금법」에 따른 연금을 지급받고, 단원의 복무규율이 정해져 있으며, 정년제가 인정되고, 일정한 해촉사유가 있는 경우에만 해촉되는 등 서울특별시립무용단원이 가지는 지위가 공무원과 유사한 것이라면, 서울특별시립무용단 단원의 위촉은 공법상의 계약이라고 할 것이고, 따라서 그 단원의 해촉에 대하여는 공법상의 당사자소송으로 그 무효확인을 청구할 수 있다(대판 1995.12.22, 95누4636).

❸ [X] 공법상 계약에 하자가 있는 경우에는 무효만 될 수 있다는 견해(다수설)와 취소도 가능하다는 견해가 대립하고 있다. 그러나 공법상 계약은 행정행위가 아니므로 공정력이 인정되지 않는다. 따라서 공법상 계약이 위법한 경우에는 법령상의 규정이 없는 한 취소란 있을 수 없고 무효만이 있을 수 있다고 봄이 일반적이다.

④ [O] 공법상의 계약은 비권력적 행정작용이므로 법령에 명시적인 근거가 없더라도 행정청이 자유롭게 체결할 수 있다. 즉, 법률유보의 원칙은 공법상 계약에 적용되지 않는다. 그러나 공법상 계약의 경우

에도 법률우위의 원칙이 적용되므로 법령상의 한계를 지켜야 한다.

① [X] 위법 또는 부당한 처분의 취소를 규정하고 있는 행정기본법 제17조는 직권취소에도 적용되나 쟁송취소에도 적용되지 않는다.

② [X]

> **「행정기본법」 제18조 【위법 또는 부당한 처분의 취소】** ① 행정청은 위법 또는 부당한 처분의 전부나 일부를 소급하여 취소할 수 있다. 다만, 당사자의 신뢰를 보호할 가치가 있는 등 정당한 사유가 있는 경우에는 장래를 향하여 취소할 수 있다.

③ [X] 「행정기본법」은 직권취소권자로 감독청을 규정하지 않았으나 감독청은 정부조직법상 대통령의 행정감독권(제11조), 장관의 감독권(제26조 제3항), 행정권한의 위임 및 위탁에 관한 규정 제6조 등에 근거하여 직권취소권을 가진다.

❹ [○] 「행정기본법」은 사인의 직권취소신청권을 규정하지 않고 있다. 따라서 기존 판례에 따라 처분의 상대방은 직권취소사유가 존재하더라도 처분청에게 그 취소를 요구할 신청권은 없다(대판 2006.6. 30, 2004두701).

❶ [○]

> **「행정기본법」 제19조 【적법한 처분의 철회】** ① 행정청은 적법한 처분이 다음 각 호의 어느 하나에 해당하는 경우에는 그 처분의 전부 또는 일부를 장래를 향하여 철회할 수 있다.
> 1. 법률에서 정한 철회 사유에 해당하게 된 경우
> 2. 법령등의 변경이나 사정변경으로 처분을 더 이상 존속시킬 필요가 없게 된 경우
> 3. 중대한 공익을 위하여 필요한 경우

② [X] 「행정기본법」 제19조는 처분의 전부 또는 일부를 철회할 수 있도록 규정하고 있다. 판례도 일부철회를 인정해왔다.
외형상 하나의 행정처분이라 하더라도 가분성이 있거나 그 처분 대상의 일부가 특정될 수 있다면 일부만의 취소도 가능하고 그 일부의 취소는 당해 취소부분에 관하여만 효력이 생기는 것인바(대판 2015.3.26, 2012두20304), 공정거래위원회가 사업자에 대하여 행한 법 위반사실 공표명령은 비록 하나의 조항으로 이루어진 것이라고 하여도 그 대상이 된 사업자의 광고행위와 표시행위로 인한 각 법 위반사실은 별개로 특정될 수 있어 위 각 법 위반사실에 대한 독립적인 공표명령이 경합된 것으로 보아야 할 것이므로, 이 중 표시행위에 대한 법 위반사실이 인정되지 아니하는 경우에 그 부분에 대한 공표명령의 효력만을 취소할 수 있을 뿐, 공표명령 전부를 취소할 수 있는 것은 아니다(대판 2000.12.12, 99두12243).

③ [X] 행정청은 부담적 행정행위를 자유롭게 철회할 수 있다. 그러나 수익적 행정행위는 자유롭게 철회할 수 없다. 수익적 행정행위의 철회로 법적 안정성과 신뢰보호를 해칠 수 있기 때문이다. 「행정기본법」 제19조 제2항은 처분을 철회하려는 경우에는 철회로 인하여 당사자가 입게 될 불이익을 철회로 달성되는 공익과 비교·형량하여야 한다고 규정하고 있다.

④ [X] 「행정기본법」은 철회기간을 규정하고 있지 않다.

ㄱ. [X] 표준지로 선정된 토지의 공시지가에 불복하기 위하여는 구 「지가공시 및 토지 등의 평가에 관한 법률」 제8조 제1항 소정의 이의절차를 거쳐 처분청인 국토교통부장관을 상대로 그 공시지가결정의 취소를 구하는 행정소송을 제기하여야 하는 것이지 그러한 절차를 밟지 아니한 채 그 표준지에 대한 조세부과처분의 취소를 구하는 소송에서 그 공시지가의 위법성을 다툴 수는 없다(대판 1997.2.28, 96누10225).

ㄴ. [○], ㄷ. [○] 위법한 표준지공시지가결정에 대하여 그 정해진 시정절차를 통하여 시정하도록 요구하지 않았다는 이유로 위법한 표준지공시지가를 기초로 한 수용재결 등 후행 행정처분에서 표준지공시지가결정의 위법을 주장할 수 없도록 하는 것은 수인한도를 넘는 불이익을 강요하는 것으로서 국민의 재산권과 재판받을 권리를 보장한 헌법의 이념에도 부합하는 것이 아니다. 따라서 표준지공시지가결정이 위법한 경우에는 그 자체를 행정소송의 대상이 되는 행정처분으로 보아 그 위법 여부를 다툴 수 있음은 물론, 수용보상금의 증액을 구하는 소송에서도 선행처분으로서 그 수용대상 토지 가격산정의 기초가 된 비교표준지공시지가결정의 위법을 독립한 사유로 주장할 수 있다(대판 2008.8.21, 2007두13845).

ㄹ. [○] 개별공시지가결정과 과세처분 사이에는 하자의 승계가 인정된다(대판 1994.1.25, 93누8542).

ㅁ. [○] 선행처분인 개별공시지가결정이 위법하면 그에 기초한 개발부담금 부과처분도 위법하게 된다(대판 2001.6.26, 99두11592).

ㅂ. [X] 표준지로 선정된 토지의 공시지가에 불복하기 위하여는 구 「부동산 가격공시 및 감정평가에 관한 법률」(현 「부동산 가격공시에 관한 법률」) 소정의 이의절차를 거쳐 처분청을 상대로 그 공시지가결정의 취소를 구하는 행정소송을 제기하여야 하는 것이고, 그러한 절차를 밟지 아니한 채 개별토지가격결정의 효력을 다투는 소송에서 그 개별토지가격 산정의 기초가 된 표준지공시지가의 위법성을 다툴 수 없다(대판 1998.3.24, 96누6851 ; 대판 1996.9.20, 95누11931).

ㅅ. [X] 개별토지가격결정에 대한 재조사청구에 따른 감액조정에 대하여 더 이상 불복하지 아니한 경우, 이를 기초로 한 양도소득세 부과처분 취소소송에서 다시 개별토지가격결정의 위법을 당해 과세처분의 위법사유로 주장할 수 없다(대판 1998.3.13, 96누6059).

① [X] 「행정기본법」 제27조는 공법상 계약에 관한 일반법이다. 행정기본법 제27조는 강행규정이므로 이에 위반된다면 공법상 계약은 무효가 된다. 「행정절차법」에는 공법상 계약에 관한 규정은 없고 공법상계약에는 행정절차법이 적용되지 않는다.

② [X] 공법상 계약의 일방 당사자는 국가, 지방자치단체이나 행정기본법은 행정청으로 규정하고 있다.

③ [X] 「행정기본법」 제27조 제1항은 '법령등을 위반하지 아니하는 범위에서'로 규정하여 법률우위원칙이 공법상 계약에도 적용됨을 명시하였다. 다만 법령등에 근거해서가 아니므로 법률유보원칙이 공법상 계약에도 적용됨을 명시하지 않고 있다.

❹ [○]

> **행정기본법 제27조 【공법상 계약의 체결】** ① 행정청은 법령등을 위반하지 아니하는 범위에서 행정목적을 달성하기 위하여 필요한 경우에는 공법상 법률관계에 관한 계약(이하 "공법상 계약"이라 한다)을 체결할 수 있다. 이 경우 계약의 목적 및 내용을 명확하게 적은 계약서를 작성하여야 한다.

② 행정청은 공법상 계약의 상대방을 선정하고 계약 내용을 정할 때 공법상 계약의 공공성과 제3자의 이해관계를 고려하여야 한다.

12 정답 ③

ㄱ. [O]

「행정절차법」 제22조 【의견청취】 ③ 행정청이 당사자에게 의무를 부과하거나 권익을 제한하는 처분을 할 때 제1항(청문을 하는 경우) 또는 제2항(공청회를 개최하는 경우)의 경우 외에는 당사자 등에게 의견제출의 기회를 주어야 한다.

ㄴ. [O]

「행정절차법」 제22조 【의견청취】 ⑥ 행정청은 처분 후 1년 이내에 당사자 등이 요청하는 경우에는 청문·공청회 또는 의견제출을 위하여 제출받은 서류나 그 밖의 물건을 반환하여야 한다.

ㄷ. [X]

「행정절차법」 제21조 【처분의 사전 통지】 ③ 제1항 제6호에 따른 기한은 의견제출에 필요한 기간을 10일 이상으로 고려하여 정하여야 한다. ← 개정 전 제21조 【처분의 사전 통지】 ③ 제1항 제6호에 따른 기한은 의견제출에 필요한 상당한 기간을 고려하여 정하여야 한다.

ㄹ. [X]

「행정절차법」 제27조의2 【제출 의견의 반영 등】 ① 행정청은 처분을 할 때에 당사자 등이 제출한 의견이 상당한 이유가 있다고 인정하는 경우에는 이를 반영하여야 한다.
② 행정청은 당사자 등이 제출한 의견을 반영하지 아니하고 처분을 한 경우 당사자 등이 처분이 있음을 안 날부터 90일 이내에 그 이유의 설명을 요청하면 서면으로 그 이유를 알려야 한다. 다만, 당사자 등이 동의하면 말, 정보통신망 또는 그 밖의 방법으로 알릴 수 있다.
← 개정 전 제27조의2 【제출 의견의 반영】 행정청은 처분을 할 때에 당사자 등이 제출한 의견이 상당한 이유가 있다고 인정하는 경우에는 이를 반영하여야 한다.

13 정답 ④

① [X] 사전통지는 침익적 처분에 적용되는 행정절차이다.

「행정절차법」 제21조 【처분의 사전 통지】 ① 행정청은 당사자에게 의무를 부과하거나 권익을 제한하는 처분을 하는 경우에는 미리 다음 각 호의 사항을 당사자 등에게 통지하여야 한다.
1. 처분의 제목
2. 당사자의 성명 또는 명칭과 주소
3. 처분하려는 원인이 되는 사실과 처분의 내용 및 법적 근거

② [X]

행정절차법 제49조 【행정지도의 방식】 ② 행정지도가 말로 이루어지는 경우에 상대방이 제1항의 사항을 적은 서면의 교부를 요구하면 그 행정지도를 하는 자는 직무 수행에 특별한 지장이 없으면 이를 교부하여야 한다.

③ [X]

「행정절차법」 제50조 【의견제출】 행정지도의 상대방은 해당 행정지도의 방식·내용 등에 관하여 행정기관에 의견제출을 할 수 있다

❹ [O] 법률우위 원칙은 모든 행정작용에 적용된다.

14 정답 ②

ㄱ. [X]

「행정대집행법」 제4조 【대집행의 실행 등】 ① 행정청(제2조에 따라 대집행을 실행하는 제3자를 포함한다)은 해가 뜨기 전이나 해가 진 후에는 대집행을 하여서는 아니 된다. 다만, 다음 각 호의 어느 하나에 해당하는 경우에는 그러하지 아니하다.
1. 의무자가 동의한 경우
2. 해가 지기 전에 대집행을 착수한 경우
3. 해가 뜬 후부터 해가 지기 전까지 대집행을 하는 경우에는 대집행의 목적 달성이 불가능한 경우
4. 그 밖에 비상 시 또는 위험이 절박한 경우

ㄴ. [O], ㄷ. [O]

「행정대집행법」 제4조 【대집행의 실행 등】 ② 행정청은 대집행을 할 때 대집행 과정에서의 안전 확보를 위하여 필요하다고 인정하는 경우 현장에 긴급 의료장비나 시설을 갖추는 등 필요한 조치를 하여야 한다.
③ 대집행을 하기 위하여 현장에 파견되는 집행책임자는 그가 집행책임자라는 것을 표시한 증표를 휴대하여 대집행 시에 이해관계인에게 제시하여야 한다.

ㄹ. [O]

「행정대집행법」 제7조 【행정심판】 대집행에 대하여는 행정심판을 제기할 수 있다.

ㅁ. [X]

「행정대집행법」 제8조 【출소권리의 보장】 전조의 규정은 법원에 대한 출소(出訴)의 권리를 방해하지 아니한다.

15 정답 ②

ㄱ. [O] 「국세징수법」상 체납처분에 의한 채권압류에서 압류조서의 작성은 과세관청 내부에서 당해 채권을 압류하였다는 사실을 기록·증명하는 것에 불과하여 이를 채권압류의 효력발생요건이라고 할 수 없으므로, 압류조서가 작성되지 않았다고 하여 채권압류 자체가 무효라고 할 수 없으나, 채권압류는 채무자(이하 '제3채무자'라 한다)에게 체납자에 대한 채무이행을 금지시켜 조세채권을 확보하는 것을 본질적 내용으로 하는 것이므로, 제3채무자에 대한 채권압류 통지서의 문언에 비추어 피압류채권이 특정되지 않거나 체납자에 대한 채무이행을 금지하는 문언이 기재되어 있지 않다면 채권압류는 효력이 없다. 그리고 이러한 법리는 「지방세외수입금의 징수 등에 관한 법률」의 적용을 받는 지방자치단체의 과징금, 이행강제금 및 부담금 등의 압류절차에도 그대로 적용된다(대판 2017.6.15, 2017다213678).

ㄴ. [X] 「지방세법」 및 「지방세기본법」, 「지방세징수법」의 개정 연혁에 따르면, 구 「지방세기본법」은 물론 현행 「지방세징수법」하에서도, 지방세의 결손처분은 국세의 결손처분과 마찬가지로 더 이상 납세의무가 소멸하는 사유가 아니라 체납처분을 종료하는 의미만을 가지게 되었고, 결손처분의 취소 역시 국민의 권리와 의무에 영향을 미치는 행정처분이 아니라 과거에 종료되었던 체납처분 절차를 다시 시작한다는 행정절차로서의 의미만을 가지게 되었다고 할 것이다(대판 2019.8.9, 2018다272407).

ㄷ. [O] 「국세징수법」 제9조 제1항은 "세무서장은 국세를 징수하려면 납세자에게 그 국세의 과세기간, 세목, 세액 및 그 산출근거, 납부기한과 납부장소를 적은 납세고지서를 발급하여야 한다."라고 규정하고 있다. 따라서 납세고지서에 해당 본세의 과세표준과 세액의 산출근거 등이 제대로 기재되지 않았다면 특별한 사정이 없는 한 그 징수처분은 위법하다. 그러나 납세고지서의 세율이 잘못 기재되었다고 하더라도 납세고지서에 기재된 문언 내용 등에 비추어 원천징수의무자 등 납세자가 세율이 명백히 잘못된 오기임을 알 수 있고 납세고지서에 기재된 다른 문언과 종합하여 정당한 세율에 따른 세액의 산출근거를 쉽게 알 수 있어 납세자의 불복 여부의 결정이나 불복신청에 지장을 초래하지 않을 정도라면, 납세고지서의 세율이 잘못 기재되었다는 사정만으로 그에 관한 징수처분을 위법하다고 볼 것은 아니다(대판 2019.7.4, 2017두38645).

ㄹ. [O] 「국세징수법」 제56조에 규정된 교부청구는 과세관청이 이미 진행 중인 강제환가절차에 가입하여 체납된 조세의 배당을 구하는 것으로서 강제집행에 있어서의 배당요구와 같은 성질의 것이므로, 해당 조세는 교부청구 당시 체납되어 있음을 요한다. 「국세징수법」 제56조, 제14조 제1항 제1호 내지 제6호의 문언과 체계, 교부청구 제도의 취지와 성격, 교부청구를 하여야 하는 사유 등을 종합하면, 납세자에게 「국세징수법」 제14조 제1항 제1호 내지 제6호의 사유가 발생하였고 납부고지가 된 국세의 납부기한도 도과하여 체납상태에 있는 경우라면, 과세관청은 독촉장을 발급하거나 이미 발급한 독촉장에 기재된 납부기한의 도과를 기다릴 필요 없이 해당 국세에 대하여 교부청구를 할 수 있다고 보아야 한다(대판 2019.7.25, 2019다206933).

> **「국세징수법」 제14조 【납기 전 징수】** ① 세무서장은 납세자에게 다음 각 호의 어느 하나에 해당하는 사유가 있을 때에는 납기 전이라도 이미 납세의무가 확정된 국세는 징수할 수 있다.
> 1. 국세의 체납으로 체납처분을 받을 때
> 6. 법인이 해산한 때
>
> **제56조 【교부청구】** 세무서장은 제14조 제1항 제1호부터 제6호까지의 규정에 해당하는 때에는 해당 관서, 공공단체, 집행법원, 집행공무원, 강제관리인, 파산관재인 또는 청산인에 대하여 체납액의 교부를 청구하여야 한다.

16   정답 ②

① [X] 「행정기본법」은 자신의 행위가 위법하지 아니한 것으로 오인하고 행한 질서위반행위는 그 오인에 정당한 이유가 있는 때에 한하여 과징금을 부과하지 아니한다고 규정하고 있지 않다. 다만 판례에 따르면 의무 위반자의 고의·과실을 요하지 아니하나, 위반자의 의무 해태를 탓할 수 없는 정당한 사유가 있는 등의 특별한 사정이 있는 경우에는 이를 부과할 수 없다(대판 2014.10.15, 2013두5005).

❷ [O]

> **「행정기본법」 제29조 【과징금의 납부기한 연기 및 분할 납부】** 과징금은 한꺼번에 납부하는 것을 원칙으로 한다. 다만, 행정청은 과징금을 부과받은 자가 다음 각 호의 어느 하나에 해당하는 사유로 과징금 전액을 한꺼번에 내기 어렵다고 인정될 때에는 그 납부기한을 연기하거나 분할 납부하게 할 수 있으며, 이 경우 필요하다고 인정하면 담보를 제공하게 할 수 있다.
> 1. 재해 등으로 재산에 현저한 손실을 입은 경우
> 2. 사업 여건의 악화로 사업이 중대한 위기에 처한 경우
> 3. 과징금을 한꺼번에 내면 자금 사정에 현저한 어려움이 예상되는 경우
> 4. 그 밖에 제1호부터 제3호까지에 준하는 경우로서 대통령령으로 정하는 사유가 있는 경우

③ [X] 「행정기본법」은 과징금 미납시 영업허가 취소 또는 정지할 수 있다는 규정을 두지 않고 있다. 개별법에서 이를 규정하는 경우가 있다.

④ [X] 「행정기본법」은 과징금의 요건으로 고의 또는 과실을 요하지 않고 있고 판례는 고의과실을 요하지는 않는다고 한다.
현실적인 행위자가 아니라도 법령상 책임자로 규정된 자에게 부과되고 원칙적으로 위반자의 고의·과실을 요하지 아니하나, 위반자의 의무 해태를 탓할 수 없는 정당한 사유가 있는 등의 특별한 사정이 있는 경우에는 이를 부과할 수 없다(대판 2014.10.15, 2013두5005).

17   정답 ①

❶ [X] 「질서위반행위규제법」이 제정되기 전 기존 판례는 과태료 부과에 고의·과실을 요하지 않는다고 했다. 그러나 「질서위반행위규제법」의 제정으로 고의·과실이 없으면 과태료를 부과할 수 없게 되었다(제7조). 현재의 판례도 질서위반행위를 한 자가 자신의 책임없는 사유로 위반행위에 이르렀다고 주장하는 경우 법원으로서는 그 내용을 살펴 행위자에게 고의나 과실이 있는지를 따져보아야 한다고 판시하였다(대결 2011.7.14, 2011마364).

② [O] 「질서위반행위규제법」이 제정되기 전의 기존 판례는 과태료에 소멸시효가 적용되지 않는다고 하였다(대결 2000.8.24, 2000마1350). 그러나 「질서위반행위규제법」은 과태료는 행정청의 과태료 부과처분이나 법원의 과태료 재판이 확정된 후 5년간 징수하지 아니하거나 집행하지 아니하면 시효로 인하여 소멸한다고 규정하고 있다(법 제15조 제1항).

③ [O] 현행 「국유재산법」 제74조는 아무런 제한 없이 일반재산을 포함한 모든 국유재산에 대하여 「행정대집행법」을 준용할 수 있도록 규정하고 있으므로, 행정청은 당해 재산이 행정재산 등 공용재산인 여부나 그 철거의무가 공법상의 의무인 여부에 관계없이 대집행을 할 수 있다(대판 1992.9.8, 91누13090). ➡ 일반적인 경우에는 사법상 의무의 불이행에 대한 대집행을 인정하지 아니하나, 예외적으로 사법상 의무인 「국유재산법」상 일반재산에 대한 철거의무에 대해서는 대집행을 인정하고 있다.

④ [O] 종래 이행강제금제도를 둔 법률들은 이행강제금 부과처분에 불복이 있는 자는 당해 부과권자에게 이의를 제기할 수 있고, 이의를 제기한 경우에는 당해 부과권자는 지체 없이 관할법원에 그 사실을 통보하여야 하며, 그 통보를 받은 관할법원은 「비송사건절차법」에 의한 과태료의 재판을 하도록 하였다. 따라서 이행강제금 부과처분은 행정소송의 대상이 되는 처분성이 인정될 수 없었다(대판 2000.9.22, 2000두5722). 그러나 개정 「건축법」 등에서 「비송사건절차법」에 따르도록 한 내용이 삭제되었다. 이행강제금 부과는 하명으로서 급부명령이므로 항고소송의 대상이 될 수 있다.

18

① [X]

> **「공익사업을 위한 토지 등의 취득 및 보상에 관한 법률」 제23조 【사업인정의 실효】** ① 사업시행자가 제22조 제1항에 따른 사업인정의 고시(이하 '사업인정고시'라 한다)가 된 날부터 1년 이내에 제28조 제1항에 따른 재결신청을 하지 아니한 경우에는 사업인정고시가 된 날부터 1년이 되는 날의 다음 날에 사업인정은 그 효력을 상실한다.

❷ [O]

> **「공익사업을 위한 토지 등의 취득 및 보상에 관한 법률」 제26조 【협의 등 절차의 준용】** ① 제20조에 따른 사업인정을 받은 사업시행자는 토지조서 및 물건조서의 작성, 보상계획의 공고·통지 및 열람, 보상액의 산정과 토지소유자 및 관계인과의 협의 절차를 거쳐야 한다. 이 경우 제14조부터 제16조까지 및 제68조를 준용한다.

③ [X]

> **「공익사업을 위한 토지 등의 취득 및 보상에 관한 법률」 제20조 【사업인정】** ① 사업시행자는 제19조에 따라 토지 등을 수용하거나 사용하려면 대통령령으로 정하는 바에 따라 국토교통부장관의 사업인정을 받아야 한다.

④ [X]

> **「공익사업을 위한 토지 등의 취득 및 보상에 관한 법률」 제22조 【사업인정의 고시】** ① 국토교통부장관은 제20조에 따른 사업인정을 하였을 때에는 지체 없이 그 뜻을 사업시행자, 토지소유자 및 관계인, 관계 시·도지사에게 통지하고 사업시행자의 성명이나 명칭, 사업의 종류, 사업지역 및 수용하거나 사용할 토지의 세목을 관보에 고시하여야 한다.
> ② 제1항에 따라 사업인정의 사실을 통지받은 시·도지사(특별자치도지사는 제외한다)는 관계 시장·군수 및 구청장에게 이를 통지하여야 한다.
> ③ 사업인정은 제1항에 따라 고시한 날부터 그 효력이 발생한다.

19

① [X]

> **「행정소송법」 제4조 【항고소송】** 항고소송은 다음과 같이 구분한다.
> 1. 취소소송: 행정청의 위법한 처분 등을 취소 또는 변경하는 소송
>
> **「행정심판법」 제5조 【행정심판의 종류】** 행정심판의 종류는 다음 각 호와 같다.
> 1. 취소심판: 행정청의 위법 또는 부당한 처분을 취소하거나 변경하는 행정심판

② [X] 처분의 적극적 변경과 처분변경명령은 취소심판에서는 허용되나 취소소송에서는 허용되지 않는다.

> **「행정심판법」 제43조 【재결의 구분】** ③ 위원회는 취소심판의 청구가 이유가 있다고 인정하면 처분을 취소 또는 다른 처분으로 변경하거나 처분을 다른 처분으로 변경할 것을 피청구인에게 명한다.

③ [X] 처분재결과 처분명령재결은 의무이행심판에서 허용되나 부작위위법확인소송에서는 허용되지 않는다.

> **「행정심판법」 제43조 【재결의 구분】** ⑤ 위원회는 의무이행심판의 청구가 이유가 있다고 인정하면 지체 없이 신청에 따른 처분을 하거나 처분을 할 것을 피청구인에게 명한다.

❹ [O]

> **「행정소송법」 제3조 【행정소송의 종류】** 행정소송은 다음의 네 가지로 구분한다.
> 1. 항고소송: 행정청의 처분 등이나 부작위에 대하여 제기하는 소송
> 2. 당사자소송: 행정청의 처분 등을 원인으로 하는 법률관계에 관한 소송 그 밖에 공법상의 법률관계에 관한 소송으로서 그 법률관계의 한쪽 당사자를 피고로 하는 소송
> 3. 민중소송: 국가 또는 공공단체의 기관이 법률에 위반되는 행위를 한 때에 직접 자기의 법률상 이익과 관계없이 그 시정을 구하기 위하여 제기하는 소송
> 4. 기관소송: 국가 또는 공공단체의 기관 상호간에 있어서의 권한의 존부 또는 그 행사에 관한 다툼이 있을 때에 이에 대하여 제기하는 소송. 다만, 「헌법재판소법」 제2조의 규정에 의하여 헌법재판소의 관장사항으로 되는 소송은 제외한다.
>
> **제4조 【항고소송】** 항고소송은 다음과 같이 구분한다.
> 1. 취소소송: 행정청의 위법한 처분 등을 취소 또는 변경하는 소송
> 2. 무효등확인소송: 행정청의 처분 등의 효력 유무 또는 존재 여부를 확인하는 소송
> 3. 부작위위법확인소송: 행정청의 부작위가 위법하다는 것을 확인하는 소송
>
> **「행정심판법」 제5조 【행정심판의 종류】** 행정심판의 종류는 다음 각 호와 같다.
> 1. 취소심판: 행정청의 위법 또는 부당한 처분을 취소하거나 변경하는 행정심판
> 2. 무효등확인심판: 행정청의 처분의 효력 유무 또는 존재 여부를 확인하는 행정심판
> 3. 의무이행심판: 당사자의 신청에 대한 행정청의 위법 또는 부당한 거부처분이나 부작위에 대하여 일정한 처분을 하도록 하는 행정심판

20

❶ [X] 재처분의무는 거부처분이 취소된 경우 지는 것이다. 철거명령이 취소된 경우 재처분 할 의무는 없다. 다만 반복행위금지의무를 진다.

② [O] 「행정소송법」 제30조 제3항은 신청에 따른 처분이 절차의 위법을 이유로 취소되는 경우에도 제30조 제2항을 준용한다고 규정하고 있는바, 재처분의무가 인정된다.

③ [O] 부작위위법확인소송에도 「행정소송법」 제30조는 준용된다.

④ [O] 무효확인소송에도 「행정소송법」 제30조는 준용된다.

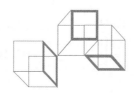

gosi.Hackers.com

해커스공무원 학원·인강

2022 최신판

해커스공무원
황남기
행정법
모의고사 Season 2

초판 1쇄 발행 2022년 4월 15일

지은이	황남기
펴낸곳	해커스패스
펴낸이	해커스공무원 출판팀

주소	서울특별시 강남구 강남대로 428 해커스공무원
고객센터	1588-4055
교재 관련 문의	gosi@hackerspass.com
	해커스공무원 사이트(gosi.Hackers.com) 교재 Q&A 게시판
	카카오톡 플러스 친구 [해커스공무원강남역], [해커스공무원노량진]
학원 강의 및 동영상강의	gosi.Hackers.com

ISBN	979-11-6880-245-2 (13360)
Serial Number	01-01-01

최단기 합격 공무원학원 1위,
해커스공무원 gosi.Hackers.com

해커스공무원

· **해커스공무원 학원 및 인강**(교재 내 인강 할인쿠폰 수록)
· 해커스 스타강사의 **공무원 행정법 무료 동영상강의**
· 합격을 위해 꼭 필요한 '회독'의 방법과 공부 습관을 제시하는 **해커스 회독증강 콘텐츠**(교재 내 할인쿠폰 수록)
· 정확한 성적 분석으로 약점 보완이 가능한 **합격예측 모의고사**(교재 내 응시권 및 해설강의 수강권 수록)

헤럴드미디어 2018 대학생 선호 브랜드 대상 '대학생이 선정한 최단기 합격 공무원학원' 부문 1위